PSYCHOLOGIE COGNITIVE

UNE APPROCHE DE TRAITEMENT DE L'INFORMATION

PSYCHOLOGIE COGNITIVE

UNE APPROCHE DE TRAITEMENT DE L'INFORMATION

CLAUDETTE FORTIN
ROBERT ROUSSEAU

Télé-université
Presses de l'Université du Québec
1992

ISBN 2 - 7605 - 0725 - 4 (2e édition, Presses de l'Université du Québec)
ISBN 2 - 7624 - 0464 - 9 (2e édition, Télé-université)

ISBN 2 - 7605 - 0503 - 0 (Presses de l'Université du Québec)
ISBN 2 - 7624 - 0087 - 2 (Télé-université)

Dépôt légal - 1er trimestre 1989

Bibliothèque nationale du Québec
Bibliothèque nationale du Canada

Imprimé au Canada

Presses de l'Université du Québec
C.P. 250
Sillery, Québec
G1T 2R1

Télé-université
2635, boulevard Hochelaga, 7e étage
Case postale 10700
Sainte-Foy, Québec
G1V 4V9

TABLE DES MATIÈRES

CHAPITRE 8 **STRATÉGIES COGNITIVES ET MÉMOIRE**

PARTIE 3
LA REPRÉSENTATION DES CONNAISSANCES

CHAPITRE 9 **LES IMAGES MENTALES**

CHAPITRE 10 **CONCEPTS ET CATÉGORIES**

CHAPITRE 11 **LA MÉMOIRE SÉMANTIQUE**

CRÉDITS

Figures et tableaux reproduits avec l'autorisation de l'éditeur ou de l'auteur.

Figures 1.2, 5.4
ATKINSON, R. C. et SHIFFRIN, R. M. (1971). The control of short-term memory. *Scientific American*, 225, 82-90. Copyright by Scientific American. Reproduit avec permission.

Figures 3.3, 3.4, 3.5
SCHNEIDER, W. et SHIFFRIN, R. M. (1977). Controlled and automatic human information processing : I. Detection, search, and attention. *Psychological Review*, 84, 1-66. Copyright by the American Psychological Association. Reproduit avec permission.

Figure 3.6
TREISMAN, A. M. et GELADE, G. (1980). A feature-integration theory of attention. *Cognitive Psychology*, 12, 97-136. Reproduit avec la permission d'Academic Press International.

Figure 4.4
GIBSON, E. J. (1969). *Principles of Perceptual Learning and Development.* Englewood Cliffs, NJ : Prentice-Hall, p. 88. Reproduit avec la permission de Prentice-Hall Inc.

Figure 4.5
MARR, D. (1982). *Vision : a Computational Investigation into the Human Representation and Processing of Visual Information.* San Francisco : W. H. Freeman. Copyright by W. H. Freeman and Company Publishers. Reproduit avec permission.

Figure 4.6
BIEDERMAN, I. (1987). Recognition-by-components : a theory of human image understanding. *Psychological Review*, 94, 115-147. Copyright by the American Psychological Association. Reproduit avec permission.

Figure 4.14
PALMER, S. E. (1977). Hierarchical structure in perceptual representation. *Cognitive Psychology*, 9, 441-474. Reproduit avec la permission d'Academic Press International.

Figure 5.2
GLANZER, M. et CUNITZ, A. R. (1966). Two storage mechanisms in free recall. *Journal of Verbal Learning and Verbal Behavior*, 5, 351-360. Reproduit avec la permission d'Academic Press International.

Figure 5.3
BADDELEY, A. D. et HITCH, G. J. (1974). Working memory. *In* G. A. Bower (Éd.), *The Psychology of Learning and Motivation*, Vol. 8. New York : Academic Press. Reproduit avec la permission d'Academic Press International.

Figure 5.6
CHASE, W. G. et ERICCSON, K. A. (1981). Skilled memory. *In* J. Anderson (Éd.), *Cognitive Skills and their Acquisition.* Hillsdale New Jersey : Lawrence Erlbaum Associates. Reproduit avec la permission de Lawrence Erlbaum Associates.

Figure 5.7
PETERSON, L. R. et PETERSON, M. J. (1959). Short-term retention of individual verbal items. *Journal of Experimental Psychology*, 58, 193-198. Copyright by the American Psychological Association. Reproduit avec permission.

Figure 5.8
WAUGH, N. C. et NORMAN, D. A. (1965). Primary memory. *Psychological Review*, 72, 89-104. Copyright by the American Psychological Association. Reproduit avec permission.

Figure 5.9
WICKENS, D. D., BORN, D. G. et ALLEN, C. K. (1963). Proactive inhibition and item similarity in short-term memory. *Journal of Verbal Learning and Verbal Behavior*, 2, 440-445. Reproduit avec la permission d'Academic Press International.

Figure 5.10
WICKENS, D. D., DALEZMAN, R. E. et EGGMEIER, F. T. (1976). Multiple encoding of word attributes in memory. *Memory & Cognition*, 4, 307-310. Reproduit avec la permission de Psychonomic Society Inc.

Figure 5.11
STERNBERG, S. (1966). High-speed scanning in human memory. *Science*, 153, 652-654. Copyright 1966 by AAAS (American Association for the Advancement of Science). Reproduit avec permission.

Figures 6.1, 6.2
CRAIK, F. I. M. et TULVING, E. (1975). Depth of processing and the retention of words in episodic memory. *Journal of Experimental Psychology : General*, 104, 268-294. Copyright by the American Psychological Association. Reproduit avec permission.

Figures 6.4, 6.5, 6.6
BOWER, G. H., CLARK, M. C., LESGOLD, A. M. et WINZENZ, D. (1969). Hierarchical retrieval schemes in recall of categorical word lists. *Journal of Verbal Learning and Verbal Behavior*, 8, 323-343. Reproduit avec la permission d'Academic Press International.

Figure 8.1
MORRIS, P. E. (1978). Sense and nonsense in traditionnal mnemonics. *In* M. M. Gruneberg, P. E. Morris et R. N. Sykes (Éds), *Practical Aspects of Memory.* New York : Academic Press. Reproduit avec la permission d'Academic Press International.

Figure 8.2
CROVITZ, H.F. (1971). The capacity of memory loci in artificial memory. *Psychonomic Science*, 24, 187-188. Reproduit avec la permission de Psychonomic Society Inc.

Figure 8.3
WOLLEN, K. A., WEBER, A. et LOWRY, D. H. (1972). Bizareness versus interaction of mental images as determinants of learning. *Cognitive Psychology*, 3, 518-523. Reproduit avec la permission d'Academic Press International.

Figures 9.1, 9.2 et 9.3
SHEPARD, R. N. et METZLER, J. (1971). Mental rotation of three-dimensional objects. *Science*, 171, 701-703. Copyright 1966 by AAAS (American Association for the Advancement of Science). Reproduit avec permission.

Figures 9.4, 9.5
COOPER, L. A. et SHEPARD, R. M. (1973). Chronometric studies of the rotation of mental images. *In* W. G. Chase (Éd.), *Visual Information Processing.* London : Academic Press. Reproduit avec la permission d'Academic Press International.

Figures 9.6, 9.7
KOSSLYN, S. M., BALL, T. M. et REISER, B. J. (1978). Visual images preserve metric spatial information : evidence from studies of image scanning. *Journal of Experimental Psychology : Human Perception and Performance*, 4, 47-60. Copyright by the American Psychological Association. Reproduit avec permission.

Figure 9.8
PAIVIO, A. (1978). Comparisons of mental clocks. *Journal of Experimental Psychology: Human Perception and Performance*, 4, 61-71. Copyright by the American Psychological Association. Reproduit avec permission.

Figure 9.9
SHEPARD, R. N. et FENG, C. (1972). A chronometric study of mental paper-folding. *Cognitive Psychology*, 3, 228-243. Reproduit avec la permission d'Academic Press International.

Figures 9.10, 9.11
PAIVIO, A., SMYTHE, P. E. et YUILLE, J. C. (1968). Imagery versus meaningfulness of nouns in paired-associate learning. *Canadian Journal of Psychology*, 22, 427-441. Reproduit avec permission.

Figures 9.12, 9.13
BROOKS, L. R. (1968). Spatial and verbal components of the act of recall. *Canadian Journal of Psychology*, 22, 349-368. Reproduit avec permission.

Figures 10.1, 10.2
BOURNE, L. E. Jr. (1970). Knowing and using concepts. *Psychological Review*, 77, 546-556. Copyright by the American Psychological Association. Reproduit avec permission.

Figure 10.3
BRUNER, J. S., GOODNOW, J. et AUSTIN, G. A. (1956). *A Study of Thinking*. New York: Wiley. Copyright by John Wiley and Sons. Reproduit avec permission.

Figures 10.4, 10.5
LABOV, W. (1973). The boundaries of words and their meaning. *In* C. N. Bailey and R. W. Shuy (Éds). *New Ways of Analyzing Variation in English*. Washington, D. C., Georgetown University Press, 340-373. Reproduit avec permission.

Figure 10.8
ROSCH, E., SIMPSON, C. et MILLER, R. S. (1976). Structural bases of typicality effects. *Journal of Experimental Psychology : Human Perception and Performance*, 2, 491-502. Copyright by the American Psychological Association. Reproduit avec permission.

Figures 11.1, 11.2
COLLINS, A. M. et QUILLIAN, M. R. (1969). Retrieval time from semantic memory. *Journal of Verbal Learning and Verbal Behavior*, 8, 240-248. Reproduit avec la permission d'Academic Press International.

Figure 11.3
SMITH, E. E., SHOBEN, E. J. et RIPS, L. U. (1974). Structure and process in semantic memory : a featural model for semantic decision. *Psychological Review*, 81, 214-241. Copyright by the American Psychological Association. Reproduit avec permission.

Figure 11.4
COLLINS, A. M. et LOFTUS, E. F. (1975). A spreading activation theory of semantic processing. *Psychological Review*, 82, 407-428. Copyright by the American Psychological Association. Reproduit avec permission.

Figure 11.6
NORMAN, D. A. et RUMELHART, D. E. (1975). *Explorations in Cognition*. San Francisco: Freeman. Copyright by W. H. Freeman and Company Publishers. Reproduit avec permission.

Tableau 1.1
LACHMAN, R., LACHMAN, J. L. et BUTTERFIELD, E. C. (1979). *Cognitive Psychology and Information Processing : an Introduction.* Hillsdale, NJ : Lawrence Erlbaum. Reproduit avec la permission de Lawrence Erlbaum Associates.

Tableau 5.2
CONRAD, R. (1964). Acoustic confusions in immediate memory. *British Journal of Psychology*, 55, 75-84. Reproduit avec permission.

Tableau 6.3
RUNDUS, D. (1977). Maintenance rehearsal and single-level processing. *Journal of Verbal Learning and Verbal Behavior*, 16, 665-681. Reproduit avec la permission d'Academic Press International.

Tableau 8.1
INTONS-PETERSON, M. J. et FOURNIER, J. (1986). External and internal memory aids : when and how often do we use them. *Journal of Experimental Psychology : General*, 115, 267-280. Copyright by the American Psychological Association. Reproduit avec permission.

Tableau 10.3
ROSCH, E., MERVIS, C. B., GRAY, W. D., JOHNSEN, D. M. et BOYES-BRAEM, P. (1976). Basic objects in natural categories. *Cognitive Psychology*, 8, 382-440. Reproduit avec la permission d'Academic Press International.

Tableau 10.4
ROSCH, E. et MERVIS, C. B. (1975). Family ressemblances : studies in the internal structure of categories. *Cognitive Psychology*, 7, 573-605. Reproduit avec la permission d'Academic Press International.

Tableau 10.5
ROSCH, E., SIMPSON, C. et MILLER, R. S. (1976). Structural bases of typicality effects. *Journal of Experimental Psychology : Human Perception and Performance*, 2, 491-502. Copyright by the American Psychological Association. Reproduit avec permission.

Tableau 11.1
SMITH, E. E., SHOBEN, E. J. et RIPS, L. U. (1974). Structure and process in semantic memory : a featural model for semantic decision. *Psychological Review*, 81, 214-241. Copyright by the American Psychological Association. Reproduit avec permission.

PRÉFACE

L'objectif de ce livre est de présenter une introduction actuelle et complète aux fondements de la psychologie cognitive. Il se divise en trois grandes parties : les processus perceptuels, la mémoire et la représentation des connaissances. Les résultats de la recherche expérimentale en psychologie cognitive sont présentés. Nous avons également incorporé plusieurs exemples d'application de ces recherches à différentes situations de la vie courante.

De nombreux étudiants et collègues avaient réagi de façon enthousiaste à la diffusion de notes de cours, rédigées en 1986, dans le cadre du cours *Processus cognitifs* à l'École de psychologie de l'Université Laval. Cet accueil nous a fait prendre conscience non seulement de l'absence de manuel écrit en français sur le sujet, mais surtout de l'existence d'un intérêt général réel à l'endroit de la psychologie cognitive. Cela nous a incités à entreprendre la rédaction de ce livre dans le cadre du cours *Introduction à la psychologie cognitive* à la Télé-université de l'Université du Québec. De niveau de premier cycle universitaire, il peut être utilisé pour un cours de trois crédits en psychologie cognitive.

Nous tenons à remercier le personnel de la Télé-université qui a collaboré à la réalisation de ce volume. La lecture attentive des versions successives du manuscrit et les conseils judicieux de M. Jeanpierre Masson ont grandement contribué à améliorer la qualité pédagogique du contenu. Nous remercions également M. Michel Chouinard, qui a assuré le traitement graphique, ainsi que mesdames Sylvie Trottier et Marie O'Neill, pour la révision du texte.

Nous adressons finalement nos remerciements à M. François Doré, professeur titulaire de psychologie à l'Université Laval, pour ses commentaires éclairés sur une version complète du manuscrit. Tout au long de la rédaction, nous avons aussi bénéficié de la contribution de différentes personnes. Parmi celles-ci, nous désirons souligner la participation de M. Léo-Daniel Lambert.

Claudette Fortin
Robert Rousseau

CHAPITRE 1

INTRODUCTION

résid. du chemin Mich. Sarr
Bloc H app. B chambre C
3351 boul des Forges T.R
casier Bo 428
G9A 5L3
691-2963

CHAPITRE 1

INTRODUCTION

LA PSYCHOLOGIE COGNITIVE ET L'APPROCHE DE TRAITEMENT DE L'INFORMATION

Les définitions de la cognition que nous proposent les différents dictionnaires font souvent référence au terme « connaissance ». En fait, toute acquisition ou utilisation d'une connaissance met en cause la cognition. Plus précisément, la **cognition** peut être définie comme l'ensemble des activités mentales impliquées dans nos relations avec l'environnement : la perception d'une stimulation, sa mémorisation, son rappel, la résolution de problème ou la prise de décision.

La **psychologie cognitive** est une branche de la psychologie qui étudie la cognition. Elle traite des processus mentaux, donc de l'activité du cerveau. Les sciences neurologiques ont le même objet d'étude : les activités du cerveau dans ses réactions aux stimulations de l'environnement. Ces recherches sont fondamentales et ne peuvent être ignorées de quiconque étudie le comportement humain. La perspective adoptée par la psychologie cognitive est cependant différente. Plutôt que d'analyser l'activité cérébrale sur le plan physiologique, les fonctions intellectuelles sont considérées par le biais de l'analyse de la performance de l'humain dans l'exercice de ses fonctions. Il s'agit d'un point de vue complètement différent de la perspective physiologique et qui poursuit des objectifs spécifiques. Ainsi, en neurophysiologie, on peut se demander quelles régions du cerveau sont particulièrement sollicitées lors de la mémorisation. Ce genre de question mène à des constatations bien précises comme « lorsque l'hippocampe (une structure du cerveau) d'un individu est endommagé, cet individu présente des problèmes particuliers de mémorisation ».

Cette observation porte sur la structure organique du cerveau. En psychologie cognitive, l'approche est différente. Ainsi, il est difficile d'étudier le rôle des images mentales dans la mémorisation ou la résolution de problème en examinant le cerveau des gens pendant qu'ils se forment mentalement une image. En fait, en psychologie cognitive, on observe plutôt le comportement des individus pour tenter d'une part de démontrer l'utilisation des images mentales et, d'autre part, pour identifier les facteurs qui affecteront cette utilisation.

Depuis plusieurs années, **l'approche de traitement de l'information** constitue la perspective majeure en psychologie cognitive. Cette approche a comme principale caractéristique de considérer les processus mentaux comme une succession d'étapes. Chacune de ces étapes est consacrée à l'exécution d'une fonction particulière, d'une partie du traitement de l'information. Les recherches dont il sera question dans les chapitres qui suivent font référence aux travaux faits selon l'approche du traitement de l'information en psychologie cognitive, approche qui se situe dans le secteur général de la psychologie expérimentale.

UN PEU D'HISTOIRE

L'histoire de la psychologie cognitive est étroitement reliée à celle de la psychologie expérimentale. Les questions associées à la mémoire, l'attention, la perception du temps, à la correspondance entre la stimulation externe et la sensation perçue intéressaient les pionniers de la psychologie expérimentale. Ce sont aussi des thèmes qui font partie du champ d'étude actuel de la psychologie cognitive.

Wilhelm Wundt

On associe souvent les débuts de la psychologie expérimentale à la fondation par Wilhelm Wundt du premier laboratoire de psychologie consacré exclusivement à la compréhension des processus psychologiques, à Leipzig en Allemagne, en 1879. Formé en physiologie et en médecine, Wundt croyait fermement qu'il était possible d'étudier les processus mentaux en utilisant la méthode expérimentale. Wundt, comme plusieurs des premiers chercheurs en psychologie, utilisait alors la technique d'introspection qui consiste à demander à des sujets très entraînés de rapporter le contenu de leur conscience lors de l'exécution de tâches dans des conditions très contrôlées.

Dans la perspective « structuraliste » de Wundt et de certains de ses contemporains allemands, l'objectif était d'identifier la structure de l'esprit, c'est-à-dire de définir les éléments qui le constituent et leurs relations. Par exemple, une expérience menée par Wundt portait sur la perception simultanée du son et de la lumière. Un sujet était placé devant un pendule, lequel se déplaçait régulièrement de gauche à droite et produisait un son à un point donné dans son déplacement. Même si la présentation du son correspond exactement à une position déterminée du pendule, le **stimulus**[1] visuel ou auditif sera perçu en premier selon que l'attention du sujet sera orientée vers l'un ou l'autre de ces stimuli.

Gustav Fechner

Pour plusieurs cependant, la naissance de la psychologie expérimentale date plutôt de la publication de l'ouvrage *Éléments de psychophysique* de Gustav Fechner[2]. Publié originalement en 1860, ce livre traitait essentiellement du rapport entre l'intensité d'un stimulus et l'intensité de la sensation provoquée par ce stimulus chez l'individu. Pourquoi s'intéresser à cette question? Prenons comme exemple la sensation que produisent deux poids, l'un dans la main gauche, l'autre dans la main droite. Si les deux objets pèsent respectivement 50 et 60 grammes, la différence de poids entre ces deux objets paraîtra beaucoup plus évidente que si les objets pèsent 500 et 510 grammes et ce, même si la différence de poids est la même : dix grammes. Pour une même intensité de stimulus, une différence de poids de dix grammes, la sensation perçue par l'individu diffère. C'est à ce genre de problème que s'intéressait Fechner et auxquels s'intéressent toujours les chercheurs et chercheuses en psychophysique.

---

1. Notons que dans ces toutes premières expériences comme dans celles qui suivront, on appelle *stimulus* (au pluriel : stimuli) toute stimulation présentée à un sujet. Il s'agit généralement d'un stimulus visuel, comme une illustration ou une lumière, ou d'un stimulus auditif, comme un son ou un mot présenté verbalement.

2. Les références spécifiques qui concernent l'histoire de la psychologie ne seront pas fournies ici. Nous ferons généralement référence à l'ouvrage classique de Boring : *History of experimental psychology* (1957). On peut aussi consulter le volume plus récent de Gardner *The mind's new science : a history of the cognitive revolution* (1985), en particulier le chapitre 5.

Hermann Ebbinghaus

En Allemagne également, celui que certains appellent le père de la psychologie expérimentale de l'apprentissage, Hermann Ebbinghaus, développait de nouvelles méthodes pour étudier la mémorisation.

S'utilisant lui-même comme sujet, Ebbinghaus étudiait l'acquisition et le maintien en mémoire de nouvelles associations. Il apprenait par exemple des séries de syllabes sans signification de la forme consonne-voyelle-consonne, comme VIX, PUJ, ZAR. La série était apprise jusqu'à un critère de deux récitations sans erreur. Lorsqu'il pouvait effectivement répéter la série de syllabes deux fois de suite sans erreur, il laissait s'écouler une certaine période de temps sans revoir ni répéter la série. Cette période pouvait varier entre 20 minutes et 30 jours. Après ce délai, il réapprenait la même série de syllabes jusqu'à ce qu'il atteigne le même critère, c'est-à-dire jusqu'à ce qu'il puisse à nouveau la répéter deux fois sans erreur.

Ce qui intéressait Ebbinghaus dans cette expérience, c'est ce qui restait du premier apprentissage après une période de temps donnée. Imaginons que pour apprendre à réciter deux fois de suite une série de 15 syllabes sans signification, vous mettiez sept minutes. Après deux jours, pour en arriver à deux récitations sans erreur de la même série, vous mettrez vraisemblablement moins de temps. Disons qu'après quatre minutes, vous atteignez à nouveau votre critère de deux récitations. En soustrayant le temps requis pour apprendre la liste la deuxième fois du temps requis pour le premier apprentissage, vous obtiendrez une sorte de mesure de ce qui vous restait du premier apprentissage. Dans ce cas particulier, le fait d'avoir mémorisé la liste une première fois vous a permis d'épargner trois minutes d'apprentissage 7 - 4 = 3. On peut dire qu'après deux jours, ce 43 % (3/7 x 100) de la durée initiale d'apprentissage représente ce qui a été préservé du premier apprentissage.

Pour différents intervalles de temps entre deux apprentissages, Ebbinghaus a mesuré ce qui reste d'une première mémorisation. La figure 1.1 montre les résultats qu'il a obtenus. On y voit le pourcentage de matériel épargné situé sur l'axe des y (ligne verticale) en fonction de l'intervalle de temps entre les deux apprentissages situé sur l'axe des x (ligne horizontale), en jours.

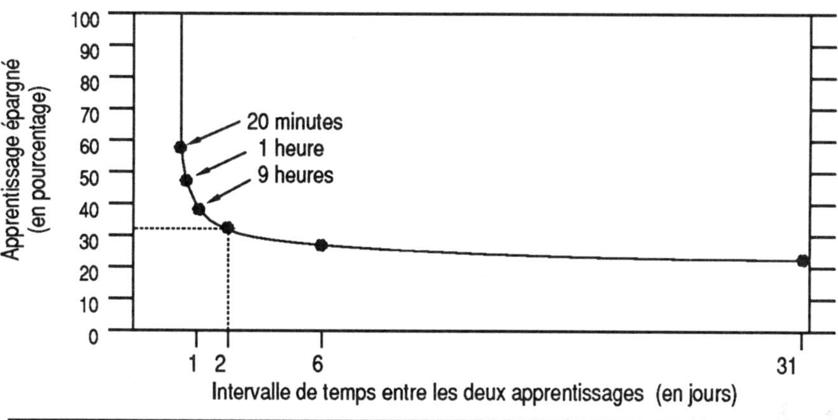

FIGURE 1.1
Fonction d'oubli d'Ebbinghaus (1885).

Il est important de noter que chaque point, sur la courbe, représente un test différent. Prenons par exemple le point de la courbe situé à l'intersection de la valeur 2 (jours) sur l'axe des x et de la valeur 32 (%) sur l'axe des y. Ce point, situé sur le graphique à l'intersection des lignes pointillées, nous dit ceci : Ebbinghaus a mémorisé une liste de syllabes sans signification; après deux jours, (on suppose qu'il a oublié cette liste en partie), il réapprend la liste. Lors de ce second apprentissage, Ebbinghaus a mis environ 32 % moins de temps à mémoriser la liste que lors du premier. Ainsi, s'il avait mis 100 secondes à apprendre suffisamment la liste pour la réciter deux fois sans erreur, deux jours plus tard, il n'avait mis que 100 - 32 = 68 secondes à réussir la même performance.

Parce qu'ils seraient trop rapprochés sur l'axe des x, on a préféré indiquer directement sur la courbe les points qui représentent la performance après des délais de 20 minutes, une heure et neuf heures. La courbe nous dit que si le délai entre les deux apprentissages est de 20 minutes, le sujet mettra environ 58 % moins de temps à réapprendre la même liste. Si le délai est d'une heure, il mettra à peu près 46 % de temps en moins, alors que s'il est de neuf heures, cela lui prendra environ 40 % moins de temps pour en arriver au même apprentissage. On se souvient que chaque point représente un test différent. Ainsi, pour tester l'intervalle de 20 minutes, un ensemble donné de syllabes est mémorisé à deux reprises, avec un intervalle de 20 minutes entre ces deux apprentissages. Pour tester l'intervalle d'une heure, un nouvel ensemble de syllabes est appris deux fois en laissant s'écouler une heure entre les deux mémorisations.

Si l'on considère maintenant le point situé à la hauteur de la valeur « 31 jours » sur l'axe des x, il semble qu'avec une liste de syllabes, Ebbinghaus a mis à peu près 20 % de temps de moins à apprendre cette liste une seconde fois s'il l'a déjà apprise 31 jours auparavant. Dans l'ensemble, on peut conclure, à l'examen de la fonction d'oubli d'Ebbinghaus, qu'après avoir déjà mémorisé du matériel, un second apprentissage de ce même matériel prendra moins de temps car il reste quelque chose du premier apprentissage. Cependant, ce qui en reste diminue rapidement au cours de la première journée qui suit. Après, même si la quantité d'information restante en mémoire continue de diminuer, cette diminution est très lente. On constate par ailleurs que, même après des délais aussi longs que deux semaines ou un mois, ce qui demeure semble emmagasiné de façon relativement permanente.

L'apport principal d'Hermann Ebbinghaus est d'avoir mis au point une méthode de collecte d'information autre que l'introspection, de même que de nouvelles méthodes d'analyses statistiques. Depuis ces travaux, de nombreuses expériences en psychologie cognitive ont porté (et portent encore) sur l'apprentissage de matériel sans signification comme les syllabes qu'Ebbinghaus utilisait. Cette approche permet d'étudier l'apprentissage sans qu'il soit influencé par les expériences passées propres à un individu. La validité de ces recherches a toutefois été mise en doute : l'acquisition de ce type de matériel n'apporte pas nécessairement beaucoup d'informations quant à l'apprentissage réel, dans la vie courante. En effet, on a peu souvent l'occasion de mémoriser une série de syllabes sans signification : en général, on étudie plutôt de l'information qui, pour nous, signifie quelque chose. Or, l'objectif ultime de ces études demeure la compréhension du fonctionnement cognitif tel qu'il s'exerce dans la réalité.

William James et Edward Lee Thorndike

Pendant qu'Ebbinghaus effectuait ses travaux sur la mémorisation, la publication de *Principes de psychologie* de William James en 1890 reflétait bien l'orientation plus pragmatique de la psychologie en Amérique. James fut à l'origine d'un mouvement dit « fonctionnaliste » en psychologie, qui s'intéressait aux activités mentales dans la vie réelle de l'individu. Au lieu de poser des problèmes à un sujet dans un laboratoire pour ensuite lui demander de rapporter par introspection les événements mentaux qu'il avait expérimentés, l'école fonctionnaliste s'appliquait à étudier des problèmes concrets. Les travaux d'Edward Lee Thorndike (1931) sur l'apprentissage se situent dans cette perspective. Quoique ses expériences aient souvent été faites avec des animaux comme des chats, Thorndike s'intéressait à des questions plus concrètes, par exemple, aux effets de la récompense et de la punition sur l'apprentissage. C'est ainsi qu'il a développé sa propre théorie de l'apprentissage, applicable en situation scolaire.

Pourquoi avoir développé une théorie de l'apprentissage humain sur la base de données obtenues avec des chats ou des rats? Il est évident que l'étude, par exemple, du rôle de la punition sur l'apprentissage avec des sujets animaux, posait des contraintes éthiques beaucoup moins importantes. Par ailleurs, l'expérimentation en laboratoire avec des animaux permet d'établir des situations où la plupart des facteurs qui peuvent influencer ce qui est étudié sont connus et bien contrôlés.

La « révolution behavioriste »

Au fonctionnalisme de William James a succédé ce qui a été appelé la révolution behavioriste ou watsonienne, du nom de son principal instigateur, John B. Watson, psychologue de l'Université John Hopkins. Selon Watson, l'étude de la conscience par la méthode d'introspection est inadéquate parce que la conscience est un état interne non observable. De plus, l'introspection est une méthode non scientifique : les résultats contradictoires obtenus dans différents laboratoires européens le démontrent bien. Pour une analyse scientifique de la psychologie humaine, il est nécessaire de s'en tenir à l'observation et à la mesure du comportement, c'est-à-dire des actions observables.

Entre 1920 et 1950, la psychologie américaine était fortement dominée par le behaviorisme. De la même façon que l'analyse du comportement observable était vue comme la seule manière possible d'étudier l'humain, l'étude scientifique de l'esprit, et plus spécifiquement de thèmes tels que le langage, la planification, la résolution de problème, l'imagerie, était considérée difficilement réalisable et, de toute façon, non nécessaire pour expliquer et prédire le comportement.

Il convient cependant de noter que, quoique le behaviorisme représentait une tendance nettement dominante en psychologie, plusieurs figures marquantes de cette époque exprimaient d'importantes réserves par rapport aux principes behavioristes. Edward C. Tolman, par exemple, considérait impossible d'expliquer l'apprentissage d'un animal uniquement par la mémorisation d'une séric d'actions. Pour expliquer ces comportements, Tolman sentait le besoin de se référer au concept de « carte cognitive », sorte de plan mental que l'animal utiliserait pour guider ses actions dans la résolution d'un problème.

Peu de psychologues, aujourd'hui, adhèrent de façon stricte aux principes du behaviorisme radical. On a même identifié le retour en force de la cognition en tant qu'objet d'étude respectable, dans les années 1950-1960, comme la « révolution cognitive » en psychologie. La recherche en psychologie cognitive partage toutefois certaines caractéristiques avec l'approche behavioriste. Par exemple, dans les deux cas, l'étude de l'humain se fait essentiellement par l'analyse du comportement observable, souvent dans des conditions de laboratoire.

L'ÉMERGENCE DE LA PSYCHOLOGIE COGNITIVE

Différentes disciplines ont contribué à l'émergence de la psychologie cognitive.

La linguistique

Il devenait de plus en plus évident que le fait de limiter l'analyse de l'humain aux comportements observables et mesurables ne permettait pas d'expliquer certaines conduites humaines complexes. Ainsi, l'analyse de linguistes tels que Noam Chomsky, dans les années 1950, posait la question suivante : comment expliquer l'acquisition d'une habileté aussi complexe que le langage simplement par le fait que l'humain associe des réponses, c'est-à-dire les étiquettes que constituent les mots, à des objets ou stimulations quelconques? Chomsky s'est effectivement attaché à démontrer que cette explication ne tenait pas compte des subtilités de l'usage du langage. Cette analyse, formulée en réaction à l'hypothèse d'apprentissage du langage en termes de stimulus-réponse que fournissaient les behavioristes, a convaincu nombre de psychologues de l'avantage de développer aussi une nouvelle approche pour étudier d'autres activités complexes comme la résolution de problème ou la prise de décision.

La psychologie de la Gestalt

Les travaux poursuivis en psychologie de la Gestalt montraient que l'on pouvait poser des questions pertinentes et adopter une perspective globale intéressante pour l'étude, en particulier, de la perception visuelle et de la résolution de problème. Au début du siècle, des psychologues allemands, Max Wertheimer et ses assistants, Wolfgang Köhler et Kurt Koffka, publiaient des travaux sur le groupement de stimuli. Un carré formé par une suite de lettres « o » est un exemple de groupement de stimuli. Le tout que forment les lettres, c'est-à-dire le carré, doit être considéré de façon distincte des parties constituant ce tout, soit la série de « o ».

Un des principes généraux de la psychologie de la Gestalt est le suivant : le tout est différent de la somme de ses parties. Ce tout constitue une forme globale (en allemand, une *Gestalt*) qui possède ses caractéristiques propres, lesquelles ne peuvent être identifiées simplement par l'examen des parties qui composent la forme. De plus, la forme globale influencera la perception des éléments ou des parties qui la composent. Une mélodie représente quelque chose de différent d'une succession de notes : la façon dont ces éléments sont organisés constitue une Gestalt.

Quoique les connaissances développées en psychologie de la Gestalt aient peu d'influence directe sur la recherche actuelle en psychologie cognitive, certaines notions que l'on y a élaborées sont encore d'actualité, par exemple dans le domaine de la reconnaisance des formes. Selon David Marr (1982), chercheur bien connu dans la reconnaissance de formes, l'école expérimentale gestaltiste s'est malheureusement « dissoute dans le brouillard du subjectivisme » (p. 8). Cependant, par les questions qu'elle a posées et les concepts qu'elle a élaborés, l'apport de la Gestalt dans l'émergence de la psychologie cognitive a été significatif.

Les sciences de l'informatique

Le développement des sciences de l'informatique a fourni un cadre conceptuel pour étudier les processus cognitifs. De la même façon que l'humain, l'ordinateur reçoit de l'information, manipule des symboles, enregistre des éléments en mémoire et peut les rechercher et les retrouver, reconnaît des formes, bref, traite de l'information (Neisser, 1976).

L'approche suggérée par cette analogie est appelée l'approche de **traitement de l'information** (en anglais, *information processing*). On y conçoit l'activité cognitive comme une séquence d'étapes de traitement. Un des premiers modèles du traitement de l'information, proposé par Atkinson et Shiffrin en 1968, a déterminé une grande partie des travaux effectués sur la mémoire au cours des quinze dernières années. La figure 1.2 montre les principales composantes de ce modèle.

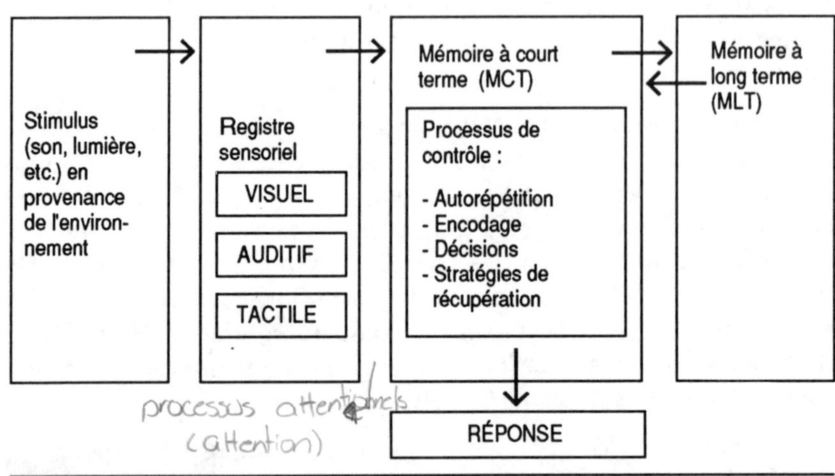

FIGURE 1.2
Le système de traitement de l'information humain d'après Atkinson et Shiffrin (1968). (Tiré de « The Control of Short-Term Memory », Atkinson et Shiffrin ©*Scientific American*. Août 1971.)

Sur la base des résultats d'expériences antérieures, Atkinson et Shiffrin identifiaient trois mémoires : une mémoire sensorielle, que l'on appelle souvent registre sensoriel, une mémoire à court terme et une mémoire à long terme. Lorsqu'un stimulus (son, lumière, etc.) est présent dans l'environnement, l'organisme peut d'abord l'enregistrer en mémoire sensorielle. S'il y prête ensuite attention, ce stimulus sera identifié et introduit en mémoire à court terme, puis en mémoire à long terme. Ainsi, si vous devez fournir votre numéro de plaque d'immatriculation, vous devrez peut-être regarder votre plaque et enregistrer ces symboles en mémoire sensorielle visuelle. Vous les identifierez ensuite et les répéterez en mémoire à court terme pour ne pas les oublier. Le fait de les répéter vous permettra probablement de les emmagasiner de façon plus permanente en mémoire à long terme.

Pour Atkinson et Shiffrin, ces trois mémoires semblaient se distinguer sur un certain nombre de dimensions, la plus évidente étant le temps pendant lequel l'information pouvait y être conservée. Le contenu semblait pouvoir être maintenu pendant des durées à peu près égales ou inférieures à une seconde en mémoire sensorielle, et inférieure à une minute en mémoire à court terme. En mémoire à long terme, l'information pourrait être gardée pendant des années. Ces dernières années, le modèle d'Atkinson et Shiffrin a subi des modifications significatives. Cette question sera traitée en profondeur dans les chapitres portant sur la mémoire.

Les sciences de l'informatique ont légué plusieurs concepts à la psychologie cognitive : entre autres, le concept de traitement de l'information lui-même bien sûr et les concepts de transfert d'information d'une structure à une autre, d'emmagasinage de l'information en mémoire et de récupération.

Les sciences de la communication

Les sciences de la communication suggéraient aussi une conception de traitement par étapes. Ainsi, Claude Shannon, mathématicien aux Laboratoires Bell, proposait en 1948 une façon de quantifier l'information transmise dans un message. Selon Shannon, l'information est reliée à l'incertitude que contient le message. Si l'on vous annonce un événement quasi certain, par exemple, qu'il a neigé l'hiver dernier au Québec, la quantité d'information transmise est beaucoup moins grande que si l'on vous dit qu'il a neigé à Port-au-Prince, en Haïti. Plus une information réduit l'incertitude, plus cette information est importante. Shannon proposait donc une façon de quantifier l'information en unités de mesure appelées « bit » (abréviation de binary digit, c'est-à-dire, en français, nombre binaire).

Plusieurs concepts des sciences de la communication ont été « importés » en psychologie cognitive : canal, signal, bruit, filtre, traitements sériel et parallèle, système à capacité limitée. L'influence des sciences de la communication s'est particulièrement faite sentir dans l'ouvrage de Donald Broadbent, *Perception and Communication*, paru en Angleterre en 1958. Celui-ci démontrait, entre autres, que lors de l'analyse d'une série de stimuli, comme des chiffres, les sujets établissent de façon tout à fait involontaire des priorités dans l'ordre de traitement de ces stimuli. L'ordre dans lequel les sujets rapportaient des stimuli ne correspondait pas nécessairement à l'ordre dans lequel ils leur avaient été présentés, mais plutôt à des « canaux de traitement » définis, par exemple, par la position des stimuli dans l'espace : des sujets à qui l'on demandait de rapporter les chiffres dans leur ordre d'arrivée se rappelaient moins bien ces chiffres que s'ils les rapportaient en fonction de l'endroit d'où ils provenaient. Ces recherches seront décrites dans le chapitre portant sur l'attention.

LA RECHERCHE EN PSYCHOLOGIE COGNITIVE

Comme dans tous les domaines, la recherche en psychologie cognitive possède des caractéristiques qui lui sont propres; certains appareils sont fréquemment utilisés, on prête une attention particulière à certains aspects du comportement de l'individu. Par ailleurs, comme dans bien d'autres domaines, la méthode expérimentale est très souvent employée.

La méthode expérimentale

Le développement des connaissances, en psychologie cognitive, s'est appuyé en grande partie sur la méthode expérimentale. Cela implique

que l'étude d'un phénomène commence par l'**observation** de ce phénomène dans des conditions définies très précisément (souvent dans un laboratoire), de sorte qu'il devrait être possible de recréer à volonté les conditions qui permettent d'observer à nouveau ce même phénomène. Après avoir effectué les observations, les résultats sont **interprétés**. Cela signifie qu'à partir de ces observations, on tente de comprendre comment le système intellectuel humain est constitué et fonctionne, ainsi que de construire un modèle qui permet de représenter le système de traitement de l'information de l'humain. Ce modèle suggérera ensuite de nouvelles interrogations qui pourront à leur tour être vérifiées au moyen de la méthode scientifique.

Les informations que vous trouverez dans les chapitres qui suivent se présentent la plupart du temps sous forme d'expériences effectuées dans des conditions contrôlées. Les détails relatifs à la procédure d'une expérience, c'est-à-dire aux conditions précises dans lesquelles cette expérience s'est déroulée, sont généralement fournis dans le compte rendu d'une expérience publiée dans un périodique scientifique, ce qui permet éventuellement de vérifier les résultats en répétant l'expérience. Comme le texte qui suit est introductif, les détails peu utiles à la compréhension de l'expérience et à l'interprétation des résultats sont omis. Cela ne signifie pas que la compréhension de l'expérience comme telle soit superflue, au contraire. Le domaine étant relativement jeune, les connaissances développées en psychologie cognitive ne sont pas établies, définitives. Apprendre ce qu'est la psychologie cognitive, c'est bien sûr apprendre des faits, un modèle du fonctionnement cognitif, mais c'est aussi connaître une façon particulière d'étudier l'esprit humain. L'apprentissage de la méthode y est aussi important que l'apprentissage des résultats observés jusqu'à maintenant. C'est pourquoi chacun des thèmes est abordé par la présentation d'expériences représentatives ou particulièrement importantes pour l'étude de ces thèmes. La compréhension de la logique de ces expériences est essentielle.

Le tachistoscope : un appareil souvent utilisé

En psychologie cognitive, les expériences sont réalisées à l'aide de différents appareils. Ainsi, quand des sujets doivent traiter des stimuli visuels, le **tachistoscope** est souvent utilisé pour présenter ces stimuli pendant des durées très précises.

Au cours d'une expérience où le tachistoscope est employé, le sujet est assis et regarde à travers des lunettes placées à une extrémité d'une longue boîte rectangulaire. La figure 1.3 montre un sujet dans cette situation.

Au début, le sujet ne voit rien dans le tachistoscope : tout est noir. Ensuite apparaît une carte sur laquelle est dessiné, imprimé ou

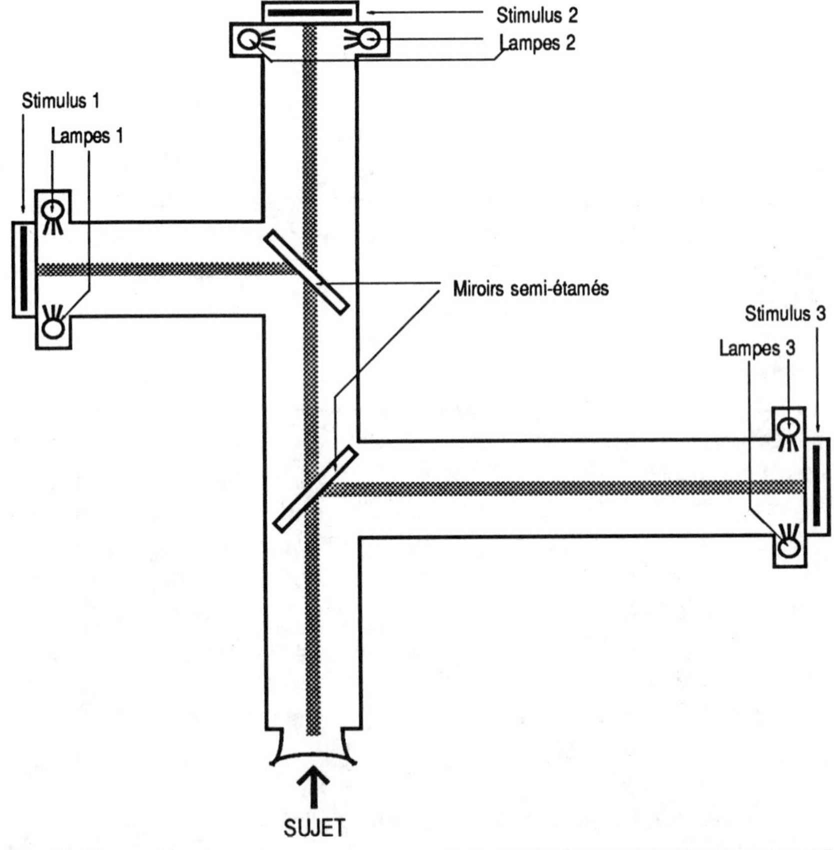

FIGURE 1.3
Un tachistoscope à trois champs.

photographié un stimulus visuel : une lettre, un paysage, etc. Selon l'expérience, le sujet pourra par la suite voir un écran blanc, du noir, ou un autre stimulus. L'apparition des stimuli est provoquée par l'illumination d'ampoules spéciales qui permettent de contrôler très précisément, à la milliseconde (millième de seconde) près, le temps pendant lequel les stimuli sont visibles.

Le tachistoscope est composé de plusieurs champs, c'est-à-dire de plusieurs boîtes rectangulaires. Le sujet est placé devant une seule de ces boîtes. Cependant, un jeu de miroirs disposés à l'intérieur du tachistoscope permet de faire voir au sujet les cartes insérées à l'extrémité de n'importe quelle boîte. À la figure 1.3, le sujet regarde dans un tachistoscope à trois champs. Grâce aux miroirs semi-étamés disposés à l'entrée des couloirs 1 et 3, il est possible de présenter n'importe quel des stimuli 1, 2 ou 3.

D'autres appareils, comme l'écran d'ordinateur, sont employés pour présenter des stimuli visuels.

Un exemple d'expérience

La méthode expérimentale permet de contrôler soigneusement les conditions dans lesquelles une question est étudiée. Un facteur quelconque est introduit, et l'effet de ce facteur est examiné. Généralement, plusieurs valeurs sont attribuées au facteur manipulé. Imaginons la situation suivante. On désire savoir lequel, de deux types de caractère typographique, peut être lu le plus rapidement et le plus exactement par un individu. Pour répondre à cette question, une expérience est mise au point : deux ensembles de lettres représentant les deux types de caractère sont constitués, type A (italique) et type B (gothique). Dans un tachistoscope, toutes les lettres, des deux ensembles, sont présentées à un sujet. Chaque lettre est montrée trois fois, à différents moments (c'est-à-dire pas nécessairement de façon successive) durant l'expérience : une fois pendant 30 ms (millisecondes ou millièmes de secondes), une autre fois pendant 40 ms, et une dernière fois pendant 50 ms. À chaque essai, le sujet doit nommer la lettre qui a été présentée.

Lors de cette expérience qui analyse, pour deux types de caractère, l'effet du facteur « durée de présentation » sur la capacité d'identifier correctement une lettre, la durée de présentation est une **variable** parce qu'elle peut prendre des valeurs **variées.** Comme le nombre de fois où le sujet identifie correctement la lettre présentée peut aussi prendre différentes valeurs selon la durée de présentation, le nombre d'identifications correctes est aussi une variable. Pour les distinguer, on appelle la variable sur laquelle l'effet est mesuré la **variable dépendante.** Dans ce cas-ci, la variable dépendante est le nombre d'identifications correctes parce que ce nombre **dépendra** de la durée de présentation du stimulus. On appelle **variable indépendante** la variable que l'expérimentateur décide de manipuler, c'est-à-dire de faire varier. Dans notre exemple, il y en a deux, soit le type de caractère et la durée de présentation.

La présentation des résultats

Pour la plupart des expériences rapportées dans les chapitres qui suivent, les résultats sont présentés au moyen de graphiques. Ces graphiques sont formés de deux axes : l'abscisse ou l'axe des X, et l'ordonnée, ou l'axe des Y. En général, les valeurs que prend la variable indépendante sont représentées sur l'axe des X et les valeurs de la variable dépendante, sur l'axe des Y. Comme le temps de réaction est fréquemment utilisé dans ces expériences, c'est souvent cette mesure qui apparaît en ordonnée. Dans notre exemple sur l'identification de deux types de caractère en fonction de la durée de présentation du caractère, les résultats pourraient se présenter comme sur la figure 1.4. La représentation graphique se lit comme suit : à mesure que la durée de présentation du stimulus augmente, le nombre d'identifications correctes augmente aussi. Pour une même durée de présentation, les caractères de type B sont identifiés plus précisément par les sujets et ce, de façon constante, quelle que soit la durée de présentation (entre 30 et 50 ms).

Le temps de réaction simple et le temps de réaction au choix

Comprendre la structure de l'esprit humain, c'est tenter d'identifier les étapes que l'exécution d'une tâche mentale comporte. Pour identifier ces étapes, le temps de réaction constitue une mesure privilégiée.

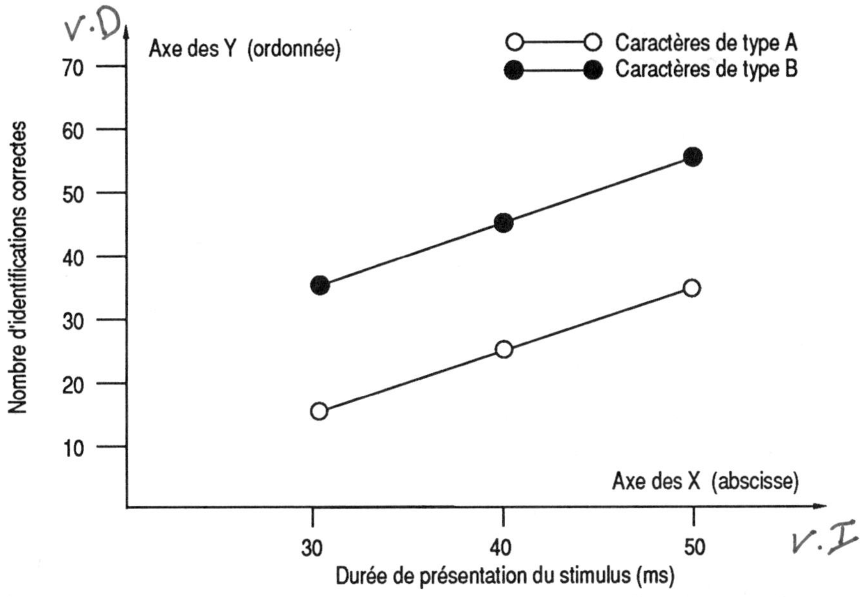

FIGURE 1.4
Nombre d'identifications correctes de deux types de caractère en fonction de leur durée de présentation.

Comme son appellation l'indique, le **temps de réaction** est le temps mis par un individu à réagir à un stimulus. Le **temps de réaction simple** est le temps nécessaire pour produire, le plus rapidement possible, une réponse prédéterminée à un stimulus également prédéterminé. Si l'on vous demande de presser un bouton le plus vite possible lorsqu'une ampoule électrique s'allumera, on dira que le temps entre l'apparition du stimulus (l'illumination de l'ampoule) et le début de la réponse (le moment précis où vous commencez à appuyer sur le bouton) constitue votre temps de réaction simple. On utilise parfois le terme latence ou temps de latence pour désigner cette durée requise pour l'exécution des processus mentaux qui précèdent la réponse.

La mesure du temps de réaction est historiquement associée au développement de la psychologie expérimentale. Au 18e siècle, le déplacement d'une étoile était mesuré par les astronomes en comptant les secondes nécessaires pour que l'étoile se déplace entre deux lignes tracées dans le champ d'un télescope. En 1796, un astronome appelé Maskelyne déplorait l'incompétence de son assistant, Kinnebrook, parce que celui-ci enregistrait des durées de déplacement différentes (d'environ 0,8 seconde) des siennes. Vingt ans plus tard, un autre astronome, Friedrich Bessel, s'intéressa à cette différence. En mesurant systématiquement les enregistrements de nombreux astronomes, il devint évident que chacun d'eux possédait ce que l'on appela son « équation personnelle ». En termes plus actuels, on dit qu'il existe des différences individuelles au niveau du temps de réaction simple et, quoique ce temps soit en moyenne de 190 ms (à peu près un cinquième de seconde), chaque individu produit son propre temps de réaction qui peut être plus ou moins rapide. Le temps de réaction simple d'un individu est une mesure relativement stable au cours de sa vie.

Le temps de réaction simple se distingue du **temps de réaction au choix** (en anglais, *choice reaction time* ou *CRT*). Le temps de réaction au choix consiste à produire une réponse lors de la présentation d'un stimulus; celui-ci cependant doit être sélectionné parmi plusieurs stimuli. Par exemple, on vous donne les consignes suivantes : si la lumière rouge s'allume, vous pressez le bouton situé à gauche; si c'est la lumière verte qui s'allume, vous pressez le bouton de droite. Le temps s'écoulant entre le début de l'illumination et le début de la production de votre réponse constitue le temps de réaction au choix. Sommairement, on peut dire que ce temps de réaction au choix reflète le temps requis pour exécuter les opérations suivantes : perception du stimulus (la lumière), catégorisation du stimulus (rouge ou verte), décision (bouton de gauche ou de droite), préparation à la production de la réponse motrice.

Le taux d'erreur

Si le temps de réaction est la principale mesure en psychologie cognitive, le taux d'erreur représente également une mesure importante. En effet, si l'on considère la performance de temps de réaction au choix, on réalise rapidement qu'il existe une relation très étroite entre le temps de réponse, c'est-à-dire le temps pour produire la réponse, et le nombre d'erreurs que le sujet peut effectuer dans cette tâche. Dans les consignes données au sujet, plus la priorité sera mise très clairement sur la vitesse, plus le nombre d'erreurs risquera d'être élevé. Dans toute tâche, il existe un rapport vitesse-précision qui doit être considéré. En psychologie cognitive, lorsque la performance n'est rapportée qu'au niveau du temps de réaction, c'est généralement parce que les erreurs sont contrôlées, c'est-à-dire que, souvent, les sujets pratiquent la tâche jusqu'à ce que leur taux d'erreur soit nul ou presque.

LES ÉTAPES DE TRAITEMENT

Un postulat fondamental dans l'approche de traitement de l'information est celui de l'exécution des processus mentaux selon les **étapes de traitement**. Comme pour le travail à la chaîne où les opérations s'effectuent successivement et indépendamment l'une de l'autre, on suppose que, généralement, l'humain exécute une tâche en procédant par étapes. Ainsi, dans le temps de réaction au choix, les étapes de perception, catégorisation, décision et préparation à la production d'une réponse sont distinguées. Lors de l'accomplissement de tâches plus complexes aussi, des étapes de traitement peuvent être isolées.

La représentation des étapes de traitement

Des sciences de l'informatique en particulier, la psychologie cognitive a aussi emprunté le mode de représentation des étapes de traitement. Cette représentation se fait souvent au moyen d'organigrammes (en anglais, *flowchart*). Ceux-ci sont constitués de boîtes reliées par des liens, lignes ou flèches. Le modèle d'Atkinson et Shiffrin présenté à la figure 1.2, au début de ce chapitre, est décrit sous forme d'organigramme. Cette façon de représenter une séquence d'opérations est couramment utilisée en psychologie cognitive.

L'analyse des étapes par le temps de réaction

La méthode soustractive de Donders (1868) présente un intérêt historique considérable puisqu'elle constitue l'une des premières tentatives d'analyse des étapes de traitement à l'aide du temps de réaction. Lachman, Lachman et Butterfield (1979) présentent la logique qui sous-tend l'utilisation de cette méthode.

Donders distingue trois types de tâche de temps de réaction. Dans la tâche A, le sujet est devant **un** stimulus (par exemple, une lumière) et donne **une** réponse à l'apparition du stimulus. Le temps qui s'écoule entre le début de la présentation du stimulus et le début de la production de la réponse est le temps de réaction simple.

Dans la tâche de type B, le sujet est devant **plusieurs** stimuli et il a le choix entre **plusieurs** réponses. Par exemple, si une lumière rouge s'allume, le sujet doit presser le bouton de droite le plus rapidement possible; si c'est une lumière verte, il presse le bouton de gauche. Dans cette tâche, le temps que met le sujet à répondre est le résultat du temps de réaction simple, plus le temps mis à catégoriser le stimulus (c'est-à-dire le définir comme étant la lumière verte ou la lumière rouge), plus le temps pour sélectionner la réponse, (c'est-à-dire pour prendre la décision de presser l'un ou l'autre bouton).

Dans la tâche de type C, le sujet est devant **plusieurs** stimuli, mais n'a qu'**une** possibilité de production de réponse : par exemple, si la lumière rouge s'allume, il presse le bouton le plus rapidement possible, si la lumière verte s'allume, il ne répond pas. Dans cette situation, le temps que met le sujet à répondre est le résultat de l'addition du temps de réaction simple au temps mis à catégoriser le stimulus. Le sujet n'a pas, comme dans la tâche B, à faire un choix entre deux productions de réponse.

Le tableau 1.1 résume les conditions des trois types de tâche et les étapes nécessaires pour les exécuter. Si l'on soustrait le temps mis par le sujet à répondre dans la tâche A du temps mis à répondre dans la tâche C, il reste le temps nécessaire pour catégoriser la réponse. Si le temps de réponse dans la tâche C est soustrait du temps de réponse dans la tâche B, une estimation du temps requis pour sélectionner la réponse à produire est obtenu.

La logique soustractive est utilisée encore aujourd'hui pour estimer la durée de processus mentaux comme l'examen d'éléments mémorisés. Notons cependant que, de nos jours, les nouvelles méthodes d'analyse des processus cognitifs visent davantage l'identification des étapes de traitement et des facteurs qui les influencent que l'estimation précise de leurs durées.

TABLEAU 1.1
Les trois tâches de temps de réaction de Donders

Tâche	Nombre de stimuli	Nombre de réponses	Processus mentaux mesurés
A	Un	Une	Temps de réaction simple
B	Plusieurs	Plusieurs	Temps de réaction simple Catégorisation des stimuli Sélection de la réponse
C	Plusieurs	Une	Temps de réaction simple Catégorisation des stimuli

UN APERÇU DU CONTENU DE CE LIVRE

Ce livre est composé de 12 chapitres. Au début de chaque chapitre, un plan vous est présenté. Ce plan peut être très utile : il permet d'avoir une première vue d'ensemble, structurée, du contenu qui suit.

Vous constaterez que certains termes sont en caractères gras : il s'agit, la plupart du temps, de concepts nouveaux ou particulièrement importants ou encore, parfois, de termes qui permettent une meilleure compréhension du texte.

Vous remarquerez également que pour plusieurs termes ou expressions, la traduction anglaise est fournie entre parenthèses. Cette précaution est nécessaire puisque la presque totalité de la littérature à laquelle se réfère ce livre est de langue anglaise (un coup d'oeil aux références en fin de volume vous en convaincra facilement). Pour faciliter le passage d'une introduction en français à la littérature originale, il nous paraît essentiel de donner l'équivalent anglais de termes qui, souvent, ont pris une signification particulière dans une spécialité donnée. Cela rend toujours délicate la traduction précise de termes ou d'expressions. La présentation du terme original accompagnant sa traduction assure un transfert sans problème d'une langue à l'autre.

Les expériences rapportées dans le texte sont souvent accompagnées de figures illustrant la succession des événements lors d'un essai expérimental, ou des résultats qui ont été obtenus. De plus, pour quelques expériences dont le déroulement comporte plusieurs étapes, un schéma descriptif complète et simplifie la description de l'expérience dans le texte.

Le contenu du livre se présente de la façon suivante. Dans ce premier chapitre d'**introduction**, un bref historique accompagnait une présentation succincte des principaux concepts que l'on retrouvera tout au long des chapitres qui suivent.

Le chapitre 2 porte sur l'**enregistrement sensoriel**. Si vous regardez un feu d'artifice, vous voyez de grands faisceaux lumineux. Or, même si vous voyez effectivement de longs traits de différentes couleurs, vous savez que, de fait, ces traits sont des points qui se déplacent rapidement. Si ce sont des traits que vous percevez, et non un point qui se déplace, c'est parce que l'image du point, pendant qu'il se déplace, demeure visible pendant un certain temps. Le chapitre sur l'enregistrement sensoriel examine quelques expériences classiques où ce phénomène a été étudié.

À chaque instant, nous sommes assaillis de stimulations de toute sorte. Prenez un instant pour prêter attention à tout ce que vous percevez sans nécessairement en prendre conscience : les sons, les objets que vous « regardez sans les voir », les odeurs, la sensation que procure le fait de tenir le livre que vous lisez actuellement. Les stimulations qui nous entourent sont tellement nombreuses qu'il est nécessaire de faire une sélection de l'information qui sera effectivement traitée. C'est l'**attention** qui nous permet de sélectionner le matériel dont nous décidons de prendre connaissance parmi l'ensemble des stimuli enregistrés en mémoire sensorielle. C'est le chapitre 3 qui examinera cette question.

Vous êtes absorbé dans un travail lorsque vous réalisez soudainement que l'on vient de sonner à votre porte. Au moment même où la sonnerie a été actionnée, vous n'avez pas vraiment prêté attention au son. C'est en fait immédiatement après que vous avez, en quelque sorte, entendu l'« écho » de la sonnerie, et que vous avez identifié ce son comme étant celui de votre sonnette. Après l'enregistrement sensoriel du son, le fait d'y prêter attention nous permet de l'identifier, de le reconnaître. Le chapitre 4 traite de la **reconnaissance de formes**. Une bonne part des travaux effectués sur la reconnaissance ont porté sur les formes perçues visuellement. C'est de ce type de reconnaissance dont nous discuterons dans le quatrième chapitre.

Les quatres chapitres suivants portent sur la mémorisation. Quelles sont les opérations mentales qui vous ont permis d'emmagasiner en mémoire le visage de votre père? Pourquoi oublions-nous? Est-ce parce que nous avons perdu cette information ou parce que nous avons de la difficulté à la retrouver? Comment est-il possible d'augmenter l'efficacité de la recherche en mémoire? Ces questions (et bien d'autres encore!) seront abordées dans les chapitres 5, 6, 7 et 8 : **La mémoire à court terme, L'encodage, La récupération et l'oubli, Stratégies cognitives et mémoire.**

Les huit premiers chapitres traitent essentiellement des processus ou des opérations impliquées dans l'enregistrement et la manipulation de l'information. Les trois derniers chapitres s'intéressent plutôt à ce que l'on appelle la représentation, c'est-à-dire à la façon dont l'information est emmagasinée, représentée, organisée.

Quelle était la forme des sourcils de votre mère? Pour répondre à cette question, vous devrez « imaginer » le visage de votre mère. Quelles sont les caractéristiques de cette sorte de représentation? Comment le traitement des images mentales se distingue-t-il du traitement de concepts plus abstraits? Il n'est pas facile de répondre à ces questions, mais c'est probablement dans la recherche sur les images mentales que l'on trouve les travaux les plus inventifs, en psychologie cognitive. Le chapitre 9, **Les images mentales,** présente quelques-uns de ces travaux.

Pour penser à votre mère vous devez, bien entendu, la connaître, mais vous devez aussi savoir ce qu'est une mère en général. Pour pouvoir fonctionner efficacement, il est nécessaire de regrouper l'information que nous rencontrons dans nos interactions avec le monde. On ne peut réapprendre, à chaque fois que nous en rencontrons un, ce qui fait qu'un chat est un chat. En fait, après en avoir vu quelques spécimens, il nous est possible de nous « faire une idée » de ce qu'est un chat, autrement dit, de développer le concept de chat. Le chapitre 10, **Concepts et catégories,** traite de cet aspect fondamental de notre fonctionnement cognitif : la conceptualisation.

Le chapitre 11 est relié de près au chapitre 10. Alors que ce dernier traite du concept lui-même, le chapitre 11 porte plutôt sur la représentation des événements. Par exemple, si le chapitre 10 tente de répondre à des questions telles que « Qu'est-ce qui caractérise le concept de premier ministre? », dans le chapitre 11, on se demandera comment l'information « Pendant plusieurs années, René Lévesque fut premier ministre du Québec. » est représentée et reliée à l'ensemble de notre connaissance de la politique québécoise. Cette sorte d'information est emmagasinée dans ce que l'on appelle **la mémoire sémantique.**

Après lecture de ce premier chapitre d'introduction, il est possible de distinguer trois groupes de chapitres dans ce livre. La première partie (chapitres 2, 3, 4) porte sur les toutes premières étapes de traitement de l'information : comment un stimulus est perçu et reconnu. Les informations concernant les opérations impliquées dans la mémorisation et le rappel sont traitées dans la deuxième partie (chapitres 5, 6, 7, 8). La troisième et dernière partie examine la représentation de la connaissance (chapitres 9, 10, 11), c'est-à-dire la façon dont l'information (comme les mots ou les images) que nous manipulons dans l'exercice de nos activités est représentée et organisée dans notre cerveau. La représentation de l'information est une question très importante en psychologie cognitive. On peut avoir une idée de son rôle si l'on songe à une bibliothèque où la disposition des volumes sur les tablettes se ferait au hasard. Un tel manque d'organisation rendrait certainement la recherche d'un volume laborieuse. De plus, la complexité de cette tâche augmenterait rapidement à mesure que le nombre de volumes augmenterait. Quand on pense à la quantité incroyable d'informations que nous emmagasinons et manipulons constamment, on imagine aisément comment l'organisation de cette information influence notre fonctionnement intellectuel.

RÉSUMÉ

- La psychologie cognitive s'intéresse à la **cognition**, c'est-à-dire aux activités mentales qu'impliquent nos relations avec l'environnement. La perception, la mémorisation, le rappel, la résolution de problème et la prise de décision sont des thèmes que la psychologie cognitive étudie.

- Wilhelm Wundt, à qui l'on attribue souvent la naissance de la psychologie expérimentale, adoptait une perspective structuraliste. Il tentait d'identifier les éléments constitutifs de l'esprit et de définir leurs relations.

- Gustav Fechner et Hermann Ebbinghaus font partie de l'histoire de la psychologie cognitive. Fechner posait la question de la relation entre le stimulus et la sensation, Ebbinghaus étudiait l'effet du passage du temps sur du contenu emmagasiné en mémoire. En Amérique, Thorndike explorait les effets de la récompense et de la punition sur l'apprentissage.

- Dans les années 1920, Watson soutenait que l'étude rigoureuse des processus mentaux était difficilement réalisable et, de toute façon, non nécessaire pour expliquer et prédire le comportement. Jusque dans les années 1950, le courant behavioriste initié par Watson a eu une grande influence en psychologie, en Amérique particulièrement.

- Toutefois, se limiter au comportement observable ne permettait pas d'expliquer les conduites humaines complexes comme le langage ou l'imagerie. Ces limites ont favorisé l'émergence de la psychologie cognitive.

- Plusieurs disciplines ont contribué au développement de la psychologie cognitive, soit principalement la psychologie de la Gestalt, la linguistique, ainsi que les sciences de l'informatique et de la communication.

  Des sciences de l'informatique, la psychologie cognitive a retenu l'**analogie de l'ordinateur** : l'humain, comme l'ordinateur, reçoit de l'information qu'il enregistre, emmagasine et transforme pour émettre une réponse.

- Des sciences de la communication, la psychologie cognitive a emprunté un vocabulaire : par exemple, signal, canal, bruit, système à capacité limitée, traitement parallèle et sériel.

- En psychologie cognitive, la **méthode expérimentale** est privilégiée. Cela implique qu'après avoir observé un phénomène dans des conditions contrôlées, on tente d'interpréter ces observations selon un modèle qui, à son tour, permettra de formuler de nouvelles questions de recherches.

- Dans une recherche, l'expérimentatrice ou l'expérimentateur introduit un facteur dont la valeur est variée : c'est la **variable indépendante**. L'effet de ces variations est mesuré sur un aspect de la performance, par exemple, le temps de réaction ou les erreurs : il s'agit de la **variable dépendante**.

- L'approche de traitement de l'information repose sur un postulat fondamental : il est possible de décomposer les processus mentaux en **étapes de traitement** qui s'exécutent successivement.

PARTIE 1

LES PROCESSUS PERCEPTUELS

CHAPITRE 2

L'ENREGISTREMENT SENSORIEL

CHAPITRE 2

L'ENREGISTREMENT SENSORIEL

LA PERCEPTION DU MONDE QUI NOUS ENTOURE

Imaginez une situation où vous ne ressentez aucune sensation. Vous ne voyez ni n'entendez rien, vous ne pouvez sentir d'odeur ni éprouver de sensation tactile, vous ne goûtez rien. Dans ce vide sensoriel, il serait évidemment impossible de connaître le monde qui vous entoure. L'enregistrement sensoriel, c'est ce qui vous met en contact avec le monde.

À chaque instant, nous sommes exposés à une multitude de stimulations dont, pour la plupart, nous ne prenons pas conscience. Pensez à la sensation tactile enregistrée par la peau de vos mains pendant que vous tenez ce livre. Pensez aux bruits qui, actuellement, vous atteignent sans que vous y prêtiez attention.

Même s'il est nécessaire de porter attention à ces stimulations pour en saisir la signification, cela ne veut pas dire qu'elles ne sont pas notées, enregistrées par notre organisme. En fait, les chercheurs dans le domaine de la mémoire disent souvent qu'en principe, toute l'information qui atteint nos sens est enregistrée. On appelle **registre** ou **mémoire sensorielle** cette structure qui garde pendant un très court laps de temps l'information sensorielle (sons, informations visuelles, odeurs, etc.) qui nous atteint, la plupart du temps sans même que nous en soyons conscients. L'expression « mémoire sensorielle » est souvent employée. On utilise aussi, comme dans la figure 1.2 illustrant le modèle d'Atkinson et Shiffrin du chapitre 1, l'expression « registre sensoriel ». Dans les chapitres qui suivent, ces deux termes, registre et mémoire, seront utilisés indifféremment. La mémoire, c'est la structure. L'**enregistrement**, c'est le processus ou les étapes de traitement par lesquelles l'information est emmagasinée dans cette structure que l'on nomme mémoire sensorielle.

« Qu'est-ce que tu as dit? Ah! oui... »

La capacité de notre registre sensoriel dépasse largement ce dont nous sommes généralement conscients. Nous avons tous expérimenté la situation suivante. Un ami vous dit quelque chose. Étant préoccupé à ce moment-là, vous n'avez pas compris ce qu'il disait bien que vous ayez noté qu'il vous a parlé. Au moment où vous lui demandez « Qu'est-ce que tu as dit? », vous saisissez subitement le sens de ce qu'il vient de vous dire sans qu'il n'ait eu à le répéter : « Ah! oui... », dites-vous, avant même qu'il ne réponde à votre question. Dans cette situation, les sons émis par votre ami avaient effectivement été enregistrés dans votre mémoire sensorielle. Ils y ont été maintenus pendant une seconde ou deux, le temps que vous dirigiez votre attention vers ces sons. C'est parce que vous avez pu les retenir pendant un court laps de temps après leur arrivée dans votre mémoire sensorielle auditive qu'il vous a été possible de les traiter ultérieurement et d'en comprendre la signification.

À partir de cet exemple, on peut voir quelles sont les questions importantes, et pourquoi elles le sont pour la recherche sur la mémoire sensorielle. Si les sons sont maintenus en mémoire sensorielle pour être traités ultérieurement, qu'est-ce qui est gardé en mémoire, les sons eux-mêmes ou leur signification? Dans le premier cas, l'enregistrement sensoriel serait identique au stimulus physique. En revanche, si l'enregistrement porte sur la signification du message, le contenu en mémoire sensorielle de deux messages formulés différemment mais ayant la même signification devrait être le même, peu importe la forme exacte de ces messages.

Dans ce chapitre sur la mémoire sensorielle, nous verrons qu'il semble, selon les résultats des recherches dans le domaine, que l'information soit plutôt gardée sous sa forme physique initiale. Ce n'est que plus tard, lorsque l'on prête attention à cette information, que la signification en est extraite.

On peut aussi poser la question suivante : combien de temps l'information peut-elle être maintenue en mémoire sensorielle? Dans l'exemple qui précède, vous n'avez pu traiter les sons immédiatement parce que vous étiez préoccupé par autre chose. Pendant combien de temps auriez-vous pu maintenir cette information en mémoire sensorielle sans la traiter? Il est évident que la durée de maintien de l'information est limitée dans cette mémoire et qu'après quelques secondes, il n'aurait plus été possible de l'utiliser.

Une étoile filante et une cigarette dans le noir

L'enregistrement sensoriel est un processus continu, de la naissance à la mort. Même en dormant, nous enregistrons certaines stimulations externes comme les sons, par exemple. Ces perceptions sont d'ailleurs souvent récupérées dans nos rêves. Parce qu'il s'agit d'un processus en action continue, nous ne prenons généralement pas conscience de son déroulement. Certaines circonstances permettent toutefois de mettre en évidence l'existence de la mémoire sensorielle. Vous êtes-vous déjà demandé pourquoi une étoile filante est vue comme une ligne, un fil, alors qu'il s'agit d'un point qui se déplace comme une balle que des enfants se lancent? Comment se fait-il que l'on puisse s'amuser à faire des dessins avec une cigarette dans le noir alors qu'à la lumière du jour, c'est impossible?

Les deux phénomènes que nous venons de décrire révèlent quelques caractéristiques de la **mémoire sensorielle visuelle.** De la même façon que les sons, les stimulations visuelles sont encore perceptibles pendant un certain temps après leur disparition. De plus, cette persistance est plus longue si ces stimulations sont présentées sur un fond noir. Si l'on allume et éteint rapidement une lampe de poche dans le noir, de sorte qu'elle soit allumée au total pendant une seconde, on la « verra » plus longtemps que si elle est allumée durant la même période de temps à la lumière du jour.

Lorsque la cigarette se déplace dans le noir, chaque point lumineux qu'elle occupe dans l'espace durant son déplacement persiste pour une durée brève. Pendant que vous suivez le point rouge, les stimulations créées aux positions antérieures demeurent visibles pour une brève période de temps : vous voyez un trait continu. Lorsqu'il fait jour, il y a aussi **persistance sensorielle.** Cependant, elle est tellement brève qu'elle permet rarement la perception de la continuité dans le déplacement. Notons que, même dans le noir, il s'agit d'un phénomène d'une durée très courte : si vous ralentissez légèrement le déplacement de votre cigarette, vous ne percevrez plus de continuité. En fait, pour percevoir un trait de 10 cm par exemple, il faut que le temps pris pour parcourir cette distance avec la cigarette soit inférieur à la durée de la trace sensorielle.

C'est de la même façon que la mémoire sensorielle visuelle permet de voir les étoiles filantes : chaque point du trajet de l'étoile met un certain temps avant de disparaître complètement. Ainsi voit-on un trait lumineux là où, en fait, il n'y avait qu'un seul point.

Le langage et le film : deux séries d'événements successifs

La rétention brève de l'information sensorielle est utile, voire indispensable, pour le traitement de l'information dynamique, c'est-à-dire de l'information qui est le produit d'un changement. Par exemple, les sons du langage sont des événements qui se produisent successivement dans le temps. Pour que vous compreniez le mot « démonstrativement » lorsqu'on vous le dit, il est nécessaire qu'au moment où vous entendez la syllabe « ment », vous ayez le souvenir des syllabes prononcées juste avant.

Lorsque l'on regarde un film, c'est aussi de l'information dynamique qui est traitée. Ce qui constitue en réalité une suite d'illustrations, appelées photogrammes, est perçue comme un mouvement continu parce que ces illustrations sont présentées d'une façon si rapide que le nouveau photogramme peut se superposer à la représentation, en mémoire visuelle, du photogramme précédent. Si le film se déroulait plus lentement, l'image du premier photogramme aurait le temps de disparaître. Le second photogramme apparaîtrait alors comme une seconde illustration. Le film serait donc perçu comme une succession de diapositives. Aussi, pour que l'image paraisse continue, l'intervalle de temps entre la fin de la présentation du premier photogramme et le début de la présentation du suivant doit être d'une durée inférieure à la durée de rétention en mémoire sensorielle visuelle. En d'autres termes, au moment où le deuxième photogramme apparaît, le premier est encore visible : il y a une superposition qui permet la transition graduelle d'un photogramme à l'autre. C'est ainsi que l'on perçoit la continuité dans une série de stimulations séparées.

Les questions suscitées par l'observation des phénomènes

Au cours des vingt-cinq dernières années, les caractéristiques de la mémoire sensorielle ont été étudiées. En particulier, on a cherché à répondre aux questions suivantes : quelle est la capacité de la mémoire sensorielle, c'est-à-dire combien d'informations, à un moment donné, la mémoire sensorielle peut-elle contenir? Quelle est la durée de cette mémoire, c'est-à-dire combien de temps l'information est-elle utilisable en mémoire sensorielle? Sous quelle forme l'information est-elle conservée en mémoire sensorielle? S'agit-il d'une information brute, non analysée, qui ressemble beaucoup à la stimulation physique ou plutôt d'une représentation analysée, c'est-à-dire d'une information portant sur la signification de cette stimulation?

Dans le chapitre qui suit, nous verrons un échantillon des recherches sur la mémoire sensorielle. Cet échantillon se veut représentatif des expériences qui ont permis de répondre à plusieurs questions concernant la nature et le fonctionnement de la mémoire sensorielle.

LA MÉMOIRE SENSORIELLE

L'expression « mémoire sensorielle » peut faire référence à deux phénomènes différents. Premièrement, elle peut désigner la rétention à long terme des caractéristiques sensorielles d'une stimulation. Par exemple, il peut être utile pour vous de vous remémorer le goût, l'odeur et la couleur d'un vin particulièrement apprécié il y a un an. La mémoire sensorielle dont nous discuterons dans ce chapitre, et celle qui, en général, est étudiée en psychologie expérimentale, n'a rien à voir avec cette première définition, c'est-à-dire avec l'emmagasinage à long terme des caractéristiques sensorielles d'un stimulus comme le goût et l'odeur du vin.

En fait, l'enregistrement sensoriel qui nous intéresse ici porte sur des représentations ou des images qui suivent immédiatement la perception du stimulus et dont les durées sont très brèves. Il s'agit de la deuxième signification possible de l'expression « mémoire sensorielle ». Ainsi, si dans une pièce où il fait sombre, on allume et éteint rapidement une lumière, le temps pendant lequel vous verrez cette lumière dépassera la durée réelle de sa présentation. La lumière que vous avez l'impression de voir encore, même si en réalité elle est éteinte, constitue une représentation en mémoire sensorielle.

Quoique, en principe, il existe une mémoire sensorielle pour chacune des modalités sensorielles (visuelle, auditive, gustative, olfactive et tactile), les recherches considérées dans ce chapitre s'intéressent aux mémoires sensorielles visuelle et auditive. Les autres modalités sensorielles ont été peu étudiées, d'une part parce que la majorité de l'information significative relative au fonctionnement de l'être humain est de nature visuelle ou auditive et, d'autre part, parce qu'il est plus facile de créer des situations expérimentales pour analyser le traitement de l'information dans ces modalités.

LA MÉMOIRE SENSORIELLE VISUELLE

Parmi les premiers travaux sur la mémoire sensorielle, les recherches menées par Sperling (1960) dans le cadre de sa thèse de doctorat ont été déterminantes. En plus de fournir des connaissances précieuses sur la durée et la capacité de la mémoire sensorielle visuelle, ces recherches sont généralement reconnues, en psychologie, pour leur caractère innovateur et leur rigueur expérimentale.

L'essentiel des travaux de Sperling a consisté à développer la méthode de rapport partiel et à comparer la performance des sujets dans des conditions de rapports complet et partiel.

L'étude de la mémoire sensorielle : les rapports complet et partiel

Le **rapport complet** consiste à demander à un sujet de rapporter, immédiatement après la présentation d'un groupe de lettres, toutes celles dont il se souvient. Ces lettres sont présentées très brièvement, par exemple pendant cinquante millisecondes (ms). Vous pouvez avoir une idée d'une telle durée de présentation en clignant des yeux le plus vite possible. La durée déterminée par l'intervalle de temps entre deux clignements représente environ 50 ms.

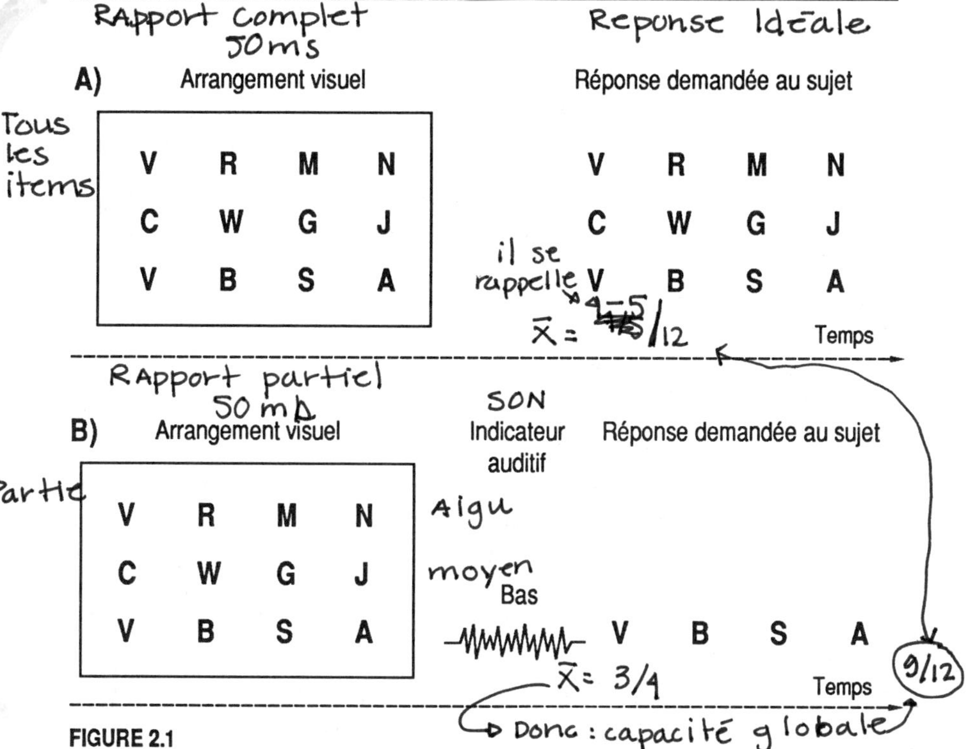

FIGURE 2.1

A) Exemple d'essai dans une procédure de rapport complet. Présentation des stimuli pendant 50 ms et réponse idéale du sujet.

B) Exemple d'essai dans une procédure de rapport partiel. Présentation des stimuli pendant 50 ms, présentation de l'indicateur auditif et réponse idéale du sujet.

La figure 2.1 A illustre un essai lors d'une procédure de rapport complet : pendant 50 ms, on présente au sujet une matrice de 12 lettres réparties en trois rangées de quatre lettres. Ensuite, le sujet doit rapporter le plus grand nombre possible de ces lettres. Dans une telle situation, le sujet peut généralement rapporter quatre ou cinq items (ou éléments) sur les 12 qui lui ont été présentés. À la figure 2.1 A, la réponse du sujet est idéale, elle illustre tous les éléments que le sujet peut éventuellement rapporter. En réalité cependant, le sujet n'en rapporte que quatre ou cinq.

Devant ces résultats, George Sperling s'est posé la question suivante. Si le sujet ne peut rapporter plus d'éléments, est-ce parce qu'il ne peut percevoir plus d'éléments, c'est-à-dire qu'il n'a tout simplement jamais vu les éléments non rapportés, ou est-ce parce que pendant qu'il enregistre et rapporte les quatre ou cinq premiers, il oublie les autres éléments de la matrice? Pour répondre à cette question, Sperling a développé la technique de **rapport partiel.**

Dans une situation de rapport partiel, on présente, de la même façon que pour le rapport complet, un ensemble de stimuli, en l'occurrence des lettres, pendant une période de temps très brève. Cependant, plutôt que de demander au sujet de rapporter le plus grand nombre d'éléments possible, on lui demande de ne rapporter qu'une partie de ces éléments.

La figure 2.1 B illustre la procédure de rapport partiel. On présente l'arrangement de stimuli (dans cet exemple, pendant 50 ms) et, après sa disparition, un indicateur auditif est présenté. Il s'agit d'un son, lequel peut être de fréquence élevée (son aigu), moyenne ou basse (son grave). Si le son est aigu, le sujet doit rapporter la rangée du haut; si le son est de fréquence moyenne, la rangée du milieu; un son grave indique de rapporter la rangée du bas. Dans l'exemple d'essai illustré à la figure 2.1 B, l'indicateur auditif est de fréquence basse; le sujet doit donc rapporter la rangée du bas. Le sujet fournit ensuite sa réponse qui, dans ce cas, devrait idéalement être « V B S A ».

Dans ces conditions, Sperling a observé que si le son arrivait immédiatement après la disparition du stimulus, le sujet pouvait nommer en moyenne trois lettres sur les quatre qui formaient la rangée. Cela signifie que le sujet a une capacité globale de rapporter à peu près neuf lettres sur les 12 qui ont été présentées.

Imaginons une série d'essais. Un ensemble de trois rangées de quatre lettres vous est présenté pendant 50 ms. Aussitôt que l'ensemble disparaît, vous entendez un son très grave. En vous basant sur la mémoire visuelle de l'ensemble de lettres, vous nommez trois lettres sur quatre de la rangée du bas. Cependant, vous êtes incapable de vous souvenir de la quatrième. Second essai : on vous présente un nouvel ensemble d'éléments, composé de lettres différentes. Immédiatement après la disparition de l'arrangement (ou de l'ensemble d'éléments), un son de fréquence élevée vous est présenté. Encore une fois, à partir de la représentation interne que vous avez de l'ensemble, vous êtes en mesure de rapporter trois lettres sur les quatre de la rangée du haut.

Considérés dans leur ensemble, ces résultats semblent indiquer que neuf lettres sur 12 sont enregistrées et visibles pour le sujet immédiatement après la disparition des stimuli. Mais on se souvient que dans le rapport complet, c'est-à-dire dans une situation où le sujet doit simplement rapporter le plus grand nombre possible d'éléments, il est incapable d'en rapporter plus de quatre ou cinq sur 12. Comment, alors, peut-on dire que le sujet dispose environ du double de ces éléments?

Selon Sperling, la performance, en situation de rapport complet, reflète les limites de la durée de la mémoire sensorielle. En fait, pendant que le sujet identifie, maintient en mémoire et rapporte les quatre ou cinq premiers items, l'information concernant les autres éléments en mémoire sensorielle se détériore. Ces éléments ne peuvent être rapportés puisque, graduellement, ils se sont effacés. Parce que la proportion des éléments rappelés en situation de rapport partiel est très élevée, il semble possible que toute l'information visuelle soit effectivement enregistrée. La limite observée quant au nombre d'éléments que le sujet peut rapporter proviendrait du fait que le rapport des premiers éléments interfère avec les éléments suivants. Autrement dit, pendant que le sujet rapporte les premiers éléments, il ne peut traiter les autres stimuli qui, pendant ce temps, s'effacent.

La comparaison des performances de rappel dans des conditions de rapports complet et partiel permet de conclure qu'il existe une sorte de mémoire sensorielle visuelle. Cette mémoire retient l'information durant une période de temps tellement brève que le temps d'en rappeler quelques éléments suffit pour que l'information restante soit oubliée. Cette détérioration très rapide de l'information rend difficile l'estimation de la capacité réelle de la mémoire sensorielle. Cependant, cette capacité dépasse largement ce qu'un simple rappel laisse croire.

Combien de temps l'information est-elle conservée en mémoire iconique?

Neisser (1967) a proposé le terme **icon** pour identifier la représentation en mémoire sensorielle visuelle. Par extension, on appelle aussi la mémoire sensorielle visuelle **mémoire iconique.**

Il semble que la mémoire iconique ne puisse conserver l'information que pendant un laps de temps très court puisqu'en situation de rapport complet, le temps requis pour rapporter quatre ou cinq éléments provoque une perte d'information. Après avoir constaté que la performance, en situation de rapport complet, pouvait être expliquée par une dégradation de l'information visuelle en mémoire iconique, Sperling pouvait poser la question suivante : à quel rythme cette information est-elle perdue? En d'autres termes, à quel rythme l'icon se dégrade-t-il?

Pour répondre à cette question, Sperling a varié la durée de l'intervalle de temps s'écoulant entre la disparition de l'arrangement et la présentation de l'indicateur auditif.

Jusqu'à présent, la situation de rapport partiel considérée impliquait une présentation immédiate de l'indicateur auditif après la disparition des éléments. On a vu que, dans cette condition, le nombre estimé d'éléments disponibles en mémoire iconique était de neuf. Dans une autre condition de rapport partiel, Sperling attendait 150 ms après la disparition de l'arrangement pour présenter le son. Après ce délai de 150 ms, le nombre d'items disponibles (rapportés par le sujet) passait de neuf à sept. Sperling a également introduit deux autres conditions où l'indicateur était présenté respectivement 300 ms et une seconde après la disparition des stimuli. Le schéma 2.1 résume la procédure de rapport partiel de Sperling.

La figure 2.2 montre les résultats obtenus lors de cette expérience. On voit que le nombre d'éléments utilisables pour le rappel diminue graduellement et se stabilise après environ 300 ms. Lorsque l'intervalle de temps entre la disparition des stimuli et l'apparition de l'indicateur est d'une seconde, la performance est identique à celle observée dans une condition de rapport complet (illustrée par la barre verticale à droite sur la figure 2.2).

SCHÉMA 2.1
Sperling (1960) : Procédure de rapport partiel

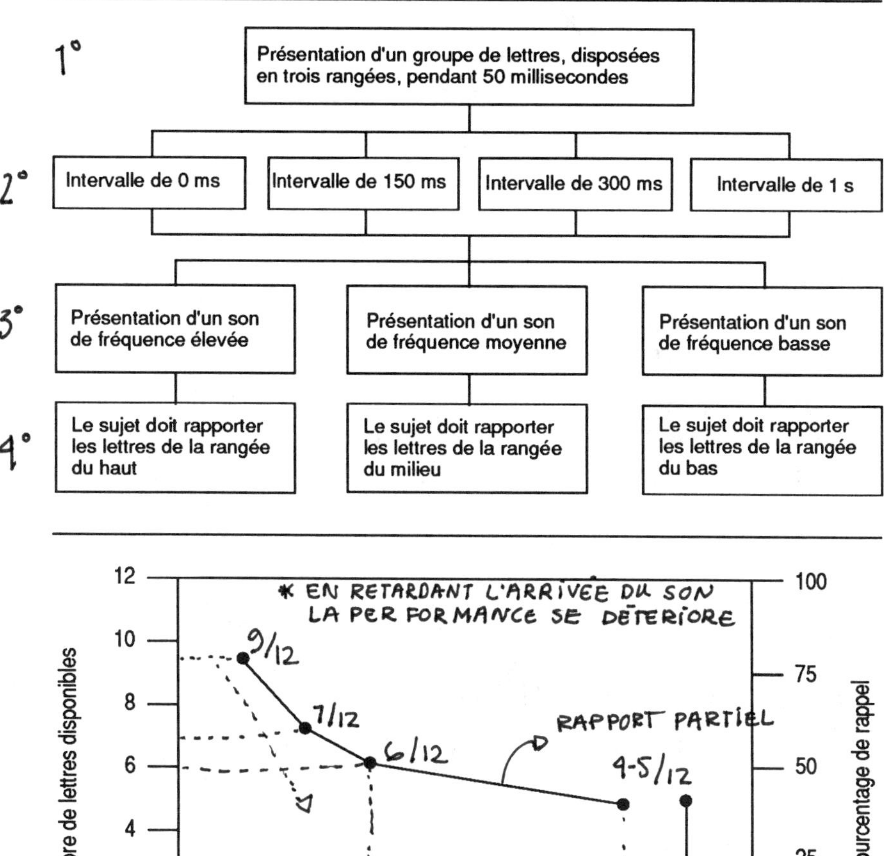

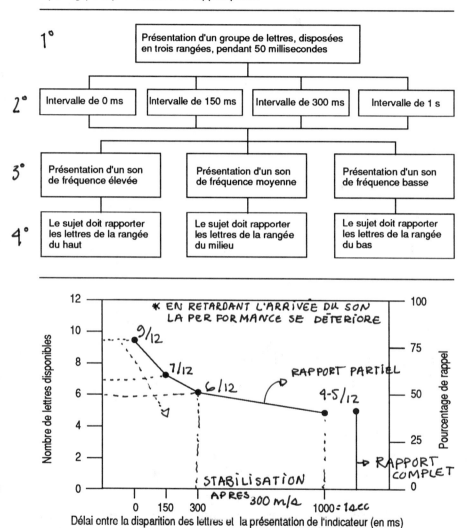

FIGURE 2.2
Nombre de lettres disponibles et pourcentage de rappel correspondant dans une procédure de rapport partiel, en fonction du délai entre la disparition des lettres et la présentation de l'indicateur auditif. La barre verticale, à droite, montre le rappel dans des conditions de rapport complet (d'après Sperling, 1960).

Une confirmation des estimations de Sperling

Sperling constatait que, dans la situation de rapport complet, les résultats étaient influencés par la dégradation de l'information en mémoire iconique : pendant que le sujet rapportait les quatre ou cinq premières lettres, le reste de l'information emmagasinée avait le temps de se détériorer.

De la même façon cependant, les résultats obtenus par Sperling pour le rapport partiel sont aussi soumis à l'influence de la dégradation de l'information. Ainsi, pendant que le sujet énumère les trois premiers items d'une rangée, le dernier élément se détériore. Cela expliquerait pourquoi, dans la situation de rapport partiel, la performance n'est pas parfaite.

Dans des conditions d'interférence minimale, c'est-à-dire dans une situation où le sujet ne doit rapporter qu'un seul élément, Averbach et Coriell (1961) ont obtenu des estimations comparables à celles de Sperling en ce qui concerne la capacité de la mémoire iconique et la durée de maintien de l'information dans cette mémoire.

L'objectif général de la série d'expériences d'Averbach et Coriell était d'étudier les caractéristiques fonctionnelles de la mémoire sensorielle. Cela impliquait, comme pour Sperling, d'évaluer la durée et la capacité de la mémoire sensorielle visuelle.

Dans une des conditions expérimentales d'Averbach et Coriell, un ensemble de 16 lettres, disposées en deux rangées de huit lettres, était présenté pendant 50 ms au sujet. Après la disparition des stimuli, un indicateur ayant la forme d'une barre située au-dessus ou au-dessous d'une lettre apparaissait. Le sujet devait rapporter la lettre indiquée par la barre. La figure 2.3 illustre la séquence des événements au cours d'un essai.

Les résultats observés dans cette situation concordent avec ceux de Sperling. Si l'indicateur est présenté immédiatement après la disparition de l'arrangement, le sujet peut rapporter 12 items sur 16, en moyenne. À mesure que le délai entre la disparition des lettres et l'apparition de l'indicateur augmente, la performance se détériore. Sur la figure 2.4, le pourcentage moyen de stimuli rapportés

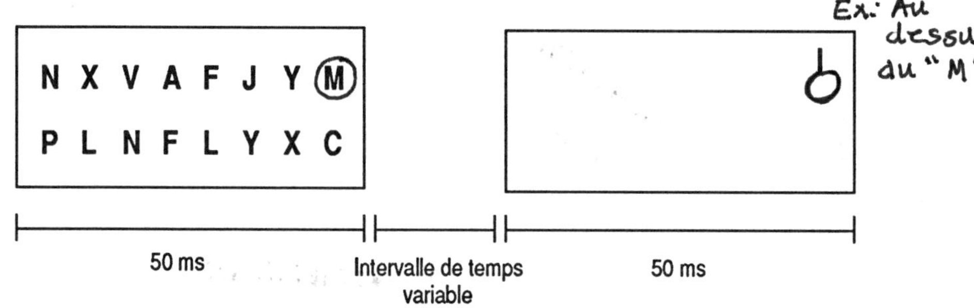

FIGURE 2.3
Un essai dans l'expérience d'Averbach et Coriell (1961). Les lettres sont présentées pendant 50 ms. Après un intervalle de temps variable, un indicateur de la forme d'une barre, situé au-dessus ou au-dessous d'une des lettres, apparaît. Le sujet répond alors le plus rapidement possible, en nommant la lettre indiquée par la barre.

correctement par les sujets est indiqué par des points noirs. (Ne vous occupez pas des résultats représentés par les points blancs, nous y reviendrons plus tard.)

Lorsque l'intervalle de temps entre la disparition des lettres et l'apparition de l'indicateur est de zéro seconde, c'est-à-dire que lorsque l'indicateur suit immédiatement la disparition des lettres, le sujet peut rapporter correctement la lettre indiquée dans 75 % des cas. Lorsque le délai est de 50 ms, le sujet rapporte correctement environ 70 % des stimuli (les points représentant les résultats, avec un délai de 50 ms, sont disposés sur une barre verticale dessinée à l'intérieur du graphique). Lorsque le délai est de 200 ms, la performance est beaucoup moins bonne : le sujet rapporte 30 % des lettres indiquées par la barre.

La performance obtenue dans cette expérience est légèrement supérieure à celle que Sperling a observée. Lorsque l'indicateur suit immédiatement la cible, le sujet rapporte 12 lettres. Dans l'expérience de Sperling, le sujet pouvait en rapporter neuf. L'estimation légèrement supérieure qu'Averbach et Coriell ont obtenue pourrait être attribuée au fait que l'indicateur utilisé est visuel, donc de même modalité que l'item à rapporter et que les opérations impliquées dans le rappel demandent alors moins d'effort. Par ailleurs,

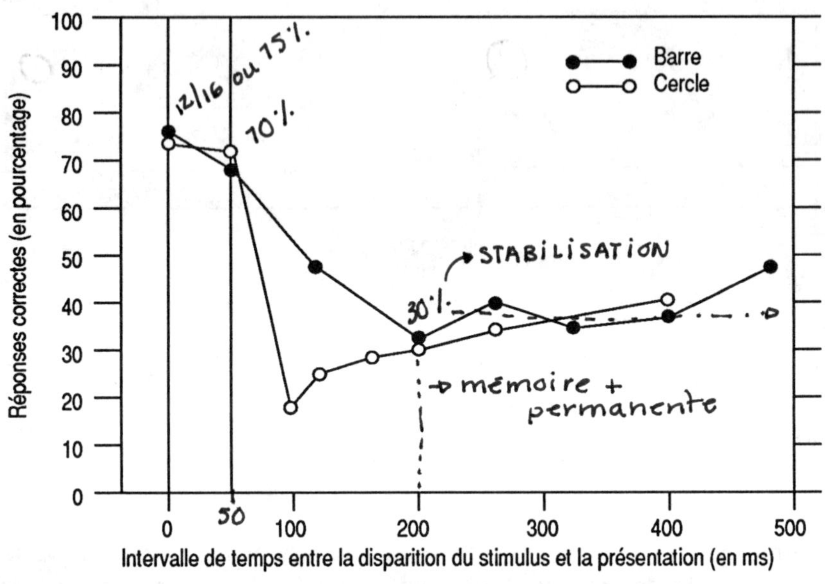

FIGURE 2.4
Résultats de l'expérience d'Averbach et Coriell. (Les données sont ajustées pour tenir compte de la probabilité que le sujet réponde correctement par hasard.) Les résultats représentés par des points noirs sont obtenus avec un indicateur de la forme d'une barre. Les résultats représentés par des points blancs sont obtenus avec un indicateur de la forme d'un cercle (d'après Averbach et Coriell, 1961).

le sujet n'ayant qu'un item à rapporter à chaque essai (au lieu de quatre dans l'expérience de Sperling), le temps requis pour répondre est moins long. Cela laisse moins de temps à l'information en mémoire iconique pour se détériorer, ce qui explique la performance légèrement supérieure des sujets dans l'expérience d'Averbach et Coriell.

En ce qui concerne la durée de l'information en mémoire sensorielle, les données d'Averbach et Coriell concordent également avec celles de Sperling. En effet, la figure 2.4 permet de constater qu'à un intervalle de temps entre le stimulus et l'indicateur égal à 200 ms, la performance se stabilise. La logique est similaire à celle de l'expérience de Sperling. Après 200 ms, l'indicateur n'a plus d'effet véritable : on peut augmenter l'intervalle jusqu'à une demi-seconde (500 ms, sur le graphique de la figure 2.4) et la performance est la même, c'est-à-dire que le sujet rapporte correctement le stimulus indiqué par la barre dans 30 % des cas environ.

L'information en mémoire sensorielle se dégrade donc très rapidement et le délai entre le stimulus et la présentation de l'indicateur diminue la performance parce que, pendant ce temps, l'information est effacée. Puisque, au-delà de 200 ms, l'augmentation du délai ne diminue plus la performance, il semble que le sujet n'utilise plus l'information en mémoire sensorielle. En fait, il rapporte ce qu'il aurait rapporté même sans indicateur, en situation de rapport complet. On peut donc dire que l'estimation de la durée de la mémoire sensorielle obtenue par Averbach et Coriell, soit 200 ms, est compatible avec celle de Sperling (300 ms) : la durée de l'icon se situe entre 200 et 300 ms.

Le masquage et sa fonction

Le **masquage rétroactif** consiste à empêcher le traitement d'un premier stimulus par la présentation immédiate d'un second stimulus (le masque). Ainsi, si l'on présente une lettre, par exemple un « i », pendant 50 ms et que, peu après sa disparition, on présente un autre stimulus visuel, par exemple un « w » situé exactement au même endroit, il y aura masquage ou effacement du premier stimulus par le second : le sujet jurera qu'une seule lettre lui a été présentée : un « w ». En fait, la perception du sujet est telle qu'il semble effectivement y avoir effacement du premier stimulus par le second : il s'agit d'un **masquage par effacement**.

L'effet de masquage dépend toutefois de la relation entre les formes des deux stimuli. Une intégration de ceux-ci est possible. Par exemple, si un « i » est suivi d'une barre horizontale située dans la partie supérieure du « i », le sujet dira ne pas avoir vu de « i », mais avoir vu un seul stimulus, un « t ». Le premier stimulus n'ayant pas été perçu comme tel, on dira alors qu'il y a eu **masquage par intégration**.

Les travaux d'Averbach et Coriell dont il est question ici portent sur le masquage par effacement où le premier stimulus est effacé par le second.

Dans une de leurs conditions expérimentales, Averbach et Coriell ont utilisé un indicateur ayant la forme d'un cercle. Le cercle était un peu plus grand que la lettre, de sorte que s'ils avaient été superposés, le cercle aurait entouré la lettre. Les stimuli étaient donc présentés et, après leur disparition, le cercle apparaissait. La tâche du sujet était de rapporter la lettre qui était située à l'endroit entouré par le cercle.

Dans cette situation, le cercle agit comme un masque visuel, c'est-à-dire qu'il semble effacer l'image iconique en mémoire sensorielle. Le sujet ne voit pas la lettre. Au niveau de la performance, cela a pour effet de mener à un rappel très faible, inférieur même à la performance en situation de rapport complet.

L'effet masquant du cercle dépend toutefois de l'intervalle de temps entre la disparition des stimuli et l'apparition du cercle. Comme on a pu le voir à la figure 2.3, la durée de l'intervalle entre la disparition des stimuli et l'apparition de l'indicateur variait dans l'expérience d'Averbach et Coriell.

Un retour à la figure 2.4 permet de constater que l'effet du masque est à son maximum lorsque, entre la disparition du stimulus et l'apparition du cercle, on laisse s'écouler un intervalle de 100 ms; les résultats, dans cette condition, sont représentés par des points blancs.

En fait, si le délai entre l'apparition de la lettre et celle du cercle est de 0 ms donc et si le cercle suit immédiatement la disparition de la lettre, le cercle est intégré au stimulus et le sujet voit la lettre entourée d'un cercle. Si le cercle est présenté 100 ms après la lettre, il efface la lettre et le sujet ne voit qu'un cercle vide. Si le cercle est présenté 200 ms après la lettre, il agit exactement comme la barre agissait, c'est-à-dire que le sujet rapporte ce que, de toute façon, il a emmagasiné dans une mémoire plus permanente. Il n'utilise plus le contenu de la mémoire sensorielle pour répondre.

L'effet de masquage constitue en soi un phénomène intéressant. Il s'agit d'ailleurs d'un phénomène qui a été longuement étudié en psychologie de la perception. Dans notre vie quotidienne, la fonction d'un tel mécanisme peut être très utile : elle permet d'éviter le fouillis sensoriel qui résulterait d'une surimpression continuelle de l'information. Imaginez la confusion de l'image que l'on verrait si, dans une succession de déplacements oculaires, on continuait à voir ce que l'on fixait précédemment.

Par ailleurs, le masquage constitue un outil important en psychologie expérimentale : il permet de contrôler très précisément le temps pendant lequel le sujet voit un stimulus. La présentation du masque assure que le sujet cesse de voir le stimulus.

La technique de synchronie

Parmi ce que Crowder (1978) appelle les méthodes de répétition, la **technique de synchronie** a aussi permis d'étudier les caractéristiques de la mémoire sensorielle. La synchronisation consiste à faire se produire deux événements simultanément : un film est synchronisé lorsque le message verbal est transmis exactement en même temps que la présentation visuelle correspondante. La technique de synchronie est ainsi nommée parce qu'elle étudie la perception de la succession par opposition à la simultanéité.

Dans l'étude de la mémoire sensorielle, la technique de synchronie permet de répondre à la question suivante : si l'on présente successivement deux stimuli dans un laps de temps très court, on aura l'impression qu'un seul stimulus a été présenté; jusqu'à quel point doit-on séparer ces deux stimuli pour que la répétition soit détectée? En d'autres termes, quel est l'intervalle minimum de temps nécessaire pour détecter la répétition d'une information visuelle ou auditive?

Dans leur première expérience, Haber et Standing (1969) présentaient successivement deux cercles. Chacun des cercles apparaissait pendant 10 ms. Les deux présentations étaient séparées par un bref intervalle d'une durée variable. Les sujets devaient indiquer si le cercle précédent était complètement disparu avant que le suivant n'apparaisse. En d'autres termes, ils répondaient à la question suivante : « Voyez-vous un premier cercle qui disparaît et qui est suivi d'un second situé au même endroit ou ne voyez-vous qu'un seul cercle? » Le schéma 2.2 montre les conditions de cette expérience.

SCHÉMA 2.2
Haber et Standing (1969)

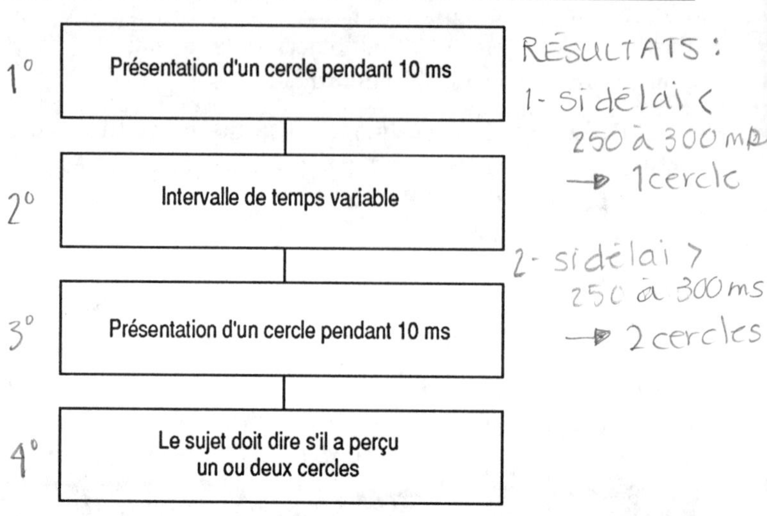
Présentation d'un cercle pendant 10 ms
Intervalle de temps variable
Présentation d'un cercle pendant 10 ms
Le sujet doit dire s'il a perçu un ou deux cercles

En variant l'intervalle de temps entre les présentations successives, Haber et Standing ont constaté que, si l'intervalle était inférieur à 250-300 ms, les sujets rapportaient qu'ils ne « voyaient » qu'un seul cercle, donc que le premier cercle était encore visible lorsque le suivant apparaissait. Si l'intervalle était supérieur à 250-300 ms, les sujets rapportaient que le premier cercle était disparu avant que le second n'apparaisse.

Encore une fois, ces données correpondent aux estimations de Sperling. Cette convergence des résultats, jointe à la simplicité de la technique de synchronie, permet de conclure qu'il existe réellement un système de mémoire iconique dans lequel l'information visuelle se dégrade très rapidement, sur une durée d'environ 250 à 300 ms.

LA MÉMOIRE SENSORIELLE AUDITIVE

Les résultats des expériences utilisant des méthodes d'échantillonnage de stimuli (rapport partiel), de répétition, ou une technique de masquage sensoriel, suggèrent qu'il existe une forme de mémoire très brève de l'information visuelle. Existe-t-il une telle forme d'emmagasinage pour l'information sensorielle auditive? Dans le texte qui suit, nous verrons que, comme pour la mémoire iconique, on a employé des méthodes d'échantillonnage, de répétition et de masquage pour étudier la mémoire sensorielle auditive. En plus des techniques mises au point pour l'étude de la mémoire iconique, nous verrons comment « l'effet de récence auditive » a été utilisé pour démontrer l'existence d'une persistance de l'information sensorielle auditive.

En même temps qu'il proposait l'expression « mémoire iconique » pour la modalité visuelle, Neisser a proposé l'expression **mémoire échoïque** pour identifier la mémoire sensorielle auditive. C'est désormais l'expression couramment utilisée pour discuter du phénomène.

Le rapport partiel pour étudier la mémoire échoïque

De la même façon que Sperling, Averbach et Coriell ainsi qu'Haber et Standing, mais pour la modalité auditive cette fois, Moray, Bates et Barnett (1965), puis Darwin, Turvey et Crowder (1972) ont étudié certaines caractéristiques de la mémoire sensorielle auditive.

L'expérience de Darwin, Turvey et Crowder utilise une procédure analogue à celle de Sperling. Les stimuli, lettres et chiffres, étaient transmis par des écouteurs que portait le sujet. Par des mixages stéréophoniques, ces stimuli semblaient présentés simultanément dans l'oreille gauche, l'oreille droite, et au milieu. La figure 2.5 illustre la situation expérimentale de Darwin, Turvey et Crowder.

Comme dans la condition de rapport partiel de l'expérience de Sperling, un indicateur visuel était présenté au sujet après la présentation auditive. Cet indicateur informait le sujet qu'il devait rapporter les items de gauche, de droite ou du milieu. L'indicateur pouvait être présenté à différents moments, selon les conditions expérimentales, après la présentation auditive; le délai variait entre zéro et quatre secondes.

Dans la condition de rapport complet, le sujet devait rapporter tous les items et dans celle du rapport partiel, les items localisés par l'indicateur visuel.

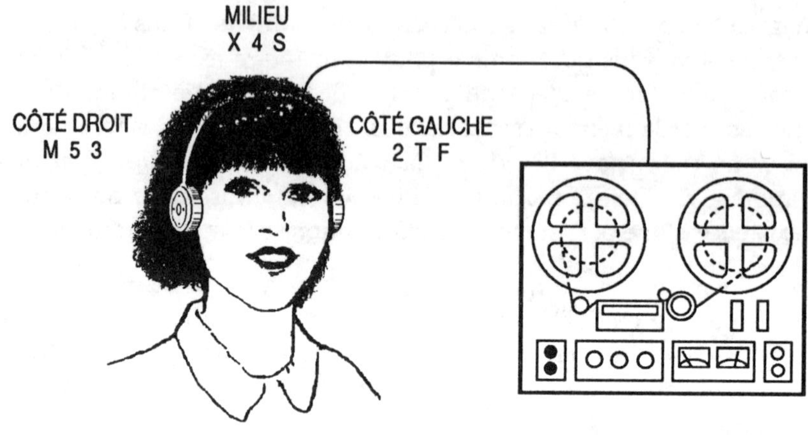

FIGURE 2.5
Situation expérimentale de Darwin, Turvey et Crowder. Au moyen de mixages stéréophoniques, les listes sont présentées simultanément à gauche, à droite et au centre par rapport à la tête du sujet.

Comme l'a fait Sperling pour la mémoire iconique, Darwin, Turvey et Crowder ont démontré la supériorité du rapport partiel sur le rapport complet. Cela semble indiquer l'existence d'une mémoire sensorielle auditive dont la durée est brève : pendant que les sujets rapportent les premiers éléments, l'information restante se détériore.

La durée de la représentation sensorielle auditive paraît cependant plus longue que celle de l'icon. On se souvient qu'avec un délai de 250 ms environ dans le cas de la mémoire iconique, le rapport partiel ne permet plus un meilleur rappel que le rapport complet. En ce qui concerne la mémoire échoïque, ce n'est qu'avec un délai de quatre secondes entre la disparition des stimuli et la présentation de l'indicateur que la supériorité de la performance de rapport partiel diminue de façon significative dans l'expérience de Darwin, Turvey et Crowder. La durée de la mémoire sensorielle auditive est donc plus longue que celle de la mémoire sensorielle visuelle.

Le masquage auditif

En utilisant le masquage, comme l'ont fait Averbach et Coriell pour la modalité visuelle, Massaro (1970) a tenté d'estimer la durée de la mémoire échoïque.

Massaro apprenait à des sujets à discriminer deux sons de fréquences différentes : 770 et 870 Hz. Dans un premier temps, la tâche du sujet consistait à indiquer, lors de la présentation d'un son test, s'il s'agissait du son aigu (870 Hz) ou du son grave (770 Hz). Par

SCHÉMA 2.3
Massaro (1970)

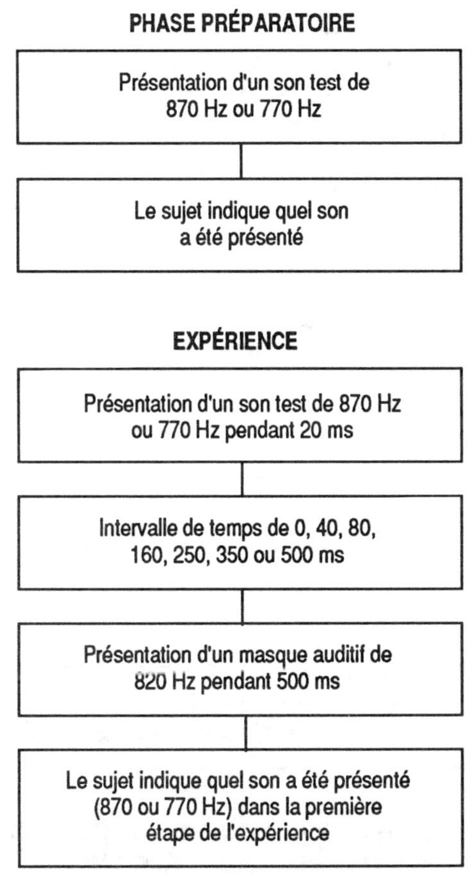
PHASE PRÉPARATOIRE
Présentation d'un son test de 870 Hz ou 770 Hz
Le sujet indique quel son a été présenté
EXPÉRIENCE
Présentation d'un son test de 870 Hz ou 770 Hz pendant 20 ms
Intervalle de temps de 0, 40, 80, 160, 250, 350 ou 500 ms
Présentation d'un masque auditif de 820 Hz pendant 500 ms
Le sujet indique quel son a été présenté (870 ou 770 Hz) dans la première étape de l'expérience

la suite, la présentation du son test était immédiatement suivie d'un masque auditif (820 Hz), c'est-à-dire d'un second son présenté pendant 500 ms, empêchant de percevoir correctement le premier. L'intervalle entre le son test et le masque variait (0, 40, 80, 160, 250, 350, 500 ms). La durée du son test était toujours la même, soit 20 ms. Les conditions de cette expérience sont représentées dans le schéma 2.3.

Dans ces conditions, Massaro a pu constater que la performance des sujets s'améliore à mesure que l'intervalle entre le son test et le masque augmente et ce, jusqu'à une valeur de 250 ms. À partir de cette valeur, le pourcentage d'identifications correctes n'augmente plus en fonction de l'augmentation de la durée de l'intervalle. La figure 2.6 montre les résultats obtenus par Massaro.

Ces résultats suggèrent que le masque termine le traitement perceptuel de l'image auditive et que, le son test ne durant que 20 ms, cette image devrait persister pour permettre le traitement préalable nécessaire à l'identification du stimulus.

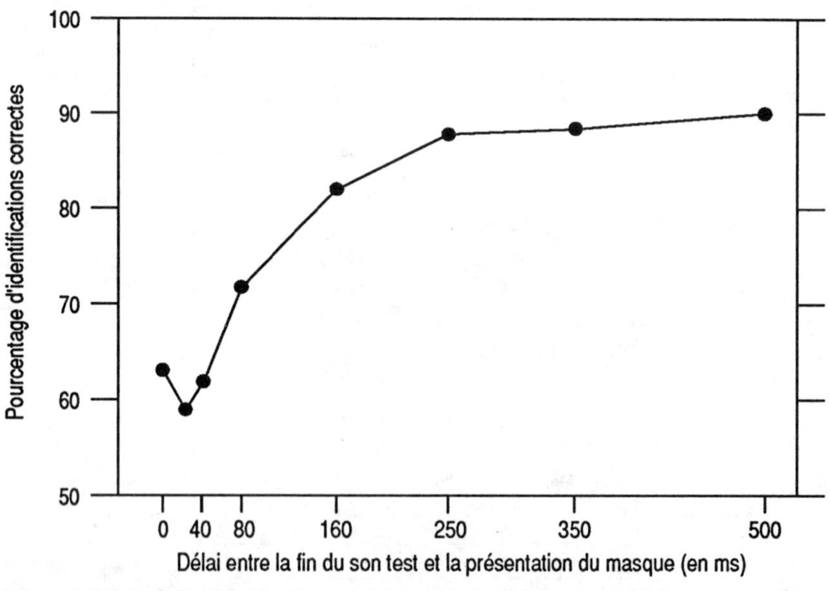

FIGURE 2.6
Pourcentage d'identifications correctes du son test en fonction de l'intervalle entre la fin du son test et la présentation du masque auditif (d'après Massaro, 1970).

La conclusion qu'il est possible, logiquement, de tirer de ces résultats est la suivante : l'information auditive doit être disponible pendant au moins 250 ms pour qu'elle soit traitée effectivement. On peut donc supposer l'existence d'une mémoire sensorielle auditive qui maintient l'information pendant au moins 250 ms. Il s'agit cependant d'une estimation minimum. Les données de Massaro ne permettent pas de dire si cette information est conservée plus longtemps.

La perception de la répétition en mémoire échoïque

Par une analyse de la perception de la répétition, dans la transmission de messages verbaux, Anne Treisman (1964) a évalué la durée de la mémoire échoïque à environ deux secondes.

Au cours de cette expérience, deux messages étaient présentés simultanément à l'une et l'autre oreille du sujet. La tâche de ce dernier consistait à répéter l'un des messages à mesure qu'il était présenté : c'est ce que l'on appelle une tâche de **filature** (en anglais, *shadowing*). On dit d'un détective qu'il prend quelqu'un en filature s'il le suit de très près. De la même façon, lors d'une tâche de filature, le sujet doit répéter mot à mot l'un des messages à mesure qu'il lui est transmis comme l'illustre la figure 2.7.

Les deux messages étaient identiques, mais décalés dans le temps. Comme l'attention du sujet était occupée à filer l'un des messages, il lui était difficile de constater qu'il s'agissait de messages identiques.

Dans l'une des conditions de l'expérience de Treisman, la transmission du message non filé commençait avant la transmission du message filé. Le délai entre les transmissions variait. Dans cette situation, la question était la suivante : jusqu'où faut-il réduire le délai entre les présentations des deux messages pour que le sujet comprenne qu'il s'agit d'une répétition? En fait, si le sujet peut comparer directement des successions de sons présentés à des moments différents, il dispose encore de l'information sonore présentée en premier lorsque la seconde arrive. Donc, dans la tâche de filature où les deux messages sont identiques, l'évaluation du délai maximum entre les présentations pour que le sujet note la répétition devrait permettre d'estimer la durée de la mémoire échoïque dans ces conditions.

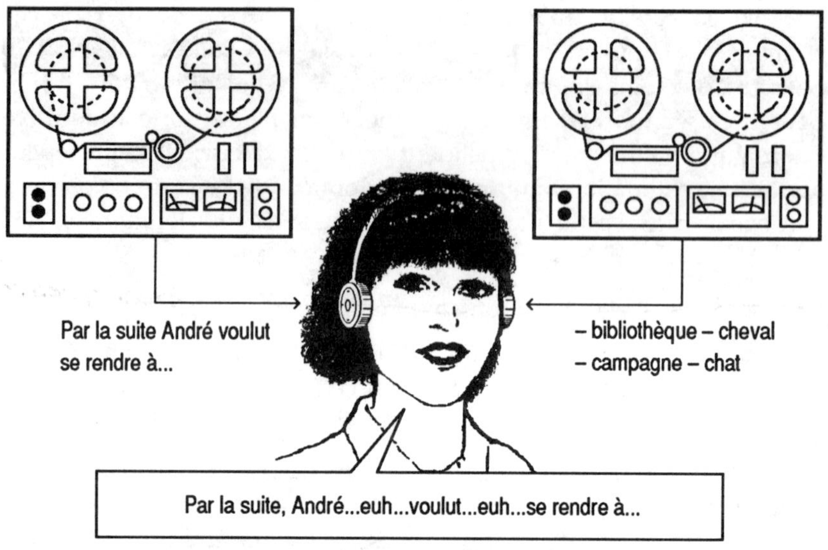

FIGURE 2.7
Une illustration de la tâche de filature.

Dans l'expérience de Treisman, le sujet comprenait que les messages étaient identiques lorsque le délai entre les transmissions était réduit à environ deux secondes. On se souvient cependant que dans l'expérience de Darwin, Turvey et Crowder, ce n'est qu'avec un délai de quatre secondes que le rapport partiel menait à une performance comparable à celle du rapport complet.

On voit donc qu'en ce qui concerne la durée de la mémoire échoïque, les estimations sont plus variables d'une condition expérimentale à l'autre que pour la mémoire iconique. Selon Crowder (1978), cette variabilité peut être due à la diversité des stimuli auditifs utilisés. L'ensemble des recherches montre cependant que la durée de la mémoire échoïque est d'environ deux secondes.

La mémoire échoïque semble avoir une durée beaucoup plus longue que la mémoire iconique. Cela paraît adapté par rapport à la fonction particulière de la mémoire échoïque qui est de traiter une information essentiellement transitoire. Comme les sons que nous traitons sont généralement présentés pendant une période de temps très brève, il est utile que cette information persiste un certain temps. À l'inverse, l'information visuelle est, la plupart du temps, disponible pour une durée plus longue. Il n'est pas nécessaire que la persistance de l'image sensorielle visuelle soit aussi durable : l'information visuelle est, dans la plupart des circonstances, présente aussi longtemps que l'individu le désire.

Les effets de primauté et de récence

Imaginons une situation où l'on présente verbalement une série de huit lettres à un sujet. Dans la condition expérimentale dite « condition contrôle », c'est-à-dire où aucune manipulation n'est faite, on présente la liste et, après un bref moment de silence, le sujet rapporte par écrit le plus grand nombre d'éléments possible. Dans cette situation, typiquement, le sujet tend à mieux se rappeler les éléments situés en début et fin de liste. On appelle **effet de primauté** le fait que les premiers éléments de la liste soient très bien rappelés. En général, le sujet se rappelle aussi très bien les derniers éléments de la liste : c'est **l'effet de récence**[1].

La figure 2.8 illustre la performance typique de rappel en fonction de la position de l'item dans la série de lettres. Généralement, si l'on présente verbalement huit lettres à un sujet, la probabilité qu'il se rappelle les éléments présentés au début et à la fin de la liste est plus grande que la probabilité qu'il se rappelle les éléments présentés au milieu.

Selon Crowder et Morton (1969), qui ont observé le phénomène pour la première fois dans le rappel en mémoire sensorielle, l'effet de récence s'explique par le fait que les derniers éléments de la liste ne subissent pas l'**interférence** causée par du matériel verbal présenté après ces éléments. En d'autres termes, la représentation sensorielle des éléments situés au milieu de la liste serait en quelque sorte effacée par les sons suivants : il s'agirait d'un « masquage auditif ». Par contre, les derniers items demeureraient en mémoire échoïque sans qu'aucune information auditive additionnelle ne vienne interférer avec eux.

1. Les effets de primauté et de récence se manifestent aussi dans le rappel d'information en mémoire à court terme. Dans le chapitre 5, ces effets seront donc discutés également.

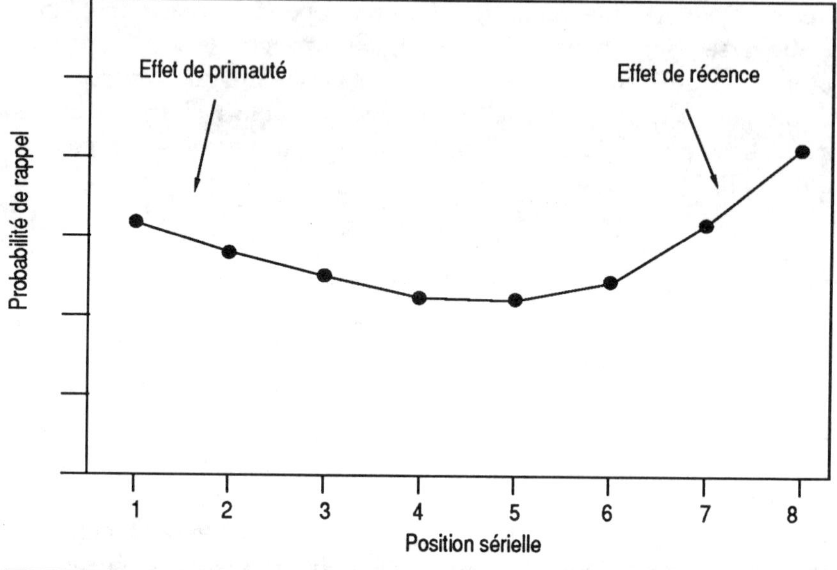

FIGURE 2.8
Représentation schématique de résultats démontrant les effets de primauté et de récence. La probabilité que le sujet se rappelle des éléments situés en début et en fin de liste est plus élevée que la probabilité qu'il se rappelle les éléments présentés au milieu.

L'effet de suffixe

Pour appuyer leur interprétation, Crowder et Morton ont introduit une condition expérimentale où de l'information auditive non pertinente, par rapport à la tâche de rappel, était présentée au sujet. En fait, à la place de la période de silence suivant la présentation de la liste, le mot « GO » était transmis verbalement au sujet. Bien entendu, on avait d'abord informé le sujet qu'il n'avait pas à retenir ce mot. Lorsqu'il l'entendait, il devait simplement commencer à rapporter par écrit les items de la liste, de la même façon que dans la condition contrôle. On note ainsi que, si un son est présenté après la liste, l'effet de récence est éliminé : les derniers éléments de la liste ne sont pas mieux rappelés que les éléments du milieu. C'est ce que l'on appelle l'**effet de suffixe** parce qu'on l'attribue au fait qu'un élément est placé après un autre. L'effet de suffixe est donc l'élimination de l'effet de récence par la présentation d'un stimulus auditif (dans ce cas-ci le mot « GO ») après la présentation verbale de la liste d'items à mémoriser.

Pourquoi observe-t-on l'effet de suffixe? De la même façon que l'information placée en fin de liste interfère avec celle située au milieu de la liste, provoquant le faible rappel des items placés au milieu, un stimulus auditif présenté après les derniers éléments de la liste interférera avec ceux-ci, faisant disparaître l'effet de récence.

Cette démonstration soulève cependant une autre interrogation. Si l'effet de suffixe est vraiment dû spécifiquement à une interférence en mémoire sensorielle auditive, on ne devrait pouvoir le provoquer qu'avec une information auditive. Par exemple, si, après la présentation de la liste, on présente **visuellement** le mot « GO » au sujet, cet effet de suffixe ne devrait pas être observé. Dans cette condition comme dans la condition contrôle, le sujet devrait avoir tendance à mieux se rappeler les items situés en fin de liste. C'est effectivement ce que Crowder et Morton ont observé : si un stimulus visuel est présenté après la liste à rapporter, on enregistre quand même un effet de récence. Il semble donc raisonnable d'attribuer cet effet de récence à la persistance, pendant un certain temps, en mémoire échoïque de l'information présentée en fin de liste.

L'effet de suffixe a des conséquences importantes lors de la transmission de messages auditifs. En effet, si l'on veut présenter un message auditif qui soit retenu en mémoire, il est préférable d'attendre un certain temps avant de le faire suivre par un signal sonore. Ainsi, il est souvent nécessaire de terminer la présentation d'un message par un indicateur confirmant la fin de la transmission. Comme le suggère Wickens (1984), la connaissance de l'effet de suffixe nous permet d'affirmer que l'utilisation d'un indicateur présenté dans une autre modalité que la modalité auditive permettra une meilleure rétention du message que l'utilisation d'un indicateur auditif.

LA FORME DU CONTENU EN MÉMOIRE SENSORIELLE

Jusqu'à présent, les questions sur la mémoire sensorielle auxquelles nous avons tenté de répondre portaient sur la capacité et la durée de vie de l'information dans cette mémoire. Pour revenir à l'exemple présenté au début de ce chapitre, si un ami vous dit quelque chose et que, étant occupé à autre chose, vous ne comprenez pas, l'information auditive qu'il vous a transmise demeurera utilisable pendant quelque temps. Que peut-on dire cependant de la forme de la représentation auditive de ces sons en mémoire sensorielle? Deux hypothèses principales se présentent. Il est possible que l'information soit brute, non transformée, non analysée, bref, qu'elle soit identique dans votre mémoire aux sons qui vous ont été transmis. Il est aussi possible que l'information soit déjà analysée au niveau de la signification en mémoire sensorielle. Selon la première de ces hypothèses, le souvenir que vous devriez avoir de l'information serait très proche des sons exacts ayant servi à transmettre le message. Par contre, si l'information est déjà traitée en ce qui a trait à sa signification en mémoire sensorielle, peu importe les mots précis qui ont été utilisés, le sens du message en mémoire sensorielle devrait être le même.

Plusieurs recherches démontrent que l'information en mémoire sensorielle est entreposée sous une forme brute, non analysée. Par exemple, si un symbole, comme un « A », nous est présenté, la représentation que nous en avons en mémoire sensorielle est très proche de la forme physique du stimulus. Ce n'est qu'ultérieurement, après son passage en mémoire sensorielle, et seulement si l'on prête attention au stimulus, qu'il sera catégorisé, identifié d'abord comme étant une lettre, et ensuite comme étant une lettre particulière, un « A ». Tous ces événements se déroulent évidemment très rapidement, en moins d'une seconde.

La première démonstration du caractère « brut » , non analysé, de l'information en mémoire sensorielle a été faite par Sperling dans sa série d'expériences sur la mémoire iconique (1960).

On se souvient que, dans une de ses expériences, Sperling montrait comment un indicateur auditif, présenté après la disparition d'un ensemble de stimuli visuels, permettait de vérifier qu'un nombre plus élevé d'éléments était enregistré que ce que l'on pouvait estimer dans une performance de rapport complet. Cette supériorité du rapport partiel sur le rapport complet se manifestait dans une condition où l'indicateur, c'est-à-dire le son, informait le sujet sur la localisation des items à rapporter : rangée du haut, du bas ou du milieu.

La supériorité du rapport partiel est due au fait que le sujet peut sélectionner l'information, puis la rapporter. Dans cette condition, la sélection s'effectue selon une caractéristique physique des stimuli, leur position.

Dans une autre condition, Sperling utilisait un ensemble de stimuli composé de deux types d'élément : lettres et chiffres. Dans cette condition, l'indicateur pouvait avoir deux valeurs. Un son aigu indiquait de rapporter des lettres, un son grave, de rapporter des chiffres. Le raisonnement de Sperling était le suivant. Si l'information est déjà catégorisée, identifiée en mémoire sensorielle, la sélection devrait pouvoir s'effectuer aussi efficacement dans la procédure de rapport partiel que si le son indique la position des items à rapporter. Si l'information n'est pas identifiée, le sujet devra effectuer ce traitement pour chacun des items avant de le sélectionner ou de le rejeter. Pendant ce temps, l'information devrait se détériorer en mémoire sensorielle, diminuant ainsi l'avantage du rapport partiel sur le rapport complet.

Les résultats obtenus par Sperling (entre autres) sont clairs : si l'échantillonnage des stimuli à rapporter demande qu'une identification de ces stimuli soit effectuée, la performance, dans des conditions de rapport partiel, n'est plus supérieure à celle observée dans le rapport complet. Il semble donc que l'information en mémoire iconique ne soit pas identifiée, catégorisée.

Dans une expérience de reconnaissance de sons, Michel Treisman et Rostron (1972) ont appliqué cette même logique à l'étude de la mémoire échoïque, pour en arriver à une conclusion similaire. On se souvient par ailleurs qu'une des indications de l'existence de la mémoire échoïque est fournie par la démonstration de l'effet de suffixe. Or, celui-ci n'agit que si le suffixe est présenté dans la modalité auditive. L'interférence apparaît spécifique à cette modalité, suggérant ainsi que la représentation en mémoire est auditive. En effet, s'il s'agissait d'une représentation abstraite, l'interférence pourrait, théoriquement, être produite tant par le traitement d'une information visuelle qu'auditive. Ces données suggèrent donc indirectement que la représentation en mémoire échoïque est proche de la dimension physique du stimulus.

C'est à cause de ce type de résultat que l'on dit que la mémoire sensorielle fait référence à des formes de représentation interne qui préservent l'information sur les attributs sensoriels des stimuli (Coltheart, 1984). Cela signifie que, pendant une très courte durée, une reproduction exacte de la stimulation est conservée. La fonction de l'enregistrement sensoriel apparaît évidente : comme on ne peut traiter simultanément toute l'information sensorielle qui, à un moment donné, nous atteint, il est nécessaire que le maintien temporaire d'une partie de cette information soit possible. Cette information pourra être sélectionnée et traitée plus tard.

L'UTILITÉ DE LA MÉMOIRE SENSORIELLE

Les expériences dont nous avons discuté dans ce chapitre se veulent représentatives des recherches qui tendent à démontrer l'existence de mémoires sensorielles visuelle et auditive. Évidemment, pour étudier un phénomène perceptif, il est nécessaire de définir des conditions d'expérimentation très contrôlées. Ainsi, dans les expériences que nous avons vues jusqu'à maintenant, les stimuli sont présentés pendant des durées très brèves. Par exemple, Sperling utilisait des durées d'exposition de 50 ms; à de telles durées de présentation, la possibilité de mouvements des yeux est considérablement réduite. En effet, le temps requis pour un déplacement de fixation oculaire (ou saccade visuelle) est de 150-200 ms. Pourquoi empêcher le sujet de faire plusieurs fixations? Parce que cela introduit une source de variation considérable. Par exemple, avec de longues durées de présentation, il serait difficile de s'assurer que les sujets ont tous bien vu la même chose. Il serait aussi difficile de prétendre que le sujet, d'un essai à l'autre, a effectivement les mêmes perceptions.

Selon Haber (1983), les conditions expérimentales ayant mené au développement du concept de mémoire iconique sont tellement particulières qu'il est peu probable que ce concept soit vraiment utile pour expliquer la perception visuelle dans la vie courante. En fait, toujours selon Haber, la recherche sur la mémoire iconique ne pourrait expliquer aucune performance de traitement quotidien d'information visuelle sauf peut-être la lecture au cours d'un orage, à la lumière de l'éclair. Le ton provocateur du texte d'Haber laissait espérer une réaction aussi vive que le fut effectivement celle des commentateurs de l'article.

Les arguments portés à la défense du concept de mémoire iconique peuvent être résumés ainsi. On ne peut affirmer qu'une mémoire iconique n'a aucune utilité dans la vie quotidienne parce que, depuis plusieurs décennies, on assiste à une prolifération de situations où l'interprétation d'une information visuelle persistante est cruciale (cinéma, technologie visuelle des systèmes informatisés) (Loftus, 1985). Pour Loftus, dans la construction d'écrans vidéo où la perception doit s'effectuer de façon très spécifique, la connaissance de la persistance visible et du processus d'extraction de l'information de l'icon est indispensable.

Plus fondamentalement, selon Loftus (1983), la recherche scientifique ne peut se limiter à des conditions expérimentales du monde physique réel. S'il en était ainsi, toute expérimentation de déplacements d'objets dans le vide ou sur une surface où la friction est quasi nulle serait considérée comme inutile.

Finalement, on ne peut ignorer l'existence d'un phénomène maintes fois observé. Personne n'a « inventé » la persistance visuelle : elle existe (Long, 1983). Même si, ultimement, la recherche sur la perception visuelle vise à expliquer la performance dans des conditions normales, puisqu'elle doit s'effectuer dans des conditions contrôlées telles que le permet le tachistoscope, il est également nécessaire d'expliquer les phénomènes qui se manifestent dans ces conditions (Sperling, 1983).

RÉSUMÉ

- La **mémoire sensorielle**, c'est ce qui nous permet de maintenir, pendant une période de temps très brève, les stimulations qui atteignent nos sens. En principe, il existe une mémoire pour chacune des modalités sensorielles, visuelle, auditive, olfactive, gustative et tactile. La mémoire sensorielle visuelle ou **mémoire iconique**, et la mémoire auditive ou **mémoire échoïque**, ont été les plus étudiées en psychologie cognitive.

- Dans une procédure de **rapport complet**, le sujet doit, après avoir vu un ensemble de stimuli, en rapporter le plus grand nombre possible. Le **rapport partiel** consiste à n'en rapporter qu'une partie. Parce que le rapport partiel vise à évaluer la rétention en mémoire, les éléments à rapporter sont indiqués après leur disparition. Le sujet doit donc, pour fournir sa réponse, s'appuyer sur la représentation en mémoire des éléments.

- Dans une procédure de rapport partiel, le sujet se rappelle proportionnellement un plus grand nombre d'éléments que dans une situation de rapport complet. Cela suggère que les limites du rappel constatées dans le rapport complet sont attribuables, du moins en partie, à la dégradation de l'information en mémoire pendant que le sujet identifie les premiers éléments de l'ensemble.

- Si, dans une situation de rapport partiel, l'indicateur n'est présenté que 250 ms après la disparition des stimuli, la performance de rapport partiel n'est plus supérieure à celle du rapport complet. Il semble donc que 250 ms suffisent pour que l'information en mémoire sensorielle se dégrade.

- Le **masquage** consiste à empêcher le traitement d'un stimulus par la présentation d'un autre stimulus. Dans le rapport partiel, un masque visuel ne détériore plus la performance s'il est présenté 250 ms après le stimulus. On peut conclure que, de toute façon, après un tel délai, la performance ne s'appuie plus sur la représentation en mémoire iconique.

- Les procédures de rapport partiel, de synchronie et de masquage suggèrent une même estimation de la durée de la mémoire iconique : 250-300 ms.

- Dans une tâche de filature, le sujet reconnaît que deux messages transmis simultanément sont identiques si l'intervalle de temps entre la transmission verbale de ces deux messages est réduite à deux secondes. L'information auditive paraît donc pouvoir être emmagasinée pendant au moins deux secondes dans cette situation.

- De la même façon que pour la mémoire iconique, la procédure de rapport partiel a permis de constater l'existence d'une mémoire sensorielle auditive. La durée de la mémoire échoïque semble cependant plus longue, jusqu'à quatre secondes.

- Si une liste de mots est présentée verbalement, et que l'on demande au sujet d'identifier par écrit le plus grand nombre possible de ces mots, typiquement, le sujet tend à mieux se rappeler les éléments situés au début et à la fin de la liste. Il s'agit respectivement des effets de **primauté** et de **récence.**

- L'effet de récence peut être éliminé si un stimulus auditif est présenté après la présentation de la liste : c'est l'**effet de suffixe.** L'effet de suffixe est annulé si le stimulus est visuel; cet effet peut donc être attribué à l'interférence en mémoire sensorielle auditive.

- Le rapport partiel permet une meilleure performance que le rapport complet seulement si l'indicateur sélectionne les éléments à rapporter en fonction d'une caractéristique physique, comme la position, de ces éléments.

- Si, pour faire la sélection, le sujet doit identifier les éléments, les performances de rapports partiel et complet sont identiques. Cela suggère que l'information en mémoire iconique est enregistrée sous une forme proche de la représentation physique du stimulus puisque c'est lorsque le rapport partiel s'appuie sur la dimension physique de la représentation sensorielle que celle-ci est utilisable.

- Le même type de résultat est obtenu en ce qui concerne la mémoire échoïque. Aussi, le fait que l'effet de suffixe ne se manifeste que si le suffixe est présenté dans la modalité auditive suggère que la représentation en mémoire échoïque est très semblable à la représentation physique du stimulus.

CHAPITRE 3

L'ATTENTION

CHAPITRE 3

L'ATTENTION

Vous êtes à une soirée chez Nicole. Celle-ci vous raconte un tas de choses intéressantes, mais vous aimeriez bien comprendre aussi ce que dit Andrée à votre voisin, Jean. Malheureusement, malgré le fait que vous tentiez de partager votre attention, vous n'arrivez à comprendre que des bribes de chaque conversation. Conclusion : on ne peut, même si on le désire, accorder toute notre attention à deux conversations en même temps.

Vous êtes à la pêche. Depuis deux heures maintenant, vous attendez le poisson qui mordra au bout de votre ligne. Vous êtes légèrement assoupi lorsque, soudainement, vous sentez le tiraillement caractéristique du poisson qui mord à l'hameçon. Mais, trop tard, le temps que vous réalisiez qu'il s'agit bien d'un poisson, et celui-ci est déjà parti avec votre appât.

Vous êtes à un récital où votre pianiste préféré, de renommée internationale, joue un nocturne de Chopin. Assis au premier rang, vous goûtez chaque note dans une atmosphère de recueillement lorsque votre voisin se met à chuchoter dans l'oreille de sa compagne. Celle-ci semble trouver ses remarques très drôles et elle l'exprime bruyamment. Vous leur lancez un regard réprobateur qu'ils n'ont pas l'air de remarquer. À leur tour, les autres spectateurs commencent à manifester leur impatience, l'un par un grognement, l'autre par un soupir, une autre par un toussotement discret. Tout à coup, le pianiste cesse de jouer, se lève, et dit : « Je regrette, mais je ne peux jouer avec tout ce bruit. Ou vous vous taisez et je continue, ou le récital est terminé. » La susceptibilité du pianiste traduit ce que vous avez sans doute déjà expérimenté vous-même : il peut être impossible de se concentrer sur une tâche si des stimulations simultanées nous atteignent et nous distraient.

Toutes ces situations décrivent des problèmes d'attention; on constate cependant que leur nature diffère.

À la soirée chez Nicole, deux messages étaient présentés simultanément à un auditeur qui tentait de prêter attention à ces deux messages : c'est un problème de **partage d'attention** (en anglais, *divided attention*).

La situation de pêche illustre un problème de **vigilance** (en anglais, *vigilance* ou *sustained attention*), où l'observateur prête une attention soutenue dans l'espoir de détecter, lorsqu'il se produira, un événement peu fréquent.

Dans le cas du pianiste, il s'agit d'un problème de direction d'attention ou d'attention sélective (en anglais, *focused* et *selective attention*). La personne se consacre à une tâche particulière et tente d'exclure les stimuli qui pourraient interférer avec l'exécution de cette tâche. L'**attention sélective** ou dirigée est l'habileté à orienter ses ressources mentales vers un message en éliminant les messages simultanés non pertinents; l'**attention partagée**, l'habileté à diviser ces ressources entre plusieurs messages simultanés.

Les problèmes d'attention partagée et d'attention sélective représentent deux facettes d'une même question. Dans le premier cas, l'accent est mis sur le fait qu'il peut être difficile de prêter attention à plusieurs choses en même temps; dans le second, qu'il peut être également difficile de diriger son attention sur une chose en ignorant le reste. Ces deux situations impliquent des stimulations multiples. Elles diffèrent cependant sur le plan de l'intention de l'individu. Celui-ci peut vouloir partager son attention ou, au contraire, vouloir la diriger vers un message particulier ou un aspect du message. Le problème de la vigilance est tout autre. Il s'agit de maintenir, pendant une certaine période de temps (de quelques secondes à quelques heures), une attention soutenue pour détecter un signal dont l'apparition est peu fréquente et imprévisible.

Dans le chapitre qui suit, nous discuterons principalement des problèmes d'attention partagée et sélective. La question de la vigilance sera ensuite brièvement abordée. Si ce chapitre sur l'attention suit celui sur l'enregistrement sensoriel, c'est que, dans la séquence du traitement de l'information, ces processus se succèdent aussi. Vous vous rappelez peut-être que, quoique l'on enregistre énormément d'information en mémoire sensorielle, ce n'est que d'une partie de cette information dont nous devenons conscients : celle à laquelle nous prêtons attention. Dans le modèle d'Atkinson et Shiffrin montré au chapitre 1 (figure 1.2), on situe généralement l'activité des processus attentionnels entre la mémoire sensorielle et la mémoire à court terme.

L'HYPOTHÈSE DU CANAL UNIQUE DE TRAITEMENT

Si l'on éprouve des difficultés à traiter plusieurs messages simultanément, c'est peut-être qu'à une étape donnée dans le traitement de l'information, il existe une limite structurale, une sorte de goulot où ne peut passer qu'un stimulus à la fois. Par limite structurale, on entend une limite posée par la constitution ou la structure du système. De la même façon que la structure du boyau d'arrosage impose une limite à la quantité d'eau par seconde qu'il peut déverser, la structure du système attentionnel chez l'humain ne permettrait de traiter qu'un seul message, à une étape donnée du traitement. Cette hypothèse, l'**hypothèse du canal unique de traitement**, a longtemps été justifiée par l'observation d'un phénomène : la période réfractaire psychologique (Telford, 1931).

La période réfractaire psychologique

Un signal (que l'on appellera S_1), par exemple une lumière, est présenté à un sujet. À l'apparition de S_1, ce sujet doit produire une réponse en appuyant le plus rapidement possible sur un bouton (R_1). Immédiatement après que R_1 ait été exécutée, un autre stimulus (S_2), par exemple un son, est présenté. Dès l'arrivée de S_2, le sujet doit produire une réponse R_2 qui peut consister à appuyer sur une pédale. Cette situation permet de mesurer deux temps de réaction différents : TR_1, le temps écoulé entre l'apparition de S_1 et la production de R_1 (en fait, le temps requis pour presser le bouton), et TR_2, le temps entre l'apparition de S_2 et R_2 (qui représente le temps requis pour appuyer sur la pédale). La figure 3.1 montre comment ces événements se succèdent dans la condition A.

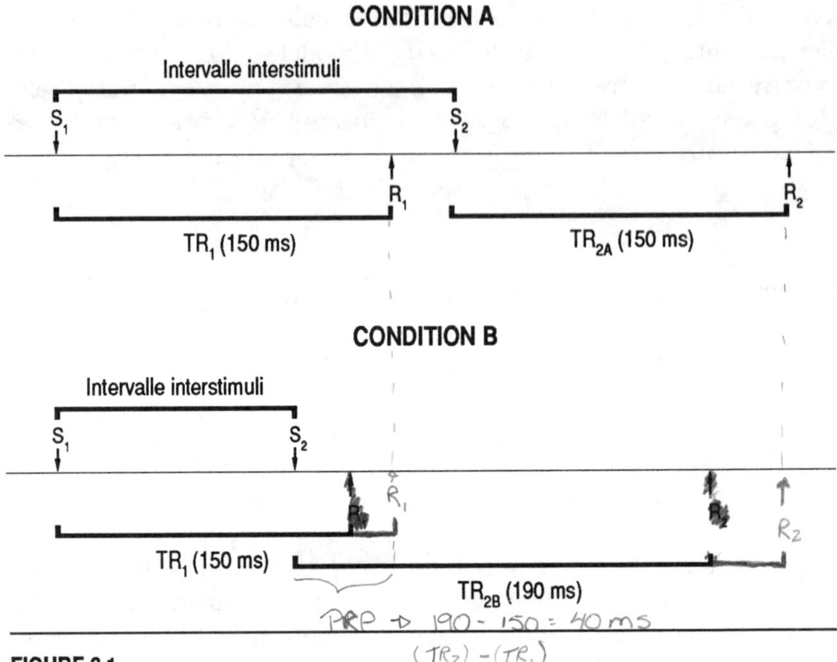

FIGURE 3.1
Comparaison d'une situation où deux temps de réaction successifs sont produits (condition A) et une autre situation où la période réfractaire psychologique se manifeste (condition B). Si S_2 est présenté avant même que le sujet ne puisse produire R_1, TR_{2B} est plus long que TR_{2A}.

Imaginons maintenant une condition B où l'on présente S_2 avant que R_1 n'ait été produite. La lumière (S_1) est présentée et, avant même que le sujet ne produise R_1, le son (S_2) est présenté. Le sujet doit donc fournir successivement les deux réponses (R_1 et R_2) le plus rapidement possible. On pourrait penser que les valeurs des durées requises pour produire ces deux réponses, TR_1 et TR_2, seront les mêmes que dans la condition A. En fait, dans la condition B, TR_2 est plus long que dans la condition A. La figure 3.1 compare les deux conditions, A et B. Pour les distinguer, TR_2 est identifié de la façon suivante : TR_{2A} dans la condition A et TR_{2B} dans la condition B.

Par rapport à une situation où l'individu doit réagir successivement à deux stimuli, le fait de devoir effectuer deux traitements simultanés provoque une augmentation du temps de réaction au second stimulus. De plus, à mesure qu'augmente l'intervalle interstimuli (IIS), c'est-à-dire le temps qui s'écoule entre S_1 et S_2, TR_2 diminue. Si l'intervalle interstimuli est assez long cependant, le TR redevient aussi rapide que lorsque S_1 et S_2 sont présentés séparément. Par exemple, si, dans la condition B, on avait présenté S_2 20 ms plus tard, TR_{2B} aurait été moins allongé par rapport à TR_{2A}.

Supposons qu'à la figure 3.1 on donne les valeurs suivantes aux temps de réaction dans la condition A : TR_1 = 150 ms et TR_{2A} = 150 ms. Dans la condition B, où l'intervalle de temps entre S_1 et S_2 est diminué, on observe que TR_1 est demeuré le même, soit 150 ms, mais que TR_{2B} est allongé jusqu'à 190 ms. Cette différence de 40 ms entre le deuxième temps de réaction de la condition B et le deuxième temps de réaction de la condition A signifie que, pendant un certain laps de temps (40 ms), S_2 n'a pu être traité : c'est ce laps de temps que l'on appelle la **période réfractaire psychologique**.

Donc, dans une situation où le sujet doit donner deux réponses différentes à deux stimuli présentés en succession rapide, il produit la deuxième réponse plus lentement que dans une situation où un intervalle de temps plus grand sépare les deux stimuli. Ce temps additionnel nécessaire pour produire la seconde réponse est dû à une période réfractaire, c'est-à-dire une période où le système ne peut opérer sur le second stimulus.

Les études sur la période réfractaire psychologique fournissent des résultats qui concordent avec l'hypothèse du canal unique de traitement. En effet, selon cette hypothèse, la capacité de l'humain de traiter de l'information est limitée : un stimulus doit subir une série d'analyses et, à un moment ou l'autre au cours de ce traitement, l'individu ne peut traiter qu'un stimulus à la fois (Broadbent, 1958). C'est ce qui expliquerait la période réfractaire psychologique.

Les expériences de filtrage d'information

L'hypothèse du canal unique de traitement a suscité un grand nombre de recherches, principalement par la question qu'elle soulève : à quelle étape, dans le traitement de l'information, la sélection du message à traiter se fait-elle?

On sait que, globalement, un stimulus doit d'abord être enregistré et emmagasiné en mémoire sensorielle. Il doit ensuite subir une analyse perceptuelle : les caractéristiques physiques du stimulus comme sa couleur et sa forme doivent être identifiées. Suit l'analyse sémantique : le stimulus doit être catégorisé, puis identifié au plan de sa signification. Par exemple, si c'est un caractère, s'agit-il d'une lettre, d'un chiffre ou d'un symbole sans signification connue? S'il s'agit d'un caractère significatif, quel caractère particulier est-ce? Finalement, si l'individu doit réagir à ce stimulus, il doit sélectionner la réponse appropriée.

L'hypothèse du canal unique de traitement mène donc à la question suivante : à quelle étape du traitement se situe la sélection du message auquel la personne choisit de prêter attention? Pour répondre à cette question, la performance dans des expériences de **filtrage d'information** a été beaucoup étudiée. Dans ces expériences, le sujet est exposé à des stimuli. Parmi ces stimuli, certains sont pertinents, en ce sens que le sujet doit produire une réponse donnée lorsqu'ils se présentent. D'autres, présentés en même temps, sont des distracteurs. Un filtrage ou une sélection doit être effectué pour sélectionner les stimuli pertinents. Dans cette hypothèse de canal unique de traitement, on suppose donc qu'il existe un mécanisme, le filtre, qui permet la sélection de l'information.

La tâche de filature a déjà été décrite dans le chapitre 2, lors de la discussion tenue sur l'expérience de Treisman (1964); cette tâche, illustrée à la figure 2.7, est un exemple de situation de filtrage d'information. Dans une tâche de filature, on se souvient que deux messages sont présentés simultanément dans les oreilles gauche et droite du sujet et qu'il doit répéter mot à mot l'un des messages à mesure qu'il lui est transmis.

La logique qui sous-tend cette expérience et l'interprétation des résultats qui y sont observés peuvent être exprimées ainsi. L'hypothèse du canal unique de traitement nous amène à affirmer qu'à un moment ou l'autre du traitement des deux messages, un filtre effectue une sélection pour diriger l'attention sur l'un ou l'autre des messages. Pour déterminer à quelle étape du traitement se situe le filtre, on place le sujet dans une situation de filature où il doit prêter une attention constante à l'un des messages puis l'on vérifie ce qu'il a retenu du second message. Si le filtre intervient très tôt au cours du traitement, seules des caractéristiques physiques, perceptuelles, du message ignoré devraient être notées. Si la sélection s'effectue plus tard, des caractéristiques sémantiques, qui portent sur la signification du message ignoré, devraient être enregistrées.

L'expérience de Cherry (1953) montre que le sujet retient très peu d'information du message ignoré. Par exemple, même si, tout à coup, on passe de l'anglais à l'allemand pour transmettre le message, le sujet (anglophone) demeure convaincu qu'il été entièrement transmis en anglais. En revanche, les sujets remarquent que l'on passe d'une voix masculine à une voix féminine, et vice versa, et alors des caractéristiques physiques du stimulus ignoré, comme le changement de sa fréquence sonore, sont enregistrées.

Il semble toutefois que les choses ne soient pas aussi simples. D'autres expériences démontrent que, parfois, des stimuli sont traités sur le plan de la signification et même que, dans certains cas, il est impossible d'éviter le traitement des stimuli ignorés. Par exemple, le sujet remarquera que son nom est inséré dans le message ignoré (Moray, 1959).

Anne Treisman (1960) a placé des sujets dans une situation de filature où un message significatif passait d'une oreille à l'autre au cours de sa diffusion. Par exemple, le début d'un message était présenté dans l'oreille gauche; après quelques mots, la phrase était interrompue pour présenter une série de mots sans signification. Dans l'oreille droite, la séquence était inversée. Les mots sans signification étaient prononcés, puis la fin de la phrase commencée dans l'oreille gauche était présentée. Même s'ils avaient pour instruction de filer les mots entendus dans leur oreille gauche, certains sujets ne pouvaient s'empêcher, lors du transfert de la phrase de l'oreille gauche à l'oreille droite, de filer les stimuli transmis dans l'oreille à ignorer; c'est la situation que la figure 3.2 illustre.

Le sujet peut donc traiter suffisamment le message non filé pour en saisir la signification. Ce type de résultat a modifié la conception initiale selon laquelle, lors de l'allocation de l'attention, les

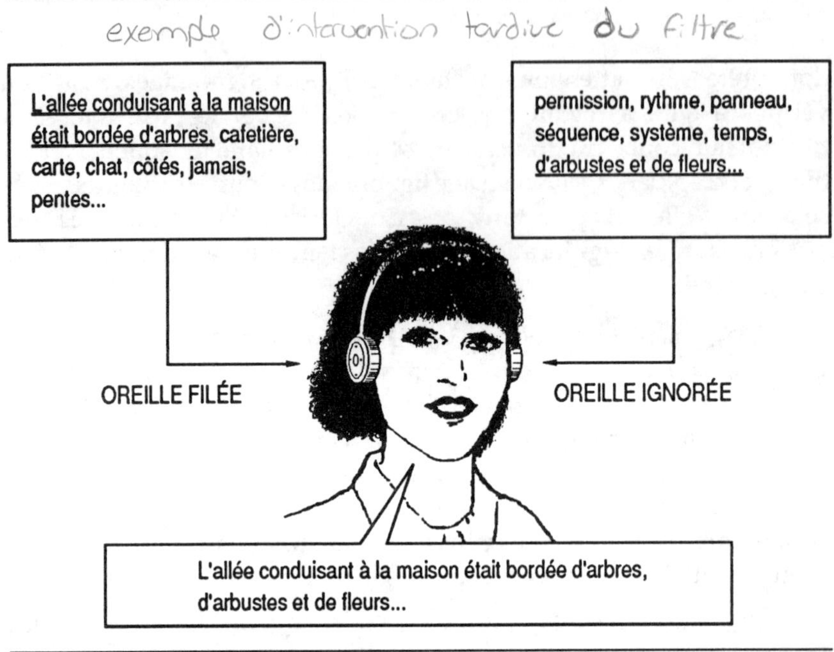

FIGURE 3.2
Situation de filature utilisée par Anne Treisman (1960).

stimuli non pertinents ne sont traités qu'au niveau de leurs caractéristiques physiques. En fait, les expériences de filtrage montrent que lorsque l'on doit prêter une attention constante à un message, un autre message présenté simultanément arrivera sous une forme atténuée. Seuls les stimuli importants pour le sujet, c'est-à-dire les stimuli qu'il est particulièrement disposé à traiter (comme son nom ou un message significatif), seront analysés de façon plus approfondie. Notons que cette disposition chez le sujet peut être tout à fait involontaire et inconsciente. Ainsi, dans l'expérience d'Anne Treisman, le fait de commencer une phrase crée une tendance, chez le sujet, à traiter les stimuli qui ont une signification par rapport à cette phrase. C'est pourquoi, involontairement, il ou elle sera portée à déplacer son attention à l'oreille qui, en principe, doit être ignorée.

Les expériences de filtrage d'information comptent parmi les premières recherches effectuées dans le domaine de l'attention, dans les années 50 et 60. À cette époque, ces recherches mettaient souvent les sujets dans des situations où deux messages différents étaient présentés simultanément aux deux oreilles. Chacune des deux oreilles était identifiée comme constituant un canal de transmission d'information indépendant. Cette situation définit le « canal » de façon relativement restrictive. Dans plusieurs expériences ultérieures cependant, le canal s'est avéré beaucoup moins bien défini. Prenons comme exemple une situation où trois messages nous sont présentés aux deux oreilles : un à gauche, un au centre et l'autre à droite. Il est en effet possible, par mixages stéréophoniques de faire en sorte que le message paraisse situé au centre. Peut-on dire que la position de l'origine du message dans l'espace fait qu'il s'adresse à des canaux différents? Si deux messages arrivent simultanément du même endroit, mais qu'ils sont de nature différente, comme un message parlé et une musique, s'adressent-ils au même canal de traitement?

Un des problèmes majeurs posés par l'hypothèse du canal unique de traitement concerne la difficulté de définir précisément ce qu'est un canal de traitement chez l'humain. Par ailleurs, ces expériences nous laissent insatisfaits : la définition du traitement simultané ne peut se limiter à une situation où deux messages verbaux sont présentés en même temps. Dans la vie quotidienne, il nous arrive d'exécuter deux tâches à la fois, comme conduire une automobile et entretenir une conversation, tricoter et écouter la télé, dactylographier et écouter de la musique.

Le fait que, dans une tâche de filature comme dans la vie courante, il soit possible, jusqu'à un certain point, d'effectuer deux traitements simultanés, et le fait qu'il soit difficile de définir le canal de traitement ont amené un changement dans la conception de l'attention. Plutôt que de voir les limites humaines, en ce qui concerne l'attention, comme la conséquence d'une limite structurale, on a commencé, dans les années 60, à considérer que l'attention était une ressource contenue dans une sorte de réservoir général de capacité limitée. Dans une **hypothèse de capacité générale limitée,** on conçoit que, dans certaines conditions, deux tâches puissent être effectuées simultanément. Les questions que suscite une telle hypothèse diffèrent des questions que soulève une hypothèse de canal unique. Au lieu de tenter de situer un filtre hypothétique dans le système de traitement, on tente plutôt d'étudier les conditions qui influencent la performance lors de l'exécution de deux tâches simultanées.

Qu'est-ce qui fait que, selon les circonstances, nous puissions ou non exécuter des tâches simultanées? Une réponse évidente à cette question est que plus on pratique une tâche, plus il est facile de faire une autre tâche en même temps. La pratique est un facteur qui a été particulièrement étudié dans le domaine de l'attention. Ces recherches ont amené la distinction entre les processus automatiques et les processus contrôlés.

LES PROCESSUS AUTOMATIQUES ET CONTRÔLÉS

Dire qu'avec la pratique, l'exécution de tâches requiert de moins en moins d'attention ne surprendra personne. Initialement, lorsque l'on apprend à rouler à bicyclette, à jouer du piano ou à dactylographier, chaque mouvement demande un effort conscient. Graduellement, avec la pratique, ces habiletés s'automatisent à un point tel qu'il devient difficile et même perturbateur de penser aux mouvements que l'on effectue pendant l'exercice. Essayez, par exemple, de parler et de prendre conscience de chaque mouvement qu'effectue votre langue pendant que vous parlez. Les activités motrices propres au langage sont tellement exercées qu'il est facile d'oublier qu'il fut un temps, dans notre vie, où l'on ne savait comment s'y prendre pour produire certains sons. Entendre un bébé nous rappelle que l'articulation des sons est une activité qui doit être exercée pour devenir automatique, c'est-à-dire pour qu'elle ne sollicite plus l'attention.

On peut distinguer deux types de processus. Les **processus automatiques** sont ceux qui s'exécutent sans effort et rapidement. Les **processus contrôlés** demandent du temps et de l'attention et la demande augmente en fonction de la quantité d'information traitée. Walter Schneider et Richard Shiffrin (1977) ont réalisé une série d'expériences qui définissent nettement les processus automatiques et contrôlés et qui mettent en évidence leurs propriétés respectives. Ces travaux de Schneider et Shiffrin sont souvent cités parce que, par leur ampleur et leur rigueur au plan expérimental, ils ont exercé une influence réelle dans l'étude de l'attention et du développement de l'automaticité.

Dans leurs travaux, Schneider et Shiffrin demandaient à leurs sujets d'effectuer des tâches de prospection. Une **prospection** (en anglais, *search*) se définit comme l'examen systématique d'un ensemble d'éléments dans le but d'y trouver une cible. Une **prospection visuelle** consiste à examiner visuellement des items présentés dans le but d'identifier une cible précise. Dans la phrase qui précède, pouvez-vous trouver la lettre « x »? L'examen des lettres qui permet de répondre à cette question constitue une prospection visuelle.

La **prospection mnémonique** consiste en l'examen d'éléments emmagasinés en mémoire. Par exemple, on vous montre une série de lettres A, P, D, et W, que l'on vous demande de mémoriser. Les stimuli sont ensuite retirés de sorte que vous ne puissiez les voir. On vous montre ensuite la lettre « W ». Vous devez indiquer le plus rapidement possible si cette lettre était présente ou absente de l'ensemble de lettres mémorisées. Pour répondre, vous devez comparer le stimulus test « W » à chacun des éléments de l'ensemble-mémoire. Lorsque vous constatez que l'un des éléments est identique au stimulus test, vous pouvez répondre positivement. Ces processus s'exécutent très rapidement. Dans des conditions expérimentales contrôlées, où le sujet doit répondre le plus rapidement possible, le temps nécessaire pour examiner un élément en mémoire est estimé à 40 ms environ (Sternberg, 1966).

Shiffrin et Schneider (1977) demandaient à leurs sujets d'effectuer des tâches où les deux types de prospection étaient combinés dans une même situation. Il s'agissait donc d'une prospection visuelle et mnémonique. Dans cette situation, les sujets doivent d'abord mémoriser une série d'items : c'est l'ensemble-mémoire. L'ensemble disparaît ensuite. Après un intervalle de temps variable, un nouvel ensemble est présenté : c'est l'ensemble-présentation. La tâche du sujet consiste alors à indiquer si l'un des éléments de l'ensemble-mémoire est inclus dans l'ensemble-présentation.

La figure 3.3 montre le déroulement d'un essai, c'est-à-dire la succession des présentations dans l'une des expériences de Schneider et Shiffrin.

L'ensemble-mémoire (1, sur la figure 3.3) est d'abord présenté. Peu après que le sujet ait mémorisé les éléments, on lui montre

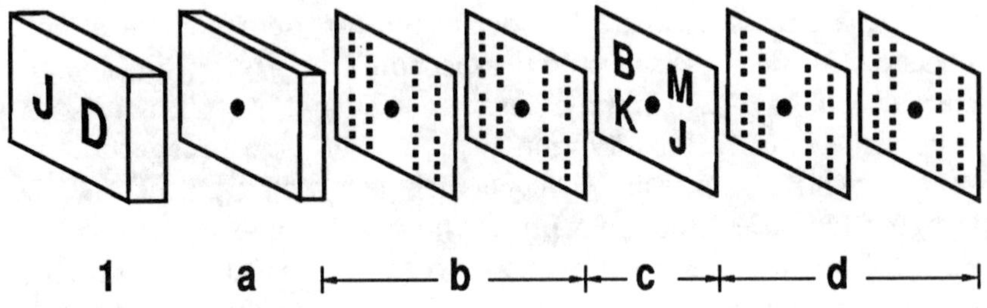

FIGURE 3.3
Déroulement d'un essai dans l'expérience 2 de Schneider et Shiffrin. 1 : Présentation de l'ensemble-mémoire; a : point de fixation; b : masques visuels; c : ensemble-présentation; d : masques visuels.

l'ensemble-présentation (c, sur la figure). Le point de fixation (a) indique au sujet l'endroit où il doit regarder. Les groupes de points (b et d) sont des masques[1].

La tâche du sujet consiste à indiquer le plus rapidement possible, lorsque l'ensemble-présentation apparaît, si un élément de l'ensemble-mémoire s'y trouve. Si oui, il s'agit d'un essai positif, sinon, d'un essai négatif. Le sujet donne sa réponse en pressant sur l'un ou l'autre de deux boutons selon que l'essai est positif ou négatif.

Il y a deux conditions de prospection. Dans la condition « **rôle constant** » (en anglais, *consistent mapping*), les stimuli sont divisés en deux groupes : un groupe de lettres et un groupe de chiffres. À l'intérieur d'un groupe, les stimuli jouent constamment le même rôle : par exemple, les chiffres sont toujours utilisés comme cibles, jamais comme distracteurs. Dans cette condition de rôle constant, pour certains sujets, les chiffres sont des cibles, les lettres, des distracteurs. Pour d'autres sujets placés dans cette même condition, les rôles sont inversés, mais de façon constante : les lettres sont des cibles et les chiffres des distracteurs. Donc, pour tous ces sujets, le rôle joué par un type de caractère est constant, il ne change jamais tout au long de l'expérience.

---

1. Dans les expériences de prospection visuelle, on utilise très souvent des masques. Ceux-ci se présentent la plupart du temps comme des ensembles de points répartis de façon aléatoire. Ils permettent de contrôler très précisément la durée pendant laquelle le sujet « voit » le stimulus en effaçant le contenu en mémoire sensorielle.

Dans la condition « **rôle variable** » (en anglais, *varied mapping*), un seul groupe de stimuli est constitué : des lettres ou des chiffres. Dans cette condition, le sujet recherche des lettres parmi des lettres ou des chiffres parmi des chiffres. Pendant toute la durée de l'expérience, pour un sujet donné, le rôle joué par la lettre (ou le chiffre pour un autre sujet) est variable : il peut être cible ou distracteur.

La figure 3.4 compare les conditions de rôle constant et de rôle variable. En A, les éléments à mémoriser sont des lettres. Le sujet cherche ensuite si l'une de ces lettres est incluse dans les lettres qui suivent. Il s'agit d'une condition de rôle variable puisque les lettres peuvent être cibles et distracteurs.

En B, le rôle que jouent les chiffres est constant : il s'agit toujours d'une cible. Le rôle joué par les lettres est aussi constant, ce sont toujours des distracteurs. Donc, le sujet mémorise les chiffres de l'ensemble-mémoire. Cependant, dès qu'il constate qu'un chiffre est présent dans l'ensemble-présentation, il sait qu'il s'agit d'une cible (c'est-à-dire d'un item qui était inclus dans l'ensemble-mémoire) puisque les chiffres, dans la condition de rôle constant jouent toujours le rôle de cible. Il ne lui reste qu'à indiquer si les chiffres inclus dans l'ensemble-présentation font partie de l'ensemble-mémoire.

Dans leur expérience, Schneider et Shiffrin font varier la condition de prospection. Un groupe de sujets effectue toujours la prospection dans la condition de rôle constant et un autre groupe, dans la condition de rôle variable. La dimension de l'ensemble-mémoire et de l'ensemble-présentation est également variée : ils peuvent compter entre un et quatre éléments.

Les questions qui intéressaient Schneider et Shiffrin étaient les suivantes. Premièrement, le temps que mettra le sujet à répondre, donc le temps de réaction, variera-t-il en fonction du nombre d'éléments inclus dans les ensembles? Deuxièmement, le temps de réaction variera-t-il selon les conditions de prospection : rôle constant et rôle variable?

En fait, est-il possible d'identifier les conditions de prospection respectives où les processus contrôlés et automatiques seront mis en oeuvre? On se souvient que les processus contrôlés se définissent

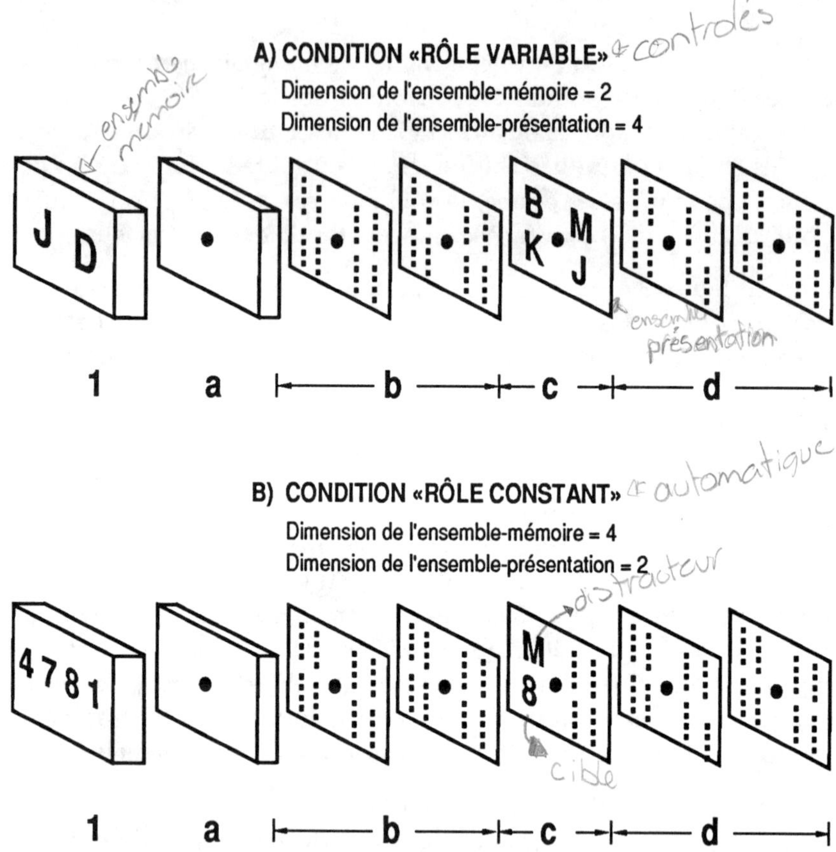

FIGURE 3.4
Déroulement d'un essai dans la condition «rôle variable» (A) et dans la condition «rôle constant» (B) de l'expérience 2 de Schneider et Shiffrin. En A, les lettres peuvent jouer le rôle de cibles ou de distracteurs. Le sujet mémorise des lettres et doit rechercher l'une de ces lettres dans l'ensemble-présentation. En B, le sujet mémorise des chiffres et doit trouver l'un de ces chiffres dans l'ensemble-présentation où les distracteurs sont des lettres.

comme des processus qui demandent du temps et que cette demande augmente en fonction de la quantité d'information traitée. Au contraire, les processus automatiques s'exécutent rapidement et sans effort. Par le temps que mettront les sujets à répondre dans les diverses conditions, il sera possible de vérifier si elles mettent en oeuvre des processus différents.

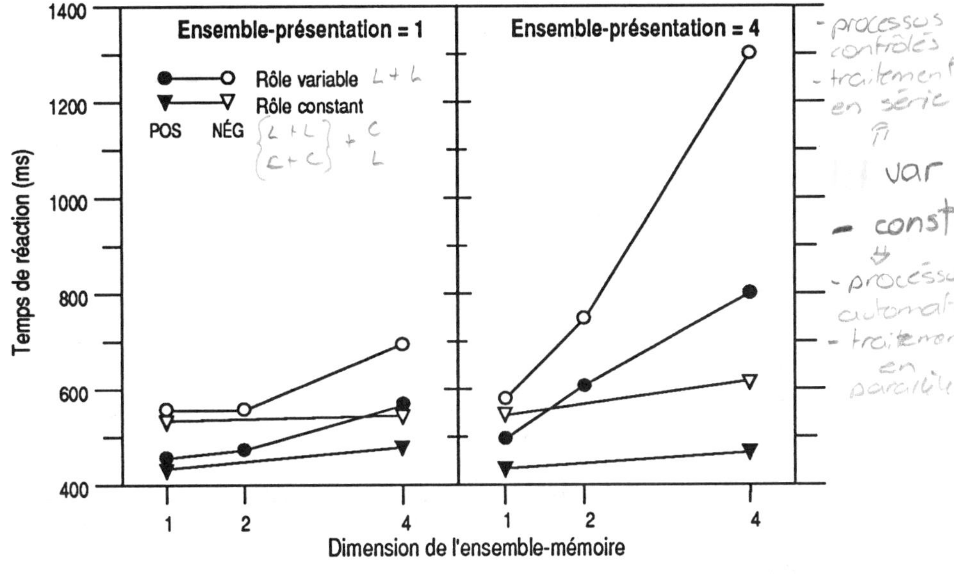

FIGURE 3.5
Expérience 2 de Schneider et Shiffrin. Temps de réaction en fonction du nombre d'éléments mémorisés (1, 2 ou 4). Les résultats sont présentés pour les conditions où l'ensemble-présentation comprend 1 et 4 éléments, dans les conditions de rôle constant et de rôle variable, aux essais positifs et négatifs (d'après Schneider et Shiffrin, 1977).

La figure 3.5 illustre le temps de réaction en fonction du nombre d'éléments à traiter. Ces données sont fournies pour les conditions de prospection « rôle constant » et « rôle variable ». On distingue aussi les résultats aux essais positifs (avec cible) et négatifs (sans cible).

Dans la **condition de rôle variable,** le temps de réaction augmente régulièrement à mesure que le nombre d'éléments à examiner en mémoire augmente. Ces données suggèrent un processus de comparaison en série : le sujet prend un item de l'ensemble-mémoire, le compare successivement à chacun des items de l'ensemble-présentation, puis il sélectionne un nouvel item qu'il a mémorisé pour le comparer à son tour à chaque item de l'ensemble-présentation. Lorsqu'il y a appariement, c'est-à-dire lorsque le sujet trouve dans l'ensemble-présentation un item identique à l'un de ceux qu'il avait mémorisés, le sujet termine sa prospection et répond positivement.

S'il ne trouve pas un item de l'ensemble-mémoire dans l'ensemble-présentation, il répond négativement après avoir examiné tous les éléments.

Le nombre d'éléments à examiner semble donc avoir un effet important sur le temps de réaction dans la condition de rôle variable. Par contre, comme l'indique la figure 3.5, l'augmentation du nombre d'éléments à traiter a peu d'effet dans la **condition de rôle constant.**

Selon Schneider et Shiffrin, ces deux patterns de réponse reflètent le déroulement de processus de nature différente. La performance, dans la condition de rôle variable, est le résultat d'opérations qui requièrent de l'attention. Dans la condition de rôle constant, il s'agit d'une détection automatique.

Dans la condition de rôle constant, l'automaticité est le résultat de la pratique : le sujet apprend, avec la pratique, qu'un type de caractère est toujours une cible. De plus, la pratique peut permettre de détecter automatiquement certaines caractéristiques d'un symbole. Dans un ensemble de lettres, par exemple, le sujet en vient à pouvoir détecter automatiquement la présence d'un chiffre. Au niveau de la performance, cela signifie que même si le chiffre est présenté avec trois lettres, le sujet le trouvera aussi rapidement que si ce chiffre est présenté avec une lettre. Donc, lorsqu'un groupe de stimuli (lettres ou chiffres) joue toujours le même rôle (cible ou distracteur) dans une expérience, le processus de prospection devient automatique avec la pratique. Ce processus est dit **automatique** parce que le sujet n'a pas vraiment conscience d'effectuer un examen des éléments : la lettre semble détectée automatiquement. La même chose pourrait se produire si une lettre dans la page que vous êtes en train de lire était imprimée en rouge. Cette lettre se démarquerait très nettement du reste du texte, et vous la trouveriez très rapidement, automatiquement, quel que soit le nombre de caractères imprimés sur la page.

Dans la condition de rôle variable, la détérioration de la performance due à l'augmentation de la charge représente un déficit d'attention partagée. Lorsque le traitement de stimuli supplémentaires amène une détérioration de performance, c'est-à-dire dans ce cas-ci, une augmentation du temps de réaction, la tâche demande de l'attention. Les processus qui sous-tendent l'exécution de cette tâche sont appelés par Schneider et Shiffrin des processus **contrôlés**; parce qu'ils s'exécutent lentement, le sujet a parfaitement conscience d'examiner les éléments un à un.

Par exemple, si l'on vous demandait de trouver la lettre « z » dans cette page, elle ne pourrait être détectée automatiquement comme la lettre rouge dont nous discutions plus haut. Vous devriez chercher la lettre « z » lentement, en examinant les caractères presque un à un, de façon contrôlée. Comme les sujets de Schneider et Shiffrin dans la condition de rôle variable, votre temps de réponse dépendrait du nombre de lettres que vous auriez à examiner. En effet, si la page contenait dix caractères, vous trouveriez certainement plus vite votre cible que si elle en contenait 100.

Même si le texte qui précède permet d'avoir un aperçu des travaux de Schneider et Shiffrin, le nombre de recherches et de conditions qu'ils ont examinées est beaucoup trop important pour pouvoir les rapporter toutes ici. Les expériences de ces auteurs ont permis d'identifier de façon évidente plusieurs caractéristiques des processus automatiques et contrôlés. L'expérience que nous avons décrite illustre comment la méthode qu'ils ont utilisée met en évidence le rôle de la pratique sur l'automatisation d'une tâche.

TRAITEMENT PARALLÈLE ET TRAITEMENT SÉRIEL

Schneider et Shiffrin ont mis en évidence non seulement l'existence des processus automatiques et contrôlés, mais aussi certaines de leurs caractéristiques. La détection automatique opère en parallèle : plusieurs éléments peuvent être traités simultanément. La prospection contrôlée fonctionne de façon sérielle : le sujet semble examiner les éléments de façon successive, en série.

Anne Treisman et Garry Gelade (1980) ont montré, pour leur part, que ces deux types de traitement pouvaient aussi être identifiés à un niveau plus élémentaire, c'est-à-dire dans l'analyse des attributs d'un stimulus simple comme une lettre, un attribut faisant référence à une valeur particulière sur une dimension. Ainsi, la couleur et l'orientation sont des dimensions, rouge et vertical sont des attributs de ces dimensions.

Selon la théorie d'intégration des attributs (en anglais, *feature-integration theory*) formulée par Treisman et Gelade, l'identification d'un stimulus se fait en deux étapes. La première constitue un enregistrement précoce, automatique et parallèle des attributs dans le champ visuel. La seconde étape consiste à faire la synthèse et la localisation de ces attributs; il s'agit d'opérations exécutées en série et qui nécessitent l'attention sélective.

Cela implique que pour percevoir un fauteuil jaune, par exemple, il y aura enregistrement des attributs du stimulus au niveau de sa forme et de sa couleur. Cet enregistrement se fera en parallèle. Ce n'est que dans la seconde étape que les attributs seront « assemblés » pour permettre l'identification du stimulus.

Cette conception se rapproche de celle d'Ulric Neisser. En effet, dès 1967, celui-ci décrivait l'analyse d'un stimulus de la façon suivante. Après qu'un stimulus ait été enregistré en mémoire sensorielle, il subit le traitement de mécanismes préattentionnels. Ceux-ci opèrent de façon involontaire et effectuent une analyse grossière des attributs du stimulus. Ce n'est qu'après, lorsque l'individu prête attention au stimulus, qu'il est identifié.

Cette conception rejoint également certaines descriptions récentes du processus de reconnaissance de formes en intelligence artificielle. David Marr (1982) identifie en effet au moins deux étapes dans l'identification, une première étant consacrée à l'enregistrement des attributs élémentaires du stimulus comme les orientations spatiales qui le définissent.

Cette description du processus d'identification ne correspond cependant pas à notre expérience **consciente** des phénomènes. Lorsque vous entrez dans une maison inconnue, vous identifiez immédiatement les objets comme étant un fauteuil jaune, une table blanche, une tapisserie rayée. En fait, ces opérations sont exécutées de façon si rapide que l'on n'a pas le temps d'en prendre conscience.

Prospection de catégories conjonctives et disjonctives

La première expérience de Treisman et Gelade (1980) utilise une situation de prospection visuelle : les sujets doivent trouver une cible parmi un nombre variable de distracteurs. Les stimuli utilisés sont des lettres de différentes couleurs. La cible, c'est-à-dire le stimulus que le sujet devait rechercher, pouvait constituer une **conjonction** d'attributs : sa couleur était verte **et** sa forme, « T ». Dans une autre condition, le sujet recherchait une catégorie **disjonctive** d'attributs : une lettre bleue **ou** la forme « S ».

Dans ces deux conditions, conjonction et disjonction, les distracteurs étaient identiques : des T_{bruns} et des X_{verts}. Dans la condition conjonction, le sujet devait indiquer le plus rapidement possible si la cible, en l'occurrence le T_{vert}, était présente ou absente de l'ensemble de distracteurs « T_{bruns} et X_{verts} ». Dans la condition disjonction, le sujet devait indiquer si l'une des cibles, une lettre bleue ou la forme « S », était présente. Dans les deux cas, la réponse était fournie par la pression de l'un ou l'autre de deux boutons, selon que la cible était présente ou absente.

Le nombre de distracteurs parmi lesquels la cible devait être cherchée variait : un, cinq, 15 et 30 éléments. Les hypothèses testées étaient les suivantes. Dans la condition disjonction, comme le sujet doit enregistrer la présence de l'un ou l'autre de deux attributs sans devoir les combiner, la prospection devrait s'effectuer en parallèle : peu importe le nombre de distracteurs, le temps de réaction devrait être le même. Dans la condition conjonction, même si le nombre d'attributs à rechercher est le même (deux), comme cette recherche exige la combinaison des attributs, elle devrait solliciter l'attention du sujet, donc susciter un traitement sériel; la performance devrait être sensible à la charge, le temps de réponse augmenter en fonction du nombre de distracteurs.

La figure 3.6 montre le temps de réaction en fonction de la dimension de l'ensemble présenté. Le trait continu représente les résultats dans la condition conjonction, le trait discontinu, dans la condition disjonction. Les points noirs montrent les résultats dans la condition positive, c'est-à-dire lorsque la cible est présente, les points blancs, dans la condition négative.

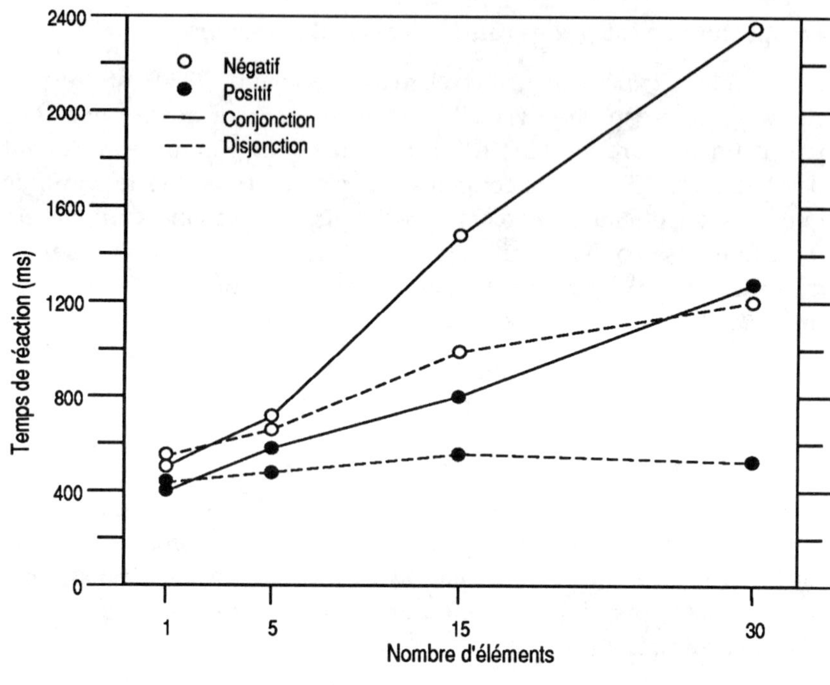

FIGURE 3.6
Temps de réaction en fonction du nombre d'éléments à examiner visuellement aux essais positifs et négatifs (d'après Treisman et Gelade, 1980).

Examinons d'abord les résultats de la condition conjonction. On voit que le temps de réaction augmente régulièrement en fonction de la dimension de l'ensemble-présentation, tant dans la condition positive que négative. Cela confirme l'hypothèse selon laquelle la prospection de conjonction d'attributs doit s'effectuer en série, en examinant les éléments l'un après l'autre.

Dans la **condition conjonction négative**, la pente de la fonction de temps de réaction est à peu près deux fois plus importante que la pente des résultats dans la condition conjonction positive. En d'autres termes, l'augmentation du temps de réaction en fonction du nombre d'éléments, dans la condition négative, est environ deux fois plus grande que l'augmentation observée dans la condition positive. Ainsi, dans la condition positive, la pente est de 29 ms, ce qui signifie qu'en moyenne, pour chaque élément supplémentaire à examiner dans la présentation, le sujet augmente son temps de réponse de 29 ms. Dans la condition négative, la pente est de 67 ms.

La figure 3.7 illustre un exemple de rapport de pentes double (A) et le compare à une situation où la pente, aux essais positifs, est égale à la pente aux essais négatifs (B). Cette figure n'est présentée qu'à titre d'exemple, elle ne présente pas de résultats d'expériences. En fait, elle n'a pour but que de faire comprendre la notion de rapport double de pentes.

À la figure 3.7 A, aux essais positifs, c'est-à-dire lorsque la cible est présente, le temps de réaction augmente de, disons, 50 ms à chaque fois qu'un élément est ajouté dans l'ensemble. Aux essais négatifs, le temps de réaction augmente, en moyenne, de 100 ms. Lorsque le sujet doit examiner un élément, il met en moyenne, deux fois plus de temps aux essais négatifs qu'aux essais positifs. La pente de la fonction de temps de réaction, aux essais positifs, est de 50 ms. Aux essais négatifs, elle est de 100 ms, soit le double.

En B, sur la figure, aux essais positifs comme aux essais négatifs, la pente est identique : le sujet met exactement le même temps à examiner un élément dans les deux conditions. La seule différence entre celles-ci concerne le temps total de réponse. Il est toujours un peu plus long de répondre lorsque la cible est absente.

Dans l'expérience de Treisman et Gelade, le fait que la pente des résultats, dans la condition conjonction négative, représente le double de la pente dans la condition conjonction positive s'explique de la façon suivante. Lorsque la cible est absente, le sujet examine les éléments un à un, au rythme d'environ 60 ms par élément. Comme il ne trouve pas la cible, il doit examiner **tous** les éléments de l'ensemble pour pouvoir affirmer que la cible n'y est pas. Dans la condition positive, lorsque l'ensemble comprend 30 éléments par exemple, il identifiera parfois la cible au tout début de sa prospection, parfois, il la trouvera à la fin, après avoir examiné les 30 éléments. **En moyenne**, sur l'ensemble des essais positifs, il répondra après avoir examiné à peu près 15 éléments. Lorsque la cible est absente, il ne peut répondre qu'après avoir examiné tous les éléments, soit après avoir examiné 30 éléments. Donc sur plusieurs

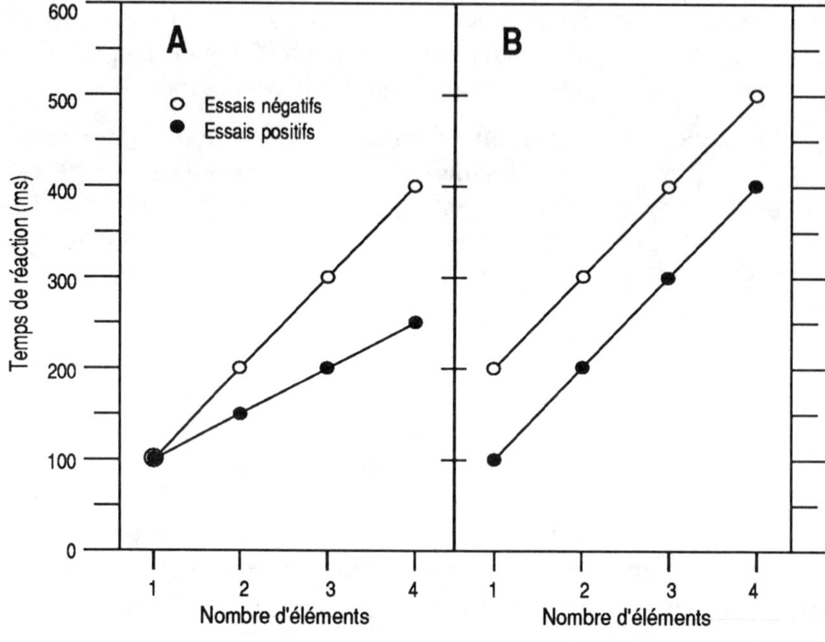

FIGURE 3.7
Le rapport entre deux pentes. En A, la pente de la fonction de temps de réaction aux essais négatifs est de 100 ms et de 50 ms aux essais positifs. La pente de la fonction de TR, aux essais négatifs, est le double de la pente aux essais positifs. En B, les pentes sont égales. Pour tout examen supplémentaire d'un élément, tant aux essais positifs qu'aux essais négatifs, le TR augmente de 100 ms.

essais, lorsque la cible est présente, il mettra en moyenne deux fois moins de temps à répondre aux essais positifs qu'aux essais négatifs. Cela suppose que, lorsqu'il trouve la cible, le sujet cesse sa prospection. C'est ce que l'on appelle une **prospection autoterminante**[2].

Lorsque le sujet recherche les attributs dans la **condition catégorie disjonctive**, les résultats aux essais positifs sont très clairs :

2. Dans certaines conditions, comme dans l'examen d'éléments en mémoire, il arrive que la prospection se poursuive automatiquement (le sujet n'a aucun contrôle sur le phénomène) même si la cible est trouvée. Ce type de prospection est appelé prospection exhaustive; elle mène à des résultats semblables à ceux qui sont illustrés à la figure 3.7 B.

le temps de réponse est totalement indépendant du nombre de distracteurs. La prospection d'un attribut semble s'effectuer de façon parallèle, automatique. Aux essais négatifs de la condition disjonction, il y a augmentation du temps de réaction en fonction du nombre d'éléments. On explique cela par le fait que, lorsqu'il ne trouve pas la cible, le sujet effectue un retour rapide sur les éléments pour s'assurer qu'il n'y a vraiment pas de cible. Si celle-ci est présente cependant, elle est détectée automatiquement.

Les résultats observés sont en accord avec certaines prédictions dérivées de la théorie d'intégration des attributs. L'identification d'une cible disjonctive semble se faire automatiquement alors que l'identification d'une cible conjonctive paraît exiger de l'attention.

Les conjonctions illusoires

Supposons qu'effectivement, comme le postule la théorie d'intégration des attributs, l'identification du stimulus se fasse en deux étapes. La première consiste à enregistrer la présence des attributs qui composent ce stimulus : cette étape s'exécute automatiquement. Ce n'est qu'à une seconde étape que ces attributs seront combinés, permettant l'identification précise du stimulus : cette seconde étape exige de l'attention. Il doit donc exister un moment, entre l'enregistrement des attributs et leur combinaison, où ces attributs sont psychologiquement présents sans qu'ils soient combinés. Cela mène à une nouvelle prédiction : il est possible de provoquer des erreurs de combinaison où des attributs déjà enregistrés seront recombinés de façon erronée, créant des conjonctions illusoires. Celles-ci devraient pouvoir être suscitées par une diversion de l'attention au moment de la conjonction des attributs.

Pensons à une pièce où l'on entre rapidement, sans vraiment examiner les objets qui s'y trouvent. Il est possible que, durant une fraction de seconde, nous percevions un livre vert sur la table mais qu'ensuite, en jetant un coup d'oeil supplémentaire, nous réalisions que c'est le sac sur lequel est posé le livre qui est vert alors que celui-ci, en réalité, est bleu. La **conjonction illusoire**, c'est le fait de percevoir de fausses combinaisons de parties ou de propriétés tirées de différentes régions du champ visuel.

Une expérience d'Anne Treisman et Janet Souther (1986) visait à vérifier la manifestation de conjonctions illusoires au cours du processus de combinaisons de lettres dans la formation de mots. Vous avez probablement déjà expérimenté vous-même la conjonction illusoire dans la formation de mots ou de syllabes de mots : en feuilletant rapidement une revue, on peut voir les mots mélodie et parodique alors qu'en fait, ce sont les mots mélodique et parodie qui sont imprimés.

Un des objectifs de l'expérience 1 de Treisman et Souther était de vérifier si, dans une tâche de détection de mots parmi des groupes de lettres séparés spatialement, des recombinaisons mèneraient à des erreurs de conjonction. Les présentations consistaient en quatre séries de lettres placées aux quatre coins du champ visuel. Toutes les séries étaient du type consonne-voyelle-consonne; elles pouvaient former des mots ou non. Dans toutes les présentations, les séries contenaient une même voyelle et une même consonne, mais différaient sur l'autre consonne.

Dans la condition conjonction, toutes les lettres de la cible étaient présentes, mais pas dans la bonne combinaison. Dans la condition contrôle, une lettre du mot cible était absente de la présentation. Dans les deux conditions, conjonction et contrôle, chacun des quatre distracteurs différait de la cible par une seule lettre. La figure 3.8 montre les stimuli utilisés.

Dans la condition conjonction, chaque distracteur contient deux lettres identiques à deux des trois lettres qui constituent la cible. Cependant, on retrouve toutes les lettres de la cible parmi l'ensemble des distracteurs de sorte que, même si la cible est absente, il est possible de la reconstituer en combinant les lettres des différents distracteurs. Dans la condition contrôle, le nombre de lettres que les distracteurs partagent avec la cible est le même que dans la condition conjonction : chaque distracteur a deux lettres en commun avec la cible. On ne retrouve toutefois pas toutes les lettres du mot cible parmi les distracteurs.

Un essai se déroulait ainsi : l'expérimentateur annonçait verbalement la cible et l'épelait. Les séries de lettres étaient ensuite présentées pendant environ 200 ms, précédées et suivies de masques visuels. Le sujet devait indiquer si la cible était présente ou absente.

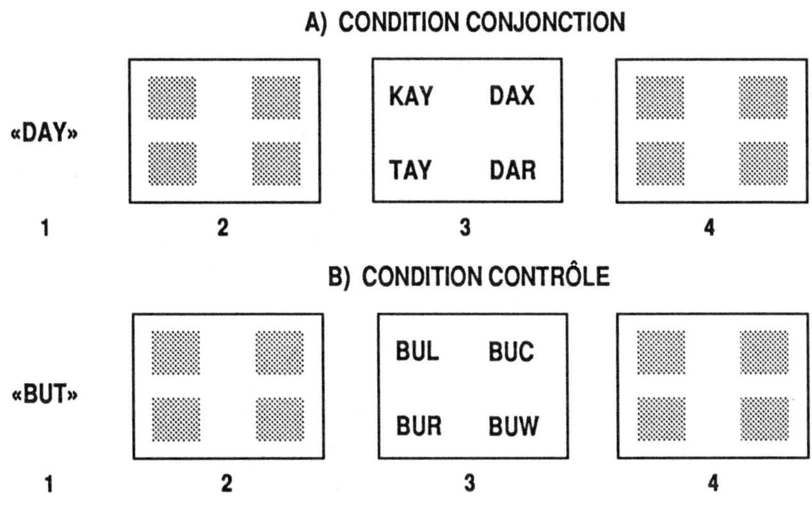

FIGURE 3.8
Déroulement d'un essai dans les conditions conjonction (A) et contrôle (B). 1 : Présentation verbale de la cible; 2 : masques; 3 : présentation des stimuli (environ 200 ms) et 4 : masques.

Les résultats montrent que l'identification exacte d'une cible est entravée lorsque les lettres qui la composent sont dans la présentation, mais dans de mauvaises combinaisons. Même si, dans les deux conditions, la cible ne diffère des distracteurs que par une lettre, les sujets affirment significativement plus souvent avoir vu la cible dans la condition conjonction que dans la condition contrôle, lorsque la cible est, en fait, absente. C'est ce phénomène que l'on appelle la « conjonction illusoire », c'est-à-dire l'illusion créée par la conjonction erronée d'éléments. Cela se produit, bien sûr, dans des conditions où les stimuli sont présentés très rapidement.

TRAITEMENT DIRIGÉ PAR LES DONNÉES ET TRAITEMENT DIRIGÉ PAR LES CONCEPTS

Les résultats de l'expérience 1 de Treisman et Souther suggèrent que le processus d'identification en deux étapes, identification et intégration des attributs, paraît s'exécuter également lors de l'identification de stimuli comme les mots. Pour Anne Treisman, ce type de résultat démontre que l'identification de mots serait principalement le produit d'un traitement dirigé par les données (en anglais, *data-driven* ou *bottom-up processing*). L'expression **traitement dirigé par les données** fait référence au fait que notre perception des objets est d'abord fonction de leurs attributs physiques élémentaires. Ce sont ces attributs qui sont initialement perçus lors de l'identification de l'objet. Par exemple, si l'on présente une corde de couleur brune à un sujet, il percevra d'abord la couleur, brune, et la forme, un cylindre. Ce n'est que par la suite qu'il combinera les attributs, donc qu'il identifiera cet objet comme étant une corde de couleur brune.

On ne peut cependant réduire la description du processus d'identification à une analyse dirigée par les données. Par exemple, dans l'expérience de Treisman et Souther, on a aussi observé que, si les distracteurs formaient des mots (par exemple BUG, BUS), les sujets faisaient significativement moins d'erreurs de conjonction que si les distracteurs n'étaient pas des mots (BUR, BUC). Donc, la perception était plus exacte quand les distracteurs étaient des mots. Comment cela est-il possible compte tenu de la durée de présentation très courte de ces mots (environ 200 ms)?

Le fait qu'un groupe de lettres ait une signification rend leur identification plus aisée[3]. Dans l'expérience de Treisman et Souther, les sujets faisaient moins d'erreurs dans l'identification des distracteurs lorsque ceux-ci formaient un mot. Il semble donc que la perception ne soit pas uniquement déterminée par les données, c'est-à-dire les attributs physiques du stimulus. Dans ce cas-ci, la signification du stimulus influence également la performance du sujet.

Pour décrire le rôle des attentes et, plus généralement, des processus supérieurs dans la reconnaissance des formes, on utilise l'expression **traitement dirigé par les concepts** (en anglais, *concept-driven* ou *top-down processing*). Le traitement dirigé par les concepts fait référence au fait que la connaissance générale que nous avons d'une

3. L'expérience de Reicher, qui sera décrite dans le chapitre sur la reconnaissance de formes, constitue une démonstration classique de cet « effet de supériorité du mot ».

situation, et les attentes que nous avons également compte tenu de cette connaissance, nous amènent à traiter plus rapidement certains stimuli que d'autres dans une situation donnée. Par exemple, si vous êtes en forêt et que vous percevez un stimulus de couleur brune et de forme cylindrique, vous identifierez probablement plus vite cette forme comme étant une couleuvre que si vous percevez ces mêmes caractéristiques dans votre chambre.

Dans l'identification des stimuli, il semble donc y avoir une partie du traitement qui est fondée sur l'analyse des données (c'est-à-dire des caractéristiques physiques) présentes dans le stimulus : c'est le traitement dirigé par les données. Une autre partie du traitement paraît se faire « de haut en bas », c'est-à-dire que la signification du stimulus influencera l'identification des caractéristiques qui le composent : c'est le traitement dirigé par les concepts.

LES RESSOURCES MULTIPLES ET L'ATTENTION PARTAGÉE

Le temps de réponse en fonction de l'augmentation du nombre d'éléments à traiter constitue un critère majeur pour distinguer processus parallèles et sériels. On a vu comment Anne Treisman a appliqué ce critère dans des situations de prospection visuelle, et comment Schneider et Shiffrin l'ont fait dans une prospection mnémonique et visuelle. On a aussi vu comment l'absence d'interférence entre deux tâches est utilisée pour définir l'automaticité : Fisk et Schneider montrent comment, après une pratique soutenue, la vérification d'appartenance à une catégorie peut être exécutée en même temps qu'une tâche de rappel de chiffres, sans détérioration de performance.

Ce raisonnement implique que ces deux tâches sollicitent une même capacité, une sorte de réservoir général de ressources attentionnelles. On pourrait cependant supposer que si elles n'interfèrent pas, c'est parce que ces tâches utilisent différents types de ressource, c'est-à-dire qu'elles puisent dans des « réservoirs » multiples de ressources. Selon **l'hypothèse des ressources multiples**, nous disposons de différents réservoirs de capacités. Deux tâches peuvent très bien être exécutées en même temps si elles font appel à des réservoirs de ressources différents.

Prenons comme exemple une situation où un sujet doit exécuter deux tâches simultanément. La première tâche consiste à frapper successivement deux boutons placés l'un à côté de l'autre, une frappe à toutes les deux secondes. Deux lumières, situées derrière chaque bouton, s'allument l'une après l'autre à un rythme d'une illumination par deux secondes. Le sujet doit ajuster son rythme de frappe en fonction des illuminations. Le niveau de difficulté de la tâche de frappe varie suivant la dimension et l'éloignement des boutons. Dans cette tâche de frappe, le sujet doit suivre le plus fidèlement possible le rythme imposé, c'est-à-dire l'illumination périodique des lumières.

La deuxième tâche consiste à rapporter un nombre en lui faisant subir certaines transformations. Le sujet peut être placé dans quatre conditions différentes. L'expérimentateur nomme un nombre. Dans une condition, il doit simplement répéter le nombre présenté (N). Dans les trois autres conditions, il doit rapporter le nombre présenté en lui soustrayant 1 (N - 1), ou en lui additionnant 3 (N + 3), ou en soustrayant ce nombre de 9 (9 - N). Dans cette tâche, le sujet doit rapporter le plus de nombres transformés possible dans l'intervalle de temps de 90 secondes qui lui est accordé.

Barry Kantowitz et James Knight (1976) ont étudié comment cette tâche de transformation de nombres pouvait être exécutée seule. À mesure que le niveau de difficulté de la tâche augmente (N, N - 1, N + 3 et 9 - N présentent un niveau de difficulté croissant), les sujets en rapportent significativement moins. Par exemple, dans la condition de répétition sans transformation (N), les sujets pouvaient rapporter correctement 101 nombres en moyenne en 90 secondes. Dans la condition de transformation la plus difficile, les sujets n'en rapportaient que 64 dans le même intervalle de temps.

L'effet de l'augmentation du niveau de difficulté de la tâche de frappe, lorsque celle-ci est effectuée seule, est également significatif : les sujets suivent de façon plus précise la cadence imposée lorsque les cibles (les boutons) sont plus grandes et rapprochées l'une de l'autre.

L'intérêt principal de cette expérience réside dans la condition où les deux tâches sont effectuées simultanément. Dans cette situation, l'augmentation des niveaux de difficulté à l'une et l'autre tâche affecte significativement la performance aux deux tâches, mais exactement de la même façon que lorsqu'elles sont exécutées seules. Si l'on augmente la difficulté de la tâche de frappe, la performance n'est affectée qu'au niveau de cette tâche; la tâche de comptage n'est, pour sa part, aucunement modifiée. Il n'y a aucune interaction entre les exécutions respectives des deux tâches.

Kantowitz et Knight concluent que ces tâches demandent de l'attention puisque, lorsqu'elles sont exécutées séparément, une augmentation du degré de difficulté affecte la performance. Elles semblent toutefois utiliser des ressources attentionnelles de nature différente puisque leurs exécutions paraissent indépendantes.

D'autres recherches ont montré comment un partage d'attention parfait peut se développer. Avec un entraînement suffisant, les sujets d'Allport, Antonis et Reynolds (1972) étaient capables de lire de la musique écrite et d'effectuer une tâche de filature simultanément et ce, de la même façon que lorsque ces deux tâches étaient exécutées séparément.

D'une **première hypothèse** qui postulait que la sélection de l'information se faisait à travers un canal unique de traitement, on est passé à une **seconde hypothèse** où l'attention est plutôt vue comme une capacité générale. Le passage d'une conception à l'autre s'est effectué en même temps que le changement des situations expérimentales utilisées pour étudier l'attention. Au cours des premières expériences, les sujets étaient placés dans différentes conditions d'écoute de messages verbaux (par exemple, la tâche de filature). Les modes de prospection mnémonique et visuelle et le développement de l'automaticité dans ces tâches ont ensuite été analysés. Plus récemment, l'étude de tâches plus complexes, où différentes modalités de traitement (traitement auditif, visuel) sont impliquées, démontrent qu'une théorie d'attention sélective doit tenir compte des différents types de ressource que l'humain peut utiliser. C'est ce qui a amené la formulation d'une **troisième hypothèse** où l'on suppose que l'attention est tributaire de multiples réservoirs de ressources.

Ainsi, on a vu qu'il est possible de faire en sorte que, dans une double tâche, le sujet soit insensible à l'augmentation de la difficulté des tâches. De même, on peut arriver à développer une situation de partage d'attention où deux tâches sont exécutées simultanément avec la même maîtrise que lorsqu'elles sont exécutées séparément. Toujours dans une double tâche, le fait de changer une modalité de traitement dans l'une des deux tâches sans que son niveau de difficulté soit augmenté peut complètement changer la performance.

Ainsi, McLeod (1977) a demandé à des sujets d'effectuer deux tâches simultanément : une tâche de poursuite de cible et une tâche de discrimination de son. La tâche de poursuite consistait à suivre une cible sur un écran en déplaçant, avec une seule main, une manette de contrôle. Il s'agissait donc d'une tâche où la réponse était de nature motrice, et où cette réponse était produite manuellement. En même temps, le sujet effectuait une tâche de discrimination. Des sons lui étaient présentés et il devait discriminer chaque son au niveau de sa fréquence, c'est-à-dire qu'il devait indiquer si le son était aigu ou grave. Pour la moitié des sujets du groupe, la modalité de réponse à cette tâche de discrimination était verbale : le sujet indiquait **verbalement** si le son était aigu ou grave. Pour l'autre moitié des sujets, la réponse était **motrice** : avec sa main libre posée sur deux boutons, le sujet indiquait si le son était aigu ou grave en pressant sur l'un ou l'autre des deux boutons.

Dans cette expérience, il s'est avéré que le fait de produire deux réponses de la même modalité en même temps, dans la tâche de poursuite et dans la tâche de discrimination, affecte considérablement la performance. Même si les demandes posées par la situation sont identiques, la performance du sujet est nettement supérieure lorsque la modalité de réponse, dans la tâche de discrimination, est verbale. Cet effet sur la performance a également été observé lorsque c'était la modalité des stimuli (auditifs ou visuels) présentés aux sujets, c'est-à-dire l'entrée de l'information (plutôt que celle des réponses à produire), qui était changée.

Il est impossible aujourd'hui de concevoir l'attention comme un réservoir général de capacité indifférenciée. Les exemples que nous venons de voir illustrent les phénomènes d'insensibilité à la difficulté (l'expérience de Kantowitz et Knight montre qu'augmenter la difficulté dans une tâche peut ne pas affecter la performance à une autre tâche exécutée en même temps), de partage attentionnel parfait (Allport, Antonis et Reynolds, 1972), et de modification au niveau de la structure de la tâche (McLeod, 1977). Ces phénomènes laissent croire que l'humain peut faire appel à des réservoirs de capacités relativement spécifiques (Wickens, 1984). Les dimensions sur lesquelles varient ces capacités sont les modalités de réponse (par exemple, manuelle ou verbale), d'entrée de l'information (stimuli auditifs et visuels) et de traitement (verbal et spatial). Il est plus facile d'effectuer deux tâches simultanément si ces deux tâches impliquent des modalités différentes soit d'entrée d'information ou de production de réponse que si elles sollicitent une même modalité. Cela tient évidemment compte du fait qu'il est impossible de produire deux réponses avec une même structure physique, comme une même main, par exemple. Deux réponses motrices simultanées peuvent consister, par exemple, à appuyer sur une pédale (avec un pied) et à presser un bouton avec un doigt.

À mesure que les connaissances au sujet de l'attention sélective s'accumulent, il devient clair que les explications des phénomènes observés doivent être adaptées à la complexité des habiletés considérées et des tâches que l'humain effectue dans son fonctionnement quotidien.

LA VIGILANCE

On a déjà souligné le fait qu'il existe plusieurs sortes d'attention. Une situation de division d'attention diffère d'une situation qui met en jeu la vigilance. Celle-ci place l'individu dans des conditions de surveillance de signaux pendant de longues périodes de temps. Dans cette section, nous discuterons très brièvement de la vigilance. Cette courte présentation ne vise évidemment pas à couvrir ce vaste domaine de recherche. Elle tente plutôt de donner un aperçu de cette autre facette de l'attention qui, comme l'attention sélective, a fait l'objet de nombreuses études.

La **vigilance** est définie comme une préparation à détecter et répondre à certains changements spécifiques dans l'environnement, changements qui se produisent à des intervalles de temps irréguliers (Mackworth, 1968).

C'est à la suite d'échecs de détection de signaux pendant la Seconde Guerre mondiale que sont nées les permières recherches sur la vigilance (Davies et Parasuraman, 1982). Norman Mackworth, l'un des premiers chercheurs dans le domaine, a alors élaboré un test de vigilance appelé le « test de l'horloge ». Ce test visait à créer une situation de laboratoire imitant les conditions de surveillance de radar. Imaginez une horloge dont l'aiguille, d'une longueur de six pouces, se déplace par mouvements successifs de 0,3 pouce. Parfois cependant, l'aiguille se déplace de 0,6 pouce. Ce déplacement inhabituel constitue le signal que le sujet doit détecter. Ce signal se produisait 12 fois, sur une période de 30 minutes, à intervalles irréguliers. La période était répétée quatre fois, de sorte que le test durait deux heures au total. Pendant combien de temps un sujet peut-il exercer une surveillance de ce type sans que sa performance ne se détériore? Les résultats au test de l'horloge concordent avec ceux obtenus avec d'autres tests de vigilance. À la première demi-heure, le pourcentage de détections correctes est d'environ 83 %, à la seconde demi-heure, de 73 %. Après cette première baisse de 10 %, la performance demeure stable pour les deux demi-heures suivantes : 73 % et 72 % environ (Mackworth, 1970).

Une détérioration comparable de performance est généralement observée dans des situations où les signaux sont rares, irréguliers et où le sujet n'a pas de feed-back sur sa performance.

L'interprétation la plus évidente de ces résultats dénote un abaissement de la vigilance chez l'individu. Mais on pourrait également expliquer la diminution de la fréquence de détection par un changement quant au critère de décision. Par exemple, il se pourrait que, pendant la première demi-heure, le sujet ne demande qu'à être à peu près certain d'avoir détecté le signal pour produire une réponse positive, mais qu'il devienne de plus en plus exigeant avec le temps quant au niveau de certitude qu'il désire atteindre pour donner la même réponse. Comment le savoir?

Pour interpréter la performance d'un sujet, on doit la mesurer sur plus d'une dimension. Dans le test de l'horloge comme dans toute situation de détection de signal, on peut catégoriser les réponses possibles en quatre grandes classes; celles-ci sont présentées à la figure 3.9. Dans un premier cas, le signal peut être présenté et le

	Réponse positive	Réponse négative
SIGNAL PRÉSENT	DÉTECTION CORRECTE	OMISSION
SIGNAL ABSENT	FAUSSE ALARME	REJET CORRECT

FIGURE 3.9
Les quatre réponses possibles dans une tâche de détection de signal.

sujet peut répondre correctement en indiquant sa présence : c'est une détection correcte (en anglais, *hit*). Dans un deuxième cas, le signal peut être présenté et le sujet peut ne pas le voir : c'est une erreur d'omission (en anglais, *miss*). Par ailleurs, dans un troisième cas, le signal peut ne pas avoir été présenté et le sujet peut croire l'avoir détecté : c'est une fausse alarme (en anglais, *false alarm*). Si le signal était absent et que le sujet répond correctement, c'est un rejet correct (en anglais, *correct rejection*). La réponse peut être positive ou négative, le signal peut être présent ou absent; il en résulte quatre possibilités de réponse, comme le montre la figure 3.9.

L'analyse des résultats doit tenir compte de toutes ces possibilités de réponse. Si, sur 100 essais, un sujet produit 70 détections correctes, mais qu'il produit aussi 20 fausses alarmes, son critère de décision est peu élevé : dans le doute, il tend à répondre positivement.

La théorie de détection de signal permet une analyse des distributions des différentes réponses du sujet. Il est possible de déterminer sa sensibilité, c'est-à-dire sa capacité de détection : cette mesure est appelée « d' » (on prononce d prime). On obtient aussi une mesure du critère de réponse du sujet : il s'agit de la mesure de β (*bêta*).

En plus de la sensibilité du sujet, c'est-à-dire de sa capacité à détecter le signal, et de son critère de réponse, différents facteurs détermineront la performance dans une situation de vigilance. Il existe des différences importantes entre les individus quant à leur capacité d'effectuer des tâches de vigilance et cette sensibilité paraît constituer une caractéristique individuelle relativement stable. On l'a d'ailleurs reliée à certains traits de personnalité. Par exemple, les introvertis semblent plus sensibles, dans une situation de détection de signal, que les extravertis; ils tendent aussi à adopter un critère de réponse moins risqué et produisent, par conséquent, moins de fausses alarmes (entre autres, Harkins et Geen, 1975).

RÉSUMÉ

- Le concept d'**attention** présente différentes facettes. L'aspect **sélectif** de l'attention concerne l'orientation des ressources mentales vers un seul message en éliminant l'information non pertinente. Le **partage** d'attention implique de prêter attention simultanément à plusieurs messages. Lorsque l'on prête une attention soutenue pour détecter un message peu fréquent, on fait par ailleurs appel à la **vigilance**.

- Selon l'**hypothèse du canal unique de traitement**, il existe une limite structurale qui fait qu'à une étape donnée du traitement de l'information chez l'humain, un seul message peut être traité.

- Les performances observées au cours de certaines tâches, comme des tâches de filature, démontrent qu'une partie d'un second message auquel on ne prête pas attention peut être traité sur le plan de sa signification. Ce fait, de même que la difficulté de définir ce qu'est un canal de traitement, a amené le remplacement de l'hypothèse du canal unique par une **hypothèse de capacité générale limitée**. Dans ce contexte, les tâches sont conçues comme sollicitant plus ou moins d'attention puisée dans un réservoir général de capacité indifférenciée.

- L'exécution de certaines tâches n'exige pas d'attention : elles sont le résultat de l'action des **processus automatiques**. À l'opposé, les **processus contrôlés** demandent de l'attention; ceux-ci se manifestent lorsque le temps pour exécuter la tâche augmente en fonction de la charge.

- Avec des tâches de **prospection mnémonique et visuelle,** Schneider et Shiffrin ont étudié la distinction entre les processus automatiques et contrôlés. Dans une condition de rôle constant, la détection est automatique, peu importe le nombre de distracteurs parmi lesquels le sujet doit rechercher la cible : le traitement est parallèle. Dans la condition de rôle variable, la prospection est contrôlée : le sujet examine les éléments de façon sérielle.

- La théorie d'**intégration des attributs** distingue également l'attention et l'automaticité. Les expériences sur la prospection de catégories conjonctives ou disjonctives d'éléments montrent que l'identification d'un stimulus se fait en deux étapes : enregistrement, puis intégration des attributs. La première étape s'effectue automatiquement, la deuxième demande de l'attention.

- Un manque d'attention peut amener une intégration erronée des attributs présents dans le champ visuel. Il s'agit de **conjonctions illusoires.**

- Deux types de traitement contribuent à l'identification d'un stimulus. Le **traitement dirigé par les données** est fonction des caractéristiques physiques élémentaires des objets. Le **traitement dirigé par les concepts** est sous l'influence des processus supérieurs : attentes, connaissance générale que nous avons d'une situation.

- Dans des situations d'exécution simultanée de tâches, deux tâches peuvent interférer ou non selon qu'elles impliquent des modalités de réponse identiques ou différentes. Ces effets différentiels d'interférence en fonction des modalités de traitement suggèrent que l'humain dispose de réservoirs disctincts pour différentes capacités.

- Dans l'étude de l'attention, il est maintenant nécessaire de tenir compte des modalités spécifiques d'entrée d'information, de traitement et de production de réponse pour expliquer la performance. Ces considérations reflètent la conception actuelle de l'attention comme une capacité tirée de **réservoirs multiples de ressources.**

- Dans une situation de vigilance, la détérioration de la performance, après un certain temps, peut être attribuée à la baisse de la vigilance ou à la modification du critère de décision qu'adopte l'individu.

- Pour distinguer les causes de la baisse de performance, il faut distinguer quatre sortes de réponses, dans cette situation : fausse alarme, rejet correct, omission, détection correcte.

CHAPITRE 4

LA RECONNAISSANCE DE FORMES

CHAPITRE 4

LA RECONNAISSANCE DE FORMES

LA RECONNAISSANCE

Lorsque vous achetez un article dans un magasin, un coup d'oeil rapide à l'étiquette suffit généralement pour vous informer quant à son prix. Si vous décidez de l'acheter et de passer ensuite à la caisse, il est possible que le caissier utilise un système électronique de lecture de l'étiquette. Ces dispositifs ont souvent la forme de petits pistolets que le caissier déplace sur les caractères imprimés de l'étiquette pour les lire. On a tous eu l'occasion de constater que cette opération ne se fait pas sans difficulté : la plupart du temps, le lecteur optique doit être passé plusieurs fois au-dessus des caractères. De plus, si l'étiquette présente le moindre défaut d'imprimerie, la reconnaissance des caractères est impossible. La personne doit alors entrer les chiffres un à un en pressant sur les touches appropriées du clavier.

La reconnaissance des formes s'effectue si rapidement et si facilement chez l'humain qu'il est difficile de réaliser la complexité du processus. Les tentatives de mettre au point des systèmes artificiels de reconnaissance ont cependant permis de voir l'ampleur du problème. L'humain reconnaît une multitude de formes dans des circonstances extrêmement variées. Il identifie des objets dans des positions diverses et ce, même s'ils sont presque totalement cachés par d'autres objets. Si vous savez ce qu'est un livre, vous serez capable d'identifier cet objet dans des positions innombrables : ouvert, fermé, à plat sur un bureau, rangé dans une bibliothèque. Vous pourrez aussi l'identifier sous diverses formes de présentation : couleur, type de couverture, de papier, épaisseur, présence d'une jaquette protectrice. Vous l'identifierez même si vous êtes en mouvement, malgré les variations de formes induites par vos déplacements.

Qu'est-ce qui permet à l'humain d'être aussi efficace dans la reconnaissance des formes? Pour répondre à cette question, il est nécessaire de considérer ce que représente, pour l'humain, une forme. Le chapitre qui suit traite de la reconnaissance des formes.

Ce processus prend place après l'enregistrement sensoriel. Après avoir emmagasiné les caractéristiques physiques des stimuli, comme leur forme, il est en effet possible, si l'on prête attention à ces stimuli, de les identifier, de les reconnaître.

La perception d'une forme est différente de la perception du mouvement ou de la distance. Cependant, l'étude de reconnaissance des formes doit tenir compte du fait que cette opération peut être effectuée même si le mouvement ou la distance modifient la forme.

LES FORMES

Quelles sont les données, présentes dans l'environnement, qui nous permettent de percevoir des formes? Une **forme** visuelle est une région, dans l'espace, délimitée par des contours. Le **contour** est défini comme un changement marqué dans l'intensité lumineuse reflétée par une surface. Les mots que vous lisez actuellement sont composés de lettres dont les formes sont déterminées par les frontières que constituent les bords de la figure noire sur le papier blanc.

Évidemment, la description d'un objet ne peut se limiter à son contour. Prenons l'exemple d'une photo en noir et blanc. À l'intérieur d'un contour délimitant la personne ou l'objet représenté, on note des variations de **luminance**. La luminance est la quantité de lumière reflétée par une surface. La luminance dépend de l'éclairage, c'est-à-dire de la quantité de lumière projetée sur la surface, et de la **réflectance**, c'est-à-dire de la quantité de lumière que peut refléter cette surface. Un gris nous paraîtra plus ou moins clair selon qu'il y a plus ou moins de lumière dans l'environnement, et selon la plus ou moins grande capacité que présente la surface de réfléchir la lumière.

D'autres éléments, comme la couleur ou la texture, sont présents dans l'image et contribuent à son analyse. Cependant, même si ces caractéristiques sont traitées, la forme de l'objet peut, dans la plupart des cas, suffire à son identification. En fait, la lecture de bandes dessinées nous convaincra rapidement qu'il est possible d'identifier à peu près n'importe quel objet simplement à partir de sa forme puisque le dessin peut parfois se résumer à un trait noir.

L'appariement à un gabarit

Si la description de la forme se limite à la présence de contours, le processus de reconnaissance des formes peut sembler très simple. Après avoir emmagasiné en mémoire des formes pour représenter différents objets, ces formes mémorisées deviennent des modèles ou des gabarits qui nous aident à identifier les nouvelles formes rencontrées quotidiennement. Ainsi, ayant appris très tôt que la lettre « A » avait telle forme, il nous est désormais possible d'effectuer un appariement du caractère « A » avec le gabarit que nous avons en mémoire. L'**appariement à un gabarit** (en anglais, *template-matching*) peut être décrit comme le processus par lequel un modèle mémorisé est surimposé sur une forme donnée pour vérifier jusqu'à quel point ces formes se ressemblent.

Est-il possible de concevoir un système qui fonctionne ainsi? Oui, puisque certains systèmes artificiels de reconnaissance de formes procèdent de cette manière. La figure 4.1 montre un chèque préidentifié : les numéros d'identification de la banque et du compte y sont imprimés en bas, à gauche. Ces chiffres ont été spécialement dessinés pour qu'ils soient facilement distingués les uns des autres, de sorte que leur lecture par lecteur optique soit possible. Pour ce faire, les chiffres doivent toujours être de la même forme et disposés exactement au même endroit sur le chèque.

L'utilisation généralisée de systèmes artificiels de reconnaissance d'écriture manuscrite demeure actuellement impossible. La Société canadienne des postes emploie actuellement un système d'identification du code postal. Ce système fonctionne cependant dans certaines conditions : les caractères doivent être imprimés et le code postal doit être placé seul sur une ligne. Pour les compagnies qui ont un volume de courrier important, on suggère d'utiliser un système codé de barres. Situées dans un coin des enveloppes, ces barres remplacent les caractères du code postal. Lorsque le système lit le code postal, il le transforme en un nouveau code, les barres. En recommandant aux compagnies d'employer directement le système de barres, plus facilement traitable, l'étape de reconnaissance des caractères n'est plus nécessaire, et le traitement du courrier est plus rapide. Pour les compagnies qui perçoivent des comptes, cette rapidité accrue présente un avantage certain.

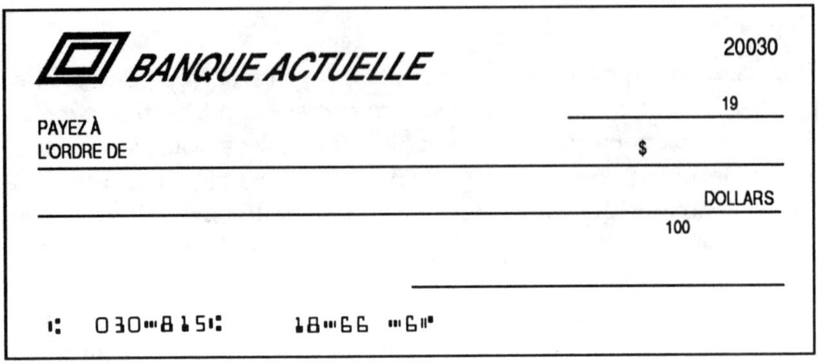

BANQUE ACTUELLE

20030

19

PAYEZ À
L'ORDRE DE

$

DOLLARS

100

⑆ 030⑈815⑆ 18⑈66 ⑈6⑈

FIGURE 4.1
Les formes des chiffres, sur les chèques préidentifiés, permettent leur reconnaissance par un système artificiel de reconnaissance de caractères.

L'analyse des caractéristiques

Pourquoi l'appariement à un gabarit est-il si difficile à réaliser? D'abord parce que l'écriture manuscrite de caractères est très variable. Une lettre peut être écrite de plusieurs façons, elle peut aussi être présentée dans différentes orientations et être de dimensions variées. Comme l'illustre la figure 4.2, l'écriture manuscrite cursive se présente sous d'innombrables formes.

On ne peut donc raisonnablement supposer que, dans notre fonctionnement quotidien, nous reconnaissions les formes par appariement à un gabarit. Une autre manière de reconnaître un caractère consiste à vérifier si ce caractère possède certaines caractéristiques données. Par exemple, un T se distingue par la présence des caractéristiques suivantes : une barre plutôt verticale et une barre à peu près horizontale qui forment une intersection dans la partie supérieure de la barre verticale. Cette liste de caractéristiques permettrait éventuellement d'identifier tous les caractères montrés sur la figure 4.3.

Les **modèles de caractéristiques** définissent les stimuli comme des combinaisons de caractéristiques élémentaires (Gibson, 1969; Selfridge, 1959). Comme l'exemple ci-dessus l'illustre, les caractéristiques distinctives des éléments inclus dans l'alphabet peuvent être définies par l'orientation horizontale ou verticale des lignes, la

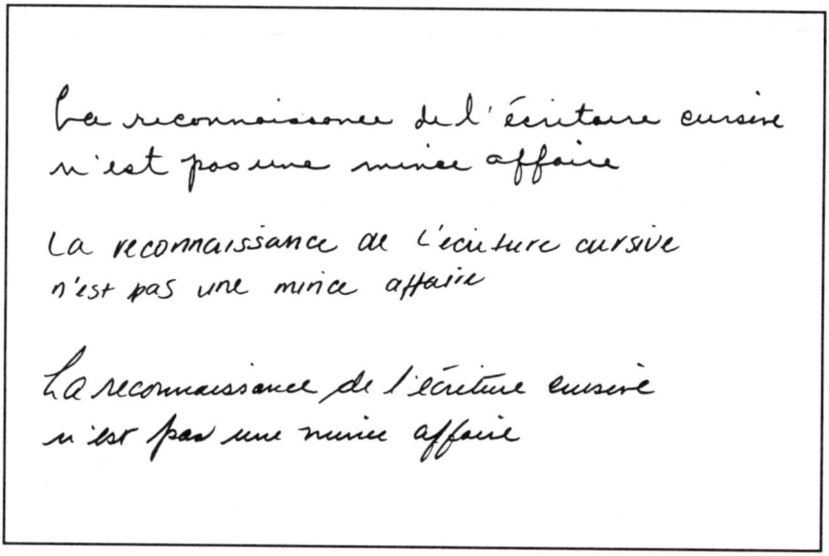

La reconnaissance de l'écriture cursive n'est pas une mince affaire

La reconnaissance de l'écriture cursive n'est pas une mince affaire

La reconnaissance de l'écriture cursive n'est pas une mince affaire

FIGURE 4.2
Dans l'écriture manuscrite, les formes sont variées.

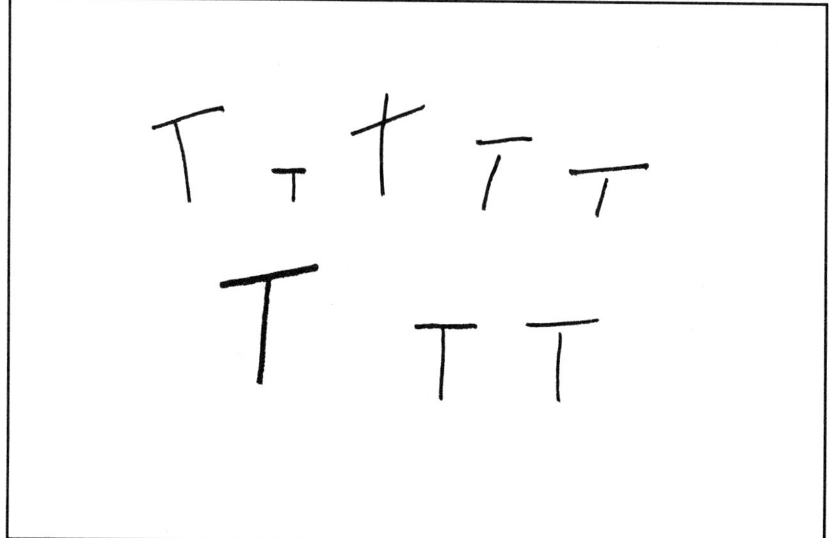

FIGURE 4.3
Toutes ces formes peuvent être identifiées comme représentant la lettre «T».

Caractéristiques	A	E	F	H	I	L	T	K	M	N	V	W	X	Y	Z	B	C	D	G	J	O	P	R	Q	S	U
Ligne droite																										
– horizontale	+	+	+	+		+	+								+				+							
– verticale		+	+	+	+	+	+	+	+	+				+		+		+				+	+			
– oblique /	+							+	+		+	+	+	+	+											
– oblique \	+							+	+	+	+	+	+	+									+	+		
Courbe																										
– fermée																+		+			+	+	+	+		
– ouverture verticale																				+						+
– ouverture horizontale																	+		+	+					+	
– intersection	+	+	+	+			+	+					+			+						+	+	+		
Redondance																										
– changement cyclique		+							+			+				+									+	
– symétrie	+	+		+	+		+	+	+		+	+	+	+		+	+	+			+					+

FIGURE 4.4
Caractéristiques permettant de décrire les différentes lettres de l'alphabet (d'après Gibson, 1969).

présence ou l'absence d'une intersection et de courbes. Eleonor Gibson a établi une liste de caractéristiques permettant de décrire les lettres de l'alphabet. La figure 4.4 montre comment ces caractéristiques permettent de définir les lettres.

Les caractéristiques sont énumérées dans la colonne de gauche, sur la figure. Les caractères sont situés en haut. Pour chaque lettre, la croix située dans le carré signale que la caractéristique est présente. Par exemple, la lettre A peut être décrite par la présence d'une ligne droite horizontale, une diagonale orientée vers la gauche, une diagonale orientée vers la droite et une intersection, c'est-à-dire un point où deux lignes se rencontrent. La forme de la lettre A est aussi redondante : si l'on divise la lettre en son milieu, le côté gauche est identique au côté droit.

La reconnaissance des lettres paraît parfois étroitement reliée aux caractéristiques qui les composent. Gibson, Shapiro et Yonas (1968) présentaient des paires de lettres sur un écran. Aussitôt qu'une paire apparaissait, les sujets devaient indiquer si les lettres de la paire étaient identiques ou différentes. Si le sujet croyait qu'elles étaient identiques, il pressait le plus rapidement possible sur un bouton. S'il pensait qu'elles étaient différentes, il pressait sur un autre bouton. Le temps de réaction, c'est-à-dire le temps entre l'apparition de la paire et la production de la réponse par le sujet, était mesuré.

Gibson et ses collaborateurs ont d'abord observé des différences parfois importantes dans le temps mis par les sujets à distinguer les caractères. Par exemple, si en moyenne les sujets mettaient 458 ms à décider que G et W étaient différents, ils mettaient 571 ms à poser le même jugement pour P et R. C'est à partir de l'analyse du temps de réaction pour les différentes paires constituées avec les lettres de l'alphabet qu'Eleonor Gibson a pu déterminer quelles étaient les caractéristiques critiques dans l'identification des lettres.

Selon un modèle de caractéristiques, les objets sont emmagasinés dans notre mémoire comme des listes de caractéristiques critiques permettant de les définir. L'identification des objets se fait par la comparaison des caractéristiques enregistrées avec la liste emmagasinée en mémoire à long terme.

Peut-on concevoir que nous procédions de cette manière, c'est-à-dire par détection de caractéristiques? Certaines observations, dans l'étude de la perception visuelle, appuient cette position. Dans leur étude classique de la perception visuelle chez le chat, David Hubel et Torsten Wiesel (1962) suggèrent que de tels détecteurs de caractéristiques pourraient exister.

En enregistrant les impulsions électrophysiologiques émises par des cellules du cortex visuel[1], Hubel et Wiesel ont montré que certaines cellules spécifiques réagissaient particulièrement aux stimuli en forme de fente, de barre ou de bordure. D'autres études ont montré que certaines cellules spécialisées réagissaient à des barres placées à des angles particuliers (par exemple, penchées vers la droite). D'autres cellules réagissaient à des barres en déplacement, d'autres à des barres stationnaires. Certaines réagissaient

1. Le cortex visuel est une partie postérieure du cerveau particulièrement impliquée dans le traitement de l'information visuelle.

spécialement à des barres noires sur fond blanc, d'autres à des barres blanches sur fond noir (Hubel et Wiesel, 1979).

Ces données sont souvent citées à l'appui de l'hypothèse selon laquelle la reconnaissance des formes s'effectuerait principalement par l'enregistrement des caractéristiques qui composent les objets. Cette conception soulève cependant certaines difficultés. Ainsi, un problème majeur des modèles d'analyse de caractéristiques est qu'il est à peu près impossible de décrire précisément une forme naturelle d'après ses caractéristiques (Pinker, 1984). On pourrait par exemple tenter de définir la forme d'un cheval en combinant des lignes verticales et des lignes courbes, mais la forme des chevaux, comme la plupart des formes naturelles, sont si complexes qu'il est difficile de croire que les formes de tous les objets qui nous entourent sont effectivement emmagasinées en mémoire de cette manière.

L'efficacité extraordinaire du mécanisme humain de reconnaissance de formes pose certaines contraintes en ce qui a trait aux explications possibles du processus. Il est difficile de croire que l'humain a recours à des gabarits, c'est-à-dire à un ensemble de modèles permettant de comparer systématiquement tous les objets qu'il rencontre pour les identifier : le nombre de gabarits nécessaires serait trop grand. Par ailleurs, un processus qui procéderait systématiquement à l'analyse des caractéristiques est également peu probable : les objets réels peuvent difficilement être décrits uniquement d'après leurs caractéristiques.

Une autre façon de définir un objet consiste à identifier les parties qui le composent. Cette approche est celle choisie, entre autres, par Biederman (1987).

L'OBJET : UN ENSEMBLE DE COMPOSANTES

Selon Biederman, de la même façon qu'un petit nombre (environ 44) de phonèmes permet de coder tous les mots du vocabulaire anglais, un petit nombre d'éléments devrait nous permettre de classifier les formes que nous rencontrons quotidiennement. Les phonèmes sont les sons produits lorsque nous parlons. Un coup d'oeil aux premières pages d'un dictionnaire vous permettra de constater qu'une quarantaine de sons suffisent pour décrire très précisément la prononciation de tous les mots du dictionnaire. L'analogie est intéressante : le langage est une réalité extrêmement complexe, dont l'utilisation nécessite l'identification d'une quantité imposante d'unités, les mots. Les mots que l'on entend nous parviennent souvent dans un environnement bruyant, de sorte que l'on en perd des parties. Aussi, de la même façon que les objets doivent être identifiés dans un contexte donné, les mots doivent être reconnus dans des ensembles significatifs : les phrases.

Toujours selon Biederman, la reconnaissance visuelle doit reposer sur un petit nombre d'éléments primaires, comme les phonèmes pour le langage, dont la combinaison permet de décrire l'ensemble des objets. Dans le domaine visuel, les éléments primitifs consisteraient en un certain nombre de composantes géométriques simples comme les cylindres, les blocs et les cônes, que Biederman appelle les géons; l'estimation du nombre total de géons nécessaires pour reconnaître toutes les formes serait d'environ 36.

Généralement, le modèle de **reconnaissance par composantes** (en anglais, *recognition-by-components*) décrit l'identification d'objets de la façon suivante. Après avoir défini les contours de l'objet, étape qui repose sur l'analyse de ses caractéristiques de surface (par exemple, luminance, texture ou couleur), il est segmenté en composantes sur la base de principes d'organisation similaires à ceux définis par la Gestalt. Ces composantes sont identifiées. La liste des composantes, ainsi qu'une description de la façon dont elles sont combinées, sont comparées à des listes emmagasinées en mémoire à long terme.

La figure 4.5 montre comment différents êtres vivants peuvent être décrits à l'aide de composantes cylindriques. Cette description peut être plus ou moins détaillée (Marr, 1982). Par exemple, il est possible de représenter le bras et la main de l'humain par deux cylindres. Il est aussi possible de représenter la main par cinq petits cylindres attachés par une extrémité à un autre cylindre d'une grosseur déterminée par rapport aux doigts.

La combinaison de composantes géométriques élémentaires permet de composer à peu près n'importe quel objet ou personnage :

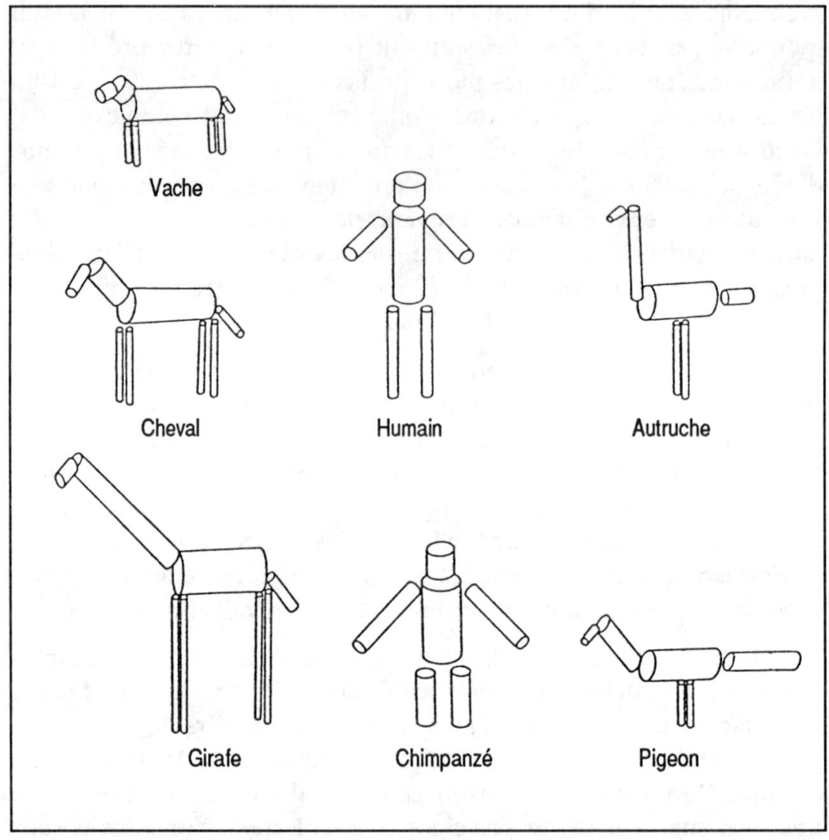

FIGURE 4.5
Représentation de formes en composantes cylindriques (d'après Marr, 1982). (Tiré de *Vision.* D. Marr, 1982. ©W. H. Freeman.)

que l'on pense à certains dessins animés d'émissions pour enfants où les scènes visuelles sont entièrement décrites à partir de formes géométriques élémentaires et où les personnages, de simples « bonshommes allumettes », sont parfois très typés!

Pour Biederman, la totalité des formes que nous rencontrons quotidiennement peut être réduite à une quarantaine de composantes combinées de différentes façons. Cette conception de l'objet comme un arrangement de parties est actuellement partagée par plusieurs chercheurs dans le domaine de la reconnaissance de formes

(Hoffman et Richards, 1984; Marr, 1982). Comme les sept couleurs de base du spectre, à partir desquelles toutes les couleurs sont formées, sont appelées « couleurs primitives », les formes élémentaires dont les différentes combinaisons permettent de décrire tous les objets sont appelées primitives (ce que Biederman nomme les géons).

Le fait de définir l'objet par ses parties présente plusieurs avantages. Par exemple, en imaginant que les représentations de formes que nous avons en mémoire à long terme sont en fait des listes de parties dont les combinaisons sont spécifiées, on comprend pourquoi il est possible de reconnaître un objet dans toutes ses positions possibles. Peu importe comment elle est disposée, une tasse demeure un objet constitué de deux composantes : un cylindre et un arc, l'arc étant relié au cylindre par le côté. Un seau sera également défini comme un cylindre combiné à un arc, mais l'arc, dans ce cas se trouve relié à la partie supérieure du cylindre.

Par ailleurs, la liste des composantes d'un objet ne doit pas nécessairement être exhaustive, c'est-à-dire, contenir **toutes** les composantes qui le définissent, pour qu'il soit possible de le reconnaître. C'est ce qui explique qu'il est possible de reconnaître un objet même s'il est partiellement dissimulé par d'autres objets placés devant.

Si la segmentation d'un objet en ses composantes est effectivement déterminante pour sa reconnaissance, le fait d'empêcher cette segmentation devrait également empêcher l'identification de l'objet. C'est ce que Biederman a tenté de vérifier dans une expérience sur la perception d'objets dégradés.

La figure 4.6 montre des objets. En A, ils sont représentés intégralement. En B et en C, les objets ont été dégradés : des régions du contour ont été enlevées. En B, l'absence des régions éliminées n'empêche pas la reconnaissance des objets; ces stimuli sont « récupérables ». Par exemple, étant donné que les régions où l'anse est attachée à la tasse sont présentes, il est possible de distinguer les deux parties, le cylindre et l'arc, et d'identifier l'objet comme étant une tasse. En C, par contre, les caractéristiques critiques pour la segmentation des formes sont absentes, ce qui les rend très difficilement identifiables; c'est pourquoi elles sont dites « irrécupérables ».

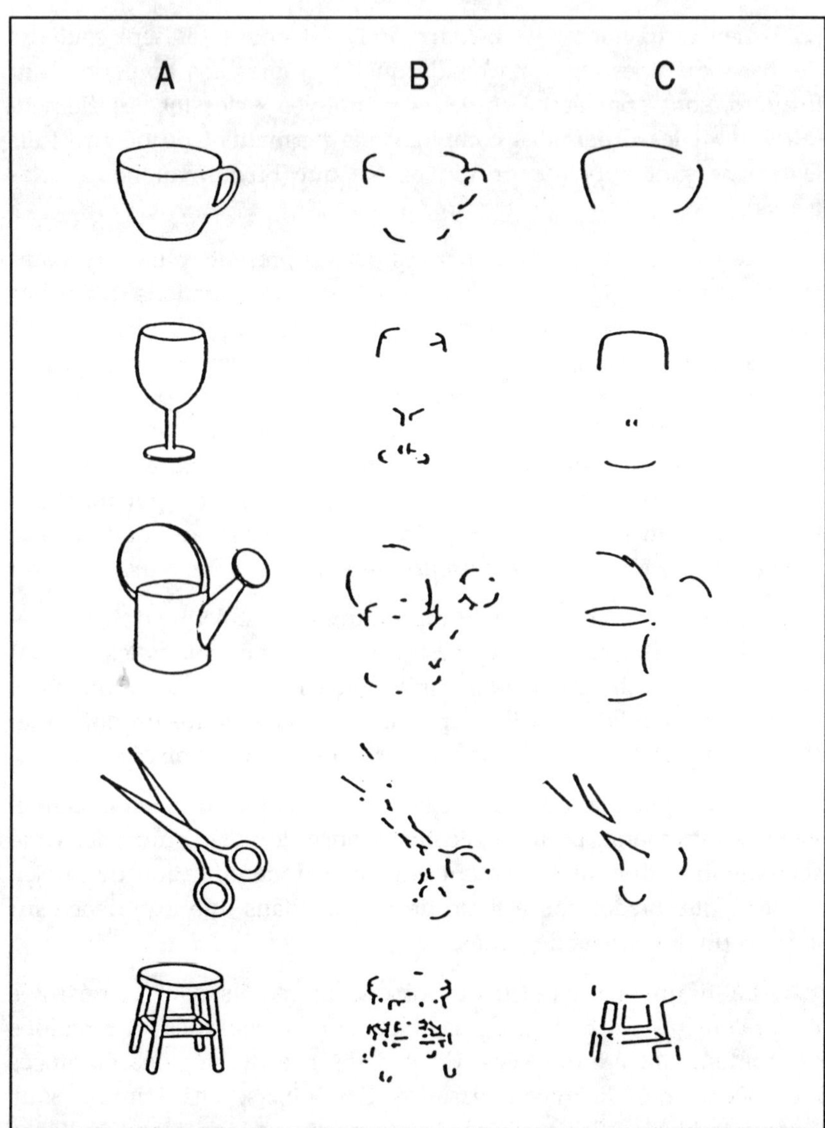

FIGURE 4.6
Stimuli utilisés par Biederman (1987). Dans la colonne A, les objets intacts sont présentés. Dans la colonne B, les objets sont dégradés, mais récupérables, alors que dans la colonne C, les objets sont dégradés et irrécupérables.

Certaines caractéristiques de la forme paraissent donc essentielles pour la segmentation. Même si en termes de quantité, les régions éliminées en B et en C sont équivalentes, les stimuli récupérables sont beaucoup plus facilement identifiables que les stimuli irrécupérables.

Dans cette expérience, un stimulus était présenté à un sujet dont la tâche consistait à identifier un objet. Le sujet était soumis à 35 stimuli dont la moitié était récupérable et l'autre moitié, non récupérable. Comme on peut s'en douter, les stimuli récupérables étaient reconnus beaucoup plus facilement par le sujet que les stimuli irrécupérables.

De plus, dans une condition, les sujets étaient familiarisés avec les stimuli dans leur forme intacte; à ces sujets, les 35 stimuli du groupe A étaient tous présentés au début de l'expérience. Cependant, même lorsqu'ils avaient déjà vu les objets qu'ils auraient à identifier, les sujets faisaient plus de 60 % d'erreurs dans l'identification des stimuli irrécupérables et ce, même si les stimuli étaient présentés pour des périodes aussi longues que 5 secondes.

LE RÔLE DU CONTEXTE

Les trois grandes approches du problème de la reconnaissance de formes, appariement à un gabarit, analyse des caractéristiques et segmentation en composantes, présentent une lacune importante. Aucune de ces descriptions du processus de reconnaissance de formes ne tient compte du fait que la reconnaissance est influencée par le contexte dans lequel les formes sont perçues et par les attentes de l'individu qui les perçoit. Qui n'a pas expérimenté une situation où, parce que l'on ne s'attendait pas à trouver un objet dans un environnement, on met un certain temps avant de le reconnaître. Ce phénomène se produit aussi dans la reconnaissance des personnes : « Je ne t'avais pas reconnu! Je ne m'attendais tellement pas à te voir ici! »

L'effet d'appréhension du mot

Si l'on vous montre très brièvement, c'est-à-dire pendant quelques millisecondes, une série de lettres, vous pourrez les identifier plus facilement si elles forment un mot que s'il s'agit d'une série de lettres sans signification. Cet effet, appellé **effet d'appréhension du mot**, a été rapporté pour la première fois il y a plus d'un siècle par Cattell (1885). James McKeen Cattell fut l'un des fondateurs de la psychologie comme discipline. Sa renommée ne repose pas tant sur ses travaux sur la reconnaissance de lettres, travaux qu'il a faits pendant qu'il étudiait en Allemagne avec Wilhelm Wundt, mais plutôt sur son étude des différences individuelles en intelligence. Cattell est un pionnier de la psychométrie, en particulier dans le domaine de la mesure de l'intelligence par les tests.

Cattell présentait des lettres à ses sujets pendant 10 ms et leur demandait d'en rapporter le plus grand nombre possible. Notons qu'il s'agissait de durées de présentation très courtes, où le sujet voyait simplement un flash lumineux. Pour des présentations aussi rapides, les sujets ne rapportaient que quatre ou cinq lettres correctement si les séries de lettres formaient une série aléatoire sans signification (comme SPBO ERNT AQWO), mais pouvaient nommer les lettres de trois ou quatre mots entiers si la présentation consistait en des séries de lettres formant des mots (comme RAME LOUP CASE).

L'effet d'appréhension du mot s'explique par le fait qu'en raison du contexte, les sujets **reconnaissent** un plus grand nombre de lettres.

Une autre explication possible, cependant, serait que les sujets devinent les lettres qu'ils n'ont pas eu le temps de reconnaître. Si, par exemple, on présente très rapidement un mot et que vous voyez les lettres M et T séparées par une autre lettre que vous n'avez pas eu le temps de voir, soit « M _ T », il est possible que vous deviniez que la lettre manquante est ... A pour former le mot M A T comme dans « échec et mat! »

Une troisième explication de l'effet d'appréhension du mot est également possible. On pourrait effectivement dire que le sujet perçoit toutes les lettres pendant les 10 ms que dure la présentation, et que le temps qu'il met ensuite à les rapporter est suffisant pour qu'il en oublie quelques-unes. Lorsque les lettres sont regroupées en mots, la mémorisation est plus facile, c'est pourquoi il en rapporte davantage.

Plusieurs expériences, dont celle de Reicher (1969), ont été menées pour vérifier ces deux alternatives à l'effet d'appréhension

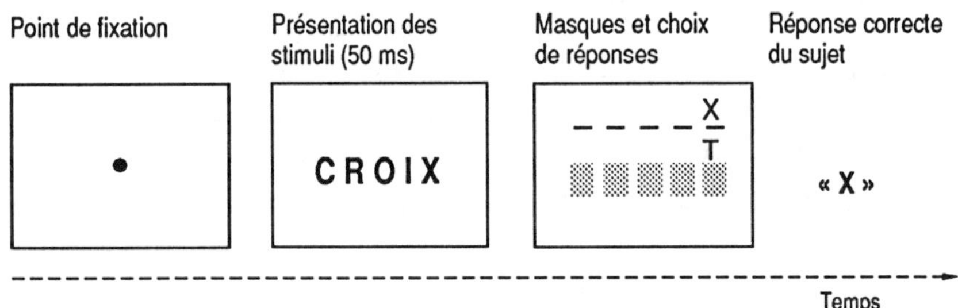

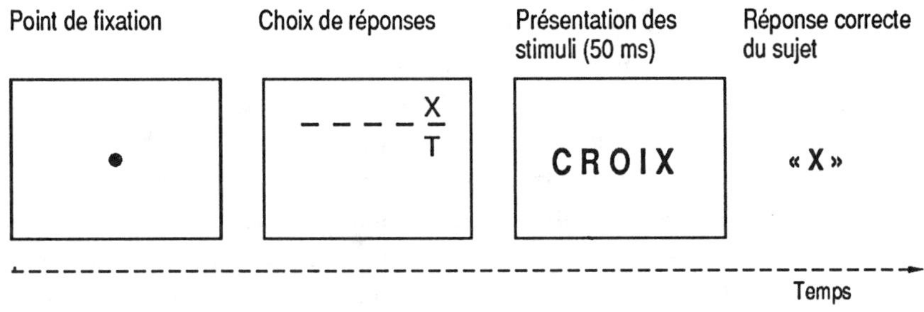

FIGURE 4.7
L'expérience de Reicher (1969). A) Condition « alternatives subséquentes ». Le point de fixation est suivi de la présentation de lettres. Des masques apparaissent immédiatement après, au-dessus desquels des tirets sont disposés. Au-dessus et au-dessous de l'un des tirets, deux lettres sont proposées. Le sujet doit indiquer laquelle, dans la présentation initiale, était située à cet endroit. B) Condition « alternatives précédentes ».

du mot. La figure 4.7 illustre la séquence des événements dans l'expérience de Reicher. Un point de fixation était d'abord présenté pour s'assurer que le sujet regardait bien au bon endroit. Une série de lettres était ensuite montrée brièvement, c'est-à-dire pendant 50 ms. Dans une condition, que nous appellerons la condition « mot », cette série de lettres formait un mot comme « C R O I X ». Dans la condition « non-mot », les lettres constituaient un arrangement aléatoire de lettres comme « I X R C O ».

Après la présentation de la série de lettres, un masque, couvrant la région où les lettres étaient apparues, était introduit pour s'assurer que le sujet ne voyait plus les lettres. Au-dessus du champ de masquage, une suite de tirets correspondant à chacune des lettres de la série présentée apparaissait. Au-dessus et au-dessous de l'un des tirets étaient disposées deux lettres différentes.

La réponse était ensuite fournie par le sujet : celui-ci devait dire quelle lettre était apparue à la position signalée. Dans l'essai illustré à la figure 4.7 A, le sujet devait indiquer si la lettre située en cinquième position était un X ou un T.

Le choix des alternatives pour chaque position servait à contrôler la possibilité de deviner. Par exemple, si l'on vous montre les lettres CROI_, il est possible que vous indiquiez que la cinquième lettre est un X, peu importe que vous l'ayez vue ou non. Dans ce cas, votre réponse ne révèle pas votre capacité de reconnaître une lettre, mais celle de deviner une lettre manquante. Parce que cette expérience visait à étudier la reconnaissance, il fallait contrôler cette possibilité de deviner en offrant des choix également probables. Les deux réponses possibles formaient donc un mot lorsque combinées aux autres lettres. Ainsi C R O I T et C R O I X sont deux séries de lettres constituant des mots.

L'hypothèse était donc la suivante : si l'effet d'appréhension du mot se vérifie, la performance devrait être meilleure lorsque la série de lettres constitue un mot que lorsqu'elle est formée d'un arrangement aléatoire de lettres.

Pour éviter, encore une fois, que les résultats puissent être interprétés par une plus grande facilité de mémorisation, à la moitié des essais, les lettres alternatives (dans notre exemple, X et T) étaient présentées immédiatement **avant** la présentation de la série de lettres : nous appellerons cette condition « alternatives précédentes ». À l'autre moitié des essais, les lettres alternatives étaient montrées immédiatement **après**, c'était la condition « alternatives subséquentes ». La figure 4.7 B illustre un essai où les alternatives sont présentées avant les lettres : dans cette condition, le sujet peut très bien ignorer les lettres qui ne se trouvent pas à la position indiquée par la cible.

Quatre types d'essai étaient donc possibles. Lors du premier essai, la série de lettres constitue un mot et les alternatives sont présentées après le mot. Lors du deuxième, la série constitue un mot et les alternatives sont présentées avant ce mot. Lors du troisième, la série est un ensemble de lettres aléatoire et les alternatives sont présentées après. Enfin, au cours du quatrième essai, les alternatives sont présentées avant l'ensemble aléatoire de lettres.

Dans les deux conditions, alternatives précédentes et alternatives subséquentes, l'effet d'appréhension du mot se manifeste clairement. La figure 4.8 montre le pourcentage d'erreurs en fonction de chacun des quatre types d'essai.

	Alternatives précédentes	Alternatives subséquentes
Condition MOT	17 %	26 %
Condition NON-MOT	30 %	43 %

FIGURE 4.8
Pourcentage d'erreurs pour les quatre types d'essai utilisés dans l'expérience de Reicher (1969).

En général, le pourcentage d'erreurs est plus faible lorsque la série de lettres forme un mot. De plus, cet effet facilitant du mot se manifeste aussi bien lorsque les alternatives sont présentées avant ce mot qu'après. On peut donc conclure que l'effet d'appréhension du mot est la conséquence du fait que l'intégration d'une lettre dans un mot en facilite la **reconnaissance**. C'est la rapidité de reconnaissance, et non le fait de deviner les lettres à rapporter ou la mémorisation plus facile de ces lettres, qui serait la cause de l'effet de l'appréhension du mot. En effet, puisque les deux alternatives formaient des mots, les deux pouvaient aussi bien l'un que l'autre être « devinées » par le sujet : il n'y avait aucune raison pour que le sujet devine plus souvent l'alternative correcte. Aussi, dans les deux conditions, alternatives subséquentes et alternatives précédentes, le fait que la performance soit meilleure lorsque l'ensemble de lettres forme un mot élimine la possibilité que l'effet d'appréhension soit dû à la mémorisation des lettres. Dans les conditions alternatives précédentes, le sujet n'avait pas à mémoriser les lettres, que celles-ci forment un mot ou non. Si l'identification est meilleure lorsque les lettres forment un mot, c'est donc parce que le sujet reconnaît mieux les lettres dans cette condition.

Le phénomène mot-lettre et le modèle d'activation interactive

En plus de consolider l'interprétation de l'effet d'appréhension du mot en termes de facilitation du processus de reconnaissance de formes, l'expérience de Reicher a permis de mettre en évidence un autre phénomène, le **phénomène mot-lettre** (en anglais, *word-letter phenomenon*). Celui-ci se manifeste dans la situation suivante. Dans son expérience, Reicher a intégré une condition supplémentaire dans laquelle au point de fixation succédait une seule lettre. Après cette lettre, les alternatives étaient présentées au sujet, de la même façon que dans les autres conditions. La figure 4.9 illustre cet essai.

Dans cette condition, on pourrait croire que la performance du sujet aurait dû être au moins aussi bonne que dans la condition « mot » puisque dans cette condition « lettre », il n'a qu'un seul stimulus à traiter. En fait, dans la condition lettre, le sujet fait plus d'erreurs que dans la condition mot : sa performance y est similaire à celle observée dans la condition non-mot.

Pour expliquer comment le mot peut faciliter l'identification d'une lettre, James McClelland et David Rumelhart (1981) ont proposé un modèle décrivant le processus de reconnaissance dans ce contexte. Pour plusieurs, ce modèle est particulièrement intéressant en raison de sa « saveur » physiologique. Comme le font remarquer McClelland et Rumelhart (1986), les structures et processus qui y sont intégrés imitent jusqu'à un certain point le fonctionnement du cerveau. Celui-ci est constitué d'un grand nombre d'unités (les neurones) interreliées qui envoient des messages excitateurs ou inhibiteurs simples. Généralement, on peut considérer qu'il existe

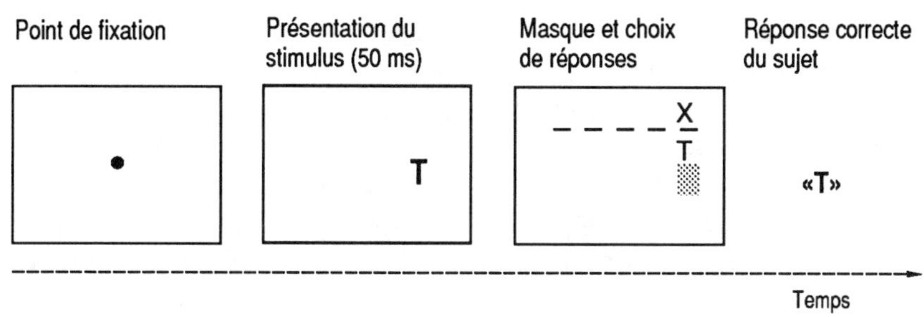

FIGURE 4.9
Condition de l'expérience de Reicher (1969) où une seule lettre est présentée. Le sujet doit ensuite décider laquelle, des deux alternatives, correspond à la lettre cible.

deux types de message possibles entre deux neurones : l'**excitation**, où une cellule commande à l'autre d'entrer en activité, et l'**inhibition**, qui empêche la cellule réceptrice de s'activer.

Le modèle de McClelland et Rumelhart est un modèle de type « **connexionniste** » justement parce qu'il repose sur cette conception d'un réseau d'unités interreliées. De plus, il suppose que, comme dans le système visuel, les unités peuvent fonctionner en parallèle, c'est-à-dire en même temps.

Le modèle d'**activation interactive** postule l'existence de trois niveaux d'unités dans le système de reconnaissance. Certaines agissent comme des détecteurs de caractéristiques visuelles simples (une barre verticale, un angle droit, etc.), similaires à celles répertoriées par Eleonor Gibson (voir la figure 4.4). La détection de certaines caractéristiques particulières va permettre l'excitation d'une unité plus globale, située à un niveau supérieur, la lettre; l'activation de celle-ci suscitera à son tour l'activation d'une unité d'un niveau supérieur, le mot. La transmission de l'activation n'est cependant pas à sens unique puisqu'à son tour le mot renforcera l'activation des lettres qu'il est probable de rencontrer dans ce mot.

Chaque unité a une valeur d'**activation** donnée. Généralement, on peut dire que cette valeur correspond à la force de l'hypothèse concernant la présence de cette unité dans le stimulus perçu. À la présentation très rapide d'un A, l'unité correspondant à la caractéristique « barre horizontale » sera activée : cette unité pourra cependant être plus ou moins activée dans le système de reconnaissance du sujet en fonction, par exemple, du fait que la perception de cette barre verticale est plus ou moins claire. Par ailleurs, si, à côté de ce A, les lettres MOUR sont présentes, l'unité correspondant au mot AMOUR sera activée. Comme l'identification de l'unité AMOUR est concordante avec l'hypothèse que la première unité lettre est un A, il y a excitation rétroactive de l'unité mot à l'unité lettre : conséquemment, le niveau d'activation de l'unité A augmentera. Il y a donc **interaction** entre les activations des différentes unités. L'activation de l'unité « barre horizontale » favorise l'activation de l'unité « A », laquelle rend plus probable l'activation de l'unité AMOUR, laquelle à son tour renforce l'activation de l'unité A, et ainsi de suite.

Lorsque les hypothèses ne concordent pas les unes avec les autres, il peut y avoir **inhibition** des unités. Par exemple, à partir du moment où l'unité AMOUR est activée, il y a inhibition des unités incompatibles avec cette hypothèse : les unités lettres P et W seront inhibées pour toutes les positions possibles dans le mot. De la même manière, si l'unité « barre horizontale » est activée, les unités lettres incompatibles telles que C, O ou W seront inhibées.

Par exemple, la figure 4.10 montre un mot dont la première lettre est cachée. Après un bref examen cependant, le mot FLEUR peut être identifié sans peine.

Sans entrer dans le détail du modèle d'activation interactive, on peut globalement dire qu'il décrit le processus de reconnaissance de la façon suivante. Toutes les caractéristiques correspondant aux

FIGURE 4.10
Le manque d'informations peut susciter la formulation de plus d'une hypothèse en ce qui concerne l'identité de la première lettre du mot.

quatre dernières lettres, LEUR, sont activées. Pendant ce temps, les informations partielles, en ce qui a trait à la première lettre, permettent la formulation de deux hypothèses : il peut s'agir d'un E ou d'un F. Résultat : les unités lettres L, E, U et R sont fortement activées tandis que les unités E et F le sont plus faiblement. Des unités mots généralement compatibles avec ces hypothèses, comme FLEUR et PLEUR, sont ensuite activées. Comme les lettres activées E et F vont à l'encontre de l'hypothèse PLEUR, le niveau d'activation de cette unité baisse. Graduellement, le système en arrive à un état d'équilibre où l'unité mot la plus activée est FLEUR et l'unité lettre (située en première position) la plus activée est F.

Le processus d'identification de lettres, dans le modèle d'activation interactive, est conçu comme un ajustement progressif de probabilités quant à l'identité de lettres et de caractères en fonction d'une analyse perceptuelle qui dure un certain temps.

Avec ses trois niveaux d'unités et les échanges d'activation qu'il postule, le modèle permet de prédire plusieurs données obtenues sur la perception de lettres dans les expériences de reconnaissance. Ainsi, dans l'effet de supériorité du mot, l'activation rétroactive que le mot transmet à l'unité lettre rend le processus plus rapide; si les lettres ne forment pas un mot, seules les activations des unités caractéristique et lettre contribuent à la reconnaissance.

Un modèle d'activation interactive mène à la conception d'un réseau de connaissances sémantiques extrêmement complexe chez l'humain. La discussion qui précède décrit le fonctionnement d'une infime partie de ce réseau dans une tâche extrêmement simple. Elle permet d'imaginer l'impressionnante combinaison d'interrelations impliquées dans la reconnaissance des lettres. Notons toutefois que cette complexité n'a d'égale que la remarquable efficacité du système de reconnaissance des formes chez l'humain.

L'effet de supériorité de l'objet

Dans la reconnaissance de lettres, le contexte que constitue le mot paraît donc exercer une influence importante. L'effet de facilitation du contexte sur le processus de reconnaissance se manifeste également dans l'identification de formes incluses dans des objets. Par

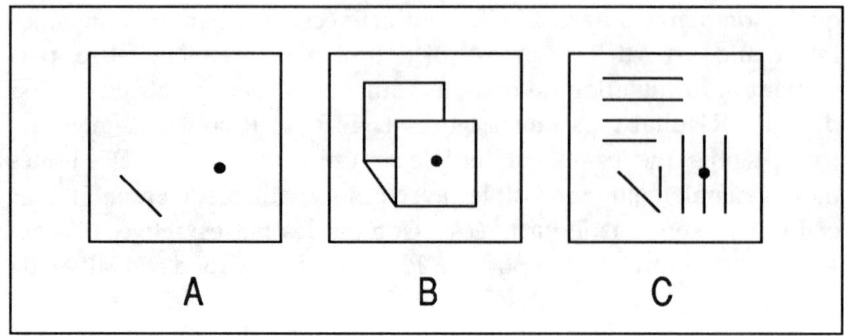

FIGURE 4.11
Stimuli utilisés par Weisstein et Harris (1974).

exemple, Weisstein et Harris (1974) ont montré très clairement qu'il était beaucoup plus facile pour des sujets de vérifier si la barre diagonale montrée à la figure 4.11 (stimulus A) était effectivement représentée dans le stimulus B que de vérifier si elle était incluse dans le stimulus C.

Le stimulus B représente un objet tridimensionnel bien formé alors que le stimulus C constitue une représentation en deux dimensions beaucoup moins cohérente. C'est pourquoi on appelle cet effet l'**effet de supériorité de l'objet** (en anglais, *object-superiority effect*).

Cela suggère que l'objet, pour le système perceptuel humain, ne peut être simplement décrit comme une série de lignes et d'angles. Si c'était le cas, les stimuli de la figure 4.11 devraient être traités de la même façon puisqu'ils peuvent être considérés comme équivalents. Ces stimuli diffèrent cependant quant à leur structure et à l'organisation des éléments qui les composent.

Les principes d'organisation de la Gestalt

L'importance de l'organisation des éléments d'une figure a été abondamment discutée en psychologie de la Gestalt. Dans les années 1910-1920, les études de trois psychologues allemands, Max Wertheimer et ses deux assistants, Wolfgang Köhler et Kurt Koffka, ont permis d'établir les bases de ce qui est devenu la psychologie de la Gestalt. En utilisant la méthode expérimentale, les psychologues

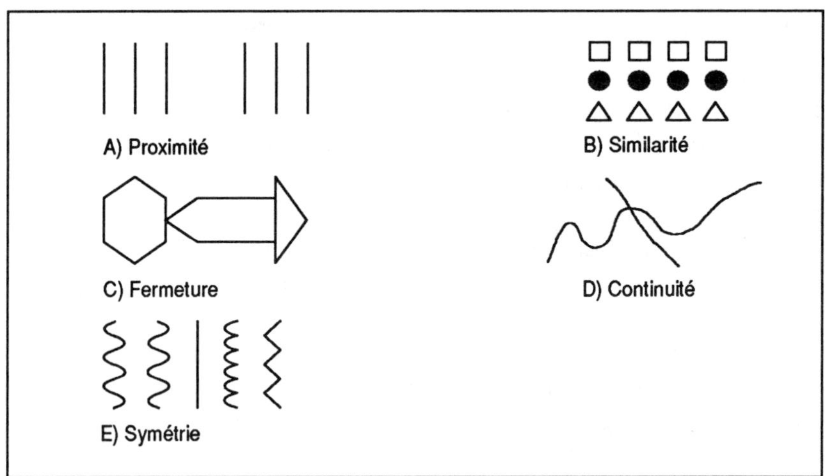

FIGURE 4.12
Illustration de quelques principes d'organisation perceptuelle.

gestaltistes ont démontré l'existence de différentes caractéristiques de l'organisation des formes qui apparaissent déterminantes dans la perception.

La figure 4.12 illustre certains principes d'organisation perceptuelle analysés par les gestaltistes. Le **principe de proximité** énonce que des objets rapprochés tendent à être regroupés, c'est-à-dire à être perçus comme constituant des touts. Le **principe de similarité** affirme pour sa part que des objets similaires tendent également à être perçus comme des ensembles. Le **principe de fermeture** souligne le fait que nous regroupons les éléments en figures fermées. À la figure 4.12 C, le principe de fermeture montre pourquoi il est nécessaire de faire un effort pour percevoir la lettre K dans cette figure. Le **principe de continuité** dit que les éléments sont regroupés de sorte qu'il y ait peu d'interruption ou de changements dans des lignes continues. Les quatre principes que nous venons d'examiner s'appliquent au regroupement d'un certain nombre d'éléments. D'autres principes concernent la distinction d'une figure par rapport au fond. Par exemple, selon le **principe de symétrie**, des contours symétriques définissent une figure et la distingue du reste, qui est alors perçu comme un fond.

L'organisation dans une tâche de synthèse mentale

L'expérience de Stephen Palmer (1977) montre l'importance de l'organisation structurale dans une tâche de « synthèse mentale ». Dans cette tâche, deux figures sont présentées au sujet, chacune étant composée de trois lignes. Les instructions sont à peu près les suivantes : « Vous voyez deux figures séparées, chacune est formée de trois lignes. Essayez d'imaginer quelle nouvelle figure de six lignes serait composée si les deux figures initiales étaient superposées. » Essayez vous-même de combiner les deux figures (qui en fait constituent des parties de la nouvelle figure) de la figure 4.13 en les superposant, un peu comme si ces deux figures étaient dessinées sur des papiers transparents et que vous les placiez l'un par-dessus l'autre en faisant correspondre les points.

FIGURE 4.13
Deux parties de figure à synthétiser dans l'expérience de Palmer (1977).

Lorsqu'ils avaient terminé la synthèse des deux parties, les sujets pressaient un bouton. Le temps qu'ils avaient mis à faire la synthèse mentale, c'est-à-dire le temps écoulé entre la présentation des deux parties et la pression du bouton, était mesuré. Après un bref délai (500 ms), une nouvelle figure composée de six lignes, la figure test, était présentée. Le sujet devait indiquer le plus rapidement possible si cette figure test était identique à la synthèse des deux parties. Le temps pour fournir cette réponse était aussi mesuré.

La manipulation critique, dans cette expérience, se situait au niveau de l'organisation des parties dont le sujet devait faire la synthèse. Ces parties pouvaient être d'un niveau d'organisation

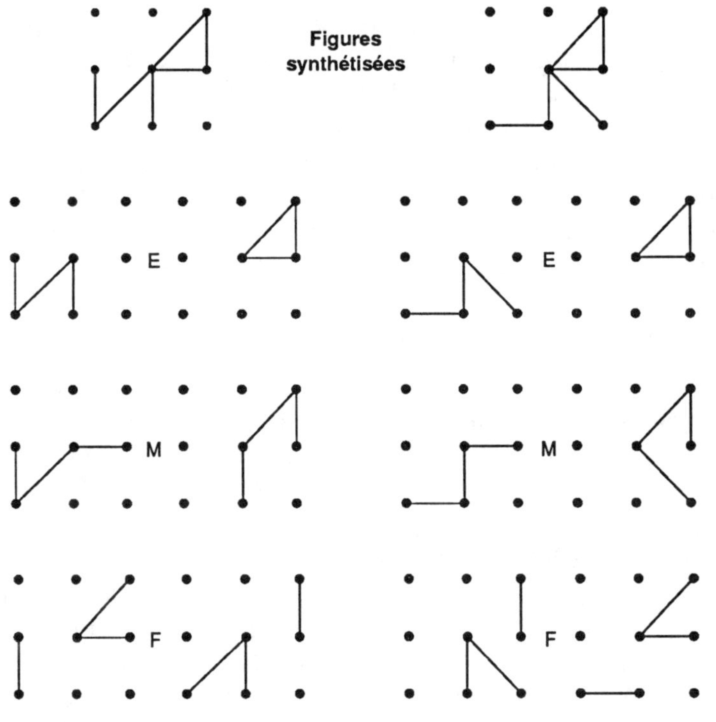

FIGURE 4.14
Stimuli utilisés par Palmer (1977). En haut, les deux figures synthétisées par la combinaison des paires situées au-dessous. Les paires sont des parties présentant un niveau d'organisation faible (F), moyen (M) et élevé (E).

faible, moyen ou élevé. La figure 4.14 montre des exemples des trois niveaux d'organisation de parties que Palmer demandait à ses sujets de synthétiser. Elle montre également deux exemples de figures tests auxquelles le sujet devait comparer sa synthèse des parties. Essayez vous-même de faire une synthèse pour chaque niveau d'organisation des parties.

Si vous avez tenté vous-même l'expérience, vous connaissez déjà la première constatation à laquelle cette recherche a mené : les sujets font beaucoup plus rapidement la synthèse des parties dont le niveau d'organisation est élevé (presque trois secondes plus vite) que la synthèse des parties moyennes et faibles au plan de l'organisation. De plus, les sujets répondent plus rapidement à la figure test lorsque les parties sont d'un niveau d'organisation élevé que lorsqu'elles sont de niveau faible et moyen. Finalement, à mesure que le niveau d'organisation des parties augmente, les sujets font de moins en moins d'erreurs dans leurs réponses. Il semble donc que le traitement des stimuli diffère significativement en fonction du niveau d'organisation des éléments qui les composent et ce, même si le nombre d'éléments (ici, le nombre de lignes des parties) qui constituent ces stimuli est identique.

Selon les principes d'organisation perceptuelle de la Gestalt, nous regroupons les éléments qui forment une figure en fonction d'un certain nombre de caractéristiques : continuité, fermeture, similarité, etc. Il est effectivement possible que même si le nombre de lignes qui composent les parties très organisées et peu organisées est le même, ces lignes forment des unités dans le cas des parties très organisées, de sorte que leur traitement est plus rapide. Un retour à la figure 4.14 permet de voir que les parties qui présentent un niveau d'organisation élevé répondent davantage aux critères de fermeture et de continuité définis par la psychologie de la Gestalt.

Ces données confirment que l'organisation générale d'un ensemble d'éléments influence la perception de ces éléments. Cette conception du processus de perception des formes met l'accent sur l'influence de l'ensemble sur le traitement des éléments. Une telle approche est compatible avec la conception plus générale qui conçoit le traitement comme s'effectuant « de haut en bas » (en anglais, *top-down processing*), c'est-à-dire en reconnaissant le rôle de processus supérieurs, comme les attentes ou les connaissances antérieures du sujet, dans la reconnaissance des caractéristiques élémentaires qui composent les objets. C'est ce qui explique les effets du contexte sur la reconnaissance des formes, ce qu'une approche « de bas en haut » (en anglais, *bottom-up processing*) ne peut expliquer : le traitement y est plutôt conçu comme une analyse des caractéristiques élémentaires, suivie de leur combinaison.

Dans leur série d'études sur le rôle du contexte dans la reconnaissance de formes, Irving Biederman et ses collaborateurs (entre

A) SCÈNE COHÉRENTE

B) SCÈNE DÉSORGANISÉE

FIGURE 4.15
Scène similaire à celle que Biederman, Glass et Stacy (1973) ont utilisé dans leur expérience. En A) scène cohérente, en B) scène désorganisée. En moyenne, il sera plus long de trouver le panneau de signalisation indiquant l'obligation de tourner à gauche dans la scène désorganisée.

autres, Biederman, Glass et Stacy, 1973) ont montré clairement qu'il était beaucoup plus difficile d'identifier une forme donnée dans l'illustration d'une scène où les éléments sont mêlés, que dans une illustration où les éléments sont organisés, formant un environnement facilement interprétable. La figure 4.15 illustre ce phénomène : les objets inclus dans cette scène d'une rue commerciale de Chicoutimi sont plus rapidement identifiables en A qu'en B.

Dans une tâche où le sujet doit identifier le plus rapidement possible un objet dans la scène, il répond en moyenne plus vite lorsque la scène est organisée, comme en A, sur la figure 4.15, que si elle est désorganisée, comme en B. Par exemple, si l'on demandait à un groupe de sujets d'identifier le panneau de signalisation indiquant l'obligation de tourner à gauche, ils répondraient en moyenne plus vite avec la photo montrée en 4.15 A qu'avec la photo de la figure 4.15 B (en contrôlant bien sûr la possibilité que les sujets puissent fixer leur regard immédiatement sur le panneau par hasard). C'est ce que Biederman, Glass et Stacy (1973) ont observé avec des scènes similaires à celles qui sont présentées à la figure 4.15.

L'effet des processus supérieurs, dans la reconnaissance de formes, ne se limite donc pas aux effets des apprentissages passés. L'interprétation immédiate d'une situation détermine la perception des objets qui la composent : même si vous n'avez jamais vu la photo présentée à la figure 4.15, l'ensemble significatif qu'elle constitue influencera votre perception des formes qui la composent.

La performance de l'humain dans la reconnaissance des formes présente deux caractéristiques importantes. D'une part, l'efficacité avec laquelle l'individu peut analyser l'information visuelle en dehors de tout contexte suggère que les données sensorielles constituent l'essentiel de l'information utilisée dans la reconnaissance des formes. Même si aucune information préalable ne vous avait été donnée concernant la figure 4.15, il vous a probablement suffit d'une fraction de seconde pour en identifier les éléments importants. Il semble toutefois que des éléments plus généraux de la situation dans laquelle une forme est reconnue exercent une influence importante sur le processus de reconnaissance.

RÉSUMÉ

- Les formes visuelles sont délimitées par les contours, c'est-à-dire par les changements dans l'intensité lumineuse reflétée par les surfaces. La reconnaissance de ces formes permet l'identification des objets.

- Selon une approche d'**appariement à un gabarit**, la reconnaissance de formes s'effectue par comparaison de la forme à identifier à un modèle mémorisé. Puisque, théoriquement, cette comparaison ne tolère pas de différence entre la forme à reconnaître et le gabarit en mémoire pour que l'appariement soit possible, une telle approche ne peut à elle seule rendre compte de la complexité de la reconnaissance de formes chez l'humain.

- Les **modèles de caractéristiques** supposent que l'on procède plutôt par l'identification des caractéristiques élémentaires qui composent le stimulus. Chaque objet est défini comme une liste de caractéristiques critiques emmagasinée en mémoire à long terme. La reconnaissance s'effectue en comparant cette liste à l'objet à reconnaître.

- Un problème posé par un modèle de caractéristiques est que les formes naturelles constituent des combinaisons extrêmement complexes de caractéristiques. Il est difficile de définir une forme naturelle par l'identification exhaustive des caractéristiques de cette forme.

- Selon une approche de **reconnaissance par composantes**, un objet peut être décrit par un nombre restreint de composantes élémentaires comme des cônes, des cylindres, des blocs. Une telle description des formes naturelles est emmagasinée en mémoire à long terme. La reconnaissance s'exécute par la comparaison des composantes identifiées à celles qui sont emmagasinées.

- Le contexte dans lequel les formes sont perçues influence leur reconnaissance. Ainsi, l'identification d'une lettre présentée dans un ensemble de lettres sera plus rapide et plus exacte si l'ensemble forme un mot que s'il s'agit d'un ensemble aléatoire : c'est l'**effet d'appréhension du mot**.

- De plus, le sujet identifie plus précisément une lettre si celle-ci fait partie d'un mot que si elle est présentée seule : c'est le **phénomène mot-lettre**.

- Le modèle d'**activation interactive** propose une explication à l'effet d'appréhension du mot et au phénomène mot-lettre. L'identification d'une lettre se fait par l'activation de trois niveaux d'unités : caractéristiques, lettres et mots. L'activation est interactive, c'est-à-dire que l'activation d'une unité influencera l'activation de l'autre et vice versa.

- Par activation et inhibition des unités, il y aura formulation et élimination d'hypothèses concernant l'identification des unités jusqu'à l'atteinte d'un équilibre où l'unité mot la plus activée déterminera l'identification du mot.

- Un phénomène similaire au phénomène mot-lettre est observé dans l'identification des objets : la reconnaissance d'un élément d'un objet s'effectuera plus facilement si cet objet constitue une forme cohérente et structurée.

- Il y a déjà presque 100 ans, la psychologie de la Gestalt s'est intéressée au fait que l'organisation générale des formes détermine en partie leur identification. Les principes de **proximité, similarité, fermeture, continuité** et **symétrie** semblent influencer la reconnaissance des formes.

- Une opération comme la synthèse mentale de parties d'objets sera effectuée plus facilement si les parties de ces objets sont organisées en vertu des principes d'organisation de la Gestalt.

- Les éléments d'une scène visuelle vue pour la première fois sont aussi plus facilement interprétés si cette scène constitue un ensemble organisé et cohérent que s'il s'agit d'un environnement désorganisé et non significatif.

PARTIE 2

LA MÉMOIRE

CHAPITRE 5

LA MÉMOIRE À COURT TERME

CHAPITRE 5

LA MÉMOIRE À COURT TERME

LA DISTINCTION ENTRE LA MÉMOIRE À COURT TERME ET LA MÉMOIRE À LONG TERME

Dans le modèle d'Atkinson et Shiffrin (1968), décrit dans le chapitre 1, trois types de mémoire sont identifiés : le registre sensoriel (RS), dont nous avons déjà traité, la **mémoire à court terme (MCT)** et la **mémoire à long terme (MLT)**. Ce modèle fait donc une distinction entre la MCT et la MLT. C'est dans la MLT que sont emmagasinés les faits, les connaissances et les habiletés que nous avons accumulés au fil des années. C'est plutôt à elle que nous faisons référence lorsque nous parlons de mémoire dans le langage courant. Pour sa part, la MCT désigne un ensemble de processus qui permettent de maintenir active l'information nécessaire à l'exécution des activités cognitives courantes. La lecture, la prise de décision et la résolution de problème sont des exemples d'activités cognitives. Différentes observations ont amené les chercheurs à proposer l'existence de ces deux systèmes distincts de mémoire que sont la MCT et la MLT.

La courbe de position sérielle : un appui expérimental

Les travaux expérimentaux qui appuient le plus clairement l'existence de deux systèmes de mémoire font appel à la technique de **rappel libre**. Dans une situation typique, l'expérimentateur lit à un sujet une liste de mots, entre 15 et 30 selon l'expérience. Il les lit un à la fois et, à la fin de la liste, le sujet doit immédiatement effectuer le rappel de tous les mots dont il se souvient, sans tenir compte de l'ordre de présentation. Cette procédure est appliquée à plusieurs sujets. La fréquence de rappel correct des mots et leur position dans la liste présentée sont notées. La représentation graphique de la relation entre la fréquence de rappel correct et la position dans la liste est appelée **courbe de position sérielle.**

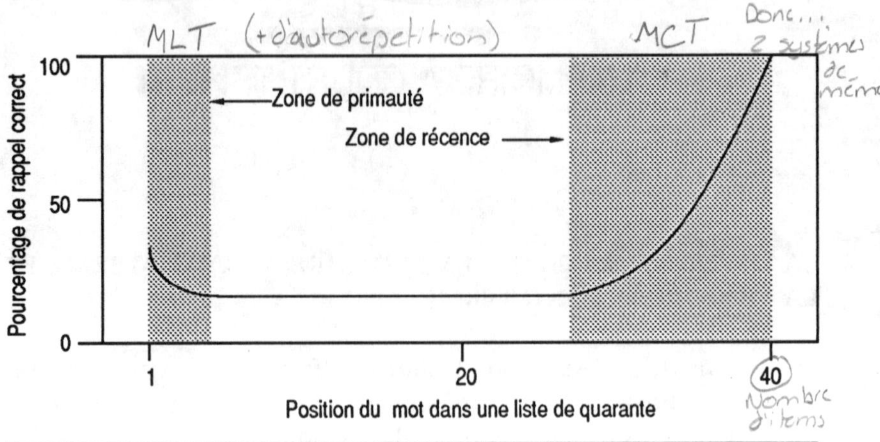

FIGURE 5.1
Pourcentage de rappel correct en fonction de la position d'un mot dans une liste en comportant 40 (courbe de position sérielle) (d'après Murdock, 1961).

Le rappel est supérieur pour les items apparaissant au début des listes, **effet de primauté**, et à la fin, **effet de récence**. Waugh et Norman (1965) ainsi qu'Atkinson et Shiffrin (1968) concluent que ce phénomène reflète l'existence de deux systèmes de mémoire, la MCT et la MLT.

Selon le modèle d'Atkinson et Shiffrin (1968), le processus central de la MCT est l'**autorépétition** (en anglais, *rehearsal*), et la courbe de position sérielle résulterait de l'opération de ce processus. L'autorépétition peut être considérée comme un discours intérieur dont la manifestation est évidente lorsque nous tentons d'apprendre par coeur un matériel verbal quelconque. Pour Atkinson et Shiffrin, elle permet le transfert dans la MLT des items qui ont été répétés. À cette époque, la MCT était vue comme étant une mémoire globale capable de maintenir actif, grâce à l'autorépétition, un nombre restreint d'items, de deux à sept selon les conditions.

Ainsi, les premiers items de la liste seraient privilégiés et recevraient un maximum de répétitions, ce qui favoriserait leur transfert en MLT. Dans la partie centrale, le nombre d'items présentés dépasserait la capacité de ce processus et l'autorépétition ne permettrait pas de répéter tous les items. Par contre, les derniers items de la liste seraient encore présents dans la MCT lors du rappel et pour-

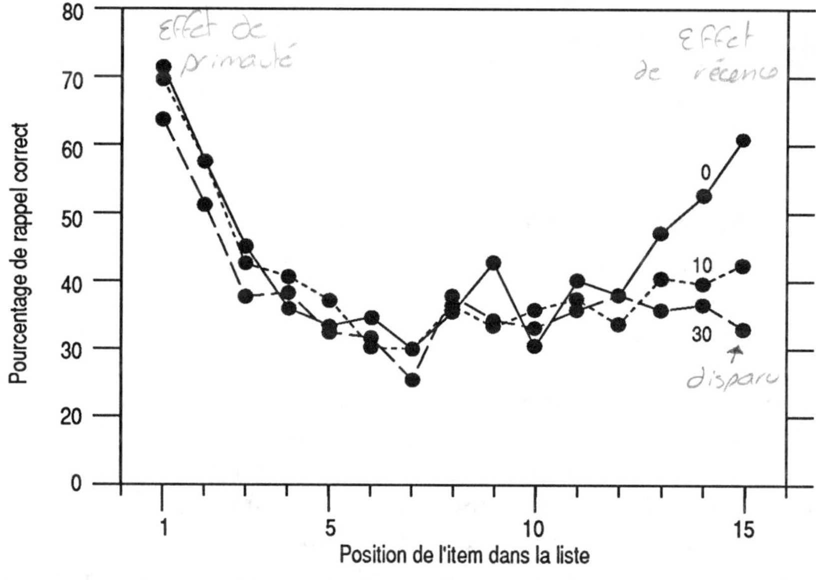

FIGURE 5.2
Courbes de position sérielle pour des délais de rappel de 0, 10 et 30 s. Une tâche de calcul mental est exécutée durant le délai (d'après Glanzer et Cunitz, 1966).

raient alors être directement récupérés. Donc, l'effet de primauté serait dû à une meilleure consolidation des items du début de liste dans la MLT alors que l'effet de récence correspondrait à la présence des derniers items dans la MCT.

Si les deux parties de la courbe sont contrôlées par des systèmes de mémoire différents, il devrait donc être possible de les influencer indépendamment. Au lieu de demander au sujet d'effectuer le rappel de la liste immédiatement à la fin de celle-ci, Glanzer et Cunitz (1966) ont retardé le rappel de zéro, dix ou trente secondes. Pendant cet intervalle, le sujet devait faire des calculs mentaux. L'exécution de calculs mentaux exige l'utilisation de la MCT et ne permet pas de procéder à l'autorépétition. Cela devrait affecter les derniers items présentés qui risquent fort d'être disparus de la MCT lors du rappel. Les premiers items de la liste, qui eux ont été transférés en MLT, ne devraient pas être affectés. Les résultats de leur étude apparaissent à la figure 5.2. Il est évident qu'avec un délai de 30 s, l'effet de récence est complètement disparu alors que l'effet de primauté est intact. Ces données apportaient donc une certaine confirmation de l'existence de deux systèmes de mémoire indépendants.

Une observation clinique

La distinction entre la MCT et la MLT a aussi été appuyée par des observations cliniques. En 1968, le professeur Brenda Milner de l'Institut neurologique de Montréal publie une étude dans laquelle elle décrit les problèmes de mémoire d'un patient, H. M., qui avait été opéré en 1953 à cause de l'importance des crises d'épilepsie dont il était victime. Lors de cette opération, H. M. avait subi l'ablation de certaines portions du cortex temporal et de centres sous-corticaux. Cette intervention laissa le patient avec une amnésie qui est maintenant reconnue comme typique de ces cas. H. M. n'était plus capable de se souvenir de l'endroit où il rangeait des objets, ni de mémoriser la nouvelle adresse de ses parents. Il s'engageait souvent dans une conversation identique à celle qu'il venait juste d'avoir. Son langage était toutefois intact tout autant que son quotient intellectuel et il pouvait aussi s'adonner à des tâches routinières. Il lui était possible de répéter immédiatement certaines informations qui venaient de lui être données. Il pouvait même s'en souvenir plusieurs minutes plus tard si on lui permettait d'en faire une autorépétition. Cependant, en l'absence de cette autorépétition, il perdait cette capacité de rappel. Il semble donc que ce patient avait perdu la capacité de mettre de nouvelles informations en MLT mais possédait une MCT intacte. Ce genre d'observations a contribué à appuyer les interprétations théoriques voulant que la mémoire à long terme et la mémoire à court terme soient des systèmes fonctionnellement indépendants.

UNE DÉFINITION DE LA MÉMOIRE À COURT TERME

Dans la version proposée à l'origine par Atkinson et Shiffrin (1968), la MCT est vue comme une mémoire manipulant l'information verbale sous forme **phonétique** (en anglais, *phonetic*). « Phonétique » fait référence à la prononciation des **items** verbaux, comme des lettres, des groupes de lettres ou des mots. Ce sont les « sons » des items qui seraient maintenus en MCT. L'information en provenance des registres sensoriels doit passer par la MCT pour atteindre la MLT. Elle est en ce sens une « mémoire » à part entière, indépendante de la MLT. Sa capacité d'emmagasinage est fortement limitée et, en l'absence d'autorépétition, l'information y est disponible pendant au plus quelques secondes. D'autres noms ont été donnés à cette conception de la mémoire à court terme, soit **mémoire immédiate** ou encore **mémoire primaire.**

Les conceptions récentes de la MCT ne s'appuient plus sur le modèle d'Atkinson et Shiffrin (1968). Le développement du concept de **mémoire de travail** (en anglais, *working memory*) par Alan Baddeley (voir Baddeley et Hitch, 1974) a eu un impact déterminant. Selon cette approche, la MCT serait composée d'un ensemble de processus relativement indépendants qui contribuent au travail exécuté en MCT selon les exigences et les caractéristiques de la situation. Cette conception de la MCT est souvent appelée **modulaire**, car elle définit la MCT comme un ensemble de processus ou modules en interaction. La MCT est donc vue comme une composante active du système de traitement de l'information où l'information nécessaire aux activités cognitives est activée. C'est donc plus qu'une simple mémoire de transition traitant les informations en vue de les emmagasiner en MLT. Cependant, encore maintenant, le débat n'est pas clos et la mémoire à court terme est abordée par différents auteurs soit comme un système de mémoire où s'élabore une trace mnésique, ou bien comme un ensemble de processus de traitement de l'information.

Une clarification importante a été apportée par Waugh et Norman (1965). Elle consiste à distinguer entre la mémoire à court terme, MCT, et la **rétention à court terme.** La rétention à court terme désigne tout simplement une procédure expérimentale qui consiste à interroger un sujet sur un contenu qu'il vient tout juste de mémoriser. Le délai qui peut s'écouler entre la fin de la période de présentation du matériel à mémoriser et le test de rappel ou de reconnaissance est nul ou de quelques secondes (au maximum 30 s). La mémoire à court terme est une composante du système de traitement de l'information. Il faut donc éviter d'interpréter la performance dans des tâches de rétention à court terme comme reflétant uniquement les propriétés fonctionnelles de la MCT. Bien que les procédures de rétention à court terme sollicitent d'abord la mémoire à court terme, nous verrons comment la MLT peut aussi contribuer à la performance dans des situations de rétention à court terme.

Il faut enfin souligner que la MCT a surtout été étudiée avec des contenus verbaux. Les items utilisés sont des lettres, des chiffres, des mots ou encore des phrases. Dans ce contexte, la MCT est souvent appelée mémoire à court terme verbale.

De toute évidence, la MCT est un système mnémonique complexe dont les propriétés sont loin de faire l'unanimité. Pour mieux comprendre ce qu'est la MCT, il serait utile d'illustrer son opération par l'exemple suivant.

Vous consultez le catalogue de la bibliothèque pour trouver la cote d'un volume. Après quelques recherches vous la localisez : BF 311 B814a. Comme vous n'avez rien sous la main pour l'écrire vous vous précipitez vers les rayons en répétant intérieurement « BF 311 B814a ». Pour avoir accès aux rayons, vous devez vous identifier à un commis en inscrivant dans un registre votre numéro matricule mémorisé depuis longtemps : 4 816 776 123. Devant les rayons, vous réalisez que tout ce dont vous vous rappelez se réduit à « BF 3??? ???4? » ! Expérience frustrante qui souligne bien la fragilité des contenus de la MCT. Mais comment se fait-il que vous ne vous en souveniez plus? Si vous aviez eu un crayon, il aurait été facile de maintenir en mémoire la cote le temps de la transcrire. Mais il est évident que vous auriez dû le faire sans tarder. Par contre, en la répétant continuellement, il ne devrait pas y avoir de problème. Sauf que vous avez été interrompu par le commis pour inscrire votre numéro matricule. Pourtant, cela a été relativement court, à peine quinze ou vingt secondes...

Dans cet exemple, la MCT apparaît comme une mémoire relativement fragile dont la capacité est limitée. Elle est facilement surchargée. L'information sur la cote du volume ne peut être maintenue en même temps que celle qui doit être activée pour répondre à la demande d'identification qui est faite. De plus, en l'absence d'autorépétition, l'information disparaît rapidement de la MCT. La capacité et l'oubli sont les deux propriétés de la MCT qui ont le plus attiré l'attention des chercheurs. Nous allons donc les aborder plus spécifiquement.

LA CAPACITÉ DE LA MCT

Le concept de capacité est crucial dans l'étude de la MCT. En effet, la MCT est toujours présentée comme un système mnémonique à capacité limitée. C'est là en fait la principale différence entre la MCT et la MLT. Plusieurs études ont cherché à définir la quantité d'information qui peut être présente activement dans la MCT. La difficulté fondamentale à laquelle elles ont été confrontées est la détermination de « l'unité de mesure » à utiliser pour évaluer cette capacité. Est-ce une unité simple comme le nombre de lettres présentées dans un message, ou une unité plus complexe comme le nombre de mots ou même de phrases?

Le rappel sériel immédiat et l'empan mnémonique

La procédure de **rappel sériel immédiat** est la principale tâche utilisée depuis près d'un siècle pour estimer la capacité de la MCT. Elle se déroule comme suit. L'expérimentateur présente à un sujet une série de lettres ou de chiffres et lui demande, immédiatement à la fin de la série, d'effectuer un rappel des items dans l'ordre de présentation. Le nombre d'items contenus dans la série la plus longue que le sujet peut réciter correctement est appelé **empan mnémonique** (en anglais, *memory span*). L'empan pour des lettres ou des chiffres est en général de sept ou huit. L'une des grandes controverses concernant la capacité de la MCT a porté sur la validité d'une définition de la capacité de la MCT qui repose uniquement sur l'empan mnémonique.

Vous pouvez facilement mesurer votre propre empan mnémonique. Lisez lentement à voix haute la série suivante et immédiatement à la fin écrivez sur un feuille les items dans l'ordre. Encore mieux, demandez à une autre personne de vous la lire à environ un item à la seconde et de noter le nombre d'items que vous pouvez nommer dans le bon ordre, à partir du début, et sans en sauter.

Voici une première série :

I. B V M P J L

Une telle série devrait être facile à retenir. En voici une autre :

II. C L R N F P D T

Difficile, mais pas impossible.
Maintenant avec des mots :

III. MARTEAU SALON CHEVAL REVUE TROTTOIR BOUTON

Pas si mal.
Une série un peu plus longue :

IV. FOURCHETTE MAISON CADEAU TAPIS BUREAU FENÊTRE CHANDAIL CRAYON

Cette série est pratiquement impossible à retenir.
Enfin, une dernière :

V. PANTALON ESCALIER BICYCLETTE COUVERTURE TÉLÉPHONE ANIMAL

Vous pouvez constater vous-même la capacité limitée de la MCT. Le tableau 5.1 présente le nombre d'éléments contenu dans chaque liste selon que les lettres, les syllabes ou les mots sont considérés comme élément.

TABLEAU 5.1
Nombre total d'éléments contenus dans chacune des listes de l'exercice précédent

	Nombre total d'éléments		
No de la liste	**Lettres**	**Syllabes**	**Mots**
I	6	6	–
II	8	8	–
III	37	12	6
IV	54	16	8
V	51	18	6

De toute évidence, ce n'est pas le nombre de lettres qui limite la mémoire à court terme. En effet, on peut aussi bien retenir une série de six mots comprenant 37 lettres qu'une série de six lettres. Cependant, on ne peut s'empêcher de sentir une certaine augmentation de difficulté de la liste I à la liste III. Tout en demeurant possible, la tâche est plus exigeante.

L'unité de mesure de la capacité de la MCT

Le travail de George Miller en 1956 avait conduit à la conclusion que la capacité de la MCT était de cinq à neuf **items**. En effet, Miller a pu démontrer que la capacité de la MCT se définissait non pas en fonction d'unités élémentaires comme des lettres ou des chiffres, mais plutôt en fonction de groupes d'éléments ou « **chunks** ». Le chunk se définit comme toute unité de stimuli ayant une signification familière. Il s'appuie donc sur des structures de connaissance déjà bien présentes en MLT. Un mot familier, par exemple, est un chunk. Par contre, dans une séquence aléatoire de consonnes, chaque lettre pourrait former un chunk. Par exemple, retenir la séquence GPD WMB est plus difficile que PDG et BMW. Selon Miller, un mot familier est une unité pour laquelle, en principe, la MCT ne devrait pas utiliser plus de capacité que pour une lettre. La capacité de la MCT serait donc de 7 ± 2 chunks. Il est important de réaliser que cette capacité ne peut simplement se définir en rapport avec un nombre de stimuli. La signification qu'ont ces stimuli, leur organisation sémantique, doivent être considérées.

Bien que cette proposition ait suscité à l'époque beaucoup d'intérêt, elle est apparue un peu trop générale. Si nous revenons à notre exercice personnel, nous pouvons noter que ce n'est probablement pas simplement le nombre de chunks qui détermine l'empan mnémonique. En effet, on devrait, si c'était le cas, être capable de retenir aussi bien les six mots de la série V que les six mots de la série III. Or, les six mots de la série V, comprenant 18 syllabes, sont plus difficiles à retenir que ceux de la série III qui comprend 12 syllabes. C'est ce que Baddeley, Thomson et Buchanan (1975) ont démontré. L'empan mnémonique, mesuré en nombre de mots, diminue en fonction du nombre de syllabes dans les mots. La capacité de la MCT ne pourrait donc se définir uniquement en nombre d'items ou de chunks indépendamment de leur « ampleur ». En fait, Baddeley *et al.* (1975) considèrent que le nombre de syllabes contenues dans les items à retenir fixe la limite du rappel sériel immédiat. Il serait difficile de retenir une série contenant plus de huit à dix syllabes sans faire d'erreur. Il demeure cependant que la capacité de la MCT doit être définie d'après les items regroupant des unités élémentaires comme des lettres, que ce soit sous forme de syllabes ou de chunks.

L'effet de récence : un indice de capacité

En plus de l'empan mnémonique, une autre tâche expérimentale a été utilisée pour estimer la capacité de la MCT. Il s'agit du rappel libre. Nous avons vu au début du chapitre que les particularités de la courbe de position sérielle dans une tâche de rappel libre avaient grandement contribué à la distinction entre la MCT et la MLT. La figure 5.1 illustre les effets de primauté et de récence. C'est à la disponibilité dans la MCT des derniers items présentés qu'est associé l'effet de récence.

Il est donc possible, à partir du nombre d'items bénéficiant de cette récence, d'arriver à estimer la capacité de la MCT en nombre d'items. C'est à une valeur moyenne de 3,6 qu'en sont arrivés Tulving et Colatla (1970). Cette capacité est nettement moindre que celle estimée à partir des tâches de rappel sériel immédiat. Par contre, elle est indépendante du nombre de syllabes comprises dans les items mémorisés. Craik (1968) a démontré que la capacité de la MCT estimée par l'effet de récence demeurait stable pour des items comprenant d'une à quatre syllabes. Comment concilier les estimations différentes de capacité obtenues à partir de l'empan mnémonique et de l'ampleur de l'effet de récence?

Comparaison entre l'empan mnémonique et l'effet de récence

Baddeley et Hitch (1974) ont demandé à des sujets de faire une tâche de rappel libre tout en conservant en mémoire, pour rappel sériel immédiat, une série de trois ou six chiffres. Dans cette procédure, la série de chiffres est appelée charge mnémonique parce qu'elle occupe une partie de la capacité de la MCT qui n'est plus disponible pour entreposer les mots à retenir. Les sujets devaient mémoriser une liste de 16 mots courants qui leur étaient lus à un rythme d'un mot toutes les deux secondes. Dans une série de 15 listes, cinq listes étaient précédées de la présentation de trois chiffres que le sujet devait retenir, cinq autres étaient précédées de six chiffres et cinq listes n'étaient précédées d'aucun chiffre, ces listes servant de condition contrôle. À la fin de chaque liste, les sujets procédaient au rappel libre des mots et, ensuite, au rappel sériel des chiffres, dans les conditions expérimentales.

En théorie, si les derniers items présentés en rappel libre et les chiffres maintenus en mémoire pour rappel sériel se partagent la même capacité d'emmagasinage en MCT, on devrait observer une diminution du nombre de mots touchés par l'effet de récence en fonction de l'augmentation de la charge mnémonique. Il devrait y avoir moins d'items disponibles en MCT pour produire un effet de récence, puisqu'une partie de la capacité serait déjà occupée par les chiffres à retenir. Or, comme on peut le voir à la figure 5.3 l'effet

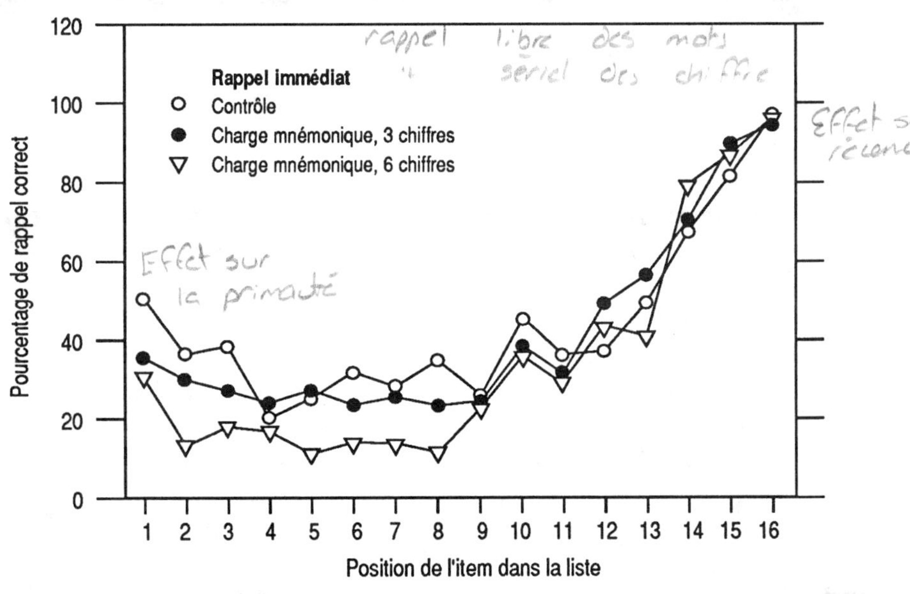

FIGURE 5.3
Effet d'une charge mnémonique de 3 et 6 chiffres sur le rappel libre immédiat (d'après Baddeley et Hitch, 1974).

de récence n'est pas touché par une charge mnémonique de six chiffres. La probabilité de rappel correct des derniers items n'est pas affectée par le nombre de chiffres à retenir. Par contre, l'effet de primauté subit nettement une réduction proportionnelle à la charge mnémonique. La capacité de la MCT telle qu'elle est définie par l'effet de récence est donc fonctionnellement différente de celle qui est associée à l'empan mnémonique. C'est un peu comme s'il s'agissait de deux composantes indépendantes d'une capacité globale de la MCT.

Diverses observations nous permettent de comprendre l'origine de cette différence. Tout d'abord, Rundus (1971) a évalué directement le rôle de l'autorépétition dans le rappel libre. Elle a demandé à des sujets de faire à voix haute la répétition des items en même temps qu'ils étaient présentés à un rythme de 5 s par mot, les mots ayant d'une à trois syllabes.

À la figure 5.4 B, on peut voir la courbe de position sérielle ainsi que le nombre moyen de répétition d'un item. Il est évident que la répétition n'a pas de relation avec l'effet de récence alors que le nombre de répétition détermine l'ampleur de l'effet de primauté. Il est facile de voir, à partir de l'exemple d'autorépétition rapporté à la figure 5.4 B, que les premiers mots de la liste sont répétés plus souvent que les derniers.

On se rappelle que l'effet de primauté, qui est sous le contrôle de l'autorépétition, était affecté par la charge mnémonique dans l'expérience de Baddeley et Hitch (1974). D'autre part, l'effet de récence, qui n'est pas associé à l'autorépétition, n'était pas affecté par une charge mnémonique. La conclusion à laquelle ces auteurs en sont arrivés est que la MCT n'est pas un système unitaire. Elle est composée de processus indépendants, des modules, et la capacité de la MCT refléterait, en fait, la capacité de chacun de ces processus selon qu'ils sont sollicités par la procédure utilisée pour estimer cette capacité.

LA MCT : UN SYSTÈME MODULAIRE À CAPACITÉ DISTRIBUÉE

Il semble bien que l'on ne puisse parler de *la* capacité de la MCT. En effet, une telle question est fonction d'une conception unitaire de la

MOTS PRÉSENTÉS	MOTS AUTORÉPÉTÉS
1. réaction	réaction, réaction, réaction, réaction
2. sabot	sabot, réaction, sabot, réaction
3. faveur	faveur, sabot, réaction
4. recherche	recherche, réaction, sabot, recherche
5. friandise	friandise, sabot, recherche, réaction
6. épreuve	épreuve, sabot, épreuve, sabot
7. agréable	agréable, friandise, épreuve, sabot
8. erreur	erreur, agréable, friandise, épreuve
–	–
–	–
20. cellier	cellier, alcool, misère, cellier

FIGURE 5.4 A

Exemple d'une liste de 20 mots à mémoriser que le sujet doit « autorépéter » à voix haute. La partie de droite illustre la forme que pouvait prendre l'autorépétition à mesure que de nouveaux mots étaient présentés.

(Tiré de « The Control of Short-Term Memory », Atkinson et Shiffrin ©*Scientific American.* Août 1971.)

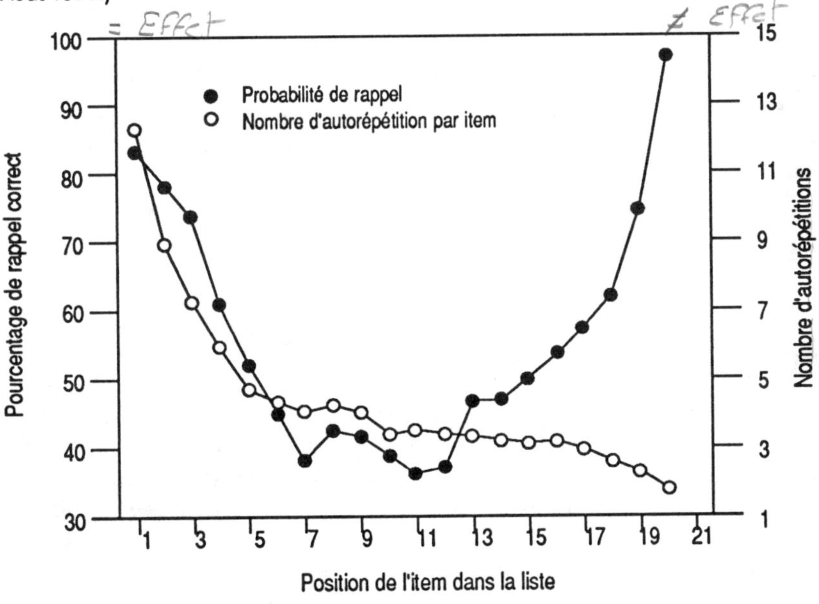

FIGURE 5.4 B

La relation entre l'autorépétition et le pourcentage de rappel correct pour chaque position de la liste (d'après Rundus, 1971).

MCT. Cette constatation a amené certains auteurs, dont Monsell (1982), à proposer une approche dite de « capacité distribuée ». Selon cette conception, la mémoire de travail, que nous appelons ici MCT, serait en fait un ensemble hétérogène de systèmes de traitement, des modules, ayant chacun une capacité de mémoire. Baddeley (1981) et Hitch (1980) proposent que la mémoire de travail, étudiée à l'aide de tâche de mémorisation de stimuli verbaux visuels ou auditifs, comme le rappel sériel immédiat ou le rappel libre, serait formée de quatre modules. Trois de ces modules sont spécifiques :

- la **boucle articulatoire** (en anglais, *articulatory loop*) : mémoire active de l'information sous une forme propre au langage;
- la **tablette visuo-spatiale** (en anglais, *visuo-spatial scratch-pad*) : permet de maintenir active, une image mentale de stimuli visuels ou auditifs;
- le **registre d'input** (en anglais, *input register*) : mémoire passive qui contient une représentation phonétique des deux ou trois items les plus récents.

Le quatrième module est non spécifique, il s'agit de l'**unité de gestion centrale** (en anglais, *central executive unit*). Cette unité de gestion est un module de coordination des divers processus qui opèrent dans la MCT. Nous allons voir comment la capacité de ces modules contribue à l'exécution de différentes tâches impliquant la MCT.

La boucle articulatoire et le rappel sériel immédiat

Selon Baddeley et Hitch (1974), le processus spécifique qui est responsable du rappel sériel immédiat est la boucle articulatoire. C'est dans ce module qu'opère l'autorépétition. Il peut être vu comme une bande magnétique en boucle qui recircule constamment les items qui y sont enregistrés. Ces items sont conservés dans l'ordre de présentation, sous forme de langage. La boucle aurait une durée limite d'environ deux secondes. Ce qui limite alors le rappel sériel immédiat est le nombre de syllabes qui peuvent être prononcées en deux secondes soit, en général, de dix à 12 syllabes.

Schweickert et Boruff (1986) ont mis en relation la probabilité de rappel sériel immédiat correct d'une liste d'items et le temps requis pour la lire à haute voix. Ils ont comparé des listes composées

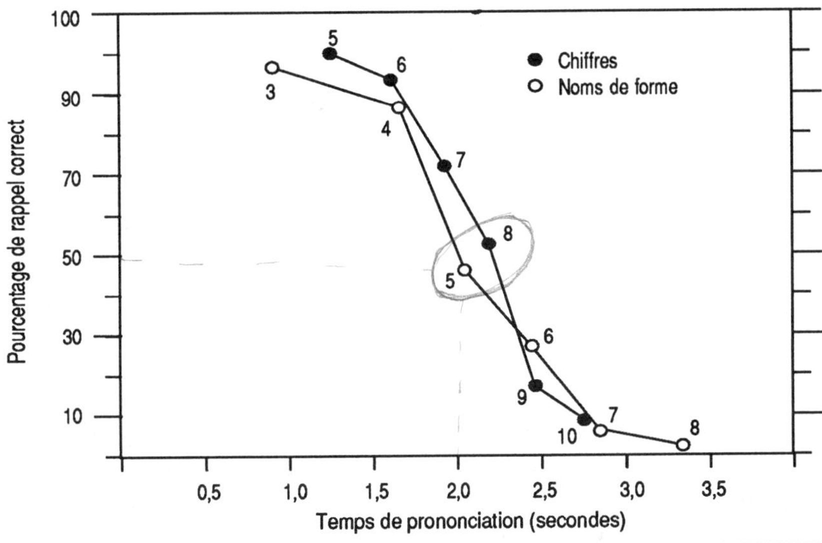

FIGURE 5.5
Pourcentage de rappel correct pour des listes de chiffres et de noms de forme en fonction du temps de prononciation de la liste. Le nombre placé près de chaque point représente le nombre d'items dans la liste (d'après Schweickert et Boruff, 1986).

de différents types d'item comme des chiffres, des consonnes, des noms de couleur ou des noms de forme (par exemple, carrré, triangle). La figure 5.5 illustre la probabilité de faire un rappel correct d'une liste en fonction du temps requis pour la lire. Un temps de prononciation de deux secondes entraîne un pourcentage de réponses correctes de 50 % pour les chiffres comme pour les noms de forme. Par contre, ce même niveau de performance est atteint avec des listes de huit chiffres et de cinq noms de forme. Le nombre de syllabes prononcées en 2 s apparaît donc comme un indice adéquat de la capacité de la MCT en regard du rappel sériel immédiat. Il est étonnant de constater que l'empan mnémonique est en fait mieux prédit en considérant les contraintes de production du langage qu'en ne prenant en considération que les mots.

Il est aussi intéressant de constater que la différence observée dans l'empan mnémonique entre les enfants et les adultes est associée au développement de la vitesse de prononciation (Hulme, Thomson, Muir et Lawrence, 1984).

En fait, un bon nombre d'études (Craik et Levy, 1975) indiquent que la boucle articulatoire, dans laquelle les items sont recirculés sous une forme analogue au langage, est utilisée dans les tâches où un rappel **ordonné** des items est exigé. Dans ces tâches, lorsque le sujet commet une erreur dans le rappel d'une série de lettres, il remplacera souvent une lettre par une autre qui lui ressemble phonétiquement. Ces **erreurs de substitution** ont été rapportées principalement par Conrad (1964). Il a utilisé une tâche de rappel sériel immédiat modifiée comme suit. Les items provenaient d'un ensemble de 16 lettres formé de deux groupes, BCPTV où toutes les lettres ont le son « i » en anglais (bi, ci, pi...), et FMNSX qui ont le son « è » (èfe, èm...). À chaque essai, un ensemble de six lettres était présenté visuellement pour rappel immédiat écrit. Le but de l'expérience était de voir si, dans les cas où les sujets font une erreur, ils substituent une lettre qui a été présentée visuellement par une autre qui lui ressemble phonétiquement. Les résultats de Conrad forment une **matrice de confusion** et sont présentés au tableau 5.2. Dans ce tableau apparaît la fréquence avec laquelle chacune des lettres a été donnée en réponse aux lettres faisant partie de l'ensemble. Les confusions sont beaucoup plus fréquentes dans les cadrans supérieur gauche et inférieur droit qui correspondent aux confusions phonétiques que dans les deux autres cadrans. Par exemple, il est surprenant de constater que le S a été très souvent remplacé par un F lors du rappel même si ces stimuli étaient présentés visuellement. Par contre, la confusion entre M et N, B et P a certainement été influencée par la similitude phonétique et visuelle. On peut donc en conclure que dans les tâches de rappel sériel immédiat, les stimuli sont transformés sous une forme analogue au langage, ce qui confirme le rôle joué par la boucle articulatoire dans l'exécution de cette tâche.

Le rôle de la boucle articulatoire dans la lecture

Une des questions les plus controversées quant à la lecture est : « Est-ce que nous entendons les mots lorsque nous lisons? » Lisons la phrase suivante : « Le professeur Zbigniew Pietrewleviscz est un américain. » Il est fort possible que vous ayez essayé de prononcer intérieurement le nom du professeur. Cependant, les autres

TABLEAU 5.2
Fréquence d'apparition des lettres réponses pour chacune des lettres stimulus

Lettre réponse	Lettre stimulus									
	B	C	P	T	V	F	M	N	S	X
B	—	18	62	5	83	12	9	3	2	0
C	13	—	27	18	55	15	3	12	35	7
P	102	18	—	24	40	15	8	8	7	7
T	30	46	79	—	38	18	14	14	8	10
V	56	32	30	14	—	21	15	11	11	5
F	6	8	14	5	31	—	12	13	131	16
M	12	6	8	5	20	16	—	146	15	5
N	11	7	5	1	19	28	167	—	24	5
S	7	21	11	2	9	37	4	12	—	16
X	3	7	2	2	11	30	10	11	59	—

(D'après Conrad, 1964.)

mots de la phrase, plus courants, ont pu être identifiés sans recourir à leur représentation auditive.

Des travaux de Levy (1981) et Baddeley, Elridge et Lewis (1981) ont utilisé la technique de **suppression articulatoire** pour évaluer le rôle de la sous-vocalisation dans la lecture. Cette technique consiste à demander au sujet de dire, à haute voix et en les répétant sans arrêt, des syllabes ou des mots en même temps qu'il lit un texte. Typiquement, le sujet répète continuellement, durant sa lecture, un mot comme « hiya » ou encore « 1,2,3,4 » . En fait, la suppression articulatoire rend pratiquement impossible l'utilisation de la boucle articulatoire pour faire la tâche de lecture.

Leurs résultats montrent que la suppression diminue le rappel du « mot à mot », mais n'affecte pas le rappel du sens du texte. De même, elle diminue la capacité de détecter un mot inhabituel dans une phrase, sans réduire le temps requis pour la lire. Ainsi, on peut considérer que la sous-vocalisation ne joue pas un rôle central dans la lecture. La boucle articulatoire n'interviendrait donc que dans les cas où le texte est difficile à comprendre ou encore si le rappel mot à mot est important.

Il est intéressant de noter à ce sujet que les enfants, lorsqu'ils apprennent à lire, se fient plutôt à l'aspect phonétique des mots (Doctor et Coltheart, 1980). Ils auront tendance à juger comme ayant un sens, une phrase comme : « Il courait vert sa mer. » parce que les mots sonnent correctement. Cependant, des lecteurs expérimentés ont un mode de lecture dans lequel les mots ont un accès direct à la mémoire sémantique sans effectuer cette traduction phonétique. Ce mode de fonctionnement permet de détecter immédiatement l'anomalie sémantique de phrases qui seraient phonétiquement correctes, en plus de permettre une lecture plus rapide. Les mots peuvent donc atteindre la mémoire sémantique directement, par une voie visuelle, sans avoir à transiter par la boucle articulatoire (Martin, 1978). Ce mode de traitement direct serait utilisé quand un texte est facile à comprendre. Par contre, la boucle articulatoire est très efficace pour maintenir, dans l'ordre, des mots en MCT. Elle pourra être sollicitée à profit dans les situations de lecture difficile car elle permet de maintenir en mémoire des mots dont la compréhension nécessite une réflexion plus approfondie. Ce mode de lecture sera cependant moins rapide puisqu'un processus à capacité limitée, la boucle articulatoire, est sollicité pour son exécution.

La tablette visuo-spatiale et le rappel sériel immédiat

Plusieurs auteurs, dont Richardson (1984) et surtout Zhang et Simon (1985), ont pu démontrer que des composantes de la MCT autres que la boucle articulatoire peuvent contribuer au rappel sériel immédiat. Le travail de Zhang et Simon est particulièrement intéressant, car ils ont étudié, chez des sujets chinois, le rappel sériel immédiat avec des caractères chinois. Ils ont profité d'une des particularités étonnantes de la langue chinoise qui fait en sorte que chaque caractère possède en moyenne six homophones, c'est-à-dire que six et même jusqu'à dix symboles graphiques différents ont exactement la même prononciation. Ainsi, les caractères chinois différents correspondant aux mots « public, palais, respectueux, attaque, travail, arc » se prononcent tous « gong » avec une tonalité aiguë.

En présentant visuellement une liste de caractères différents qui sont des homophones, il n'est pas possible pour le sujet d'utiliser la boucle articulatoire pour faire de l'autorépétition puisque toutes les syllabes sont identiques. Dans une telle situation, Zhang et Simon rapportent des empans mnémoniques de deux à trois items. Ce nombre représente donc la capacité de mémorisation d'une série ordonnée associée à un système autre que la boucle articulatoire. Ils identifient ce système comme étant la tablette visuo-spatiale proposée par Baddeley et Lieberman (1980). Cette tablette permet de maintenir du matériel en MCT en utilisant l'imagerie mentale. Dans ce module, qui est moins bien connu, les stimuli verbaux sont transformés en images mentales.

Les résultats de Zhang et Simon ne peuvent être dus à la simple utilisation de caractères chinois. En effet, ces derniers rapportent que l'empan pour des chiffres chinois qui, eux, n'ont pas d'homophones est de neuf, ce qui se compare aux empans de huit rapportés pour les chiffres anglais. Ces derniers résultats permettent de démontrer que la limite de la MCT est similaire avec des stimuli verbaux anglais ou des idéogrammes chinois, bien que ces derniers soient structurés très différemment des mots anglais.

L'empan mnémonique peut donc être supporté par une composante visuo-spatiale qui est elle, limitée à deux ou trois items. Elle est cependant moins efficace que la boucle articulatoire pour maintenir de l'information ordonnée en MCT.

Le registre d'input et l'unité de gestion centrale

Hitch (1980) a proposé l'existence d'un **registre d'input**. Ce registre a pour fonction d'emmagasiner « passivement » l'information au sujet des événements récents. Que les stimuli verbaux soient présentés sous forme visuelle ou sous forme auditive, ils sont emmagasinés dans ce registre sous une forme phonétique. Sa capacité serait de deux à quatre items et ne serait pas sous le contrôle de l'autorépétition. Selon Hitch (1980), ce registre d'input serait responsable de l'effet de récence : c'est là que les derniers items d'une liste demeurent disponibles. Comme le contenu du registre est toujours déterminé par les plus récentes informations traitées, un sujet devra effectuer immédiatement le rappel de ces derniers items pour pouvoir bénéficier de leur maintien en mémoire. C'est pourquoi l'effet de récence disparaît si le rappel est retardé de quelques secondes pendant lesquelles un sujet effectue une tâche mobilisant la MCT.

Contrairement au contenu de la boucle articulatoire, les items emmaganisés dans le registre d'input sont de véritables chunks. En effet, comme nous l'avons déjà mentionné, l'effet de récence n'est pas affecté par le nombre de syllabes comprises dans les items à mémoriser. Si un sujet mémorise une liste de phrases non reliées entre elles, ce sont les deux ou trois dernières phrases qui bénéficient d'un niveau de rappel supérieur (Glanzer et Razel, 1974) et non uniquement les derniers mots ou les dernières syllabes.

Nous avons peu parlé de l'unité de gestion centrale car elle est très peu définie et très controversée. Selon Hitch (1980), l'unité centrale posséderait une certaine capacité de traitement utilisée pour coordonner l'exécution simultanée de tâches indépendantes. Ce sont donc des ressources non spécifiques qui sont associées à l'unité de gestion centrale. La non-spécificité de ses ressources lui ont valu le nom de « centrale ». Richardson (1984) considère que l'unité de gestion centrale est en fait la composante la plus importante de la MCT. Elle est fondamentale pour superviser l'opération des modules tels le registre d'input ou la boucle articulatoire. En fait, cette question recoupe le problème posé dans l'étude de l'attention par rapport aux stratégies de répartition de la capacité de traitement. Certains auteurs (voir Allport, 1980) mettent cependant en doute la pertinence d'une unité de gestion centrale non spécifique.

Le rappel sériel immédiat et la capacité de la MCT

Nous avons distingué, au début du chapitre, la mémoire à court terme et la rétention à court terme. Cette distinction soulignait que la performance dans une tâche de rétention à court terme ne peut être interprétée uniquement au niveau de la MCT. La MLT peut souvent y contribuer. Compte tenu de la nature modulaire de la MCT, une interprétation précise de la performance devrait pouvoir identifier la contribution de la MLT et celle des différents modules de la MCT.

Nous allons analyser en détail une étude qui est une remarquable illustration de l'interaction entre ces divers processus cognitifs de la détermination de la performance dans une tâche typique, le rappel sériel immédiat. Chase et Ericcson (1981) ont présenté les résultats d'une étude sur un sujet unique qui, pendant deux ans, pour un total de 250 heures, a développé sa performance dans une tâche de rappel sériel immédiat. Ce sujet, S.F., était alors étudiant à l'Université Carnegie-Mellon à Pittsburgh et ne possédait aucune habileté mnémonique particulière au début de cette expérience. Au terme de cet entraînement, son empan mnémonique pour des séries de chiffres, présentés un à la seconde, était de 80. Ce nombre est absolument étonnant, mais l'intérêt scientifique d'un tel exploit réside surtout dans l'analyse du développement des stratégies utilisées par S.F. pour en arriver à atteindre un tel niveau de performance. En fait, il faut se demander s'il a vraiment décuplé la capacité de sa MCT.

S.F. participait à une séance expérimentale d'environ une heure à chaque jour. La figure 5.6 présente son empan mnémonique regroupé par blocs de cinq jours. Le niveau de performance s'est accru lentement et régulièrement durant toute la période de pratique. Cependant, un examen plus attentif de cette figure nous fait voir des plateaux, des jours 30 à 45, des jours 90 à 110 et aussi autour du jour 160. Cela laisse deviner que la stratégie de S.F. est complexe et a évolué par étapes qui subdivisent sa performance en trois grandes périodes.

Au début, S.F. a développé deux composantes importantes de sa stratégie. Tout d'abord, dès la deuxième session, il a utilisé une stratégie de groupement. C'est une stratégie très courante qui consiste à décomposer une série de sept ou huit chiffres en deux groupes de trois ou quatre chiffres. L'utilisation de cette stratégie est demeurée la base de sa méthode. À partir du cinquième jour, il a commencé à utiliser un moyen mnémotechnique. En effet, il s'est avéré que S.F. était un coureur de longue distance qui possédait une bonne expérience et avait une connaissance approfondie des temps requis pour compléter diverses épreuves d'athlétisme. Il a donc systématiquement associé ces groupes de chiffres à des temps typiques pour des épreuves de course. Par exemple, la séquence 3492 pourrait être encodée comme : « 3 min 49,2 s, presque un temps record pour le mille ». Il a réussi à activer presque instantanément ces informations emmagasinées en MLT pour les associer à un groupe de chiffres donné. Pendant que se faisait ce travail mental, le groupe suivant était maintenu dans le registre d'input et était récupéré pour un encodage similaire.

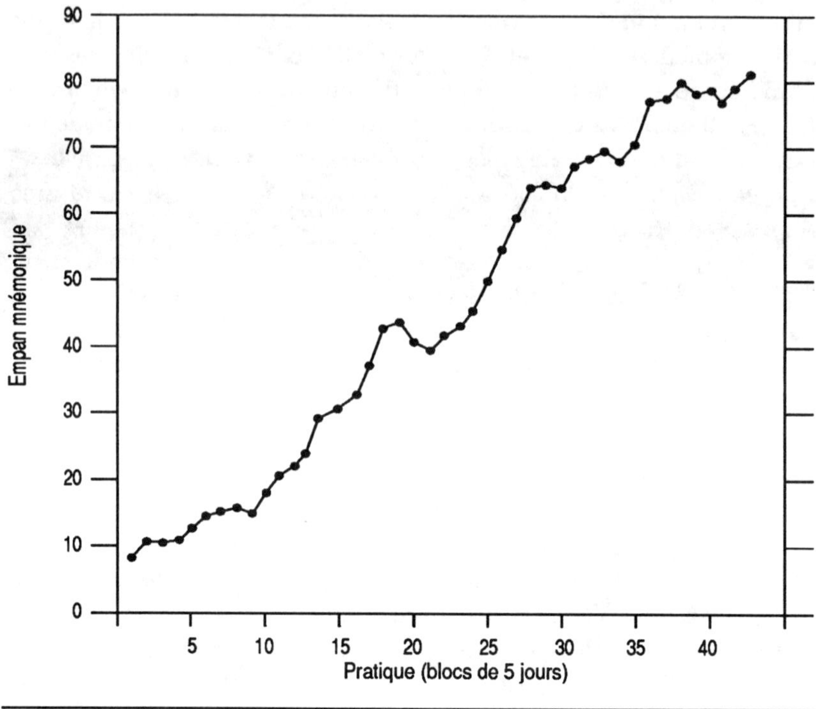

FIGURE 5.6
Ampleur de l'empan mnémonique de S.F. pour des blocs de 5 jours de pratique (d'après Chase et Ericcson, 1981).

Cette stratégie a permis à S.F. de porter son empan mnémonique à environ 18 chiffres, soit le premier plateau. Le problème qu'a alors éprouvé S.F. était de maintenir l'**ordre** des groupes en mémoire à court terme.

L'amélioration majeure apportée alors par S.F. a été d'utiliser une stratégie de récupération ordonnée. Il a déterminé à l'avance une structure de groupement. La série de chiffres était d'abord organisée en groupes de quatre chiffres et ensuite de trois chiffres plus un dernier groupe de quatre ou cinq qui demeurait dans la boucle articulatoire. De la même façon qu'une séquence de chiffres était organisée en groupes, une séquence de groupes était organisée en « groupes de groupes ». C'est cette organisation hiérarchisée qui a permis d'atteindre des empans de l'ordre de 80 chiffres. Lors du rappel, il s'agissait donc pour S.F. de nommer d'abord le groupe de quatre chiffres et ensuite de passer aux groupes de trois chiffres, pour terminer par la série maintenue dans la boucle articulatoire.

La performance de S.F. était donc dépendante de trois facteurs :

- le groupement des chiffres d'une série en groupes de trois ou quatre,
- le développement d'un moyen mnémotechnique,
- le développement d'une stratégie de récupération hiérarchisée.

Associée à cette stratégie globale, la pratique lui a permis de réduire dans un rapport de quatre à un, le temps requis pour effectuer cet encodage complexe. Il est cependant important de souligner que ce n'est pas le temps passé à pratiquer qui est le facteur déterminant de la performance de S.F.

En effet, Chase et Ericcson (1981) présentent les résultats d'un autre sujet qui a développé une stratégie mnémonique dans laquelle une séquence de chiffres est encodée comme suit : mois-date-année-heure-minute. Par exemple 9365342 devient Septembre, 3, 1965, 3 heures 42. Après 100 jours de pratique, sa performance avait plafonné à 18 chiffres. La différence majeure entre ce sujet et S.F. est que l'encodage mnémotechnique n'était pas incorporé dans une stratégie de récupération. Alors que S.F. décidait toujours à l'avance de sa stratégie de groupement (par exemple deux groupes de quatre et deux groupes de trois), l'encodage de ce deuxième sujet se faisait de façon variable, selon la série présentée et l'organisation naturelle des groupes.

L'examen de la stratégie de S.F. nous indique immédiatement qu'il n'a pas « augmenté » la capacité de sa MCT. La taille des groupes en témoigne : elle est demeurée fixe à trois ou quatre items. Qui plus est, lorsque S.F. a tenté de mémoriser des séquences de lettres, son empan mnémonique a été de sept ou huit, soit le niveau normalement observé. La performance de S.F. n'est donc pas le fait de processus fondamentaux exceptionnels mais plutôt de l'utilisation de ces processus selon une stratégie spécifique et efficace. Selon Chase et Ericcson, la performance de S.F. dépend surtout de l'utilisation que ce dernier a pu faire d'informations déjà présentes dans sa mémoire à long terme, pour emmagasiner et récupérer les chiffres qui lui étaient présentés.

L'énoncé traditionnel voulant que *la* capacité de la MCT corresponde à l'empan mnémonique est de toute évidence au mieux une mauvaise généralisation et au pire totalement faux. D'une part, au-delà de deux ou trois items, l'empan mnémonique ne met en cause qu'un des modules de la MCT, la boucle articulatoire. D'autre part, il est possible, par des stratégies utilisant la MLT, d'augmenter de façon dramatique cet empan sans pouvoir conclure à une augmentation de la capacité de la MCT. Donc, selon la situation, la capacité de la MCT pourra être sous-estimée ou surestimée.

L'OUBLI DANS LA MCT

Nous savons tous que l'oubli est une propriété fondamentale de la mémoire humaine. Cependant, poser la question de l'oubli dans le contexte de la MCT peut paraître un peu étrange. En effet, il est évident que, si la MCT est un système de mémoire transitoire dont le rôle est de maintenir active une quantité limitée d'information nécessaire à l'exécution des actions en cours, elle doit par définition « oublier » le plus rapidement possible toute information qui n'est plus requise. De plus, nous savons déjà que le processus d'autorépétition permet de maintenir l'information active dans la MCT aussi longtemps que nécessaire, permettant au besoin de contourner le problème de l'oubli.

Les chercheurs ont identifié deux processus par lesquels l'oubli peut se produire : **l'interférence et l'estompage** (en anglais, *interference* et *decay*). En se reportant à l'exercice de rappel sériel immédiat que nous avons fait dans la section précédente, la question suivante peut se poser : dans la condition où nous avons éprouvé de la difficulté à effectuer le rappel de huit mots de deux syllabes, peut-on dire que c'est parce que nous avons « oublié » certains mots? Nous avons plutôt l'impression que ces mots ne sont pas en mémoire parce qu'il n'y avait pas assez de place. L'oubli par interférence se produit parce que la mémoire a une capacité d'emmagasinage limitée. Lorsque cette capacité est atteinte, l'arrivée de nouveaux items élimine les items déjà en mémoire, de façon à permettre le traitement en MCT de ces nouveaux items. Ce type d'interférence est appelé : **interférence rétroactive.** Ce sont les nouveaux items qui amènent un oubli rétroactif des items déjà présents en mémoire. L'oubli par estompage est fonction du délai temporel qui s'écoule entre la présentation d'un item et son rappel. Durant ce délai, il se produirait un affaiblissement, un estompage, de la trace mnémonique de l'information traitée. Conséquemment, les traces mnémoniques ne seraient pas suffisamment fortes pour permettre un rappel efficace.

Nous allons maintenant analyser en détail ces deux types d'oubli dans la MCT.

L'oubli par estompage et la tâche de Brown-Peterson

Brown (1958) et Peterson et Peterson (1959) ont mis au point une procédure pour étudier l'oubli dans la MCT tout en évitant les problèmes causés par la capacité limitée et l'autorépétition. Cette procédure est appelée **tâche de Brown-Peterson**. Dans cette tâche, ils présentent à leurs sujets un petit nombre d'items à garder en mémoire, par exemple trois consonnes. Cette brève présentation qui dure environ une seconde, est suivie, après un délai de une à trente secondes, du rappel des items mémorisés. Durant ce délai, le sujet exécute une tâche dite « tâche de distraction », pour éliminer l'autorépétition. Une tâche typique consiste à compter à rebours à partir d'un nombre donné.

La figure 5.7 illustre la **courbe d'oubli** typique obtenue dans une tâche de Brown-Peterson. Le pourcentage de rappel correct diminue régulièrement en fonction de l'allongement du délai entre la présentation des items et le rappel. Après dix-huit secondes, l'information est pratiquement disparue de la MCT. Ces résultats ont été interprétés comme appuyant l'existence d'un oubli dans la MCT causé par l'estompage. En effet, le fait de compter à rebours ne permet pas d'utiliser l'autorépétition pour maintenir disponible l'information à mémoriser. De plus, cette tâche de distraction ne devrait pas causer d'interférence rétroactive sur les lettres en MCT puisqu'elle utilise des symboles différents, des chiffres. Ce serait donc le passage du temps qui serait responsable de l'estompage de la trace mnémonique.

Il est un peu surprenant que l'oubli de trois lettres soit si rapide. La MCT apparaît alors comme une structure peu efficace. Cependant, Murdock (1961) a démontré que si, au lieu de présenter trois consonnes au sujet, on lui présente un mot de trois lettres, aucun oubli n'est observé après dix-huit secondes de rétention. Cependant, avec trois mots, la courbe d'oubli obtenue ressemble à la courbe

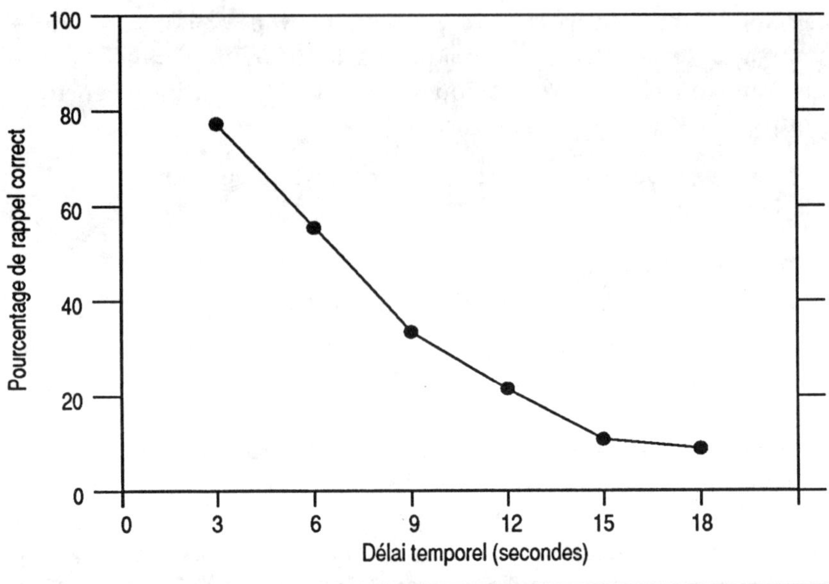

FIGURE 5.7
Pourcentage de rappel correct en fonction du délai entre la présentation des items et leur rappel (d'après Peterson et Peterson, 1959).

classique observée à la figure 5.7. L'oubli serait moins rapide si les items en mémoire forment des chunks. On peut donc voir, comme dans les travaux sur la capacité, que la MCT manipule des unités significatives dont les caractéristiques sont largement déterminées par leur représentation en MLT.

Le contrôle de l'autorépétition dans l'oubli par estompage

La tâche de distraction est une caractéristique critique de la tâche de Brown-Peterson, car son rôle est d'empêcher toute autorépétition des items présentés au sujet. En effet, si ce dernier peut, en utilisant l'autorépétition, maintenir les items en mémoire, les résultats de ces études deviennent ambigus. Ils peuvent donner l'impression d'une MCT plus efficace qu'elle ne l'est.

Malheureusement, le contrôle de l'autorépétition est un problème de taille. Dans une revue du sujet, Johnson (1980) évalue les différentes techniques utilisées pour prévenir l'autorépétition. Il est clair que le simple fait de demander à des sujets de ne pas faire d'autorépétition ne fonctionne pas. Plusieurs sujets indiquent dans des questionnaires postexpérimentaux ne pas avoir parfaitement suivi de telles instructions. De plus, il se peut que les tâches de distraction comme celles utilisées par Brown et Peterson ne bloquent pas complètement l'autorépétition et que les sujets puissent furtivement procéder à une certaine autorépétition. En fait, il semble bien que lorsqu'un sujet sait qu'il devra effectuer le rappel immédiat d'items qui lui sont présentés, il tentera de procéder à de l'autorépétition en dépit des tentatives qui peuvent être faites pour l'en empêcher.

Il est donc tout à fait possible que les diverses procédures de contrôle de l'autorépétition, sans l'éliminer complètement, en fassent plutôt varier la quantité. C'est ce qui a été vérifié dans une série de travaux menés par Reitman (1971). Elle a demandé à des sujets, durant la période de rétention d'une tâche de Brown-Peterson, de signaler chaque présentation d'un son difficile à détecter. Après un délai de quinze secondes, aucun oubli des cinq mots à retenir n'était évident. Le fait de remplacer le compte à rebours par une tâche de détection de signal aurait éliminé l'oubli. La nature de la tâche de distraction est donc importante pour déterminer le taux d'oubli. Ensuite, Reitman modifia légèrement la tâche de détection de signal qu'elle avait utilisée. Dans cette nouvelle tâche de distraction, le sujet doit détecter la présentation de syllabes « TO » parmi des syllabes « DO ». Le pourcentage de rappel correct diminue alors à 75 % après quinze secondes. L'effet d'une tâche de distraction sur le rappel d'items en MCT n'est donc pas « tout ou rien ».

Ces recherches soulignent l'existence de deux difficultés associées à la nature de la tâche de distraction dans l'étude de l'oubli par estompage. L'une est le degré de ressemblance entre les items utilisés comme distracteurs et les items à mémoriser. Il s'agit là d'une question d'interférence par similarité. Contrairement à ce que l'on avait pensé, il existerait une similarité suffisante entre des lettres et des chiffres pour causer de l'interférence. L'autre est le degré de difficulté de la tâche de distraction. Plus elle est facile, plus elle laisse disponibles des ressources de traitement pour effectuer de l'autorépétition. Il est donc très difficile de faire une démonstration convaincante de l'existence d'oubli par estompage en MCT.

L'oubli par interférence en MCT

Le mécanisme d'estompage a très tôt été contesté par Waugh et Norman (1965). L'objectif de leur travail était de démontrer l'existence d'oubli par interférence en MCT. Ils ont utilisé une procédure appelée **chiffre-sonde.** Ils présentent verbalement à leurs sujets une série de 16 chiffres et font suivre cette série par un dernier chiffre, le chiffre-sonde. Par exemple, on présente au sujet la série 4652817945183564« 9 ». Le chiffre-sonde dans l'exemple est « 9 ». Il y a toujours, dans la série, un seul chiffre identique au chiffre-sonde. La tâche du sujet est de nommer le chiffre qui **suit** celui qui est identique à la sonde. Le chiffre 9 était suivi dans l'exemple par le chiffre 4. La réponse du sujet serait donc « 4 ».

Dans cette tâche, la quantité d'interférence peut être manipulée en déplaçant, dans la série, la position du chiffre correspondant à la sonde. Le nombre d'items présents entre ce chiffre et la sonde devrait déterminer l'interférence. De plus, en modifiant la vitesse de présentation des items de la série, on peut manipuler l'estompage. Selon la vitesse de présentation, il se sera écoulé plus ou moins de temps entre la sonde et le chiffre recherché dans la série alors que le nombre d'items interférents demeure le même. Waugh et Norman utilisèrent des vitesses de présentation de un ou quatre items par seconde.

Les résultats qu'ils ont obtenus apparaissent à la figure 5.8. Il est évident que la vitesse de présentation a très peu d'effet sur le pourcentage de réponses correctes alors que le nombre d'items interférents entraîne une réduction dramatique de la performance. Il semble donc que l'oubli serait fonction de l'interférence plutôt que de l'estompage. Il est aussi intéressant de noter que, s'il y a trois ou quatre chiffres interférents entre la sonde et le chiffre recherché, il ne se produit pas d'interférence. Avec huit ou neuf items interférents, il n'est plus possible d'exécuter la tâche. Il y a là une coïncidence entre le nombre d'items traditionnellement associés à la capacité de la MCT et le nombre de chiffres amenant une interférence maximale.

L'interférence proactive et son relâchement

Le rôle de l'estompage dans l'oubli à court terme a également été mis en doute par les travaux de Keppel et Underwood (1962). En effet, ils ont

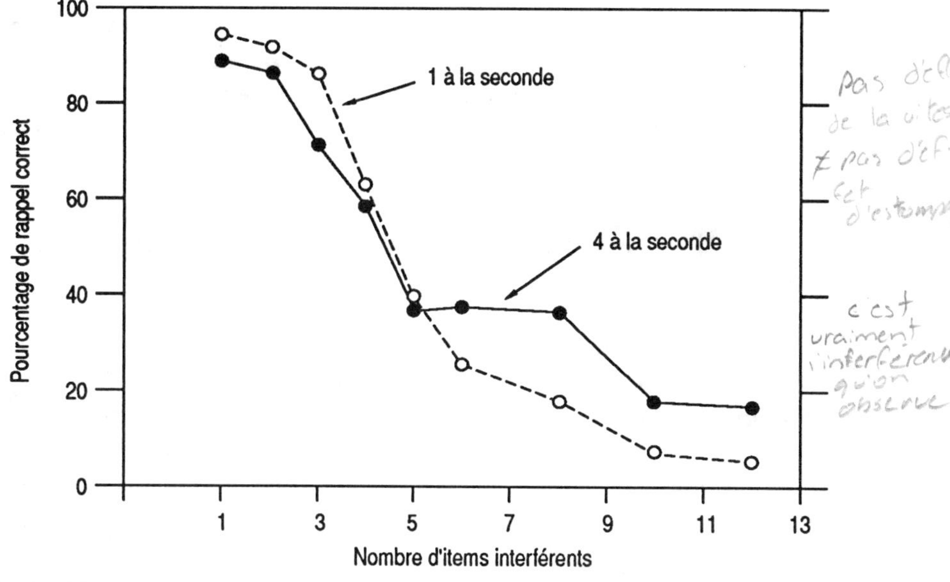

FIGURE 5.8
Pourcentage de rappel correct en fonction du nombre d'items interférents dans une tâche de chiffre-sonde (d'après Waugh et Norman, 1965).

clairement démontré qu'au **premier** essai d'une tâche de Brown-Peterson, un délai de dix-huit secondes n'entraîne aucun oubli. Ce n'est qu'après cinq ou six essais que l'effet classique de détérioration est observé. Les présentations antérieures provoqueraient une **interférence proactive.** Les items présentés antérieurement affectent la capacité du sujet d'effectuer le rappel correct d'un item présenté à un essai donné.

Alors que l'estompage est un phénomène plutôt passif, déterminé par le passage du temps, l'interférence est un processus plus actif, fortement influencé par la similarité des items utilisés dans une même expérience. Cette caractéristique de l'interférence a été mise à profit par Wickens et ses collaborateurs dans un série d'expériences dont les résultats sont rapportés dans Wickens (1972). Ils ont proposé que la cause première d'interférence proactive dans une tâche de Brown-Peterson provenait de l'utilisation d'items similaires, d'un essai à l'autre. Si après quelques essais on poursuivait l'expérience avec des items différents, l'interférence devrait disparaître. Par exemple, après avoir utilisé des items composés de trois consonnes, des items formés de trois chiffres devraient améliorer la performance de rappel. Il y aurait alors **relâchement de l'interférence proactive,** RIP, (en anglais, *release from proactive interference*).

C'est ce qu'ont fait Wickens, Born et Allen (1963). Dans une tâche de Brown-Peterson, des sujets devaient mémoriser des trigrammes de consonnes, comme BJM. Après quatre essais de mémorisation de trigrammes, les sujets étaient répartis en deux groupes. Le premier poursuivait la tâche avec des lettres. Le second devait étudier des trigrammes formés de chiffres plutôt que de consonnes. Il y avait donc un changement de niveau sémantique, c'est-à-dire un changement de catégorie de symboles. Les résultats, maintenant classiques, sont présentés à la figure 5.9. Le pourcentage de rappel correct du second groupe revient au niveau du premier essai. Cette amélioration de

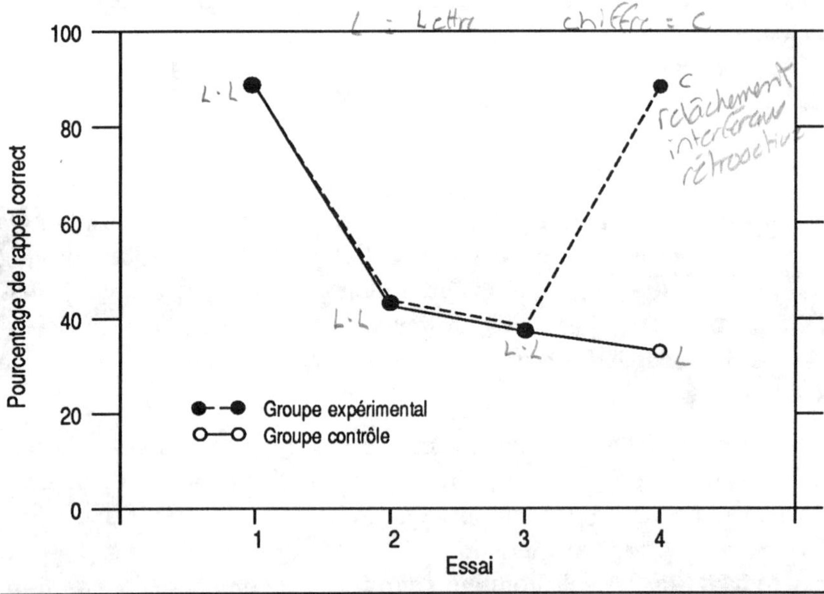

FIGURE 5.9
Effet du changement de catégorie d'items à mémoriser sur le pourcentage de rappel correct dans une tâche de Brown-Peterson. Le changement se produit au quatrième essai pour le groupe expérimental (d'après Wickens, Born et Allen, 1963).

la performance coïncide avec l'essai où il y a eu changement de catégorie et est typique du RIP.

Des effets similaires peuvent être obtenus en passant d'items choisis parmi des mots associés à la nourriture (poisson, fromage, viande) à des items représentant des animaux (chat, chien, cheval). Wickens (1972) rapporte que le RIP peut être obtenu en passant d'une langue à une autre, de noms féminins à des noms masculins ou, encore, de noms abstraits à des noms concrets. Ces changements sont tous sémantiques. Ce qui est manipulé, c'est la signification des stimuli plutôt que leurs caractéristiques visuelles ou phonétiques.

En fait, tout changement d'ordre sémantique peut produire l'effet désiré. Qui plus est, Wickens, Dalezman et Eggmeier (1976) ont réalisé une expérience fascinante où le degré de RIP est fonction de la différence entre la catégorie utilisée dans les premiers essais et celle employée pour produire le RIP. Dans une tâche de Brown-Peterson, les sujets mémorisaient des triades d'éléments associés à une catégorie donnée. Dans les trois premiers essais, cinq groupes de sujets mémorisaient des noms de fruits. Au quatrième essai, un groupe continuait la tâche avec des noms de fruits alors que les quatre autres changeaient de catégorie d'éléments, soit des noms de professions, de viandes, de fleurs et de légumes.

Les résultats apparaissent à la figure 5.10. Alors que le passage de la catégorie fruits à professions produit l'effet de RIP typique, le changement de la catégorie fruits à légumes n'a pas d'effet. Nous verrons plus loin que la relation entre les catégories peut se définir en fonction d'attributs communs. Ainsi, les légumes et les fruits sont tous les deux des végétaux comestibles. Par contre, il n'y a pas vraiment d'attributs importants partagés par les catégories professions et fruits. C'est donc dans ce dernier cas que le RIP sera le plus marqué.

Une conclusion s'impose immédiatement. Comme l'organisation de l'information sur le plan sémantique est le propre de la MLT, nous faisons encore face à l'intrusion de la MLT dans la performance à une tâche de rétention à court terme. Mais quel rôle peut-elle y jouer? L'hypothèse la plus plausible proposée par Baddeley (1972) et vérifiée par Gardiner, Craik, et Birtwistle (1972) est que l'interférence proactive affecte les indices utilisés pour récupérer l'information

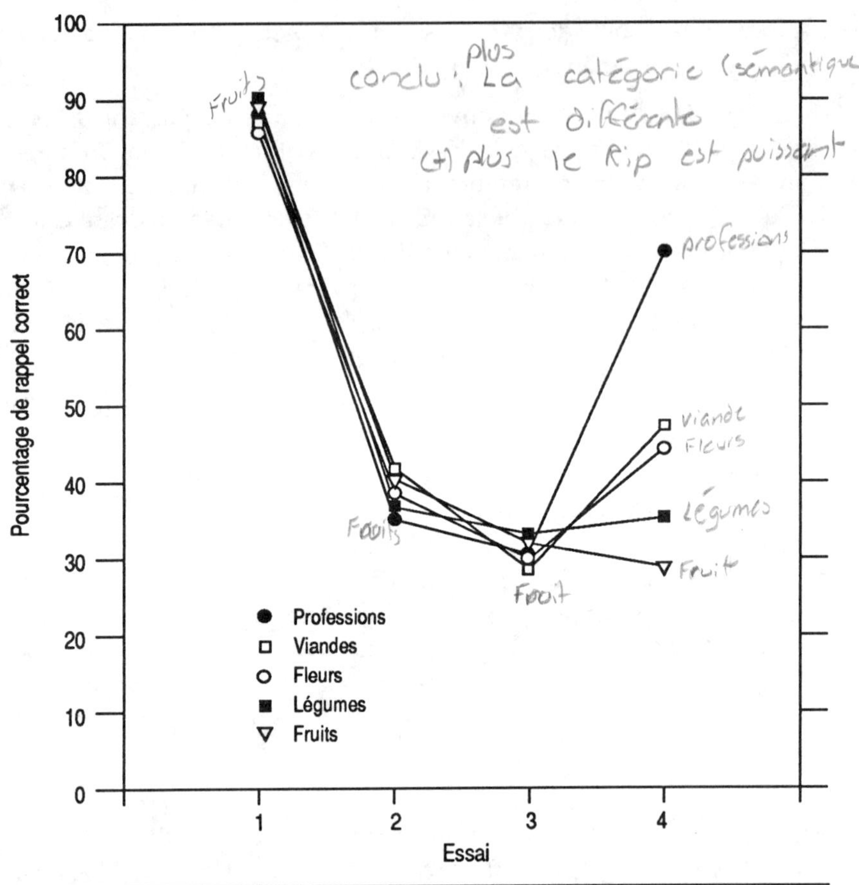

FIGURE 5.10
Ampleur du relâchement de l'interférence proactive en fonction de la similarité sémantique entre les items des trois premiers essais et ceux présentés au quatrième (d'après Wickens, Dalezman et Eggmeier, 1976).

emmaganisée. Dans une tâche de Brown-Peterson, les sujets de Gardiner et de ses collaborateurs ont mémorisé des noms de fleurs. Au quatrième essai, le changement de catégorie était si subtil que les sujets ne le remarquaient pas. Ils passaient, par exemple, de noms de fleurs des champs à des noms de fleurs de jardin. Pour un groupe contrôle n'ayant reçu aucune consigne particulière, il ne produisit pas de RIP. Deux autre groupes reçurent des consignes spéciales. Le premier fut averti, juste avant le quatrième essai, du changement de catégorie qui allait se produire. Quant au deuxième, il reçut cette information à la fin de l'essai, au moment où il avait à faire le rappel de l'item mémorisé. Ces deux groupes montrèrent un RIP. Même si les sujets du deuxième groupe n'avaient pas été prévenus du changement, ils ont pu utiliser l'information catégorielle après coup, pour améliorer la récupération de l'information emmagasinée. L'oubli peut donc non seulement être une question d'affaiblissement de la trace de l'information emmagasinée mais aussi d'une difficulté de récupérer l'information qui est encore disponible. Nous aborderons cette question en détail au chapitre 7 portant sur la récupération et l'oubli en MLT.

LA RECONNAISSANCE ET LA RÉCUPÉRATION DE L'INFORMATION EN MCT

Jusqu'à maintenant, nous avons considéré des tâches qui demandent au sujet d'effectuer le rappel de l'information à mémoriser. Il suivait une consigne comme : « Nomme les mots que je viens de te lire ». Nous allons, dans cette section, analyser des situations où le sujet doit reconnaître les items présentés antérieurement. La question qui lui est alors posée est du type : « Est-ce-que ce mot fait partie de ceux que je viens de te présenter? » Il s'agit donc d'une sorte d'appariement entre un item qui est présenté et ceux qui ont été mémorisés.

La technique de Sternberg et la prospection mnémonique

Sternberg (1966) a mis au point une technique de reconnaissance d'items qui permet d'analyser les processus qui sous-tendent une tâche de reconnaissance à court terme. On présente d'abord au sujet un ensemble d'items qu'il doit mémoriser, l'**ensemble-mémoire.** Typiquement, cet ensemble est présenté visuellement et contient un nombre d'items inférieur à l'empan mnémonique, soit au maximum six ou sept. Après un délai d'environ 0,5 s, un item-sonde est présenté et le sujet doit indiquer le plus rapidement possible par « oui » ou par « non » si cet item était présent dans l'ensemble-mémoire. On enregistre le temps de latence de la réponse.

Plusieurs points peuvent être soulignés par rapport à cette technique. Tout d'abord, la mesure utilisée est le temps de latence et non le pourcentage de réponses correctes. On exige du sujet qu'il réponde le plus rapidement possible. De plus, le délai qui s'écoule entre la fin de la présentation de l'ensemble-mémoire et l'item-sonde est très court, moins d'une seconde. En fait, on évite toute difficulté qui pourrait être associée à la capacité et à l'oubli. Il ne s'agit donc que d'un simple test de reconnaissance. Cette technique veut permettre l'étude des processus de récupération de l'information en MCT. Elle s'intéresse principalement au processus de **prospection mnémonique** (en anglais, *memory search*) et veut savoir comment s'effectue la recherche de la présence d'un item dans la MCT. Nous avons déjà abordé cette question au chapitre 3.

La prospection mnémonique en MCT : un processus exhaustif

Les résultats pertinents dans une procédure de Sternberg sont les changements des temps de latence des réponses en fonction du nombre d'items contenus dans l'ensemble-mémoire. On peut voir à la figure 5.11 les résultats typiques d'une telle expérience. Le temps de réponse augmente proportionnellement au nombre d'items contenus dans l'ensemble-mémoire. Il faut aussi ajouter que le pourcentage d'erreurs est généralement inférieur à 3 %.

L'interprétation de l'augmentation **linéaire** du temps de réponse a donné lieu à un débat typique de l'approche de traitement de l'information qui a été présentée au chapitre 3. Il a été déclenché par l'interprétation de Sternberg (1966) selon laquelle le sujet effectue une **prospection sérielle** des items en mémoire. Les items mémorisés sont comparés, dans la MCT, un à la fois avec l'item-sonde et chaque comparaison exige environ 35 ms. En examinant un peu plus attentivement la figure 5.11, on peut remarquer que le temps requis pour identifier la présence de l'item-sonde dans l'ensemble-mémoire (essais positifs) est le même que celui requis pour en identifier l'absence (essais négatifs). Sternberg a utilisé cette caractéristique des données pour proposer que la prospection se faisait de façon exhaustive. Qu'un item soit reconnu ou non, tous les items de l'ensemble-mémoire sont comparés à l'item-sonde. Il s'agit là d'une proposition qui, à première

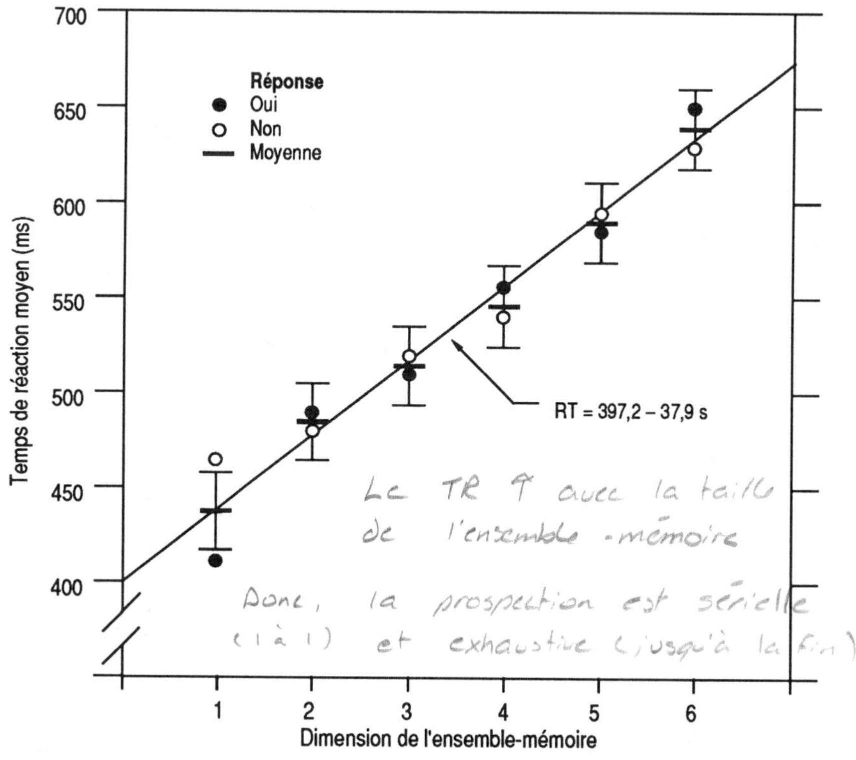

FIGURE 5.11
Temps de réaction moyen de la réponse dans une tâche de prospection mnémonique en fonction de la dimension de l'ensemble-mémoire (d'après Sternberg, 1966).

vue, n'est pas très plausible. Prenons le cas où un ensemble-mémoire contient six items et que la première comparaison est positive; le premier item comparé correspond à l'item-sonde. Pourquoi poursuivre le processus de comparaison? Sternberg argumente que l'opération de prise de décision est plus lente que celle de comparaison et que, en conséquence, il est préférable de toujours procéder à un examen très rapide et complet de l'ensemble-mémoire au terme duquel le résultat positif ou négatif des comparaisons est évalué. Nous avons pu voir au chapitre 3 que la prospection visuelle est quant à elle souvent autoterminative.

Prospection mnémonique et boucle articulatoire

Plusieurs travaux ont démontré que la reconnaissance d'items mettait en jeu des processus de la MCT très différents de ceux identifiés en rappel sériel immédiat. Pourtant, ces deux tâches possèdent l'exigence de maintenir dans la MCT un ensemble d'items qui sert à compléter un test mnémonique. Sternberg (1967) a demandé à des sujets d'identifier le chiffre qui suivait dans l'ensemble-mémoire l'item-sonde. Par exemple, si l'ensemble-mémoire est 57148 et que l'item-sonde est 1, la réponse est « 4 ». Dans une telle situation, le temps de réponse est nettement plus lent et il s'allonge de 250 ms par item. Donc, dans une tâche où l'ordre des items doit être retenu, le temps de comparaison se rapproche des caractéristiques temporelles d'opération de la boucle articulatoire.

De plus, Clifton et Tash (1973) ont utilisé des items qui étaient des lettres, des mots de six lettres avec trois syllabes (par exemple, étendu) et des mots de six lettres à une syllabe (par exemple, plombs). Ni le nombre de lettres, ni le nombre de syllabes ou de mots n'a produit de différence sur le temps de réponse. Seul le nombre d'items, ou de chunks entraîne une croissance linéaire du temps de réponse. Nous avons vu antérieurement que ces variables affectaient le fonctionnement de la boucle articulatoire. Nous en venons donc à la conclusion que ce mécanisme n'est pas sollicité par la prospection mnémonique.

Prospection mnémonique, reconnaissance et familiarité

L'identification des processus sous-tendant la prospection mnémonique a amené plusieurs auteurs à proposer que le contenu de la MCT est en fait un sous-ensemble d'éléments de la MLT qui sont activés à un moment donné (Shiffrin et Schneider, 1977; Norman et Bobrow, 1976). Atkinson et Juola (1974) proposent que la présentation de l'ensemble-mémoire produit une activation spécifique des représentations de cette information en MLT. Cette activation affecte la familiarité de ces items, c'est-à-dire que les items de l'ensemble-mémoire deviennent plus familiers. Donc, à la présentation de l'item-sonde, la comparaison s'effectuera sur la familiarité des items de l'ensemble-mémoire. Les items qui viennent tout juste d'être présentés auront un niveau de familiarité plus élevé que les items qui ne font pas partie de l'ensemble-mémoire. La reconnaissance d'un item se résumera à vérifier si la représentation de l'item-sonde en MLT possède une familiarité élevée. Il s'agit donc d'opérations mentales très élémentaires dans lesquelles l'information utilisée est minimale et se résume à l'analyse d'un indice de familiarité associé à des items en MLT. Nous verrons au chapitre 7 qu'il s'agit là d'un mode de récupération très général. Ce qu'il est important de bien saisir ici est que cette conception, adoptée par la majorité des auteurs (voir Mandler, 1985), n'est plus compatible avec la notion que la MCT est un « espace d'emmagasinage » différent de la MLT. Les items en MCT sont plutôt considérés comme un sous-ensemble du contenu de la MLT qui est mis dans un état d'activation. Ces items, ainsi activés, ont alors accès à un ensemble de processus de traitement pendant une brève période de temps.

RÉSUMÉ

- La **mémoire à court terme (MCT)** désigne un ensemble de processus qui permettent de maintenir active l'information nécessaire à l'exécution des activités cognitives courantes. C'est dans la **mémoire à long terme (MLT)** que sont emmagasinés les faits, les connaissances et les habiletés que nous avons accumulés au fil des années.

- Dans la technique de **rappel libre**, la représentation graphique de la relation entre la fréquence de rappel correct d'un item et sa position dans la liste est appelée **courbe de position sérielle**. Le rappel est supérieur pour les items apparaissant au début des listes, **effet de primauté**, et à la fin, **effet de récence**. L'effet de primauté serait dû à une consolidation des items du début de liste dans la MLT et l'effet de récence correspondrait à la présence des derniers items dans la MCT.

- La MCT est traditionnellement vue comme une mémoire manipulant l'information verbale sous forme phonétique. Sa capacité d'emmagasinage est fortement limitée dans l'espace et dans le temps.

- La MCT est souvent définie comme une **mémoire de travail.** Elle est appelée **modulaire,** car la MCT est alors conçue comme un ensemble de processus ou de modules en interaction.

- Dans la procédure de **rappel sériel immédiat** le sujet doit effectuer un rappel d'une série d'items dans l'ordre de présentation. Le nombre d'items contenus dans la série la plus longue que le sujet peut réciter correctement est appelé **empan mnémonique.** L'empan pour des lettres ou des chiffres est en général de sept ou huit.

- L'empan mnémonique est déterminé par le nombre de syllabes contenues dans les items à retenir. Il serait difficile de retenir une série contenant plus de huit à dix syllabes sans faire d'erreur.

- La capacité de la MCT, telle que définie par l'effet de récence, est donc fonctionnellement différente de celle qui est associée à l'empan mnémonique.

- La mémoire de travail verbale serait formée de quatre modules : la **boucle articulatoire,** la **tablette visuo-spatiale,** le **registre d'input** et **l'unité de gestion centrale.**

- C'est dans la **boucle articulatoire** qu'opère l'autorépétition. Les items y sont conservés dans l'ordre de présentation, sous forme de langage. La boucle a une durée d'environ deux secondes. Ce qui limite le rappel sériel immédiat est le nombre de syllabes qui peuvent être prononcées en deux secondes soit, de dix à 12 syllabes.

- La sous-vocalisation ne joue pas un rôle central dans la lecture. La boucle articulatoire n'y intervient que dans les cas où le texte est difficile à comprendre ou si le rappel mot à mot est important.

- La **tablette visuo-spatiale** permet de maintenir de deux à trois items en MCT en utilisant l'imagerie mentale. Dans ce module, les stimuli verbaux peuvent être transformés en images mentales. Il est cependant moins efficace que la boucle articulatoire pour maintenir de l'information ordonnée en MCT.

- Le **registre d'input** emmagasine passivement sous forme phonétique de deux à quatre items les plus récents. Ces items emmagasinés sont de véritables chunks. La capacité de ce module n'est pas affectée par le nombre de syllabes comprises dans les items mémorisés.

- La capacité de la MCT ne correspond pas à l'empan mnémonique. Elle est déterminée par la capacité des trois modules identifiés en MCT. Il est aussi possible, par des stratégies utilisant la MLT, d'augmenter l'empan sans pouvoir conclure à une augmentation de la capacité de la MCT.

- L'oubli peut se produire par **interférence** et **estompage.** Lorsque la capacité de la MCT est atteinte, les nouveaux items éliminent les items déjà en mémoire : c'est l'**interférence rétroactive.** L'oubli par estompage est fonction du délai temporel qui s'écoule entre la présentation d'un item et son rappel.

- En l'absence d'autorépétition, l'information n'est disponible en MCT que pendant quelques secondes. Il semble cependant que l'oubli serait fonction de l'interférence plutôt que de l'estompage.

- L'**interférence proactive** se produit quand des items présentés antérieurement affectent le rappel d'un nouvel item. Si cet item appartient à une catégorie sémantique différente, il y aura **relâchement de l'interférence proactive.**

- La **prospection mnémonique** est le processus qui effectue la recherche de la présence d'un item donné dans la MCT. Le temps requis pour identifier un item augmente proportionnellement au nombre d'items contenus dans la MCT. La prospection est exhaustive : qu'un item soit reconnu ou non, **tous** les items en MCT sont inspectés.

- La boucle articulatoire n'est pas sollicitée par la prospection mnémonique. En fait, la reconnaissance d'un item peut se réduire à vérifier la présence en MCT d'un item possédant une familiarité élevée.

CHAPITRE 6

L'ENCODAGE

CHAPITRE 6

L'ENCODAGE

LA MÉMOIRE À LONG TERME : CONCEPTS DE BASE

En réfléchissant à ce que pourrait être la mémoire à long terme, nous pensons d'abord à des souvenirs, comme ces images et informations qui nous restent d'un dernier voyage. Il y a aussi toutes ces connaissances que nous oublions. L'an dernier, lors d'un séjour au Portugal, j'avais réussi à maîtriser un vocabulaire d'une cinquantaine de mots. Présentement, je ne me souviens que d'un ou deux mots. En fait, il devient vite évident que nous ne contrôlons pas complètement le contenu de notre mémoire. Nous avons oublié une masse d'informations mémorisées pour des examens très bien réussis. Par contre, nous nous souvenons d'événements pour lesquels aucun effort de mémorisation n'a été déployé.

Cet exemple permet d'isoler trois points importants pour l'étude de la MLT. Premièrement, comment opère l'**encodage**, le processus qui permet de mettre certaines informations dans la MLT? Deuxièmement, comment se fait la **récupération** de cette information emmagasinée en MLT? Et enfin, quels sont les processus qui contrôlent l'**oubli**? Le présent chapitre traitera de l'encodage de l'information en MLT, alors que la récupération et l'oubli en MLT seront abordés au chapitre suivant.

Une classification des contenus de la MLT

La MLT contient une énorme quantité d'information. Les progrès récents de la psychologie cognitive nous amènent à faire des distinctions entre des grandes classes de contenus de la MLT. Elle ne serait pas une mémoire unique mais plutôt un système de « mémoires » distinctes.

Une première distinction fondamentale oppose la mémoire **procédurale** à la mémoire **propositionnelle**. La mémoire procédurale est définie par notre connaissance sur la façon de faire des activités. Elle contient de l'information sur un grand nombre d'habiletés (en anglais, *skills*) perceptivo-motrices et cognitives. Un exemple de contenu de la mémoire procédurale serait l'habileté à patiner. La mémorisation de ces contenus procéduraux requiert souvent une pratique prolongée et leur exécution se fait la plupart du temps sans soutien verbal. Il est en fait difficile et même impossible de décrire verbalement un contenu procédural. La seule façon efficace d'étudier le contenu de la mémoire procédurale est de demander à un sujet d'exécuter une action qui exige l'utilisation de l'information mémorisée. Jusqu'à récemment, la psychologie cognitive s'est très peu intéressée à la mémoire procédurale et son étude n'est pas abordée dans ce volume. Cependant, certains auteurs dont les travaux portent essentiellement sur la représentation de la connaissance traitent de la mémoire procédurale (voir Anderson, 1983, 1985).

La mémoire propositionnelle, ou **déclarative**, fait référence à la connaissance que nous possédons sur des faits, des choses ou des êtres. Elle correspond au contenu traditionnel des études sur la MLT. Il est courant de subdiviser la mémoire propositionnelle en deux grands systèmes : la mémoire sémantique et la mémoire épisodique (Tulving, 1983). La mémoire **sémantique** contient essentiellement l'information nécessaire à l'utilisation du langage. Il s'agit donc d'un répertoire structuré, des connaissances qu'un individu possède sur les mots et de la signification de symboles verbaux. Ce contenu est abstrait et relationnel, et il est associé à la connaissance générale de concepts. Il est indépendant de toute référence à l'individu et permet de répondre à des questions telles que « Quelle est la relation entre les mots « table » et « chaise » ? » Ce sont tous deux des meubles, des membres de la catégorie « meuble » ou encore des exemples du concept « meuble ». Ces réponses font référence à une connaissance générale de ce qu'est un meuble plutôt qu'à un souvenir précis. Les travaux qui concernent la mémoire sémantique seront principalement abordés dans les chapitres 10 et 11 portant sur la catégorisation et les réseaux sémantiques.

C'est dans la mémoire **épisodique** que sont emmagasinés les souvenirs d'événements et d'expériences personnels. Ces souvenirs sont organisés en fonction de leurs relations temporelles et contextuelles avec d'autres événements. La mémoire épisodique est en quelque sorte autobiographique, en ce sens qu'elle fait référence à l'individu soit en tant qu'acteur, soit en tant qu'observateur des événements mémorisés. Cette mémoire permet de répondre à des questions telles que : « As-tu rencontré Julie samedi soir dernier? » ou encore, « Quelle est la liste des joueurs de notre équipe de ballon-volant? » Nous verrons plus loin qu'un grand nombre de travaux sur la MLT portent en fait sur la mémoire épisodique.

Il ne faut pas voir ces différentes mémoires comme des entités distinctes et isolées les unes des autres. Ce ne sont pas des dépôts physiquement séparés. Ces mémoires doivent plutôt être considérées comme fonctionnellement distinctes. Ce sont des modes de représentation différents d'une même réalité. Ils sont donc très interreliés. Il est très probable que notre connaissance générale des concepts se développe en partie selon notre expérience personnelle avec des événements mettant en cause ces concepts. Par exemple, la signification que nous pouvons donner au concept de meuble est sans aucun doute affectée par le contenu mnémonique épisodique, résultant de notre expérience avec les meubles. De même, la compréhension que nous avons d'un événement spécifique est nécessairement associée à notre connaissance générale des concepts. Nous toucherons à l'occasion, au cours des prochains chapitres, à cette question de relation entre la mémoire épisodique et la mémoire sémantique.

Les expériences qui seront rapportées dans ce chapitre sur l'encodage et le suivant, sur la récupération, touchent la mémoire épisodique. En effet, dans ces expériences, un expérimentateur présente au sujet une série d'items, généralement des mots. Après un certain délai, ce dernier subit un test de mémoire sur ces mots. Il ne s'agit donc pas d'évaluer la connaissance générale du sujet mais bien sa capacité à se rappeler des items étudiés à un moment précis. Ces items font partie d'un événement spécifique, c'est-à-dire d'une liste de mots ayant été présentée à un moment donné, dans un certain contexte. C'est donc dans le cadre de la mémoire épisodique que nous allons aborder l'étude de l'encodage.

Une définition de l'encodage

Tulving (1983) propose une définition formelle de l'encodage : c'est le processus qui transforme un événement ou un fait en une **trace**

mnésique. La mise en mémoire d'un événement n'est donc pas un processus passif résultant simplement de la perception. Nous ne nous souvenons pas de tout ce que nous avons vu ou entendu. Le souvenir que nous avons d'un événement est déterminé par la trace mnésique que nous avons construite. Une façon simple de se représenter une trace mnésique est de la voir comme un ensemble de caractéristiques ou d'attributs d'un fait. Nous avons déjà vu dans le chapitre 4 sur la reconnaissance de formes comment un objet ou un mot pouvait être décrit par un ensemble de caractéristiques. Celles qui sont incluses dans la trace mnésique sont déterminées par les opérations d'encodage. Il est donc facile de comprendre que, plus une trace mnésique est riche, plus elle permettra un souvenir complet de l'événement mémorisé. Nous verrons dans ce chapitre comment les opérations d'encodage déterminent notre capacité de nous rappeler un fait ou de le reconnaître.

INTENTIONNALITÉ ET ENCODAGE

Nous avons déjà souligné que la majeure partie du contenu de la MLT n'est probablement pas encodé de façon intentionnelle. Nos souvenirs sont rarement le résultat de l'étude d'une situation donnée. Il est alors important d'étudier le processus d'encodage indépendamment de l'intention de mémoriser un matériel donné. Les chercheurs ont donc mis au point des procédures expérimentales pour identifier le rôle de certains processus cognitifs dans l'encodage non intentionnel.

Durant les années 50 et 60, diverses procédures expérimentales ont permis l'étude de ce qu'il était alors convenu d'appeler « **l'apprentissage incident** » (en anglais, *incidental learning*). Essentiellement, ces procédures consistent à demander à un sujet d'exécuter une tâche quelconque, appelée **tâche d'orientation**, sur du matériel verbal, sans le prévenir qu'il sera testé sur sa mémorisation de ce matériel. La performance qu'il obtiendra à un test de mémoire sera le fait d'un apprentissage incident ou mémorisation incidente. Dans ce contexte deux questions sont généralement posées. Premièrement, quelle mémorisation est-il possible de réaliser en l'absence d'intention de mémoriser de la part du sujet? Deuxièmement, quelles activités cognitives permettent cette mémorisation? Cette procédure permet donc une étude de l'encodage et des processus qui le déterminent.

L'étude de Hyde et Jenkins (1969) est un exemple typique d'utilisation de la procédure d'apprentissage incident. Ces auteurs ont comparé le rendement à une tâche de rappel libre de groupes de sujets placés dans des conditions d'apprentissage incident et intentionnel. Le groupe « intentionnel » avait comme consigne de mémoriser pour rappel une série de 24 mots présentés auditivement. Les trois groupes « incidents » n'avaient aucune consigne quant à la mémorisation et devaient effectuer une tâche d'orientation sur les mots qui leur étaient présentés. Les sujets du deuxième groupe devaient compter le nombre de lettres dans chaque mot, ceux du troisième identifiaient la présence de la lettre « E » dans les mots, et ceux du quatrième groupe jugeaient les mots sur leur qualité plaisante ou déplaisante.

Le nombre de mots que les sujets se rappelaient lors du test était de 16 pour le groupe intentionnel, dix pour le deuxième groupe qui comptait les lettres, neuf pour le troisième groupe qui cherchait le « E » et 16 pour le quatrième groupe qui jugeait la qualité plaisante des mots. En l'absence d'intention de mémoriser, les sujets du quatrième groupe retiennent autant de mots que ceux dont la tâche spécifique est de mémoriser. Ces résultats concordent avec les conclusions de Postman (1964) à l'effet que l'intention de mémoriser n'a pas d'effet direct sur la mémorisation. Ce sont les activités cognitives mises en branle lors de l'encodage qui déterminent la mise en mémoire des items dans la MLT.

Dans l'expérience de Hyde et Jenkins (1969), les tâches d'orientation étaient de deux types. Les tâches consistant à compter les lettres ou encore à détecter les « E » sont de type structural. Les caractéristiques perceptives des items sont suffisantes pour réaliser ces tâches. Les tâches d'orientation, où le sens des mots doit être utilisé, comme pour porter un jugement sur la qualité des mots, sont de type sémantique. Les résultats indiquent qu'un traitement sémantique des items est plus efficace pour l'apprentissage incident.

Le rôle joué par le type d'opération mentale exécutée en MCT sur le matériel présenté, lors de l'encodage, semble ne pas être perçu par les sujets. Cutting (1975) a comparé deux groupes de sujets dans une situation d'apprentissage incident. La tâche d'orientation du premier groupe était de chercher un « E » dans les mots alors que l'autre groupe devait juger de la qualité plaisante des mots. Avant de procéder au rappel, les sujets ont évalué leur capacité de se rappeler des mots s'ils avaient à le faire. Bien que l'évaluation subjective des deux groupes ait été équivalente, le groupe jugeant la qualité des mots a eu un rendement de près de 25 % supérieur à l'autre groupe dans la tâche de rappel.

La formation d'une trace mnésique en MLT apparaît donc comme le résultat d'un traitement de l'information et ne nécessite pas de stratégies intentionnelles de mémorisation. Certaines tâches d'orientation de type sémantique, comme juger d'une certaine qualité des mots, de leur fréquence d'usage, ou de leur pertinence dans une phrase donnée, produisent un niveau de rappel équivalent à une mémorisation volontaire. Par contre, des tâches de type structural, comme compter les lettres d'un mot, rayer les voyelles, identifier la présence d'une lettre donnée ou décider si un mot rime avec un autre, entraînent un apprentissage incident nettement inférieur à la mémorisation intentionnelle. Comment expliquer que ces différents traitements cognitifs produisent une trace mnésique de qualité différente?

LES NIVEAUX DE TRAITEMENT

C'est entre autres pour rendre compte des résultats obtenus dans des situations d'apprentissage incident que Craik et Lockhart (1972) ont proposé une approche à la question de la mémoire, appelée « les niveaux de traitement » (en anglais, *levels of processing*). Dans un des articles les plus importants dans le domaine, ils proposent que la perception d'un stimulus implique une analyse des stimuli à un certain nombre de niveaux variant en **profondeur**. Au niveau superficiel, ou structural, les caractéristiques physiques telles que les lignes, les angles d'une forme visuelle ou encore la hauteur et l'intensité d'un son sont analysées. Par contre, aux niveaux plus profonds, il y a reconnaissance de forme et extraction de la signification.

À ces niveaux profonds, les caractéristiques sémantiques de l'information sont analysées.

Selon cette approche, une trace mnésique est une forme de « compte rendu » (en anglais, *record*) de toute analyse effectuée par le système de traitement d'information, que cette analyse ait été faite de façon volontaire ou non. La persistance de la trace mnésique augmente en fonction de la profondeur de l'analyse. Une analyse profonde produira une trace qui sera plus élaborée, plus durable et plus forte. La mémoire est donc perçue comme un continuum allant du produit transitoire des analyses sensorielles aux produits très durables des opérations sémantiques.

Dans ce contexte, les effets différentiels de diverses tâches d'orientation observés dans des situations d'apprentissage incident s'expliquent en fonction du niveau d'analyse requis pour effectuer la tâche. Ainsi, la détection de la présence de la lettre « E » dans un mot nécessite un traitement relativement léger d'identification d'une forme déjà bien connue. Par contre, juger de la qualité plaisante d'un mot exige un traitement beaucoup plus profond mettant en cause l'extraction du sens de ce mot.

Profondeur de traitement ou temps d'étude

La proposition de Craik et Lockhart (1972) a été testée par Craik et Tulving (1975) dans une étude d'envergure. Ils ont modifié légèrement la procédure d'apprentissage incident pour pouvoir estimer la durée de traitement des mots présentés au sujet. La tâche d'orientation se déroule comme suit : au début d'un essai une question est présentée visuellement au sujet. Elle peut porter sur une caractéristique visuelle du mot, par exemple : « Le mot est-il en majuscules? ». Ce peut être une caractéristique phonétique avec une question comme : « Le mot rime-t-il avec lion? ». Enfin, la question peut demander un traitement sémantique, par exemple : « Le mot peut-il être inséré dans la phrase : Il a rencontré un _____ dans la rue? ». La question disparaît et un mot apparaît auquel le sujet doit répondre par oui ou par non le plus rapidement possible. Le temps de latence de la réponse est un indicateur de la durée de traitement de ce mot.

Après une série d'essais, le sujet doit exécuter un test de mémoire des mots utilisés dans les tâches d'orientation. Il s'agit d'un test de reconnaissance où le sujet doit décider si le mot qui lui est présenté avait été traité antérieurement. Alors que dans les études traditionnelles la mémorisation incidente était évaluée d'après le nombre de mots que le sujet se rappelait, dans cette étude, c'est la proportion de mots correctement reconnus qui est l'indice de performance adopté.

La figure 6.1 présente les temps de latence des réponses et les proportions de réponses correctes en fonction des trois types de tâche d'orientation. Dans le panneau de droite, comme on l'anticipait, la proportion de réponses correctes augmente en fonction de la profondeur d'analyse. Un encodage sémantique produit une mémorisation plus de quatre fois supérieure à un encodage visuel structural. Dans le panneau de gauche, le temps de latence s'accroît en fonction de la profondeur de l'analyse. Un encodage sémantique prend près de 200 ms de plus qu'un encodage visuel structural.

Cette relation directe entre la durée de traitement et la profondeur de traitement est très dommageable pour la position théorique prise par Craik et Lockhart (1972). En effet, il est important de réaliser que cette approche remet en question un énoncé traditionnel voulant que la rétention soit fonction du **temps** d'étude d'un matériel donné. Selon cet énoncé, plus le temps passé à étudier est long, meilleure est la rétention. Dans l'approche de niveaux de traitement, la rétention est due à un approfondissement de l'analyse. C'est la qualité du traitement qui est critique et non sa durée.

Les résultats de cette expérience sont donc ambigus. D'une part, la proportion de reconnaissance correcte augmente fortement en fonction de la profondeur d'analyse appuyant ainsi la position de Craik et Lockhart. Cependant, la durée de traitement suit la même relation, ce qui permet une interprétation basée sur la durée d'étude. Ces résultats ne permettent donc pas de différencier une interprétation selon laquelle la rétention est déterminée par la profondeur de traitement plutôt que par la durée d'étude.

Craik et Tulving (1975) ont voulu dissocier la durée d'étude de la profondeur de traitement. Ils ont tenté de produire une situation

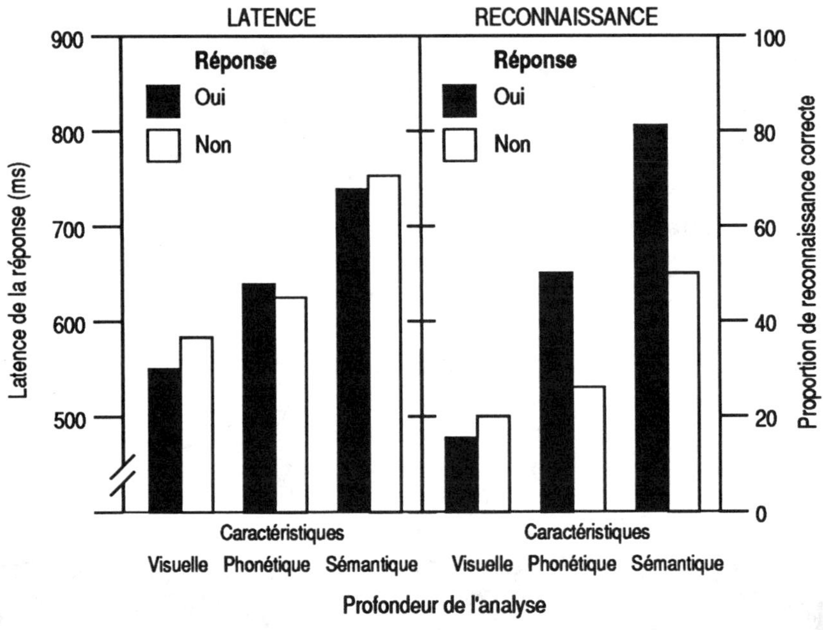

FIGURE 6.1
Latence de la réponse et pourcentage de reconnaissance correcte selon le type de traitement de la tâche d'orientation (d'après Craik et Tulving, 1975).

expérimentale dans laquelle le traitement superficiel prendrait plus de temps que le traitement profond. Dans une procédure d'apprentissage incident, le traitement superficiel était produit en demandant aux sujets de décider si un mot comportait une séquence donnée de voyelles (V) et de consonnes (C) (par exemple, PORTE-CVCCV ou LAMPE-CVCCV). Le traitement profond était amené en demandant aux sujets si un mot pouvait être inséré dans une phrase.

Leurs résultats démontrent bien que les temps de latence des réponses étaient plus élevés pour effectuer un traitement superficiel que pour faire un traitement profond. Par contre, en dépit d'un temps de traitement plus court, le traitement profond a produit le niveau de rétention le plus élevé. L'effet de la profondeur de l'analyse ne peut donc être réduit à une question de durée d'étude. C'est d'abord la qualité et non la quantité de traitement qui détermine la rétention.

Craik et Lockhart proposent par conséquent que pour interpréter correctement l'effet potentiel de la durée d'une étude sur la mémorisation, il faut distinguer entre traitement de **type I** et de **type II**. Le traitement de type I est essentiellement une recirculation de l'information dans un même niveau de traitement. L'autorépétition d'un mot pour l'apprendre par coeur est typique de ce type de traitement. Selon eux, la durée de traitement de type I ne devrait avoir aucun effet sur la durabilité de la trace mnésique puisqu'elle ne fait que répéter une analyse déjà complétée. L'allongement de la durée d'un traitement de type I ne correspond donc pas à un approfondissement de l'analyse d'un stimulus. Le traitement de type II, lui, implique le passage d'un niveau superficiel à des niveaux de plus en plus profonds. La durée d'un traitement de type II est alors un indice de profondeur de traitement. C'est lorsqu'un traitement de type II est effectué que l'allongement du temps d'étude produit une amélioration de la rétention.

Le concept de profondeur de traitement a donc comme postulat que la force de la trace mnésique d'un item augmente avec la profondeur de l'analyse qui est faite de cet item. La grande faiblesse de ce concept est qu'il ne fournit pas de critère fonctionnel permettant d'identifier les processus actifs associés à la profondeur (voir Baddeley, 1978). La durée de traitement n'étant pas un bon indice de la profondeur d'analyse, la question demeure donc entière. Quels sont les processus actifs qui font que le traitement profond produit une trace mnésique plus riche et plus durable?

L'encodage par élaboration et la profondeur de traitement

Craik et Tulving (1975) proposent que le processus d'encodage actif dans l'analyse sémantique est l'**élaboration**. L'élaboration résulte d'une part d'associations entre l'item traité et le contenu de la MLT et, d'autre part, d'une mise en relation de l'item avec le contexte d'encodage. Le contexte est formé des informations présentes lors de l'encodage mais qui n'ont pas à être traitées. Revenons pour un instant aux résultats présentés à la figure 6.1. Un fait mérite d'être souligné dans les données présentées au panneau de droite. La performance est nettement moindre pour les mots auxquels le sujet a donné une réponse « non » dans la tâche d'orientation. Il faut assumer que tous les mots analysés dans la condition dite « sémantique » ont reçu une analyse profonde, quelle que soit la réponse faite par le sujet. Comment se fait-il qu'il y ait cette différence de 30 % dans le pourcentage de réponses correctes, selon que la réponse soit positive ou négative?

Selon Craik et Tulving (1975), l'analyse sémantique produirait une trace élaborée lorsque le mot analysé est **compatible** avec le contexte d'encodage créé par la phrase présentée au sujet. Dans le cas d'une réponse positive, le mot pouvait s'intégrer à l'information de la phrase pour former une trace enrichie, élaborée. Par contre, cela n'était pas possible dans le cas où le mot est incompatible avec la phrase. Supposons que la phrase suggérée est : « Il a rencontré un _____ dans la rue. » Le mot CHIEN pourra produire une trace enrichie. Le contexte créé par la phrase permet une intégration du mot CHIEN et, ainsi, la trace mnésique se trouve enrichie. Ce n'est pas le cas pour un mot comme NUAGE. La valeur d'un traitement sémantique viendrait donc de l'élaboration beaucoup plus riche que peut entraîner une analyse du sens d'un mot. Il faut réaliser qu'il s'agit là d'une modification importante à l'approche des niveaux de traitement puisque la profondeur est définie non seulement par rapport au traitement de l'item isolé mais aussi quant à sa relation avec les autres informations disponibles, c'est-à-dire le contexte.

Une démonstration intéressante de l'effet du contexte lors de l'encodage est rapportée par Craik et Tulving (1975). Ils ont testé le rappel de mots sur lesquels les sujets avaient effectué une tâche d'orientation sémantique. Ils devaient décider si un mot pouvait être inséré dans une phrase. Trois niveaux de complexité de phrase ont été utilisés. Dans cette étude, la complexité fait référence à la richesse et au détail de la description d'une situation fournie par la phrase. Par exemple, si le mot POMME est l'item sur lequel le sujet doit porter un jugement, les phrases pourraient être :

- simple : Il a fait cuire la ___.
- moyen : La ___ mûre avait un goût délicieux.
- élevé : Le jeune homme a rapidement cueilli la grosse ___ rouge.

Après avoir complété 60 jugements, les sujets ont effectué un test de rappel libre et un test de **rappel indicé** (en anglais, *cued recall*). Cette technique consiste à présenter, lors du test de rappel, un indice qui devrait faciliter la récupération de l'information mémorisée. L'une des variantes courantes consiste à utiliser comme indice le contexte d'encodage. Ce contexte est formé de toute information présente lors de l'encodage mais qui n'a pas à être traitée aussi spécifiquement que l'item pour effectuer la tâche expérimentale. Dans l'exemple que nous venons de présenter, c'est l'item POMME qui a subi un traitement profond, mais la phrase a fourni un contexte dans lequel ce traitement s'est effectué.

Lors du rappel indicé, Craik et Tulving présentèrent, comme indice, les phrases qui avaient été utilisées dans la tâche d'orientation. Les sujets devaient alors nommer le mot qui avait été traité avec la phrase. On pouvait, par exemple, donner comme indice : « Il a fait cuire la ___ », et le sujet devait répondre POMME.

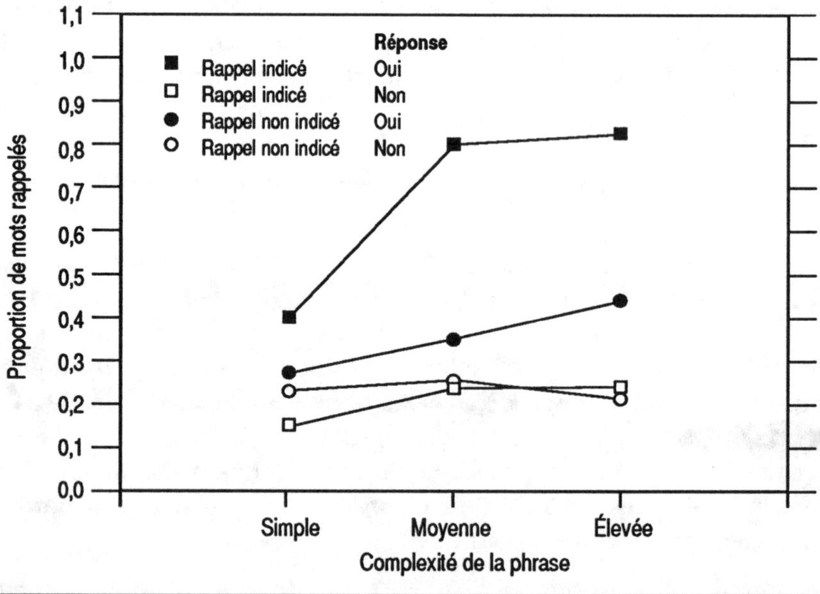

FIGURE 6.2
Proportion de mots rappelés correctement en fonction de la complexité de la phrase-contexte (d'après Craik et Tulving, 1975).

Les résultats de la figure 6.2 montrent que la proportion de rappel correct augmente en fonction de la complexité des phrases. Les résultats les plus convaincants furent obtenus avec un test de rappel indicé. Même si tous les items étaient traités au niveau sémantique, la complexité du contexte a permis une élaboration plus riche et une amélioration du rappel. Cependant, c'est uniquement dans le cas où le mot avait été jugé par le sujet comme compatible avec la phrase présentée (réponses positives) que le rappel est affecté. L'amélioration du rappel ne peut se faire que dans les cas où la phrase fournit un contexte permettant l'élaboration, c'est-à-dire la formation d'associations avec des concepts, des images ou des faits déjà en MLT.

L'encodage distinctif

Craik et Jacoby (1979) ainsi qu'Anderson (1985) ont proposé que l'efficacité de l'élaboration est liée à l'établissement d'un encodage spécifique au fait encodé. Cet encodage est appelé **distinctif**. Au niveau superficiel, l'encodage génère une trace mnésique qui est peu distinctive. Dans une tâche d'orientation typique de ce niveau, le sujet doit, par exemple, se concentrer sur la présence de la lettre « E » dans un mot. Il aura en mémoire, lors du test de rappel, une trace indiquant que le mot étudié contenait un « E ». Comme un grand nombre de mots ont cet attribut, la probabilité d'un rappel correct sera plutôt faible. Le fait de se rappeler que les mots étudiés contenaient des « E » est très peu efficace pour déterminer quel mot présent dans la MLT vient d'être traité.

C'est en fonction d'une élaboration distinctive que l'encodage sémantique est plus efficace, car il permet de générer une trace mnésique basée sur l'information spécifique au mot analysé. C'est ce qui permet de préciser l'encodage. Anderson (1985) affirme aussi que l'efficacité de l'élaboration vient de ce qu'elle réduit la confusion entre les divers événements encodés en MLT. Plus un encodage est distinctif, plus il réduit les confusions et, en conséquence, plus la récupération sera facilitée.

Stein et Bransford (1979) fournissent un exemple intéressant de l'action de l'encodage distinctif. Dans cette expérience, les sujets devaient mémoriser dix phrases comme « Le gros homme a lu le panneau avertisseur. » Cette mémorisation intentionnelle se faisait dans quatre conditions. Dans la première (condition contrôle), les sujets ne faisaient qu'étudier les phrases. Dans la deuxième condition, l'expérimentateur fournissait un complément imprécis à la phrase à étudier, par exemple : « ...panneau avertisseur **qui avait deux pieds de haut** ». Le sujet n'avait pas à mémoriser le complément. Dans la troisième condition, le complément était précis, par exemple : « ...panneau avertisseur **prévenant que la glace était mince** ». Enfin, dans la quatrième condition, les sujets devaient générer eux-mêmes un complément à la phrase étudiée.

Après la période d'étude, l'expérimentateur présentait au sujet les mêmes phrases, sans les compléments, auxquelles on avait enlevé un adjectif, par exemple : « Le ___ homme a lu le panneau avertisseur ». La tâche du sujet était de nommer l'adjectif qui était présent dans la phrase. Il s'agissait donc de rappel indicé. Les sujets se rappelaient 4,2 adjectifs sur 10 dans la condition contrôle et 5,8 dans la condition où ils généraient eux-mêmes une élaboration. Dans la condition « complément précis », le rappel était de 7,8 et de seulement 2,2 dans la condition « complément imprécis ».

C'est donc d'abord la précision des élaborations qui est déterminante pour le rappel. En fait, une élaboration non spécifique peut même nuire au rappel. En effet, le rappel n'est que de 2,2 adjectifs avec un complément imprécis alors qu'il est de 4,2 dans la situation contrôle. L'élaboration devrait donc permettre l'encodage des attributs distinctifs d'un événement. Dans l'exemple que nous venons de voir, la minceur de la glace est pertinente en relation avec la taille de l'homme. Par contre, la hauteur de l'affiche n'est d'aucun intérêt et ajoute une information qui complexifie inutilement la trace mnésique.

Il apparaît aussi que les élaborations générées par le sujet sont relativement efficaces. Selon Anderson (1985), cela est dû au fait que ces élaborations tiennent compte des idiosyncrasies et sont ainsi bien adaptées aux connaissances préalables des sujets. L'élaboration sémantique est donc efficace quand elle permet d'enrichir de façon distinctive la trace mnésique de l'item étudié.

L'encodage et la reconnaissance de visages

Un encodage profond et distinctif est des plus efficaces pour la rétention d'un matériel verbal. Il serait intéressant de voir si les mêmes facteurs influencent l'encodage de visages et la trace mnésique qui en résulte. Bower et Karlin (1974) ont présenté à des sujets une série de photographies de nouveaux visages dans une procédure de mémorisation incidente. Dans une condition, les sujets devaient juger si cette personne était honnête ou agréable, dans l'autre, ils devaient identifier le sexe de la personne. Ces conditions expérimentales peuvent être vues comme une manipulation de la profondeur de traitement. La première condition exige un traitement de type sémantique. Il faut en quelque sorte donner un sens à un visage. L'identification du sexe d'une personne peut en général se faire à partir de caractéristiques structurales de nature morphologique ou esthétique. Les résultats indiquèrent une reconnaissance supérieure suite aux jugements de « personnalité ». Ce résultat est plutôt contraire à l'intuition qui veut qu'un visage puisse être reconnu beaucoup mieux en s'intéressant à ses aspects structuraux plutôt qu'en s'interrogeant sur la personnalité de l'individu.

Winograd (1978) rapporte une étude qui compare l'effet de trois tâches d'orientation sur la reconnaissance de visages. Dans la condition « trait », les sujets devaient juger si un visage était « honnête », « amical » et « intelligent ». Dans la condition « attribut spécifique », ils devaient poser un jugement sur une composante du visage comme par exemple la grosseur du nez. Enfin, dans la condition « attribut distinctif », ils cochaient sur une liste l'attribut le plus distinctif pour un visage donné. Lors du test de rappel, les groupes « attribut distinctif » et « trait » ont obtenu une probabilité de reconnaissance correcte de 80 %, par comparaison avec le groupe « attribut spécifique » qui avait un rendement de 69 %. Il semble donc que la reconnaissance des visages, tout au moins sous forme photographique, bénéficie d'un encodage sémantique distinctif. En général, la simple intention de retenir les visages produit un rendement inférieur à l'encodage distinctif non intentionnel.

Le traitement approprié au transfert

Il semble donc que l'encodage sémantique doive être privilégié puisqu'il entraîne une meilleure mémorisation à cause de l'élaboration distinctive qui en résulte. Morris, Bransford et Franks (1977) se sont opposés à cet énoncé. Selon eux, l'élaboration sémantique ne produit pas nécessairement un rendement supérieur à un test de mémorisation. L'efficacité d'un encodage ne peut se déterminer qu'en relation avec un but particulier, c'est-à-dire un test de mémorisation. L'encodage doit donc être approprié au test. L'information doit être mémorisée de façon à pouvoir être tranférée lors de la récupération. Selon Morris et ses collaborateurs (1977), les tests qui sont couramment faits mettent l'accent sur le sens des mots et ainsi favorisent l'encodage sémantique. Par contre, si d'autres aspects des items encodés, comme les attributs phonétiques, étaient critiques pour le test de mémorisation, il est probable qu'un encodage sémantique ne serait pas le plus efficace.

Dans l'expérience rapportée par Morris et ses collaborateurs (1977), les sujets étaient placés dans une situation d'apprentissage incident. La procédure était similaire à celle de Craik et Tulving (1975). Les sujets devaient juger si un mot était compatible avec une phrase à compléter (traitement sémantique) ou s'il rimait avec un mot donné (traitement phonétique). Deux tests de mémoire ont été utilisés. Un groupe de sujets recevait un test de reconnaissance standard où ils devaient décider si les mots présentés faisaient partie ou non des mots étudiés dans les tâches d'orientation. L'autre groupe était soumis à un test de reconnaissance de rime où le sujet devait décider si les mots rimaient ou non avec un des mots étudiés. Les mots utilisés dans ce test n'étaient jamais apparus dans les tâches d'orientation.

La proportion de réponses correctes présentée à la figure 6.3 montre que l'efficacité d'un type d'encodage donné est fonction du test de reconnaissance utilisé. L'encodage sémantique produit un rendement supérieur à l'encodage phonétique dans le test standard, mais un rendement inférieur dans le test de reconnaissance de rime. Il devient donc de plus en plus évident qu'il est difficile de traiter de l'encodage en faisant abstraction du processus de récupération dont nous traiterons au prochain chapitre.

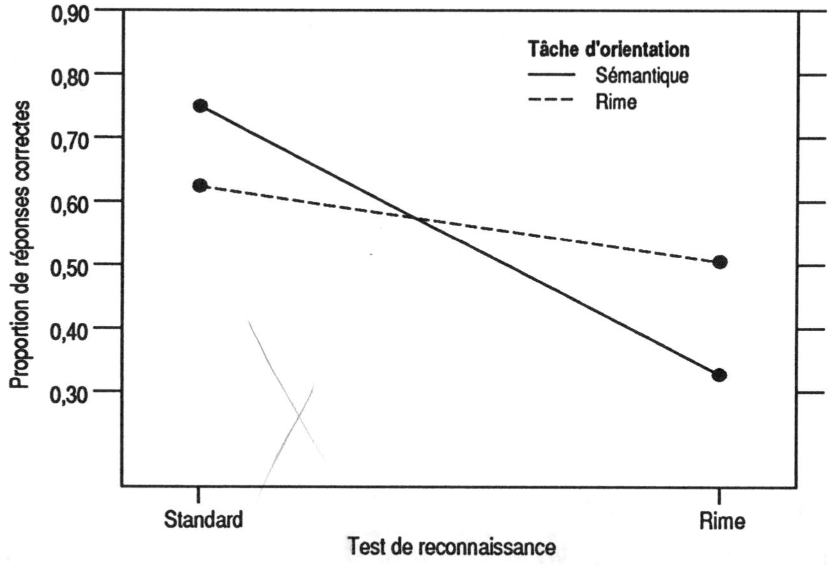

FIGURE 6.3
Proportion de réponses correctes à un test de reconnaissance standard ou de rime suivant une tâche d'orientation sémantique ou non sémantique (rime). Seuls les résultats des réponses positives à la tâche d'orientation sont présentés (d'après Morris, Bransford et Franks, 1977).

L'ORGANISATION ET L'ENCODAGE

L'élaboration et la distinction sont des processus qui visent un encodage différencié d'un événement donné. La trace mnésique résultant de cet encodage sera la plus différente possible des autres traces d'événements en mémoire. C'est donc un encodage dont l'objet est d'enrichir et de consolider la trace d'un item donné, de façon à réduire la confusion entre cet item et les autres contenus de la MLT.

Le processus d'organisation leur est diamétralement opposé. Par ce processus, des items isolés ou séparés sont regroupés en unités plus grandes en fonction de certaines relations qui existeraient entre eux. Ces relations permettent un regroupement basé sur diverses propriétés perceptives (par exemple, les objets rouges, les gros objets, les mots ayant le son « ou »), fonctionnelles (des choses qui servent pour manger, qui servent pour boire, pour peindre) ou encore conceptuelles (des noms d'animaux, d'outils, de meubles). On peut considérer que l'organisation consiste en un encodage relationnel alors que l'élaboration et la profondeur de traitement produisent une trace individuelle.

Nous allons d'abord étudier comment d'une part, l'organisation du matériel à étudier, et d'autre part l'organisation subjective du matériel encodé en MLT, peuvent contribuer à la mémorisation. Nous en viendrons ensuite à considérer comment des processus opposés comme l'encodage spécifique par élaboration sémantique et l'encodage relationnel par organisation entrent en interaction dans la mémorisation.

L'organisation dans le rappel libre

Il y a donc deux façons d'aborder la question de l'organisation et de la rétention :

- en manipulant le degré d'organisation du matériel présenté; dans ce cas, on comparera le rendement des sujets à des tests de rétention pour diverses conditions d'organisation du matériel à mémoriser;
- en démontrant une organisation subjective du matériel mémorisé; dans ce cas, on analysera les regroupements des items lors du rappel libre. C'est à partir de l'analyse de la structure des réponses du sujet qu'une stratégie subjective d'organisation sera identifiée.

L'expérience rapportée par Bower, Clark, Lesgold et Winzenz (1969) est une démonstration éloquente de l'efficacité de l'organisation du matériel à mémoriser, pour la rétention. Ils utilisent un type d'organisation particulièrement puissant, soit la hiérarchie. Dans une hiérarchie, les items sont classés dans des catégories qui vont du général au particulier. Ils demandèrent donc à des sujets d'apprendre tous les mots contenus dans quatre hiérarchies différentes (animaux, vêtements, moyens de transport et minéraux) comprenant chacune 28 mots soit un total de 112 mots. Ces hiérarchies étaient semblables à celle présentée à la figure 6.4. Cette figure forme un arbre hiérarchique où les catégories les plus générales regroupent des items

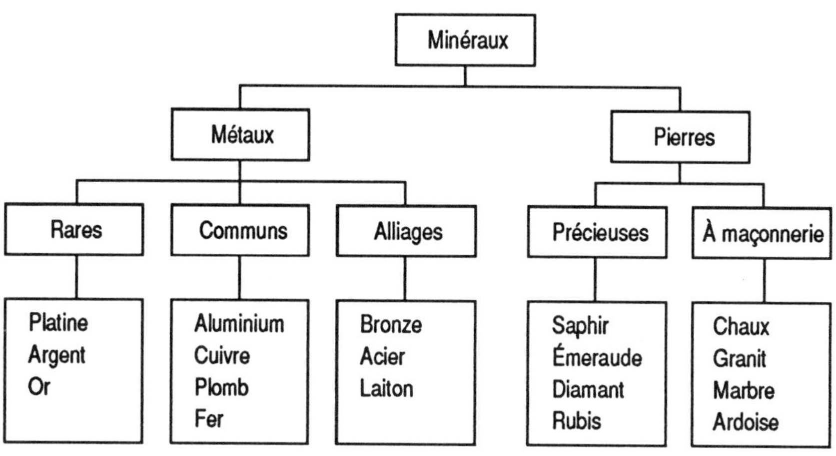

FIGURE 6.4
Présentation sous forme de diagramme hiérarchique d'une liste d'items appartenant à la catégorie « minéraux » (d'après Bower, Clark, Lesgold et Winzenz, 1969).

qui eux-mêmes sont des représentants de catégories plus spécifiques incluses dans les catégories générales. Par exemple, les pierres sont un type de matière minérale.

Les sujets étaient divisés en deux groupes. Le groupe « organisé » étudiait des hiérarchies où les mots des niveaux supérieurs étaient des catégories générales et devenaient de plus en plus spécifiques en descendant dans l'arbre. Pour le groupe « aléatoire », les mots étaient insérés de façon aléatoire dans l'arbre, sans aucune relation entre les positions. Les sujets étudiaient chacune des quatre hiérarchies durant une minute et tentaient, à la fin, d'effectuer le rappel des mots. Cette séquence étude-test formait un essai et fut répétée quatre fois.

Nous pouvons voir à la figure 6.5 le nombre moyen de mots dont les sujets se rappelaient correctement après chaque essai. Le nombre de mots maximum est de 112 et les sujets du groupe « organisé » réussirent cette performance parfaite lors des deux derniers essais. Les différences de performance entre les deux groupes sont dramatiques. Le nombre de mots dont se rappelle le groupe aléatoire, aux deux premiers essais, est le quart de celui du groupe organisé.

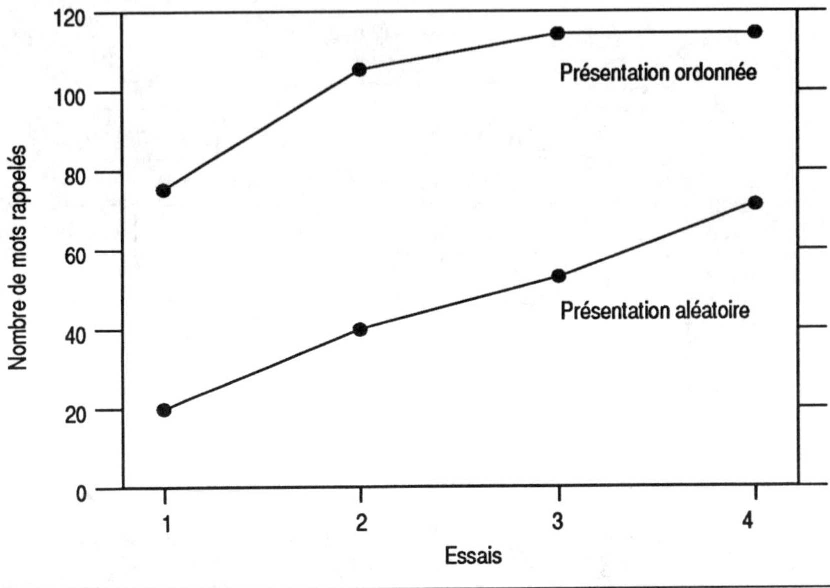

FIGURE 6.5
Nombre moyen de mots rappelés d'une liste de 112 mots en fonction d'une présentation ordonnée hiérarchiquement ou d'une présentation aléatoire (d'après Bower, Clark, Lesgold et Winzenz, 1969).

Il est aussi intéressant de noter que les sujets du groupe organisé effectuaient leur rappel dans l'ordre hiérarchique. Par exemple, avec le matériel présenté à la figure 6.4, les sujets commençaient par « minéraux » et ensuite « métaux »... Fait à noter aussi, les sujets commençaient par mémoriser les étiquettes des catégories avant de mémoriser les membres de ces catégories. Cette étude illustre bien comment l'organisation hiérarchique est importante pour mémoriser efficacement un contenu. La mémorisation des titres et sous-titres de chapitre par exemple, facilitera la rétention du matériel étudié.

Bower et ses collaborateurs ont aussi démontré qu'il n'est pas nécessaire d'utiliser une catégorisation très formelle pour bénéficier des avantages d'une organisation hiérarchique. Ils ont utilisé des hiérarchies semblables à celle présentée à la figure 6.6. Dans cette hiérarchie, les relations entre les mots sont d'ordre associatif, perceptif ou fonctionnel. La relation entre FROMAGE et JAUNE est perceptive

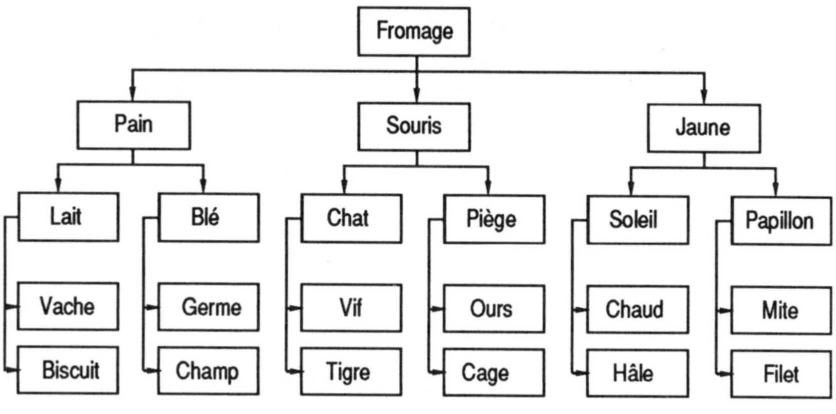

FIGURE 6.6
Exemple d'arbre de relations associatives (d'après Bower, Clark, Lesgold et Winzenz, 1969).

alors que celle entre PAIN et BLÉ est fonctionnelle. Les résultats de cette étude ont démontré encore une nette supériorité de rétention pour les sujets qui ont étudié les mots avec une structure organisée plutôt qu'aléatoire.

Bien qu'intéressante en soi, la démonstration que la présentation organisée d'un matériel donné en facilite la rétention, ne permet pas à elle seule de démontrer que le contenu mnésique est lui-même organisé. D'une part, il est possible que l'organisation proposée par l'expérimentateur ne corresponde pas à celle qui est utilisée par le sujet. D'autre part, il se pourrait que l'organisation ne facilite que l'élaboration d'une trace plus forte, sans provoquer l'encodage relationnel du contenu.

L'organisation subjective

Des études ont été réalisées pour connaître l'organisation subjective d'un contenu mémorisé. L'organisation subjective est étudiée dans des tâches de rappel libre. Typiquement, dans ces études, le test de rappel libre est répété avec des listes contenant les mêmes mots dans un ordre différent à chaque fois. L'indice le plus courant d'organisation mnésique des items est obtenu à partir de la **proximité** observée dans la position de certains items lors du rappel. C'est la régularité dans le regroupement de certains mots lors du rappel qui est interprétée en termes organisationnels.

Dans certains cas, l'organisation observée entre les mots dont le sujet se rappelle, sera comparée avec l'organisation induite par l'expérimentateur dans la liste à étudier. Par exemple, une liste catégorisée de neuf mots pourra être formée de trois mots choisis dans trois catégories (par exemple, trois noms d'animaux, de métiers, d'outils). Ces mots ne sont pas regroupés par catégorie, dans la liste étudiée par le sujet. Une telle liste est présentée au tableau 6.1. Il s'agit d'un exemple fictif.

TABLEAU 6.1
Exemple de liste catégorisée et de rappels libres

Liste à étudier	1er rappel	2e rappel	3e rappel	4e rappel
lion	souris	chat	marteau	pompier
pince	chat	souris	lion	pince
plombier	policier	lion	chat	policier
pompier	lion	policier	souris	lion
marteau	—	pompier	pompier	chat
scie	—	marteau	policier	souris
souris	—	—	pince	marteau
chat	—	—	—	scie
policier	—	—	—	plombier

Il est facile de constater que les noms d'animaux sont immédiatement regroupés lors des rappels. Ce regroupement est partiel pour les deux autres catégories, puisque « pompier » et « policier » sont regroupés et que « plombier » se retrouve en toute fin de liste. Il faut aussi voir que le regroupement ne se fait pas toujours dans le même ordre. Parfois, « chat » suit « souris », quoiqu'en général il le précède. Ce n'est pas l'ordre qui est important mais bien la proximité.

Un examen attentif des rappels successifs laisse supposer une **organisation subjective.** Cette organisation est déterminée par le sujet et ne correspond pas nécessairement à la structure imposée par l'expérimentateur. Ainsi, les mots « pompier », « pince » et « policier » sont regroupés. Il se peut fort bien que cela vienne d'une organisation subjective basée sur une similarité de la première lettre de ces mots. Mais peut-être qu'il n'en est rien. Nous rencontrons ici la principale difficulté liée à l'étude de l'organisation subjective. Il s'agit de l'absence de référence externe.

Revenons au cas de S.F., ce coureur de marathon qui avait une capacité extraordinaire de rappel sériel immédiat de chiffres et dont nous avons traité au chapitre 5. Au seul examen de son rappel, il aurait été impossible d'inférer la structure très systématique d'organisation des chiffres en temps requis pour courir diverses distances. Ce sont des commentaires de S.F. qui ont permis de comprendre sa stratégie. Par contre, avec des listes de mots mémorisées en MLT, les relations de proximité observées dans les réponses du sujet peuvent être interprétées en fonction des propriétés et de la structure possibles de la mémoire sémantique.

Cooke, Durso, et Schaveneveldt (1986) ont abordé cette question. Deux groupes de sujets ont exécuté deux tâches différentes avec une liste de 13 mots tirés de quatre catégories. Le premier groupe posait des jugements sur la similarité entre ces mots pris deux à deux, l'autre groupe apprenait les mots en vue d'un rappel libre. La similarité perçue entre deux mots est déterminée par leur proximité dans un réseau de mémoire sémantique. Les jugements de similarité donnent donc une indication sur l'organisation sémantique des mots à mémoriser. Nous aurons l'occasion d'étudier ces réseaux sémantiques au chapitre 11.

Cooke et ses collaborateurs (1986) rapportent une forte relation entre la proximité observée entre les mots dans les réponses des sujets et les jugements de similarité entre ces mêmes mots. Les mots qui étaient regroupés lors du rappel libre étaient jugés comme plus similaires. La connaissance de ces mots, que les sujets ont en mémoire sémantique, semble déterminer l'organisation qui est observée entre eux lors du rappel de la liste.

Donc, l'organisation subjective semble bien faciliter la rétention en permettant d'utiliser les relations de similarité qui peuvent exister entre les différents mots qui forment une liste à mémoriser. Il est possible, quoique difficile, de connaître l'organisation mnémonique subjective du matériel mémorisé en analysant la nature des regroupements entre les mots qu'un sujet se rappelle.

Organisation du matériel et encodage distinctif

Nous venons donc d'étudier deux processus actifs dans l'encodage, soit la distinction qui met l'accent sur les différences entre les items à retenir et l'organisation qui, elle, insiste sur les similarités. Une question bien légitime peut se poser. Y a-t-il une interaction entre ces processus? Est-ce qu'ils s'opposent ou bien est-ce que leur action peut se combiner?

Einstein et Hunt (1980) ont apporté un élément de réponse à ces questions. Ils ont testé des sujets dans une situation d'apprentissage incident d'une liste catégorisée de 36 mots (six mots choisis dans six catégories). Nous considérons ici les résultats de quatre des neuf groupes de sujets qui ont participé à cette expérience. Le premier groupe posait un jugement d'évaluation de la qualité plaisante des mots (tâche d'orientation sémantique). Le deuxième groupe effectuait une tâche d'orientation consistant à classifier chaque mot de la liste, présenté sur une carte, en plaçant cette dernière vis-à-vis l'un des six cartons identifiant chaque catégorie ayant servi à constituer la liste (tâche d'orientation taxonomique). Le troisième faisait les deux tâches de façon consécutive, et le quatrième était un groupe de mémorisation intentionnelle qui n'avait comme instruction que de mémoriser les mots de la liste.

Le tableau 6.2 présente les pourcentages de réponses correctes aux tests de rappel libre et de reconnaissance, ainsi qu'un indice d'organisation des mots dans le rappel libre. Cet indice atteint un maximum de 100 lorsque tous les items sont regroupés conformément aux catégories de mots utilisées pour former la liste, et un minimum de 0 lorsque leur organisation est aléatoire.

Nous examinerons d'abord l'effet des diverses conditions d'encodage sur le rappel. En dépit de différences dans le niveau

TABLEAU 6.2
Pourcentages de rappel et de reconnaissance corrects et indice d'organisation en fonction d'un encodage taxonomique ou sémantique

	Qualité plaisante	Taxonomie	Taxonomie et qualité plaisante	Mémorisation intentionnelle
Rappel	53	53	72	55
Organisation	53	78	84	51
Reconnaissance	80	55	94	51

(D'après Einstein et Hunt, 1980.)

d'organisation entre ces traitements, on ne note pas de différences dans le niveau de rappel faisant suite à un traitement sémantique ou taxonomique. D'autre part, les traitements sémantique et taxonomique combinent leurs effets pour amener une nette augmentation dans le pourcentage de rappel correct. Par contre, un traitement taxonomique est beaucoup moins efficace pour la reconnaissance qu'un traitement sémantique.

Einstein et Hunt (1980) proposent que l'encodage spécifique à un item, provoqué par le traitement sémantique, produit une trace distinctive qui est très efficace pour reconnaître un item. Par contre, dans le cas du rappel, l'organisation, et l'encodage relationnel qui lui est propre, est aussi efficace que le traitement sémantique. La combinaison des deux types d'encodage, spécifique à l'item (encodage distinctif) et relationnel (organisation), produit toujours la rétention la plus élevée et ce, en dépit de l'absence de l'intention de mémoriser. Encore une fois, il devient évident que l'efficacité d'un encodage donné est fonction des conditions qui prévalent lors du test de rétention. Comme nous venons de le constater, la reconnaissance d'un item semble dépendre d'un encodage « distinctif » alors que le rappel peut bénéficier tout autant d'un encodage relationnel que d'un encodage spécifique à l'item. Pour reconnaître un item, il est essentiel de ne pas le confondre avec un autre. D'autre part, diverses associations entre items et indices contextuels peuvent augmenter les chances qu'un mot soit nommé lors du rappel. Ces associations font que certains mots sont considérés comme faisant partie de l'événement cible qu'est l'exécution de tâches d'orientation. Nous reviendrons au prochain chapitre sur l'analyse des processus mis en cause par le rappel et la reconnaissance.

L'ENCODAGE ET L'AUTORÉPÉTITION

Dans l'analyse que nous en avons faite jusqu'à maintenant, la qualité de l'encodage résulte du type de traitement qui est exécuté sur un contenu donné. L'élaboration distinctive et l'organisation sont les processus privilégiés par lesquels une trace mnésique est efficace. Cette efficacité peut, en fait, être réduite à un principe d'enrichissement du contenu d'une trace mnésique. C'est un enrichissement spécifique ou relationnel qui produit une trace « forte ».

Les modèles de traitement de l'information élaborés durant les années 60 proposaient que la force d'une trace mnésique d'un item donné était fonction de la durée de son traitement en MCT. Comme nous l'avons vu au chapitre 5, l'autorépétition était le processus responsable de maintenir un contenu donné actif en MCT. Le nombre de répétition à voix haute ou en silence d'un contenu donné déterminait la force de la trace laissée en mémoire par un item. En fait, Rundus (1971) a pu démontrer que dans une tâche de rappel libre le pourcentage de rappels corrects était hautement corrélé avec le nombre de fois qu'un item était répété durant la présentation de la liste d'items, sauf pour les quatre ou cinq derniers de la liste.

La question fondamentale qui s'est posée est la suivante : quel est le processus actif dans l'autorépétition? L'autorépétition est-elle un processus d'encodage dont l'efficacité est déterminée par la durée de traitement plutôt que par sa qualité?

L'autorépétition : maintien et élaboration

Un pas important dans la clarification de cette question a été fait par Craik et Lockhart (1972) lorsqu'ils ont distingué entre les traitements de type I et de type II. C'est en fait par rapport à l'autorépétition que cette distinction a d'abord été appliquée. Selon Craik et Lockhart (1972), il y aurait deux types d'autorépétition. L'autorépétition de type I est appelée autorépétition de maintien. Elle assure le maintien de l'information dans un état actif temporaire, durant le traitement en MCT. L'autorépétition de type II est une autorépétition élaborative. Le processus d'élaboration entraîne donc la création de traces mnésiques relativement permanentes en MLT. Craik et Lockhart (1972) ont pris une position extrême en énonçant que le traitement de type I n'entraînait pas la formation d'une trace mnésique. Nous allons examiner certains travaux qui ont étudié la relation entre l'autorépétition de maintien et la rétention à long terme. La procédure générale à laquelle on a recours dans ces études consiste à maintenir un ou des items en MCT sans qu'un encodage par élaboration ne leur soit appliqué.

Craik et Watkins (1973) ont réalisé une expérience dans laquelle le temps de traitement d'un item en MCT était contrôlé. Ils lisaient aux sujets une liste de 21 mots. À la fin de la liste, ces derniers devaient nommer le dernier mot commençant par une lettre déterminée par l'expérimentateur, au début de l'essai. Par exemple, la lettre critique pouvait être « g », avec une liste comme : **1) fille, 2) huile, 3) fusil, 4) garde, 5) grain, 6) table, 7) ballon, 8) ancre, 9) girafe, ... 20) cheval, 21) dent.** À mesure qu'il entend les mots, le sujet garde en mémoire le dernier mot commençant par « g ». Le premier mot qu'il doit retenir est « garde » et ce, jusqu'à ce que le mot « grain » apparaisse et ainsi de suite. Le mot « girafe » est le dernier débutant par un « g ». C'est celui que le sujet devra nommer à la fin de la liste. Dans cet exemple, le mot « garde » a été maintenu en mémoire pendant une unité de temps. Cette unité de temps correspond au temps de présentation d'un item. Le mot « grain » a donc été maintenu pendant quatre unités et le mot « girafe » jusqu'à la fin de la liste, soit 12 unités. C'est donc de cette façon que la durée de la présence d'un item en MCT était manipulée.

Craik et Watkins (1973) considèrent que ce type de tâche n'exige du sujet que le **maintien** d'un mot en MCT, de façon à pouvoir le dire à la fin de la liste. Il n'y a aucune exigence de formation d'une trace en MLT, puisque le mot à retenir change continuellement et que seul le dernier doit être identifié. Après 27 listes, les sujets ont eu à effectuer, sans avoir été prévenus, un rappel libre de tous les mots qu'ils pouvaient se rappeler. Si la durée de maintien en MCT détermine la force de la trace mnésique, il devrait y avoir une relation entre la longueur de cette durée et la probabilité qu'un sujet se rappelle certains mots. Les données ont clairement démontré qu'il n'y avait aucune relation entre la durée de la présence en MCT et la probabilité de rappel d'un mot donné. Elles apportent un appui à la distinction faite par Craik et Lockhart (1972) entre les deux types d'autorépétition. L'autorépétition de type I ne contribuerait pas à la formation d'une trace mnésique en MLT.

Bien qu'intéressant, le travail de Craik et Watkins (1973) n'est pas concluant. Il n'apporte aucune preuve directe sur la quantité d'autorépétition de type I effectuée durant la période de maintien d'un item en MCT. Il n'est pas sûr que le sujet y effectue systématiquement une autorépétition de type I. Glenberg, Smith et Green (1977) ainsi que Rundus (1977) ont simultanément mis au point une procédure visant à contrôler la quantité d'autorépétition de type I. Ils ont récupéré une caractéristique de la tâche de Brown-Peterson qui consiste à demander à un sujet d'effectuer de l'autorépétition pour provoquer l'oubli dans la MCT. À chaque essai, les sujets devaient conserver en mémoire une courte série de chiffres durant quelques secondes. Durant cette période, ils effectuaient l'autorépétition d'un ou de plusieurs mots. En demandant au sujet de procéder à l'autorépétition à haute voix, il est possible d'avoir une estimation précise de la quantité d'autorépétition effectuée à chaque essai. Après une série d'essais, les sujets avaient à effectuer un test de mémoire des mots utilisés durant l'autorépétition et ce, sans en avoir été prévenu au début de l'expérience. Il est possible d'avancer que, dans ces conditions, l'autorépétition était continue et recevait très peu d'attention. Il s'agit là d'une forme très pure d'autorépétition de maintien.

Avec cette procédure, Rundus (1977) n'a rapporté aucune augmentation de la probabilité de rappel de mots ayant été autorépétés durant des périodes de quatre à quinze secondes. Ils confirment ainsi les observations de Craik et Watkins (1973). Dans les mêmes conditions que Rundus (1977), Glenberg et ses collaborateurs (1977) ont utilisé un test de reconnaissance plutôt que de rappel libre. Ils ont observé une augmentation de la probabilité de reconnaissance de 64 % à 75 %, en fonction d'une augmentation de la durée d'autorépétition de deux à dix-huit secondes. Par contre, le rappel ne montrait aucune amélioration suite à une durée plus longue d'autorépétition. Ils appuient ainsi les résultats de Rundus (1977) et Craik et Watkins (1973). Il semble donc que la simple autorépétition d'un mot laisse une trace mnésique suffisante pour permettre de mieux reconnaître qu'un mot a déjà été présenté dans l'expérience sans que l'on puisse se le rappeler.

Comme c'est souvent le cas en science, les données appuient une position mitoyenne entre deux propositions plus extrêmes. Il n'est pas exact de prétendre que l'autorépétition de type I n'a pas d'effet sur la MLT mais par contre, la trace qu'elle induit est nettement plus faible que celle produite par une autorépétition de type II. Ainsi, elle ne permet pas de procéder au rappel mais uniquement de favoriser la reconnaissance. Bradley et Glenberg (1983) et Naveh-Benjamin et Jonides (1984) ont proposé que cette trace serait formée au tout début de l'autorépétition. Elle résulterait de la mise en opération de l'autorépétition d'un mot donné. Sa recirculation automatique dans la boucle articulatoire demanderait très peu d'attention et ne contribuerait pas à améliorer la rétention du matériel autorépété.

La présentation répétée de matériel verbal et son encodage

Une question s'impose à la suite des travaux présentés sur l'autorépétition de maintien. Que se passe-t-il si la répétition d'un item, au lieu d'être faite par le sujet lui-même, est produite par des présentations répétées sous le contrôle de l'expérimentateur? L'autorépétition de type I ne serait-elle, en fait, que l'équivalent de stimulations répétées?

Rundus (1977) a utilisé une tâche de Brown-Peterson où les sujets devaient retenir en mémoire une paire de nombres de deux chiffres durant une période d'autorépétition de 4, 8 ou 12 s. De plus, les mots autorépétés pouvaient être utilisés lors d'un seul essai (une présentation), ou être réutilisé une deuxième (deux présentations) ou troisième fois (trois présentations) dans l'expérience. À la fin des 72 essais, les sujets devaient effectuer un rappel libre de tous les mots utilisés comme distracteurs. La probabilité de rappel correct dans

TABLEAU 6.3
Probabilité moyenne de rappel des mots utilisés comme distracteurs en fonction du nombre de présentations du distracteur et de la durée d'autorépétition

Nombre de présentations	Durée d'autorépétition		
	4 secondes	8 secondes	12 secondes
1	0,21	0,17	0,21
2	0,34	0,38	0,42
3	0,40	0,61	0,61

(D'après Rundus, 1977.)

chacune des conditions est présentée au tableau 6.3. Les résultats observés dans la condition « une présentation » ne font que reproduire l'absence d'effet de la durée d'autorépétition sur le rappel. Par contre, le seul fait de répéter une ou deux fois un mot, dans une série de 72 essais, fait doubler et même tripler la probabilité d'un rappel correct. Il y a donc une différence fonctionnelle majeure entre une répétition produite par le sujet et des présentations répétées par l'expérimentateur.

Mandler (1979) fournit un cadre interprétatif pour expliquer cet effet de la répétition. Il propose que la mémorisation d'un matériel donné est fonction de deux principes : l'élaboration et l'intégration. Un item intégré en mémoire forme une unité cohérente, un « tout » fonctionnel. Contrairement à l'élaboration, le degré d'intégration est fonction de la fréquence de répétition d'un item. Plus souvent un item sera présenté, plus la trace mnésique qui en résulte sera intégrée. La conséquence la plus évidente de ce processus d'intégration sera la « familiarité » associée à un item. Un autre résultat sera l'encodage situationnel ou circonstanciel. La présentation répétée d'un même item dans des contextes environnementaux légèrement différents entraînera une intégration spatio-temporelle des items.

L'un des effets mnémoniques les plus importants de la répétition est l'emmagasinage pratiquement automatique de l'information concernant la fréquence d'occurrence d'un item (Hasher et Zacks,

1984). En effet, si l'on demande à des sujets d'estimer combien de fois un item donné est apparu dans une liste, les estimations qu'ils donnent sont remarquablement précises. En général, la précision de ces estimations n'est pas améliorée par l'intention d'encoder la fréquence d'apparition, ni par l'entraînement à cette tâche. Hasher et Zacks avaient proposé qu'il existait un processus spécifique à l'encodage de la fréquence d'apparition. Il semble plutôt s'être développé un consensus à l'effet que la fréquence serait jugée à partir de la même trace qui est utilisée pour reconnaître un item (voir Begg, Maxwell, Mitterer et Harris, 1986). En effet, la corrélation entre les jugements de fréquence d'apparition d'un item et la probabilité d'une reconnaissance correcte est élevée. En fait, la répétition d'un item semble mettre en branle un processus entraînant la formation d'une trace mnésique permettant non seulement des jugements de fréquence mais aussi de confiance et de préférence. Il est intéressant que le système de traitement de l'information privilégie l'encodage de ce type d'information qui est essentiel dans de nombreuses activités de prise de décision.

RÉSUMÉ

- La **mémoire à long terme**, MLT, est un système de mémoires qui fonctionnent selon différents modes de représentation de la réalité.

- Une première distinction oppose **mémoire procédurale** et **mémoire propositionnelle ou déclarative**. La mémoire procédurale est définie par notre connaissance sur la façon de faire des activités, le « comment ». La mémoire déclarative fait référence à la connaissance que nous possédons sur des faits, des choses ou des êtres, le « quoi ».

- La mémoire déclarative se subdivise en deux systèmes : la mémoire sémantique et la mémoire épisodique. La **mémoire sémantique** contient essentiellement l'information nécessaire à l'utilisation du langage. La **mémoire épisodique** contient les souvenirs d'événements et d'expériences personnels.

- L'encodage est le processus qui transforme un événement ou un fait en une **trace mnésique**. Le contenu de la trace est déterminé par la nature du traitement cognitif effectué sur un matériel donné, que ce traitement soit intentionnel ou non.

- Dans la procédure d'apprentissage incident, un sujet exécute une **tâche d'orientation** sur du matériel verbal sans être prévenu qu'il sera testé sur sa mémorisation de ce matériel. La qualité de l'encodage est fonction du type de traitement effectué dans la tâche.

- L'approche des « niveaux de traitement » suppose une analyse des stimuli à un certain nombre de niveaux variant en profondeur allant du niveau superficiel, ou structural, à des niveaux profonds, ou sémantiques. Un traitement profond produit une trace plus élaborée, plus durable et plus forte. C'est la qualité et non la quantité de traitement qui détermine la rétention.

- Le processus d'encodage actif dans l'analyse sémantique est l'**élaboration**. L'élaboration résulte d'une part d'associations entre l'item traité et le contenu de la MLT et, d'autre part, d'une mise en relation de l'item avec le contexte d'encodage.

- L'efficacité de l'élaboration est fonction d'un encodage **distinctif**. Cet encodage génère une trace mnésique spécifique au matériel analysé. C'est ce qui rend efficace un traitement profond sémantique. L'efficacité de l'élaboration distinctive vient de ce qu'elle réduit la confusion entre les divers événements encodés en MLT.

- La notion de **traitement approprié au transfert** postule que l'efficacité d'un encodage ne peut se déterminer qu'en relation avec un test spécifique de mémoire. L'encodage sémantique tire aussi son efficacité de ce que la majorité des tests portent sur le sens du matériel étudié.

- L'élaboration et l'encodage distinctif sont des processus qui visent un encodage différencié d'un événement donné. Le processus d'**organisation** leur est diamétralement opposé. L'organisation consiste en un encodage relationnel par lequel des items isolés sont regroupés en unités plus grandes en fonction de relations perceptives, fonctionnelles ou conceptuelles qui existent entre eux. L'étude d'un matériel présenté sous une forme organisée améliore fortement la rétention.

- L'organisation mnémonique subjective du matériel mémorisé est étudiée par l'analyse des regroupements entre les mots lors du rappel. Elle facilite la rétention en permettant d'utiliser les relations de similarité qui peuvent exister entre les différents mots formant une liste à mémoriser.

- L'efficacité d'un encodage donné est fonction des conditions qui prévalent lors du test de rétention. La reconnaissance d'un item semble dépendre d'un encodage distinctif alors que le rappel peut bénéficier tout autant d'un encodage relationnel que d'un encodage distinctif.

- L'autorépétition de type I est appelée **autorépétition de maintien.** Elle assure le maintien de l'information en MCT. L'autorépétition de type II est une **autorépétition élaborative.** Elle entraîne la création de traces mnésiques relativement permanentes en MLT. L'autorépétition de type I induit une trace nettement plus faible que celle produite par une autorépétition de type II. Ainsi, elle ne permet pas de procéder au rappel mais uniquement de favoriser la reconnaissance.

CHAPITRE 7

LA RÉCUPÉRATION ET L'OUBLI

LE PROCESSUS DE RÉCUPÉRATION

L'EFFICACITÉ DES INDICES DE RÉCUPÉRATION

Spécificité de l'encodage et force d'association
L'évaluation du principe d'encodage spécifique

LES TÂCHES DE MÉMOIRE ET LES INDICES DE RÉCUPÉRATION

Le rappel libre et le rappel indicé
Le rappel libre et la reconnaissance
Le rappel de mots non reconnus

LES EFFETS DE CONTEXTES ENVIRONNEMENTAUX

LES SOUVENIRS DE FAITS COMPLEXES

L'OUBLI : UNE QUESTION DE DISPONIBILITÉ OU D'ACCESSIBILITÉ

La perte de disponibilité de l'information en MLT
La trace mnésique est-elle permanente?
Les témoignages oculaires

L'AMNÉSIE ET L'OUBLI

L'amnésie antérograde : problème d'accessibilité ou de disponibilité?

RÉSUMÉ

CHAPITRE 7

LA RÉCUPÉRATION ET L'OUBLI

LE PROCESSUS DE RÉCUPÉRATION

La **récupération** (en anglais, *retrieval*) est ce processus par lequel l'information emmagasinée en MLT est réactivée en MCT. C'est, en quelque sorte, la récupération qui permet l'utilisation de l'information en mémoire pour soutenir l'action qui est en cours. Une telle définition fait référence à la presque totalité des activités mentales. En effet, toute activité mentale tient compte de l'information présente en mémoire et la traite. Comme le souligne Mandler (1985), ce n'est que dans les cas où il y a rappel délibéré d'un contenu mnémonique ou lorsque nous reconnaissons qu'un événement s'est déjà produit dans une forme similaire que nous faisons vraiment référence à la mémoire et à la récupération. La récupération se fait toujours en relation avec un **indice de récupération** (en anglais, *retrieval cue*) qui spécifie l'information recherchée. Dans une consigne comme « Souviens-toi! », l'indice de récupération est tellement vague qu'il n'a pas de sens.

Dans le présent chapitre, nous allons étudier la récupération d'un contenu épisodique[1]. Un indice de récupération d'un contenu de mémoire épisodique doit préciser le contexte de l'encodage et la nature de l'information recherchée en mémoire. Il faudra procéder à une récupération d'un contenu épisodique en MLT pour répondre à des questions comme : « Qu'est-ce que tu as fait hier soir? » ou encore « Est-ce que tu as déjà rencontré Marie? ». Dans la consigne suivante, donnée à un sujet après l'étude d'une liste de mots, « Essaie de te rappeler les mots de la liste que tu viens d'apprendre », l'indice de récupération est épisodique : c'est l'appartenance à la liste. Les mots qui doivent être récupérés sont ceux qui ont été étudiés à un moment bien précis, lors d'une période d'étude donnée.

1. La récupération d'informations générales sera abordée dans le chapitre 11 sur la mémoire sémantique.

Quelles seraient les opérations mentales sollicitées par le processus de récupération? Malgré des divergences théoriques mineures, la majorité des auteurs s'entend pour reconnaître trois phases dans ce processus. Elles sont illustrées à la figure 7.1. La première phase est l'élaboration d'un **plan de récupération** qui comprend essentiellement trois éléments. Un premier élément est constitué par le contenu de la question qui induit la récupération et touche à la nature de **l'item-cible.** Par exemple, est-ce un mot qui est recherché ou plutôt le nom d'une personne? Le deuxième élément est formé par les indices de récupération, plus précisément l'information sur le contexte d'encodage de l'item-cible. L'item recherché a pu être encodé hier soir, lors d'une réunion amicale dans un restaurant, ou encore dans le contexte d'une expérience de laboratoire sur la mémoire. Enfin, le troisième élément est constitué par les critères d'évaluation, c'est-à-dire un ensemble de règles et de paramètres permettant de décider si le processus de récupération doit ou non se poursuivre. Ils permettent aussi d'évaluer si un item de la MLT, activé par les indices de récupération, est une réponse acceptable à la question qui nous est posée.

La seconde phase du processus de récupération est une phase d'**activation** d'une partie des contenus de la MLT. L'information contenue dans l'indice de récupération est alors mise en contact avec l'information en MLT. Le résultat de ce contact est d'activer en MCT un certain contenu de la MLT. La MLT peut être vue comme un réseau d'associations reliant entre eux des mots, des concepts ou des événements. Les indices de récupération déterminent en quelque sorte la région des réseaux d'associations qui sera activée. Plus une région est activée, plus elle détermine l'information récupérée. L'activation d'un point du réseau se propagera aux mots qui lui sont reliés et facilitera leur récupération.

Comme nous l'avons vu au chapitre 6, la MLT contient deux grandes classes de contenus, les contenus sémantiques et épisodiques. L'organisation de contenus en catégories est un exemple de réseau sémantique simple. Lors de l'encodage, l'organisation de l'information joue un rôle prépondérant dans la consolidation des liens entre divers points de ces réseaux. En plus de l'information sémantique, les réseaux d'associations contiennent de l'information sur le contexte dans lequel les mots ont été encodés. Cette information contextuelle

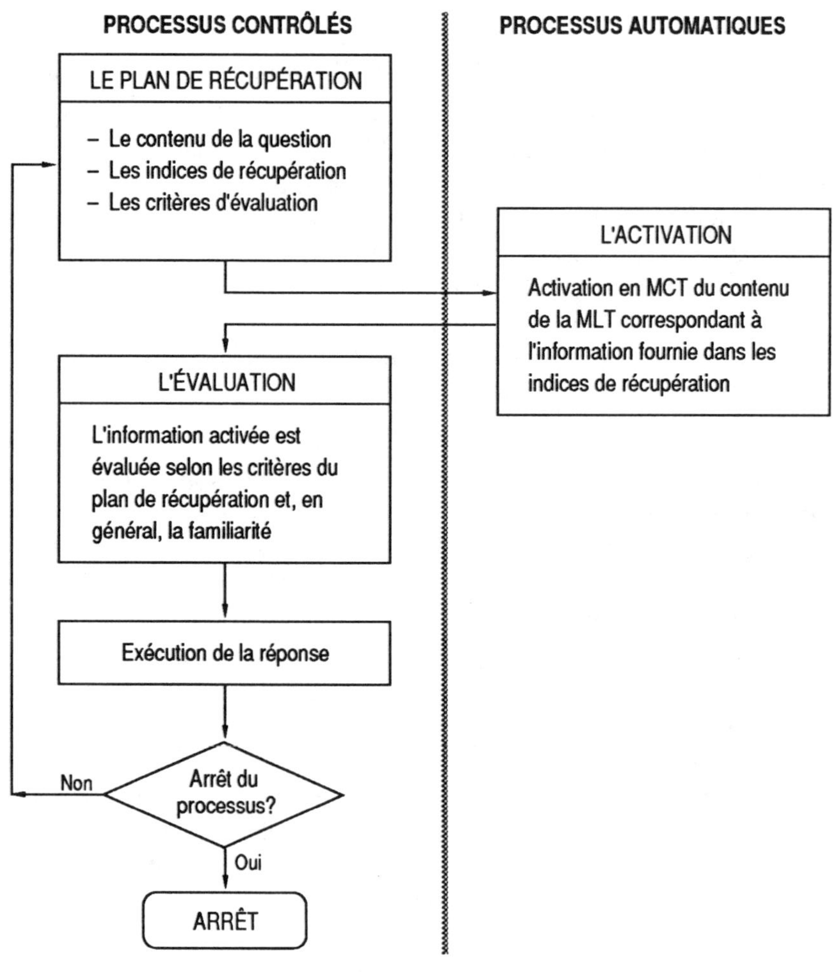

FIGURE 7.1
Les phases d'opération du processus de récupération.

peut être générale et uniquement reliée à la fréquence d'apparition d'un mot donné, produisant ainsi un certain indice de familiarité d'un mot. Elle peut aussi être plus spécifique et inclure des caractéristiques contextuelles distinctives comme le fait d'appartenir à une liste à retenir. Le contenu qui sera actif en MCT suite à cette opération d'activation sera déterminé par deux facteurs : la force des associations entre les points d'un réseau mnémonique et les indices contextuels contenus dans le plan de récupération.

La nature exacte du mécanisme présidant à cette interaction entre l'information de l'indice et la MLT est un objet de controverse. Pour les modèles de prospection mnémonique comme celui de Raaijmakers et Shiffrin (1980), l'information contenue dans les indices dirige une prospection en MLT. C'est un contenu de la MLT correspondant le plus à cette information qui est alors réactivé. Par contre, pour Tulving (1983), il y a « fusion » des deux informations en un contenu unique appelé information ecphorique et le souvenir est le produit conscient de l'information ecphorique.

Dans la troisième phase, il y a **évaluation** du contenu activé dans la phase d'activation. Cette évaluation se fait en regard des critères inclus dans le plan de récupération. Elle permet de déterminer la réponse à donner selon le type de question auquel il faut répondre. C'est aussi dans cette phase qu'est prise la décision de poursuivre ou d'interrompre le processus de récupération.

La sélection d'une réponse est souvent décrite comme s'opérant en fonction d'un critère de décision. Par exemple, dans une tâche de reconnaissance, le sujet doit indiquer si un mot donné faisait ou non partie d'une liste étudiée. Plusieurs auteurs (voir Mandler, 1985) considèrent que, dans cette situation, la familiarité du mot activé est comparée à une valeur critère de familiarité. Si elle est supérieure à ce critère, une réponse positive sera émise. Dans une tâche de rappel, les mots générés par la composante d'activation seront évalués et donnés en réponse si l'on juge qu'ils correspondent suffisamment aux caractéristiques contextuelles de l'indice de récupération.

La décision de continuer ou d'interrompre le processus de récupération est prise en fonction de critères inclus dans le plan de récupération. Le critère le plus évident est celui de l'atteinte des objectifs du processus; dans ce cas, il y aura interruption. Par exemple, si nous réussissons à trouver le nom d'une personne rencontrée la veille, la récupération se terminera. Cependant, dans certaines situations où nous avons de la difficulté à en arriver à un résultat positif, des critères de décision permettent de ne pas prolonger indéfiniment le processus d'activation. Le critère principal concerne le délai temporel qui est toléré pour trouver une réponse satisfaisante. Selon l'importance du contenu recherché, ou encore, la pression temporelle causée par l'urgence de donner une réponse à une question, le délai temporel toléré sera plus ou moins long. De plus, si le processus d'activation ne génère plus de nouveau contenu, c'est-à-dire, si ce sont toujours les mêmes mots qui sont activés, la récupération sera également interrompue.

Le mode de fonctionnement des phases de planification et d'évaluation est différent de celui de la phase d'activation. Cette dernière phase opère automatiquement alors que les deux autres sont contrôlées, délibérées. Il existe plusieurs différences entre les processus automatiques et contrôlés. Comme nous l'avons vu au chapitre 4, les processus automatiques opèrent rapidement, sans effort et ne sont pas accessibles à la conscience. Cette automaticité de l'activation fait de la phase de planification une composante déterminante du processus de récupération. En effet, comme l'activation est déclenchée automatiquement par les indices de récupération et que l'évaluation se fait sur ce contenu activé, la précision de l'information fournie dans les indices de récupération est cruciale. Des indices précis et pertinents permettront d'activer des contenus pertinents. L'une des principales questions d'intérêt pour le processus de récupération concerne donc l'efficacité des indices de récupération. Quelles seraient les caractéristiques de l'information contenue dans les indices qui en déterminent l'efficacité?

L'EFFICACITÉ DES INDICES DE RÉCUPÉRATION

Deux propositions ont été considérées pour déterminer les facteurs d'efficacité d'un indice de récupération de l'information en MLT. La première fait référence à l'architecture hypothétique de la mémoire en un réseau d'associations entre des concepts, des mots ou encore des attributs du matériel mémorisé. L'efficacité d'un indice serait proportionnelle à la **force d'association** qu'il a avec le mot-cible recherché (Anderson, 1983). Cette association n'est pas nécessairement spécifique au contexte d'encodage mais peut être déterminée par une connaissance plus générale des propriétés sémantiques des mots. Par exemple, la présentation de l'indice « C'est un fruit », lors du rappel, active dans la mémoire sémantique un ensemble de mots associés à la catégorie « fruit » et facilite ainsi le rappel des mots de cette catégorie qui ont été mémorisés dans une liste. Plus l'association entre l'indice et le mot-cible est forte, plus sa présentation facilitera le rappel. Dans ce contexte, un indice de récupération est efficace parce qu'il active un réseau d'associations pertinent en MLT, que ces associations soient générales (sémantiques) ou spécifiques à l'événement encodé (épisodiques).

La force des associations sémantiques est estimée dans des études où un grand nombre de sujets doivent nommer les mots qui leur viennent à l'esprit (association libre) quand on leur présente un mot donné. Par exemple, dans de telles études, le mot « bleu » est très souvent mentionné en relation avec le mot « ciel » alors que « froid » est rarement proposé suite à « sol ». Ainsi, « bleu » sera considéré comme fortement associé à « ciel » alors que « froid » sera faiblement associé à « sol ». La force d'association épisodique entre deux items est donc fonction du nombre de fois que ces items sont appariés dans un contexte spécifique.

En opposition à cette approche, Tulving et Osler (1968) ont proposé le principe de **spécificité de l'encodage**. Dans sa version la plus récente (Tulving, 1983), ce principe énonce que l'efficacité d'un indice de récupération est proportionnelle à la compatibilité qui existe entre l'information fournie par cet indice et la trace mnésique de l'événement. Cette trace mnésique résulte d'un encodage spécifique. Selon cette conception, le contexte prévalant lors de l'encodage détermine le contenu de la trace mnésique et ainsi joue un rôle fondamental dans la définition de l'efficacité d'un indice. Un indice ne sera donc efficace que s'il correspond à une information qui a été encodée spécifiquement. C'est donc la relation entre la trace de l'événement, résultant d'un encodage spécifique, et l'information contenue dans l'indice de récupération qui déterminera s'il y aura rappel de l'événement mémorisé. Il y a une correspondance intéressante entre l'encodage spécifique de Tulving et l'apprentissage approprié au transfert de Morris, Bransford et Franks (1977) dont nous avons traité au chapitre précédent. Pour Morris et ses collaborateurs (1977), l'efficacité d'un type d'encodage est relative aux conditions qui prévalent lors du test de mémorisation. Tulving (1983) propose que l'efficacité d'une condition de récupération est, elle, fonction des conditions d'encodage. L'encodage et la récupération sont donc considérés comme des processus interactifs.

Spécificité de l'encodage et force d'association

Il y a entre ces deux approches une opposition fondamentale sur le rôle que peut jouer un indice de récupération qui n'a pas été encodé, qui ne fait pas partie de la trace mnésique de l'événement qui est recherché en MLT. La stratégie expérimentale qui a été utilisée pour évaluer ces deux approches consiste essentiellement, lors de l'apprentissage d'une liste de mots-cibles, à présenter des mots-contextes appariés à chaque mot-cible. Par exemple, dans la paire « chaise-TABLE », le mot « chaise » est le mot-contexte et « TABLE », le mot-cible. Le sujet n'a pas à mémoriser le mot-contexte mais il est prévenu d'en tenir compte.

Lorsque des mots-contextes sont présentés comme indices de récupération, ils activent non seulement des contenus épisodiques spécifiques à la situation expérimentale mais aussi des contenus sémantiques plus généraux. La présentation du mot « chaise » comme indice de récupération peut activer non seulement un événement qui correspond à l'appariement spécifique « chaise-TABLE » qui s'est produit lors de l'étude de la liste mais aussi la forte association sémantique qu'il a avec « TABLE ». Cette association sémantique provient de ce que ces deux mots sont des meubles et que leur fonction est souvent complémentaire. Selon le principe d'encodage spécifique, « chaise » ne serait un indice efficace que parce qu'il a été encodé lors de l'étude de la liste. La présentation de l'indice « chaise » sans encodage spécifique préalable ne pourrait faciliter le rappel du mot-cible « TABLE ». Par contre, selon le principe de la force d'association, c'est l'ensemble des associations épisodiques et sémantiques entre le mot-contexte et le mot-cible qui détermine l'efficacité d'un indice. Dans ce cas, la présentation de l'indice « chaise » serait efficace même s'il n'avait pas été apparié au mot « TABLE » lors de l'étude de la liste. Plusieurs travaux expérimentaux, que nous allons aborder maintenant, ont tenté de comparer la valeur respective du principe d'encodage spécifique et de la force d'association pour expliquer l'efficacité des indices de récupération.

L'évaluation du principe d'encodage spécifique

Le travail de Thomson et Tulving (1970) a apporté un appui important au principe d'encodage spécifique. Dans leur expérience, trois groupes de sujets devaient apprendre une liste de 24 mots-cibles. Pour deux groupes, le mot-cible était précédé d'un mot-contexte. Ce dernier pouvait être un associé fort ou faible du mot-cible. Un exemple de ce type de procédure expérimentale est présenté au tableau 7.1.

TABLEAU 7.1
Exemple de mots-cibles et de mots-contextes ayant entre eux une association sémantique forte ou faible

Groupe	Mots-contextes	:	Mots-cibles	Force d'association
1	ciel	:	BLEU	forte
1	blanc	:	NOIR	forte
2	sol	:	FROID	faible
2	couteau	:	VIANDE	faible

(D'après Tulving et Thomson, 1973.)

Les sujets devaient mémoriser uniquement les mots-cibles tout en portant attention aux mots-contextes. Ils étaient prévenus que cela pourrait les aider dans leur tâche. Dans le troisième groupe, un groupe contrôle, les mots-cibles étaient présentés seuls sans contexte. La mémorisation était testée en présentant au sujet divers indices de récupération dans une situation de rappel indicé. La moitié des indices de récupération était fortement associée aux mots-cibles et l'autre moitié leur était faiblement associée. Dans le groupe 2, les indices pouvaient être soit les mots-contextes originaux (indices faibles) ou de nouveaux mots qui eux étaient fortement associés aux mots-cibles (indices forts). Par exemple, « couteau » pouvait être l'indice pour « VIANDE » alors que « glace » (nouveau mot fortement associé) était utilisé pour « FROID » plutôt que « sol ». De même, dans le groupe 1, les mêmes mots pouvaient être utilisés comme indices forts ou bien de nouveaux mots faiblement associés pouvaient être utilisés (indices faibles).

Les résultats de l'expérience sont présentés au tableau 7.2.

TABLEAU 7.2
Pourcentage de rappel correct selon la force d'association entre les indices et les mots-cibles à l'encodage et à la récupération

Force d'association entre le mot-contexte et le mot-cible à l'encodage	**Force d'association entre l'indice de récupération et le mot-cible**		
	Aucun indice	**Faible**	**Forte**
Aucun contexte (Groupe 3)	58	46	79
Faible (Groupe 2)	44	65	57
Forte (Groupe 1)	50	38	84

(D'après Thomson et Tulving, 1970.)

Les variables présentées sont la force d'association entre l'indice de récupération et le mot-cible et la force d'association entre le mot-contexte et le mot-cible. La condition critique de cette expérience a consisté à vérifier si l'efficacité d'un indice de récupération est indépendant des conditions d'encodage et uniquement fonction de sa force d'association générale avec le mot-cible. Dans ce cas, tout indice de récupération fortement associé au mot-cible devrait en faciliter le rappel. Au tableau 7.2, les résultats de la colonne de droite devraient toujours être les meilleurs puisqu'ils correspondent à la condition où un indice de récupération est fortement associé à un mot-cible.

Par contre, selon le principe d'encodage spécifique, le meilleur indice devrait être le mot-contexte qui a été encodé dans la phase d'étude de la liste, qu'il soit un associé faible ou fort. Les meilleurs résultats devraient donc apparaître dans les cellules correspondant aux conditions où le mot-contexte est utilisé comme indice de récupération. Il s'agit de la condition « forte-forte » pour le groupe 1 et de la condition « faible-faible » pour le groupe 2.

L'efficacité d'un indice de récupération faible correspondant au mot-contexte encodé apparaît supérieure (65 % de réponses correctes) à celle d'un indice fort qui n'avait pas été encodé (57 % de réponses correctes). Ces résultats donnent un appui sans équivoque à la thèse voulant que l'efficacité d'un indice de rappel soit relative à l'encodage et non absolue.

Cependant, les résultats obtenus par le groupe contrôle, où aucun mot-contexte n'était présenté à l'encodage, posent un problème pour le principe d'encodage spécifique. Au tableau 7.2, il faut remarquer qu'un indice de récupération fortement associé, qui n'a pas été encodé, amène un rappel correct de 79 %, ce qui est de 21 % supérieur au rendement dans la condition de rappel sans indice. Cette efficacité d'un indice de récupération non encodé n'est pas compatible avec le principe de spécificité de l'encodage. Comment expliquer qu'un indice qui n'a pas été encodé puisse améliorer le rappel? Les approches théoriques s'appuyant sur la force d'association font le raisonnement qu'un indice de récupération est efficace parce qu'il a une association forte avec la **réponse** à émettre. Si le mot recherché est « FROID », l'indice « glace » risque fort de l'activer en MLT, qu'il ait ou non été présenté lors de la période d'étude. Cet indice de récupération augmente donc les chances que « FROID » soit donné comme réponse. Tulving (1983) récupère cet argument en proposant que les mots fortement associés au mot-cible bénéficient d'un encodage implicite. Lors de l'étude, la présentation du mot-cible peut activer des mots qui lui sont fortement associés et ceux-ci peuvent ainsi être encodés dans la trace mnésique. Il s'agirait donc toujours d'un encodage spécifique quoique implicite. Il est malheureusement difficile de procéder à une évaluation de cette interprétation.

Cependant, une expérience rapportée par Kato (1985) permet de mettre en doute la généralité de cette interprétation basée sur l'encodage implicite. Les sujets devaient mémoriser une liste de 48 paires de mots, chaque paire étant formée d'un mot-contexte et d'un mot-cible. Les deux mots de la paire devaient être appris. Dans les deux conditions expérimentales qui nous intéressent, il n'y avait pas d'association entre les mots formant la paire. Lors du rappel indicé, le mot-contexte était présenté comme indice de récupération du mot-cible et, de plus, pour la moitié des mots un indice additionnel était fourni, soit les deux premières lettres et la dernière lettre du mot-cible. Les conditions de l'expérience peuvent donc se résumer dans l'exemple présenté au tableau 7.3.

TABLEAU 7.3

Exemple d'items utilisés dans l'expérience de Kato (1985)

Groupe	Paire à étudier	Indice seul	Indice + 3 lettres
1	infirmière-dollar	infirmière-	infirmière-do...r
2	rivière-pomme	rivière-	rivière-po...e

(D'après Kato, 1985.)

La différence fondamentale entre ces deux groupes de sujets réside dans l'association qui peut être faite entre les trois lettres et un mot qui est fortement associé à l'indice de récupération. Dans le groupe 1, ces trois lettres peuvent activer non seulement le mot apparié « dollar » mais aussi le mot « docteur » qui est fortement associé au mot « infirmière ». Par contre, dans le deuxième groupe, il n'y a pas de mot fortement associé à « rivière » dont les premières et dernière lettres correspondent à l'indice donné.

Ce que propose Kato, c'est que l'indice de récupération « infirmière » crée un contexte général, sémantique. La présentation de l'indice additionnel de trois lettres, dans ce contexte sémantique, a comme effet d'activer un mot associé, « docteur », qui n'est pas approprié dans le présent contexte d'étude. De plus, l'indice « infirmière » active aussi le mot « dollar » dont l'encodage avec « infirmière » est très spécifique aux conditions d'expérience. Il devrait donc y avoir conflit entre ces deux tendances chez le groupe 1. Il y a une compétition entre une réponse possible venant d'un contexte général, et une autre produite par un encodage spécifique. L'intérêt de cette situation vient de ce qu'un item ayant un fort lien sémantique avec l'indice de récupération bloque la récupération du mot-cible qui, lui, possède une association épisodique avec l'indice de récupération. Quant au groupe 2, comme les trois lettres ne suggèrent pas de mot associé à « rivière », cet indice additionnel contribuera à l'activation du mot qui a été apparié de façon spécifique dans cette expérience, soit « pomme ».

Ainsi, si l'on compare la probabilité d'un rappel correct dans la condition « indice seul » à celle de la condition « indice + trois lettres », cet indice additionnel devrait améliorer la performance pour le groupe 2 mais avoir un effet nettement moindre pour le groupe 1 à cause du conflit entre les deux réponses activées. C'est exactement ce que Kato (1985) rapporte. Comme on peut le voir à la figure 7.2, les deux groupes ont un rappel similaire dans la condition indice seul. Alors que l'indice additionnel fait doubler la performance du groupe 2, il ne produit qu'une augmentation de 10 % dans le groupe 1.

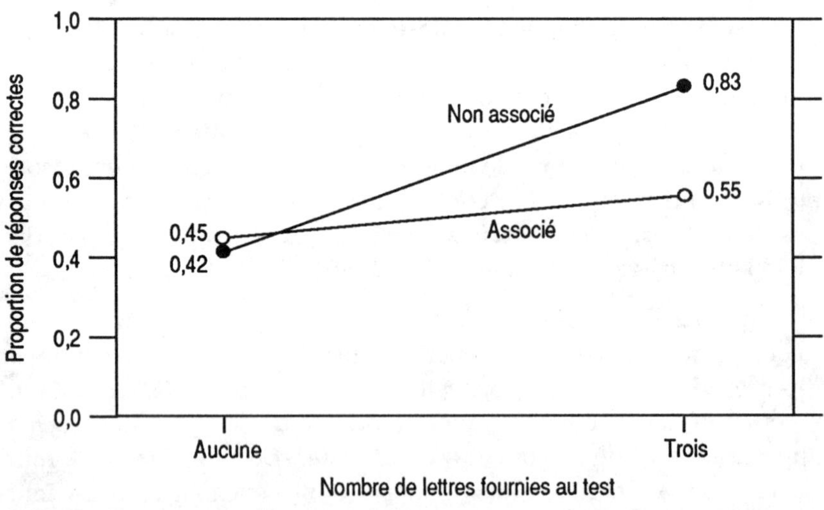

FIGURE 7.2
Proportion de réponses correctes lors du rappel indicé selon que les trois lettres présentées comme indice génèrent un mot associé ou non au mot-contexte (d'après Kato, 1985).

Pour Tulving (1983), il ne devrait donc pas y avoir d'effet d'une association sémantique sur une récupération épisodique sauf par l'entremise de l'encodage implicite. Dans cette expérience, lors de l'étude de la paire « infirmière-dollar », la présentation du mot-contexte « infirmière » devrait avoir implicitement provoqué l'encodage du mot « docteur », car ce ne peut être le mot « dollar » qui l'ait fait. La difficulté pour l'encodage implicite vient de ce qu'au moment du rappel indicé, la seule présentation de l'indice « infirmière », sans indice additionnel, devrait activer le mot « docteur » et produire un conflit de réponse avec le mot « dollar ». Or, les résultats démontrent que le rappel est aussi bon dans cette condition que dans celle où l'indice additionnel n'est pas associé au mot-contexte. C'est donc une interaction entre les composantes sémantiques et épisodiques qui va déterminer l'efficacité d'un indice de récupération, et non seulement son encodage avec le matériel à mémoriser comme le propose le principe d'encodage spécifique.

LES TÂCHES DE MÉMOIRE ET LES INDICES DE RÉCUPÉRATION

Nous appelons ici tâches de mémoire des procédures expérimentales utilisées pour évaluer la présence d'un contenu donné en mémoire. Les tâches que nous allons considérer sont le rappel libre, le rappel indicé et la reconnaissance. Elles se différencient non pas quant à l'encodage du matériel à retenir mais bien quant au type d'indices de récupération qui leur est typique. Dans une tâche de rappel libre, la consigne « Nommez tous les mots de la liste que vous pouvez vous rappeler » donne une information purement contextuelle. La seule information fournie par cet indice consiste à identifier l'événement où ces mots ont été encodés. L'indice de récupération ne donne qu'une information épisodique. Par contre, dans la technique de rappel indicé, le contexte est défini par des mots ou des phrases plus ou moins associés à l'item-cible lors de la mémorisation. Comme nous venons de le voir, dans le rappel indicé, l'efficacité d'un indice de récupération dépend de ses liens épisodique et sémantique avec la réponse à émettre, c'est-à-dire le mot-cible. Dans une tâche de reconnaissance, l'indice de récupération a une forme particulière. En effet, cet indice est l'item même qui est recherché, c'est ce qui est appelé un **indice-copie.** Il devrait, en principe, être l'indice le plus efficace puisqu'il est identique à l'item recherché. Nous allons aborder des études qui ont comparé l'efficacité du rappel indicé, du rappel libre et de la reconnaissance.

Le rappel libre et le rappel indicé

Tulving et Pearlstone (1966) ont réalisé une expérience dans laquelle des sujets mémorisaient des mots regroupés sous certaines catégories telles que des « meubles » ou des « outils ». Les mots étaient présentés par blocs identifiés, pour chaque catégorie, par un mot-étiquette que le sujet n'avait pas à mémoriser. Les conditions d'encodage étaient identiques pour tous les sujets mais les conditions de récupération variaient. La principale manipulation qui nous intéresse a consisté à diviser les sujets en deux grands groupes lors du test de rappel : l'un qui devait faire un rappel libre habituel et l'autre à qui les mots-étiquettes étaient présentés comme indice lors du rappel. Cette dernière procédure s'appelle **rappel indicé.**

La condition de rappel indicé a permis un niveau de rappel supérieur, qui se manifeste le plus clairement dans la condition où une liste de 48 mots organisée en 12 catégories de quatre mots chacune devant être mémorisée. Les sujets qui firent un rappel indicé purent se rappeler 30 mots alors qu'en rappel libre ce nombre n'était que de 20. Après ce premier test de rappel, tous les sujets étaient soumis à un test de rappel indicé. Dans ce cas, les sujets ayant exécuté un rappel libre au premier test purent se rappeler 28 mots, soit une amélioration de 40 %.

Tulving et Pearlstone firent une autre observation intéressante. La principale différence entre les deux groupes réside dans le nombre de catégories utilisées lors du rappel. Le nombre de mots qu'un sujet se rappelle à l'intérieur d'une catégorie donnée est identique pour les deux groupes, soit 90 %. En fait, il semble bien que si un sujet se souvient d'un membre quelconque d'une catégorie, il réussit à se rappeler les autres mots de cette catégorie.

Nonobstant la possibilité d'un encodage spécifique implicite, il est évident qu'un indice possédant une relation non seulement épisodique mais aussi sémantique avec le mot-cible facilite la récupération d'un contenu qui est disponible en MLT. Le fait de ne pas se rappeler un item étudié ne permet donc pas d'inférer que l'information sur cet item n'est pas disponible dans la MLT.

Le rappel libre et la reconnaissance

Revenons pour un instant aux exemples de questions de récupération utilisés au début du chapitre : « Qu'est-ce que tu as fait hier soir? » ou encore « Est-ce que tu as déjà rencontré Marie? ». La première question exige un rappel des événements passés alors que la seconde est une tâche de reconnaissance.

La question de la relation entre le rappel et la reconnaissance a été depuis longtemps fort débattue. Par exemple, une variable comme la fréquence d'apparition des mots dans le langage a un effet différent sur ces deux tâches. Le rappel de mots courants comme « couteau » ou « chaise » est supérieur à celui de mots rares comme « ecphorie » ou « ratiboiser ». Par contre, la reconnaissance de mots rares est supérieure à celle de mots usuels. De plus, la reconnaissance est plus puissante que le rappel. En effet, Shepard (1967) a démontré qu'après avoir étudié jusqu'à 1 224 mots les sujets pouvaient en reconnaître près de 90 %. Dans le cas d'images, la reconnaissance de 612 images atteignait 90 % après un délai d'une semaine.

La supériorité de la performance dans une tâche de reconnaissance a été traditionnellement associée à l'efficacité de l'indice de récupération. En effet, cet indice-copie devrait être le plus efficace puisqu'il définit parfaitement l'information qui est recherchée en MLT. Il activerait donc automatiquement le contenu approprié en MLT. Dans notre exemple, l'indice est le nom de la personne. Dans le rappel libre, l'indice épisodique qui est donné est relativement imprécis. Il ne spécifie que le contexte temporel des événements à rechercher en mémoire.

La figure 7.3 illustre comment procède le processus de récupération dans les tâches de rappel libre et de reconnaissance, après l'étude d'une liste de deux mots : « LAIT » et « VACHE ». Cette illustration ne décrit pas le fonctionnement d'un modèle précis, mais

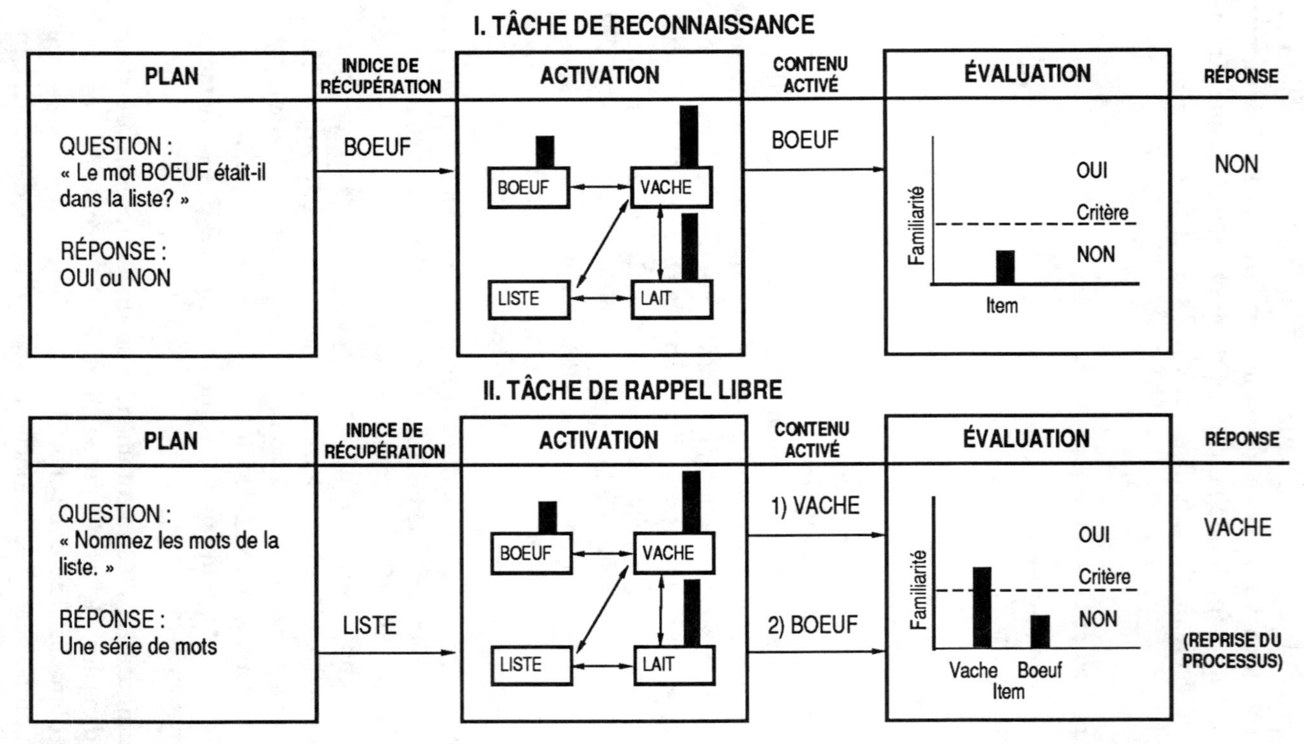

FIGURE 7.3
Illustration du processus de récupération selon que la tâche en est une de reconnaissance (I) ou de rappel libre (II). (Voir le texte pour les explications.)

s'apparente à la majorité des conceptions théoriques utilisant les concepts associatifs.

Nous pouvons d'abord constater les différences dans l'information contenue dans les indices de récupération. Mais, c'est vraiment dans la phase d'activation qu'il y a une différence entre les deux tâches. La figure 7.3 décrit un réseau d'associations minimal. Les associations sont représentées par des flèches entre les items. Les trois mots du réseau ont une association sémantique forte avec « VACHE » comme point de rencontre. De plus, les items « VACHE » et « LAIT » sont associés à l'indice épisodique « LISTE ». Enfin, chaque item possède un indicateur de familiarité identifié par la barre noire placée sur chacun. La hauteur de la barre est fonction de la fréquence d'apparition des mots. Les présentations récentes dans la liste sont supposées provoquer une hausse marquée de familiarité.

La section I de la figure 7.3 illustre la récupération dans une tâche de reconnaissance. La présentation de l'indice « BOEUF » active directement ce mot dans le réseau d'associations et ce dernier est immédiatement considéré par la composante d'évaluation. Cette composante compare la force de la familiarité de l'item à un critère de décision. Si cette familiarité est supérieure au critère, la réponse « OUI » sera émise. L'item sera reconnu, c'est-à-dire qu'il sera considéré comme suffisamment familier pour avoir fait partie de la liste qui vient d'être étudiée. Si la familiarité est inférieure au critère, l'item ne sera pas reconnu. Certains auteurs, dont Lecocq et Thibergien (1983) proposent que l'activation automatique peut activer un item dont la familiarité est « intermédiaire », c'est-à-dire qu'elle n'est pas suffisamment faible ou forte pour amener une décision certaine. Dans ces cas, il y aura reprise du processus selon un mode qui ressemblera à celui du rappel, c'est-à-dire que l'indice de récupération ne sera plus un indice-copie mais plutôt un indice fixé par le contexte d'encodage. C'est ce que Lecocq et Thibergien ont appelé la **recherche conditionnelle.** Sauf pour la recherche conditionnelle, la structure associative n'est pas vraiment sollicitée en reconnaissance. C'est une information propre à un item donné qui est utilisée pour déterminer la réponse à émettre.

La section II de la figure 7.3 illustre le processus de récupération mis en branle par une tâche de rappel libre. Il faut comprendre que le plan de récupération est complexe puisqu'une série de mots doit être émise comme réponse. La présentation de l'indice de récupération « LISTE » active d'abord un mot qui lui est associé « VACHE ». Ce mot est transmis pour une évaluation qui s'opère comme pour la reconnaissance. Il peut aussi y avoir, lors de l'évaluation, une réactivation de « VACHE » pour tenter de vérifier son association avec le contexte « LISTE ». Cependant, nous n'allons considérer que la décision basée sur la familiarité. Comme elle est positive, le mot « VACHE » sera donné en réponse. Le processus se poursuit et c'est le mot « BOEUF » qui est activé, possiblement à cause de sa forte association avec « VACHE ». Dans l'évaluation, son niveau de familiarité n'est pas suffisant et il n'est pas accepté comme réponse. Le processus de récupération se poursuit ainsi jusqu'à ce que tous les mots de la liste aient été nommés ou encore qu'il n'y ait plus de nouveaux mots soumis pour évaluation.

Cette conception du processus de récupération nous amène à conclure que la reconnaissance est une tâche plus efficace que le rappel libre. La difficulté du rappel libre vient de la phase d'activation où l'indice contextuel « LISTE » génère une activation de mots plus complexe et plus sujette à des distorsions. En effet, en autant qu'un mot-cible soit activé, le processus de rappel devient similaire à celui de la reconnaissance, c'est-à-dire que la phase d'évaluation procède de la même façon dans les deux cas. C'est donc au plan de l'efficacité à activer un mot-cible que le rappel libre et la reconnaissance se distinguent. Comme la reconnaissance ne porte que sur un seul mot activé et que tout rappel se termine par une évaluation similaire à celle de la reconnaissance, il ne devrait pas être possible de se rappeler des mots que l'on ne reconnaît pas.

Le rappel de mots non reconnus

Tulving et Thomson (1973) ont abordé cette question critique dans une expérience ingénieuse. Ils ont voulu démontrer qu'il était possible de ne pas reconnaître des mots comme faisant partie d'une liste tout en pouvant les nommer dans un rappel libre. La procédure, présentée à la figure 7.4 comportait quatre phases principales :

1. Une liste de mots-cibles à retenir est présentée, chaque mot étant précédé d'un mot-contexte lui étant faiblement associé.
2. Une nouvelle série de mots, fortement associés aux mots-cibles sont présentés et le sujet doit écrire les quatre premiers mots qui lui viennent à l'esprit pour chacun, à la façon de l'association libre.
3. Le sujet doit indiquer lesquels des mots qu'il a écrits en association libre faisaient partie de la liste de mots-cibles étudiée durant la première phase; il est forcé de faire une réponse de reconnaissance pour chaque série de quatre mots.
4. Un test de rappel indicé est fait dans lequel les indices de récupération sont les mots-contextes présentés dans la première phase.

Dans cette recherche, les phases 2 et 3 sont critiques. Comme les mots présentés au sujet dans la deuxième phase sont fortement associés aux mots-cibles, il arrive souvent que le sujet inclue le mot-cible dans ses associations. Par exemple, à la figure 7.4, le sujet donne le mot « bébé » en réponse au mot « POUPON ». Quant à la phase 3, elle est en réalité un test de reconnaissance des mots-cibles. La comparaison déterminante se fait entre la performance de reconnaissance à la phase 3 et le rappel à la phase 4.

Tulving et Thomson (1973) rapportent que les sujets réussissent à 63 % au test de rappel indicé alors que seulement 24 % des mots produits dans la deuxième phase et qui correspondent aux mots-cibles ont été reconnus. Les mêmes mots sont donc rappelés dans la quatrième phase sans avoir été reconnus dans la phase précédente. C'est donc un cas où les conceptions associationnistes de la récupération sont prises en défaut. Des mots ne sont pas reconnus alors que le sujet peut se les rappeler.

L'explication la plus courante de ce phénomène d'échec de reconnaissance (Tulving, 1983) est que les mots produits durant l'association libre le sont dans un contexte très différent de celui de la phase 1 et ainsi créent un événement épisodique différent de celui de la première phase. Par exemple, le contexte « carré » pour « ROND » est différent de celui de « chou ». La relation entre « carré » et « rond » est très formelle et plutôt abstraite. Elle fait référence à des formes pures. Par contre, dans le contexte « chou », « rond » n'est que l'une

PHASE 1		PHASES 2 ET 3					PHASE 4	
Liste de mots		Associations libres et test de reconnaissance					Test de rappel indicé	
Indice (faiblement associé)	Mot-cible	Mot fortement associé à la cible	Mots produits par association libre				Indices de la phase 1	Réponse
joli	BLEU	ciel	soleil	nuage	bleu	ouvert	joli	BLEU
tenir	BÉBÉ	poupon	enfant	mère	amour	bébé	tenir	
whisky	EAU	lac	eau	doux	rivière	océan	whisky	EAU
chou	ROND	carré	rond	plat	cercle	coin	chou	ROND
araignée	OISEAU	aigle	oeil	montagne	oiseau	hauteur	araignée	
colle	CHAISE	table	chaise	pupitre	lampe	dessus	colle	CHAISE

FIGURE 7.4
Exemple de la procédure expérimentale utilisée pour étudier l'échec de la reconnaissance de mots rappelés. Les mots-cibles sont à retenir. Dans la 3e phase, les mots soulignés sont ceux que le sujet reconnaît comme étant un mot-cible. L'échec de la reconnaissance se manifeste à la phase 4, quand le sujet se rappelle les mots ROND et EAU qu'il n'avait pas reconnus à la phase 3 (d'après Tulving et Thomson, 1973).

des propriétés d'un légume. Conséquemment le mot « ROND », quoique produit, n'est pas reconnu comme faisant partie des mots-cibles.

Il est donc de plus en plus clair, comme le propose Tulving (1982), que la réponse que nous donne un sujet dans un test de mémoire est déterminée non seulement par l'information portant sur le contenu recherché mais encore par le contexte généré par les indices de récupération.

LES EFFETS DE CONTEXTES ENVIRONNEMENTAUX

Les travaux effectués avec la technique de rappel indicé ainsi que le principe d'encodage spécifique ont donné une importance certaine à la question du contexte prévalant lors de l'encodage et de la récupération. Dans plusieurs de ces travaux, des mots-contextes sont présents lors de l'encodage et s'ils sont à nouveau disponibles lors de la récupération, le taux de rappel correct est meilleur. Qu'en est-il des indices associés au contexte environnemental dans lequel l'étude s'effectue? Est-ce que ce type de contexte joue un rôle dans le processus de récupération?

Certains travaux dont ceux de Smith (1979) ont voulu tester l'importance d'effectuer l'étude du matériel à retenir et le test de rappel dans des contextes environnementaux identiques. Les sujets devaient étudier une liste de mots dans une salle A. Par la suite, ils se déplaçaient dans une salle B où ils devaient exécuter des croquis de la salle vue sous différents angles. Par la suite, ils se rendaient dans une salle d'attente où ils demeuraient pendant quelques minutes. Finalement, la moitié d'entre eux regagnait la salle A pour effectuer le test de rappel (même contexte) alors que l'autre moitié demeurait dans la salle B pour le faire (contexte différent). Smith (1979) rapporte que le groupe qui a étudié et qui a été testé dans le même contexte avait un taux de rappel de 25 % supérieur au groupe testé dans un contexte différent.

Ces résultats ont été largement diffusés, entre autres parce qu'ils donnaient un appui très important à une approche comme celle de

Tulving. Malheureusement, des travaux récents de Saufley, Otaka et Bavaresco (1985), et surtout Fernandez et Glenberg (1985), ont démontré que contrairement à ce que Smith (1979) avait rapporté, il n'est pas possible d'agir de façon systématique sur la mémoire en manipulant le contexte environnemental. Dans leur expérience 8, Fernandez et Glenberg (1985) ont repris les conditions expérimentales de Smith (1979) en augmentant le nombre de sujets de dix à 24 par groupe. Contrairement à Smith, leurs résultats ne montrent aucun avantage pour une condition où l'étude et les tests de mémoire ont été exécutés dans la même salle.

Saufley et ses collaborateurs (1985) ont comparé les résultats aux examens semi-trimestriels de plusieurs groupes d'étudiants qui passaient leur examen soit dans la salle de cours où ils avaient habituellement leur cours pour la matière concernée ou soit dans une autre salle. Ils n'ont rapporté aucune différence dans le rendement moyen de ces deux groupes d'étudiants.

Ces auteurs s'entendent pour affirmer qu'en dépit de la difficulté à démontrer un effet systématique du contexte environnemental sur la mémoire, un tel effet peut être obtenu dans certaines circonstances. Il serait plus probable dans des conditions où les indices environnementaux ont une relation avec le matériel à rechercher en MLT. Il se produirait alors un encodage spécifique d'un événement donné qui inclurait les caractéristiques de l'environnement. Ces caractéristiques deviendraient ainsi des indices de récupération efficaces. En fait, Fernandez et Glenberg (1985) considèrent que le changement de salle pour le test n'est peut-être pas pertinent pour le sujet. Les manipulations du contexte devraient plutôt tenir compte des composantes contextuelles qui peuvent être perçues comme pertinentes pour l'exécution de la tâche.

LES SOUVENIRS DE FAITS COMPLEXES

Nous avons jusqu'à maintenant considéré des situations où les sujets devaient faire un rappel mot à mot d'items ayant entre eux des liens épisodiques et des liens sémantiques très simples. Cette approche est en soi nécessaire parce qu'elle permet de faire des mesures précises des variables pouvant affecter la récupération. Cependant, plusieurs études ont démontré que, lorsque l'information à mémoriser était plus complexe, comme des phrases ou une courte histoire, des processus additionnels semblaient influencer les réponses qu'un sujet donne lors d'un test de mémoire de ces contenus. Ce type de situation est souvent appelé mémoire des faits.

Si l'on présente à un sujet certains énoncés l'informant sur un sujet ou un événement quelconque, il est possible que, lors d'un test de reconnaissance, ses réponses soient influencées par une **inférence** qu'il a faite à partir des énoncés d'origine. Il pourra considérer comme ayant été présentés, des énoncés nouveaux si ceux-ci peuvent s'inférer en fonction de la question. Bransford, Barclay et Franks (1972) ont rapporté l'une des premières expériences démontrant comment l'inférence peut induire une reconnaissance inexacte. Ils ont demandé à des sujets d'étudier des phrases comme :

1. Trois tortues se reposaient près d'un billot qui flottait, et un poisson est passé en dessous d'elles.

2. Trois tortues se reposaient sur un billot qui flottait, et un poisson est passé en dessous d'elles.

Par la suite, diverses phrases ont été présentées au sujet qui devait indiquer si ces phrases avaient ou non été étudiées auparavant. Parmi ces phrases tests, les deux suivantes étaient incluses :

3. Trois tortues se reposaient près d'un billot qui flottait, et un poisson est passé en dessous de lui.

4. Trois tortues se reposaient sur un billot qui flottait, et un poisson est passé en dessous de lui.

Très peu de sujets parmi ceux qui avaient étudié la phrase 1 ont déclaré reconnaître la phrase 3. Par contre, plusieurs de ceux qui avaient étudié la deuxième phrase croyaient avoir déjà étudié la quatrième. Cela peut s'expliquer par la relation qu'il y a entre les phrases tests et les phrases étudiées. Comme les tortues sont à un emplacement différent du billot, il n'y a pas de relation entre le fait qu'un poisson soit passé sous elles et celui qu'il ait ou non passé sous le billot. Il y a donc indépendance entre les phrases 1 et 3. Au contraire, il existe une relation entre la deuxième et la quatrième phrases. Dans cette deuxième phrase, les tortues sont décrites comme étant **sur** le billot, on peut donc déduire que si le poisson passe sous elles, il passe nécessairement sous le billot. Les sujets étaient portés à reconnaître une phrase dont le contenu permettait d'inférer des faits étudiés dans la première partie de l'expérience. La récupération doit donc être vue comme un processus actif largement déterminé par le type d'information fournie lors du rappel. Ce processus tend à incorporer l'information de récupération à celle qui est mémorisée, et dans le cas où l'événement mémorisé est relativement complexe, la décision de reconnaissance se fait sur une reconstruction de l'événement.

Récemment, Reder (1982) a proposé que dans ce type de situation la décision de reconnaissance peut aussi se faire en regard de la **plausibilité** d'un énoncé par rapport à l'événement mémorisé. Ainsi, ce qui peut apparaître comme une inférence erronée ne serait que le fait de l'utilisation d'un critère de plausibilité. Reder et Ross (1983) ont demandé à des sujets de mémoriser une série d'énoncés comme :

Alain a acheté un billet pour le train de 10 h.
Alain a entendu le conducteur crier : « Tout le monde à bord » .
Alain a lu le journal dans le train.
Alain a débarqué à la Gare centrale.

Lors du test de mémoire, les sujets lisaient des phrases comme :

Alain a lu le journal dans le train.
Alain a attendu le train sur la plate-forme.
Alain a acheté des pommes et des oranges.

Un groupe de sujets devait reconnaître si ces phrases avaient déjà été étudiées et l'autre devait décider s'il était plausible qu'Alain ait fait ces activités selon les énoncés étudiés. L'indice de performance utilisé était la vitesse avec laquelle les sujets donnaient leur réponse.

Quand les sujets avaient à juger du contenu exact des énoncés, leur temps de réponse augmentait en fonction du nombre d'énoncés qu'ils avaient appris sur le sujet. Plus ils en savaient sur un sujet, plus la reconnaissance exacte prenait du temps. Ce phénomène est appelé **effet d'éventail** (en anglais, *fan effect*) (Anderson, 1983). Par contre, les jugements de plausibilité sont de plus en plus rapides en fonction du nombre d'énoncés appris. Plus on en sait sur un sujet, plus il est facile de porter un jugement sur la plausibilité d'un énoncé.

L'utilisation d'inférences plausibles pour diriger la récupération semble augmenter en fonction de l'allongement du temps qui s'écoule entre l'événement mémorisé et le test. Ces inférences jouent alors le rôle de contexte dans la définition des indices de récupération. C'est aussi une stratégie habituelle dans la vie courante. Elle fait appel à des procédures logiques et à des connaissances préalables qui sont bien établies dans le système cognitif et qui influencent le souvenir conscient que l'on a d'un fait donné. En général, il est suffisant de considérer un énoncé comme plausible pour prendre une décision sur une action appropriée. Les occasions où une mémoire exacte des énoncés étudiés antérieurement est nécessaire sont moins courantes.

L'OUBLI : UNE QUESTION DE DISPONIBILITÉ OU D'ACCESSIBILITÉ

Est-ce que nous oublions? Cette question peut paraître étrange. En effet, nous savons tous que nous oublions. Nous avons tous éprouvé cette expérience désagréable qui consiste à ne pas se rappeler le nom d'une personne qui vient de nous être présentée. Ce qui est moins évident, c'est pourquoi nous oublions.

Est-ce que le fait de ne pouvoir se souvenir d'une information donnée signifie qu'elle est « disparue » de la MLT? Si c'était le cas, nous dirions que l'information n'est plus **disponible**. Par contre, comme le suggèrent les travaux sur le rappel indicé, il se pourrait que l'oubli ne reflète qu'une difficulté de récupération. L'information recherchée serait alors disponible mais **non accessible**.

La perte de disponibilité de l'information en MLT

La disponibilité pourrait-elle n'être qu'une question de temps faisant en sorte que le temps passant nous oublions? Avec le temps, les traces mnésiques s'effaceraient, elles ne seraient plus disponibles. Cette hypothèse d'estompage de la trace mnésique, quoique possible, n'a pas vraiment été considérée par les psychologues. En effet, comme nous l'avons vu au chapitre 5, il est à toutes fins utiles impossible de développer une méthode expérimentale permettant d'isoler l'effet du simple passage du temps. De plus, il est apparu que l'oubli était très probablement le fait d'un processus actif : l'interférence.

Pendant longtemps on a cru que l'oubli était dû à un affaiblissement des associations entre items provoqué par l'interférence. Cette vision héritée des travaux en apprentissage verbal s'appuie sur une conception selon laquelle l'association entre un indice de récupération et un item-cible se développe par apprentissage. Selon l'hypothèse d'interférence, une bonne partie de l'oubli provient d'une interférence rétroactive des nouveaux apprentissages sur les anciens. Il y aurait en quelque sorte un désapprentissage des anciennes associations (Wickelgren, 1976).

Tulving et Psotka (1971) ont voulu démontrer que les apprentissages successifs créent plutôt un problème de récupération. Ils ont demandé à des sujets d'apprendre six listes successives de 24 mots. Ces listes contenaient des mots pris dans six catégories, quatre mots par catégorie. Après chaque liste, les sujets passaient un test de rappel libre.

Le test critique arrivait après le rappel de la dernière liste. Les sujets étaient soumis à un test de rappel global, c'est-à-dire, un test portant sur tous les mots appris dans l'ensemble des six listes. Certains sujets passaient un test de rappel libre alors que les autres avaient un test de rappel indicé. Dans la tâche de rappel libre, ils devaient nommer tous les items dont ils se souvenaient. Pour le rappel indicé, les indices de récupération étaient formés des noms de toutes les catégories utilisées dans l'expérience. Les résultats présentés à la figure 7.5 montrent que dans le rappel libre le nombre de mots correctement rapportés diminue en fonction du moment où ils ont été étudiés. Le sujet se souvient de la moitié moins de mots de la première liste que de la dernière. Il s'agit là d'un exemple d'une courbe d'oubli en fonction du temps. Ce type de courbe est compatible avec une interprétation faisant appel à l'interférence. Les apprentissages récents auraient, par interférence rétroactive, produit un désapprentissage des apprentissages préalables. Par contre, avec un rappel

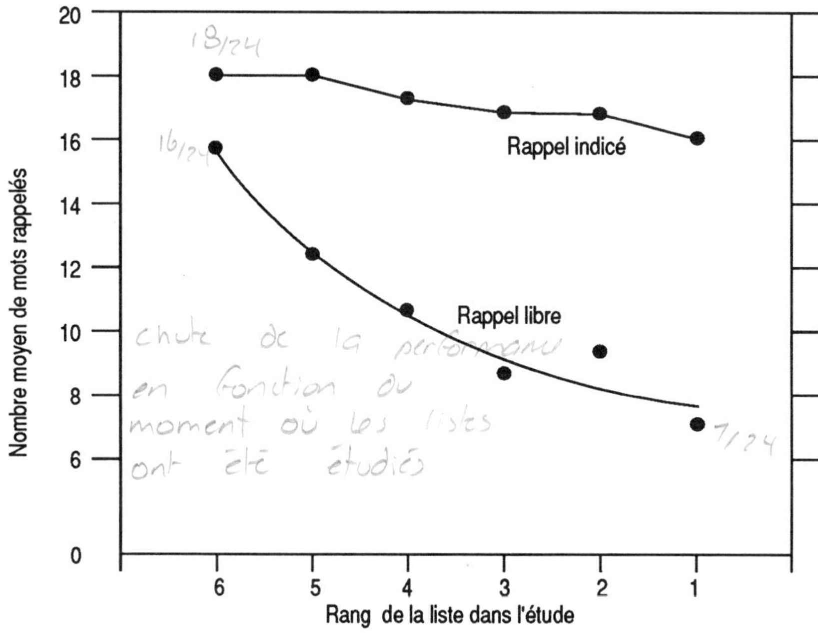

FIGURE 7.5
Nombre de mots correctement rappelés lors d'un test de rappel global des items de six listes de mots catégorisés pour des conditions de rappel libre et indicé (d'après Tulving et Potska, 1971).

indicé, l'effet du temps est pratiquement inexistant et le niveau de rappel est presque équivalent à celui qui est rapporté immédiatement après l'étude de chacune des listes. Ce qui apparaissait comme une interférence est en fait une diminution de l'efficacité des indices de récupération. Dans le rappel libre, l'indice « membre d'une liste » perd de l'efficacité à mesure que de nouveaux items y sont associés. Par contre, l'association existant entre les membres des listes et les catégories est sémantique et moins sensible à des changements contextuels. L'information était donc disponible mais peu accessible.

La plupart des chercheurs en psychologie s'entendent maintenant pour dire que l'oubli refléterait plutôt un blocage de la récupération. C'est l'inefficacité des indices de récupération qui ne permet pas d'avoir accès à une information disponible. Alors que la disponibilité est complètement déterminée par les conditions d'étude, l'accessibilité dépend non seulement de la disponibilité mais aussi des conditions de récupération. Il est en fait présentement impossible d'évaluer directement la disponibilité. Ce que nous connaissons du contenu de la mémoire est toujours conditionnel aux conditions de récupération.

La trace mnésique est-elle permanente?

Il existe donc présentement un concensus à l'effet qu'il est peu probable qu'une trace mnésique s'estompe. Cependant, la question de permanence de l'information en MLT, c'est-à-dire de l'oubli, demeure toute entière si elle s'adresse à l'intégrité de la trace mnésique. Cette trace mnésique que nous conservons d'un événement se **transforme-t-elle** dans le temps? La récupération répétée de la trace d'un événement pourrait amener sa transformation rendant ainsi impossible un souvenir « authentique » de l'événement d'origine.

Un phénomène qui a attiré l'attention de plusieurs chercheurs touche l'effet, sur un test de reconnaissance, d'une information additionnelle donnée au sujet durant la période qui s'écoule entre l'événement à retenir et le test de mémoire. Ces études portent donc sur l'influence d'une information postévénement sur la trace qui est conservée de cet événement. À ce sujet, l'étude de Snyder et Uranowitz (1978) est d'un intérêt particulier. Ces auteurs ont demandé à des sujets d'étudier une histoire décrivant la vie d'une femme nommée Betty. Parmi les différentes informations données à son sujet, on indiquait que Betty avait à l'occasion des rendez-vous amoureux (en anglais, *dates*) avec des hommes. Après avoir terminé la lecture de l'histoire, une partie des sujets étaient informés que Betty est maintenant homosexuelle, alors que les autres sujets apprenaient qu'elle est hétérosexuelle.

Afin d'évaluer ce que les sujets avaient retenu de l'histoire, ils étaient soumis à un test de reconnaissance à réponses suggérées sur divers aspects de l'histoire. Dans l'une de ces questions, le sujet devait indiquer entre autres si Betty a) sortait souvent avec des hommes, ou b) ne sortait jamais. En réponse à cette question, les sujets ayant appris que Betty est homosexuelle avaient tendance à se souvenir qu'elle ne sortait jamais avec des hommes. L'information additionnelle avait transformé la trace mnésique de l'information étudiée.

Pour Snyder et Uranowitz (1978), cela souligne l'impact que peut avoir un stéréotype sur les souvenirs. Ce stéréotype définit des caractéristiques appartenant typiquement à des membres d'une catégorie d'individus ou d'objets[2]. Il semble qu'identifier Betty comme appartenant à un groupe donné ait induit les sujets à incorporer les propriétés du stéréotype dans la représentation mnésique qu'ils ont d'elle.

Très souvent, un diagnostic peut agir de la même façon qu'une information stéréotypée. Il est plus probable que l'on impute à un individu des symptômes qui sont conformes au diagnostic même si, lors de l'étude du cas, ces symptômes n'avaient pas été mentionnés.

Les témoignages oculaires

La modification des souvenirs a été très étudiée dans le contexte des témoignages oculaires. Dans notre système légal, nous dépendons beaucoup des rapports fournis par des gens qui ont été témoins d'un incident ou d'un crime. La question qui se pose concerne l'effet potentiel de divers interrogatoires, qui ont souvent lieu longtemps après le crime, sur l'exactitude des souvenirs des témoins. Il est possible que lors de ces interrogatoires des informations postévénement soient données au témoin, ce qui risque de modifier son souvenir d'un incident.

Elisabeth Loftus (voir Hall, Loftus et Tousignant, 1984) a mis au point une stratégie expérimentale pour étudier les facteurs qui peuvent contribuer à modifier les souvenirs d'un événement. Cette stratégie comporte trois phases :

1. **L'acquisition.** Un témoin voit un événement complexe, un accident de voiture, un crime simulé ou encore l'examen de plusieurs visages.

2. Nous verrons au chapitre 10 qu'un stéréotype est une version sociale d'un prototype.

2. **L'intervention.** Le sujet est confronté à une nouvelle information après l'événement initial. Ces sources sont habituellement des photographies de criminels ou encore un interrogatoire. Cette intervention doit exiger du sujet qu'il se rappelle à ce moment de l'événement initial.

3. **La récupération.** Un test de mémoire est administré au sujet pour évaluer l'impact des nouvelles informations sur le souvenir.

Un exemple de ce genre de travail est rapporté dans Loftus (1981). Lors d'un cours régulier, les étudiants sont témoins de l'irruption subite d'un étranger dans la salle de cours. Cet étranger discute violemment avec le professeur et quitte tout aussi brusquement la salle. Les étudiants témoins de l'incident sont alors soumis à un test de reconnaissance pour tester la mémoire des détails de l'événement. Ce test contient une question trompeuse qui vise à modifier la mémoire d'un détail particulier. On demande au sujet :

« Le grand intrus qui avait une moustache a-t-il dit quelque chose au professeur? » Or, l'intrus n'avait pas de moustache. Dans un test de mémoire donné quelques jours plus tard, non seulement les sujets ont-ils eu tendance à indiquer que l'intrus portait une moustache mais, lorsque contre-interrogés, peu d'entre eux se souvenaient qu'ils avaient lu cette information. Cette question insidieuse avait donc amené une certaine modification du souvenir original. Hall, Loftus et Tousignant (1984) concluent que pour modifier le souvenir d'un fait, une information subséquente doit remplir deux conditions :

1. Les souvenirs vont changer uniquement si le sujet ne détecte pas immédiatement l'absence de concordance entre les informations subséquentes et le fait initial.

2. Le changement d'un souvenir ne se produit que si l'information subséquente réactive le souvenir initial.

Cette réorganisation des souvenirs est tout à fait dans la ligne de l'approche de Tulving (1982). En effet, c'est comme si un souvenir très similaire, quoique différent, de l'événement encodé à l'origine remplace l'information initiale qui est en quelque sorte transformée. C'est ce que Tulving (1983) appelle le recodage de l'information.

L'AMNÉSIE ET L'OUBLI

Il semble donc difficile de provoquer expérimentalement la disparition d'une trace mnésique. Dans cette section, nous allons tenter d'utiliser un état pathologique de certains individus, l'amnésie, pour déterminer s'il est possible qu'une information qui a été encodée disparaisse de la MLT. La question qui nous intéresse est donc celle de la distinction entre l'accessibilité ou la disponibilité de l'information nouvellement étudiée par un amnésique. L'amnésie est-elle le fait d'une incapacité de maintenir en MLT de la nouvelle information ou bien un problème de récupération d'une information qui est disponible?

Nous allons considérer certains faits qui n'émanent pas uniquement de manipulations expérimentales mais aussi de problèmes de mémoire associés à des dysfonctions importantes d'origine organique. Il ne s'agit pas ici de faire une analyse clinique de cas d'amnésie mais bien d'utiliser certaines observations faites sur des patients souffrant d'amnésie pour mieux comprendre le fonctionnement de la mémoire humaine.

Le syndrome amnésique le plus souvent rapporté est caractérisé par une amnésie antérograde durant laquelle le patient ne peut plus mémoriser de nouvelles informations et une certaine amnésie rétrograde qui touche la capacité de se rappeler des événements antérieurs au traumatisme qui a provoqué l'amnésie. C'est l'amnésie antérograde qui revêt ici le plus d'intérêt puisqu'il est possible de manipuler expérimentalement diverses conditions expérimentales et de comparer le rendement de patients amnésiques avec celui de sujets normaux. Pour être utiles, ces observations doivent être faites sur des patients dont le déficit mnémonique est le symptôme majeur et dont les autres fonctions cognitives sont relativement normales.

Certaines interventions chirurgicales touchant des régions spécifiques du cerveau, dont principalement l'hippocampe et le lobe temporal, peuvent produire des cas d'amnésie presque pure. Le cas de H.M., dont nous avons traité au chapitre 5, est l'exemple le plus célèbre de ce type de problème. D'autre part, plusieurs études ont été faites sur des patients souffrant du syndrome de Korsakoff. Ce syndrome est généralement associé à des dommages cérébraux relativement importants faisant souvent suite à un alcoolisme prolongé et à une carence alimentaire. Ces patients ont en plus d'un déficit mnésique dont ils ne sont pas ou peu conscients certains problèmes de désorientation. Enfin, des patients ayant subi des traumatismes crâniens relativement localisés, suite à un choc lors d'un accident par exemple, sont souvent étudiés.

L'amnésie antérograde : perte d'accessibilité ou de disponibilité?

Typiquement, si des sujets amnésiques sont placés dans une tâche classique de rappel libre ou de reconnaissance, leur performance est nettement inférieure à celle de sujets non amnésiques. Par contre, leur performance dans une tâche impliquant la mémoire à court terme est relativement normale. Nous allons considérer deux expériences typiques dont l'objectif est de déterminer si ce problème de mémoire reflète une difficulté de disponibilité ou d'accessibilité.

Huppert et Piercy (1976) ont présenté à des sujets amnésiques une série de 80 images un premier jour, et le lendemain une autre série de 80 images composée de 40 « anciennes » images faisant partie des 80 premières images dites familières, et 40 nouvelles images jamais encore présentées. Par la suite, les sujets ont été testés sur la reconnaissance d'images présentées le **second** jour. Des sujets non amnésiques ont eu un taux de reconnaissance correcte de 79 % et ont par erreur faussement reconnu 3 % des images familières (présentées le premier jour) qui n'avaient pas été représentées le second jour. Les sujets amnésiques ont eu un taux de reconnaissance de 70 % mais ont faussement identifié 51 % des images présentées uniquement le premier jour. Les sujets amnésiques se souvenaient qu'ils avaient déjà vu ces images, mais ils ne savaient pas dans quelles circonstances. Huppert et Piercy (1976) ont interprété ces résultats comme une difficulté d'encoder le contexte nécessaire pour l'efficacité de la mémoire épisodique. C'est un peu comme si le caractère spécifique d'appartenir aux images présentées le premier ou le deuxième jour n'avait pas été encodé.

La déficience de la disponibilité de l'information contextuelle a aussi été démontrée par Marlsen-Wilson et Teuber (1975). Ils ont testé la mémoire de reconnaissance de visages de personnages célèbres chez le sujet H.M. Ces personnages étaient devenus célèbres après l'intervention chirurgicale qui avait provoqué l'amnésie de H.M. Le taux de reconnaissance de H.M. pour ces personnages ayant été célèbres durant les années 60, passait de 5 % à 80 % si on lui fournissait des indices contextuels comme les initiales de la personne ou encore les circonstances qui l'avaient rendu célèbre. Ces résultats indiquent que si l'on fournit à ce patient amnésique des indices contextuels, sa performance est relativement normale. Il y a donc eu une certaine accumulation d'informations nouvelles en mémoire, mais il semble bien que les sujets amnésiques en soient peu conscients et ne puissent la récupérer normalement.

Une expérience récente menée par Jacoby et Witherspoon (1982) a apporté un appui à cette interprétation à l'effet que des patients amnésiques peuvent emmagasiner de nouvelles informations en dépit d'une difficulté évidente à en avoir un souvenir conscient. La première phase de l'expérience consistait à poser diverses questions au sujet. Quelques-unes de ces questions contenaient un mot possédant un homophone mais le mot utilisé dans la question avait une orthographe plus rare que celle de l'homophone. Par exemple une question pouvait être : « Nomme un instrument de musique qui a une « **anche** » (la clarinette). Dans cet exemple, le mot « anche » a une orthographe plus rare que son homophone « hanche ». Les autres questions contenaient un mot n'ayant pas d'homophone. Par exemple, « Le hockey est-il un « sport? » Dans la deuxième phase, les sujets devaient épeler divers mots dont les homophones présentés dans la phase 1 (anciens homophones), comme « hanche », de nouveaux homophones, comme « verre » et d'autres mots anciens et nouveaux n'ayant pas d'homophones.

La logique sous-jacente à cette manipulation consiste à tenter de biaiser, par les questions de la première phase, l'interprétation qui pourrait être donnée à un homophone dans la deuxième phase de l'expérience. Ce biais était systématiquement orienté vers une interprétation peu fréquente de l'homophone. Il s'agissait ici de voir si le biais induit dans la première phase augmenterait la probabilité qu'un sujet donne, dans la seconde phase, une épellation du mot rare, par exemple « anche » plutôt que « hanche », par comparaison à la condition où les homophones rares n'avaient pas été étudiés dans la première phase. Ce biais envers une interprétation rare pour les homophones étudiés dans la phase de questions est interprété comme une indication que cette information a été encodée et est utilisée en mémoire pour interpréter des événements subséquents.

Enfin, dans une troisième phase, des mots utilisés dans la deuxième phase ont été présentés, avec des mots nouveaux, dans une tâche de reconnaissance où le sujet devait indiquer si ces mots avaient été présentés auparavant dans l'expérience. Cette tâche de reconnaissance met en jeu un souvenir conscient, déterminé par des informations contextuelles en mémoire.

La probabilité de donner une épellation peu fréquente aux mots utilisés dans la phase 1 était de 49 % pour les sujets non amnésiques et de 63 % pour les amnésiques. Par contre, pour les nouveaux homophones, cette probabilité était équivalente pour les deux groupes à 20 %. L'expérience antérieure avec les homophones a donc eu un effet important sur le comportement des amnésiques, démontrant ainsi que l'information concernant ces mots a été emmagasinée en MLT. Cependant, dans la tâche de reconnaissance, la probabilité d'une réponse correcte était de 25 % pour le groupe amnésique et de 76 % pour l'autre groupe. Ainsi, encore là, une tâche demandant un souvenir conscient des événements passés ne peut être réussie par des amnésiques bien que l'information sur ces mots soit disponible en mémoire.

Il semble donc que ce soit d'une part l'accessibilité de l'information qui soit en cause chez les amnésiques et que, d'autre part, l'information contextuelle soit moins bien encodée. Mais Jacoby et Witherspoon (1982) et Baddeley (1982) considèrent que l'amnésie est un problème associé à l'inefficacité d'un mécanisme actif déterminant un souvenir conscient d'un événement. Pour Jacoby et Witherspoon (1982), l'interprétation d'un événement présent en fonction d'événements passés placés en mémoire met en cause un processus relativement passif qui ne nécessite pas d'analyse consciente et délibérée du passé. Ce processus passif, qui pourrait correspondre à la phase d'activation du processus de récupération, serait fonctionnel chez les amnésiques, et le processus actif serait déficient. Cela serait particulièrement évident chez les patients atteints du syndrome de Korsakoff. Il est intéressant de souligner que ces recherches faites avec des amnésiques a permis de mettre une certaine emphase sur la distinction entre les processus mnémoniques conscients et délibérés et les processus plus automatiques qui procèdent en dehors de la conscience. Ainsi, même chez des sujets dont la performance indique une importante déficience de la mémoire, il est possible de démontrer qu'il ne s'agit pas de la non-disponibilité d'un matériel encodé, mais bien d'un problème d'accessibilité, c'est-à-dire de récupération.

RÉSUMÉ

- La **récupération** est ce processus par lequel l'information emmagasinée en MLT est réactivée en MCT. Elle permet l'utilisation de l'information en mémoire pour soutenir l'action qui est en cours et se fait toujours en relation avec un **indice de récupération** qui spécifie l'information recherchée.

- Le processus de récupération comporte trois phases. Premièrement, un **plan de récupération** comprenant la nature de l'item-cible, les indices de récupération et les critères d'évaluation. Deuxièmement, l'**activation** en MCT d'un contenu de la MLT correspondant à l'indice de récupération. Et troisièmement, l'**évaluation** de ce contenu selon les critères du plan pour déterminer la réponse et décider de poursuivre ou non la récupération.

- Selon le principe de la **force d'association**, l'ensemble des associations épisodiques et sémantiques entre un indice et le mot-cible détermine l'efficacité de cet indice. Selon le principe de **spécificité de l'encodage**, un indice est efficace parce qu'il a été encodé avec le mot-cible.

- Le rappel libre, le rappel indicé et la reconnaissance se différencient par le type d'indice de récupération qui les caractérise. Dans le rappel libre, l'indice est purement contextuel et ne donne qu'une information épisodique. Dans le rappel indicé, l'indice est spécifiquement associé à l'item-cible. En reconnaissance, l'indice est l'item même qui est recherché, c'est un indice-copie.

- Un indice possédant une relation non seulement épisodique mais aussi sémantique avec le mot-cible facilite la récupération d'un contenu qui est disponible en MLT.

- La structure associative n'est pas vraiment sollicitée en reconnaissance. C'est une information propre à un item donné qui est utilisée pour déterminer la réponse à émettre. La difficulté du rappel libre vient de la phase d'activation où l'indice contextuel génère une activation plus complexe et plus sujette à des distorsions.

- La réponse d'un sujet dans un test de mémoire est déterminée non seulement par l'information de l'indice de récupération portant spécifiquement sur le contenu recherché mais encore par le **contexte** généré par les indices de récupération.

- Il n'y a pas d'avantage à effectuer l'étude d'un matériel et les tests de mémoire dans le même endroit. En général, le contexte environnemental n'est pas encodé avec le matériel étudié.

- La reconnaissance de faits complexes provoque une récupération axée sur la reconstruction des faits. Dans ces situations, les indices de récupération provoquent des jugements d'**inférence** et de **plausibilité** qui affectent la reconnaissance d'un fait.

- L'oubli d'une information donnée peut signifier qu'elle n'est plus en MLT : elle n'est plus **disponible**, ou qu'elle est difficile à récupérer : elle est disponible mais non **accessible**.

- L'oubli est principalement dû à l'inefficacité des indices de récupération qui ne permettent pas d'avoir accès à une information disponible. Ce que nous connaissons du contenu de la mémoire est toujours conditionnel aux conditions de récupération.

- Pour modifier le souvenir d'un fait, une information subséquente à ce fait doit remplir deux conditions : premièrement, le sujet ne doit pas détecter immédiatement l'absence de concordance entre cette information et le fait initial, et deuxièmement, elle doit réactiver le souvenir initial.

- L'**amnésie antérograde** n'est pas le fait d'une incapacité de maintenir en MLT de la nouvelle information mais un problème de récupération d'une information disponible. Cette information peut influencer les actions de patients amnésiques, mais il semble qu'ils en soient peu conscients et qu'ils ne puissent la récupérer volontairement. Leur mémoire est améliorée par des indices de récupération enrichis.

exam

8 . 9 . 11

~~10 et 12~~

15 quest chap 8
9 quest " 9
13 quest " 11

23 choix multiples
2 association compléter
8 questions dével bref
4 questions quelque mot
définition = mot qui [illegible]

CHAPITRE 8

STRATÉGIES COGNITIVES ET MÉMOIRE

LES PROBLÈMES DE MÉMOIRE ET LES STRATÉGIES D'AIDE À LA MÉMOIRE

Les aide-mémoire internes et externes
Le choix d'une stratégie d'aide à la mémoire

LES MÉTHODES MNÉMOTECHNIQUES

Les méthodes basées sur l'imagerie mentale
La méthode des lieux
La méthode des crochets
Le rôle de l'imagerie
Les méthodes mnémotechniques verbales

LES TECHNIQUES D'ÉTUDE

La méthode PQ4R
L'autoquestionnement
Préquestions ou postquestions?
La prise de notes et l'encodage
La prise de notes et la révision

L'AIDE À LA RÉCUPÉRATION DE CONNAISSANCES GÉNÉRALES

« Je l'ai sur le bout de la langue »
Les états TOT bloqués et non bloqués
L'ordre alphabétique comme stratégie de récupération
Le sentiment de savoir

LA RÉCUPÉRATION D'ÉVÉNEMENTS PASSÉS

Le cycle de récupération
Les témoignages induits par hypnose

SE SOUVENIR DE FAIRE QUELQUE CHOSE

RÉSUMÉ

CHAPITRE 8

STRATÉGIES COGNITIVES ET MÉMOIRE

LES PROBLÈMES DE MÉMOIRE ET LES STRATÉGIES D'AIDE À LA MÉMOIRE

Il arrive régulièrement que nous ayons à retenir certaines informations de façon précise. Oublier le nom de certaines personnes ou leur fonction peut être embarrassant. Qui plus est, notre système d'éducation repose souvent sur une mémorisation de connaissances, qu'il s'agisse de nommer les provinces du Canada, les premiers ministres du Québec, ou encore les bateaux de Jacques Cartier. Enfin, nous avons tous à retenir les dates de rendez-vous, en plus de ne pas oublier de rappeler au garage et d'arrêter acheter du pain. Notre mémoire est constamment sollicitée et les occasions d'éprouver des problèmes de mémoire sont multiples. Souvent, nous sommes démunis devant ces problèmes de mémoire. Parfois, ces difficultés résultent d'événements traumatisants externes provoquant l'amnésie. Les traumatismes crâniens, l'anesthésie prolongée ou l'absorption de divers agents toxiques peuvent provoquer l'amnésie. Ces difficultés mnémoniques d'ordre pathologique ne seront pas abordées dans ce chapitre. Nous allons plutôt étudier les stratégies d'aide à la mémoire élaborées pour permettre un meilleur fonctionnement cognitif dans la vie courante.

Les aide-mémoire internes et externes

L'une des grandes caractéristiques cognitives de l'humain est de posséder la capacité d'effectuer un examen de sa propre activité mentale lui permettant d'élaborer des stratégies pour en augmenter l'efficacité. L'utilisation de ces stratégies est sous le contrôle du sujet et peut prendre la forme de méthodes plus ou moins élaborées. Les stratégies et moyens qui ont été proposés pour pallier les problèmes de mémoire sont appelés **aide-mémoire**.

Les aide-mémoire peuvent être subdivisés en deux grands types : les aides externes et les aides internes. Les aides internes sont des stratégies qui visent à amener un sujet à utiliser de façon efficace les processus d'encodage et de récupération. Les aides externes sont des aide-mémoire physiques dont la fonction est de rappeler un contenu ou une action à un moment donné. Les agendas, les listes d'épicerie ou encore le rangement des objets importants dans des endroits spéciaux en sont des exemples typiques.

Le tableau 8.1 est tiré d'une étude récente de Intons-Peterson et Fournier (1986). Il fournit une liste relativement exhaustive des divers aide-mémoire internes et externes accompagnée d'une brève description de chacun.

Cette liste a été obtenue à l'aide d'un questionnaire dans lequel des sujets doivent indiquer quel aide-mémoire ils privilégient pour résoudre un problème de mémoire qui leur est posé. L'exemple qui suit illustre bien le genre de question utilisé : « Vous êtes avec des amis et l'un d'eux raconte une bonne blague dont vous aimeriez vous souvenir. Que faites-vous pour pouvoir vous en souvenir? »

Les sujets semblent privilégier des aide-mémoire externes dans les situations exigeant une grande précision, si un long délai de rétention est anticipé ou encore pour éviter de surcharger la mémoire. Par contre, les aide-mémoire internes sont utilisés dans des situations où la disponibilité de moyens externes n'existe pas, comme lors d'examens ou encore lorsque nous sommes témoins d'un incident, ou encore lorsque la préparation d'un aide-mémoire externe pourrait interférer avec une tâche que nous exécutons. Un exemple de cette dernière situation se produirait si quelqu'un voulait noter une adresse lorsqu'il est au volant de sa voiture.

L'objectif de ce chapitre sera d'examiner les divers aide-mémoire, en fonction des grands processus mnémoniques, encodage et récupération, ainsi que des différents principes de fonctionnement dont nous avons traité dans les chapitres 6 et 7 portant sur la mémoire à long terme. Les stratégies s'appliquant à la mémoire à court terme ont déjà été abordées dans le chapitre 5. La plupart de ces aide-mémoire ont fait l'objet d'études nombreuses que nous ne saurions traiter de façon exhaustive. Nous allons plutôt nous centrer sur la compréhension des principes fonctionnels qui sous-tendent leur efficacité.

TABLEAU 8.1
Les aide-mémoire et leur description

I **RECHERCHE ALPHABÉTIQUE :** Révision de l'alphabet à la recherche de mots commençant par l'une d'entre elles.

E **DEMANDER À QUELQU'UN DE NOUS LE RAPPELER :** Demander le secours de quelqu'un pour nous aider à nous souvenir ou simplement demander la réponse.

E **NOTER SUR UN CALENDRIER :** Écrire sur un calendrier, dans un agenda, etc., ce dont nous devons nous rappeler.

I **ASSOCIATION VISAGE-NOM :** Associer le nom d'une personne à des caractéristiques distinctives de son visage.

I **AUTORÉPÉTITION :** Se répéter à soi-même ce que l'on cherche à mémoriser.

I **RECONSTRUCTION MENTALE :** Passer mentalement en revue ce qui s'est produit ou qui peut se produire dans le but de se remémorer quelque chose.

I **MÉTHODE DES LIEUX :** Utiliser un arrangement ordonné de lieux connus auxquels on associe les éléments dont on veut se souvenir. Lors du rappel, il suffit de se déplacer mentalement à travers ces lieux et de récupérer à chaque endroit l'élément qui y est associé.

I **MOTS « CROCHETS » :** Apprendre une série d'associations mot-nombre (souvent des rimes) et former une image dynamique de cette paire avec les éléments dont on veut se souvenir. Par exemple, les associations « un – pain, deux – pneu, trois – croix, quatre – patte... » permettront de retenir le mot « table », en créant une image où un pneu est sur une table.

E **PHOTOGRAPHIES :** Utiliser des photographies pour se rappeler certains événements.

E **RANGER UN OBJET DANS UN ENDROIT SPÉCIAL :** Ranger un objet dans un endroit où l'on sera certain de le retrouver.

E **NOTES AIDE-MÉMOIRE :** Écrire dans un carnet que l'on peut apporter avec soi ce que l'on ne veut pas oublier.

I **RIMES :** Mémoriser des rimes concernant l'information que l'on ne veut pas oublier.

C **LE DIRE À VOIX HAUTE :** Dire quelque chose à quelqu'un ou demander à quelqu'un de répéter ce que nous avons dit.

I **CONTER UNE HISTOIRE :** Lier des choses entre elles par une histoire que nous contons à leur sujet ou par des phrases que nous formulons à leur propos.

I **RELIER DES CHOSES À D'AUTRES ÉVÉNEMENTS :** Utiliser l'association à des événements de la vie courante dans le but de se rappeler. Par exemple : « après dîner » ou « avant le cours d'histoire ».

E **MINUTERIE :** Utiliser un chronomètre électrique ou mécanique pour se souvenir de faire quelque chose à un moment précis.

C **ESSAI ET ERREUR :** Écrire ou imaginer une partie de l'information dans l'espoir de raviver d'autres souvenirs.

E **ÉCRIRE SUR SA MAIN :** Écrire sur sa main l'information à ne pas oublier.

Type I : aide-mémoire interne Type E : aide-mémoire externe Type C : combinaison des deux types

(D'après Intons-Peterson et Fournier, 1986.)

Le choix d'une stratégie d'aide à la mémoire

La décision d'utiliser un aide-mémoire est d'abord fonction d'un diagnostic. L'individu doit réaliser qu'il fait face à un problème de mémoire. À prime abord étonnante, cette condition préalable suppose qu'un individu est capable d'évaluer sa capacité de mémoriser et de récupérer une information; qu'il est capable de réaliser que sa mémoire lui fait plus ou moins souvent défaut. Ces croyances qu'un individu entretient sur l'efficacité de ses propres processus mnémoniques s'appelle la **métamémoire**. Nous reviendrons un peu plus loin sur ce concept.

Après avoir pris conscience de l'existence d'un problème de mémoire potentiel, une stratégie peut être mise en place pour pallier ce problème. Dans cette stratégie, l'individu devra tenir compte des caractéristiques spécifiques à la situation, de ses propres connaissances sur le sujet et de son habileté à utiliser des aide-mémoire (Wessels, 1982).

Morris (1978) a présenté une classification intéressante des divers aide-mémoire internes. Cette classification, présentée à la figure 8.1, résulte d'une analyse des conditions déterminant un problème de mémoire donné. C'est en quelque sorte un arbre de décision hiérarchique dans lequel une série de décisions binaires permet de déterminer le type d'aide-mémoire approprié à la situation. Il s'agit donc de procéder à partir du niveau supérieur et de faire un choix jusqu'à la fin de l'arbre où une solution est suggérée.

Le premier niveau concerne une distinction entre se rappeler d'une intention, d'un fait ou d'une information. La mémoire d'informations ou de faits est ce dont nous avons traité jusqu'à maintenant : la mémoire de divers contenus, des mots, des noms, des événements ou encore des concepts. Par contre, la mémoire d'intention est en fait une **mémoire d'action**, typiquement sollicitée quand il s'agit de se souvenir de rendez-vous, ou encore de prendre des médicaments à heure fixe. Comme le souligne Harris (1984), cette mémoire est très peu connue. Elle a été peu étudiée et ce n'est que récemment que certains travaux ont paru sur le sujet. Les stratégies d'aide à la mémoire connues ont donc été développées pour des problèmes de mémoire d'informations sémantique ou épisodique.

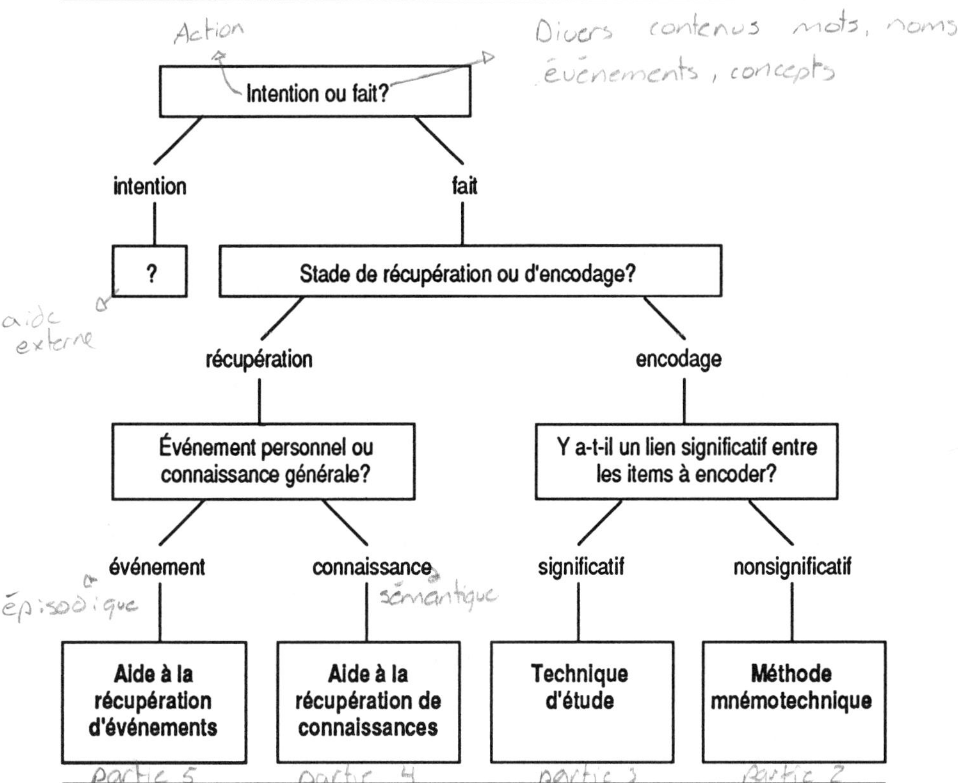

FIGURE 8.1
Une analyse des problèmes de mémoire et des stratégies possibles pour les contourner (d'après Morris, 1978).

Au deuxième niveau, il s'agit de situer le problème en regard de l'encodage et de la récupération. En fait, la distinction touche surtout la possibilité d'utiliser ou non un aide-mémoire lors de l'encodage d'une information à laquelle nous savons que nous devrons avoir recours dans un avenir plus ou moins rapproché. Dans ces conditions d'étude, où la mémorisation est volontaire, les aide-mémoire serviront non seulement à améliorer l'encodage mais aussi à déterminer des indices de récupération efficaces. Par contre, s'il s'agit de récupérer des informations pour lesquelles aucune stratégie de mémorisation n'a été utilisée, il faudra s'en remettre à des méthodes agissant uniquement sur les processus de récupération.

Enfin, au dernier niveau, la distinction est similaire à celle faite entre mémoire sémantique et mémoire épisodique. Cette dernière touche le rappel d'événements situés dans le temps et, comme nous l'avons déjà souligné au début du chapitre 6, couvre aussi la majorité des travaux effectués en laboratoire sur le rappel de listes de mots. La mémoire sémantique est sollicitée pour le rappel de connaissances générales. Il s'agira donc de distinguer entre des difficultés de mémoire mettant en cause des événements spécifiques ou des connaissances générales. Au terme de cette série de décisions, une stratégie d'aide à la mémoire, adaptée à la situation, pourra être adoptée. Les cases terminales de l'arbre de décision contiennent les titres des grandes sections du chapitre. Nous allons donc aborder dans l'ordre ces quatre principales stratégies d'aide à la mémoire d'informations, qu'elle soit sémantique ou épisodique.

LES MÉTHODES MNÉMOTECHNIQUES

Les **méthodes mnémotechniques** (en anglais, *mnemonics*) sont des systèmes d'aide à la mémoire utilisés principalement lors de l'étude ou de la mémorisation d'un matériel donné. Ce sont des méthodes internes qui en général permettent d'organiser ou de rendre distincts certains contenus à mémoriser qui ne possèdent pas d'organisation propre, comme une liste de mots ou de noms qui n'ont pas de lien entre eux (Belleza, 1981). Leur fonctionnement consiste à fournir une structure de connaissances internes à une liste de mots non structurée. Les mots à apprendre sont associés à l'organisation en mémoire lors de l'encodage, et le contenu de cette organisation est utilisé comme indice pour faciliter la récupération.

La plupart des méthodes mnémotechniques font appel à l'imagerie mentale. Elles tirent aussi profit de certaines caractéristiques verbales des mots comme la rime et la première lettre. Toutes les méthodes mnémotechniques ont comme effet de générer des indices de récupération efficaces. C'est dans le rôle que joue, lors de l'encodage, l'élaboration d'indices imagés ou verbaux, que les méthodes se distinguent.

Les méthodes basées sur l'imagerie mentale

Ces méthodes mnémotechniques utilisent un principe dit « de crochet » qui crée, à l'encodage, une association visuelle entre des mots-crochets déjà très bien mémorisés et les mots à retenir. Cela exige des opérations d'association relativement complexes lors de l'encodage. Dans ces méthodes, l'indice de récupération, le crochet, est un mot ou une image n'ayant pas de relation sémantique ou structurale avec les mots à retenir. Elles servent typiquement à mémoriser des listes de mots indépendants qui n'ont pas à être disponibles pour une durée prolongée. Un exemple de ces listes peut être une liste d'épicerie, ou encore la liste des noms de personnes assistant à un événement donné, ou de membres d'une équipe de hockey. Typiquement, ces contenus doivent être mémorisés de façon précise et même, souvent, dans un ordre donné.

La méthode des lieux

La méthode mnémotechnique la plus connue est la **méthode des lieux**. Cette méthode, dont l'usage est noté dans les écrits de l'Antiquité romaine, procède en trois étapes. Premièrement, une série de lieux est mémorisée, comme par exemple les pièces de sa résidence; deuxièmement, les mots à retenir sont « placés » dans chaque lieu selon un parcours mental; troisièmement, lors du rappel, ces mots sont récupérés un à un, dans l'ordre, en refaisant le parcours initial. Dans un exemple classique, une liste d'épicerie est mémorisée en distribuant les items dans divers lieux sur un parcours. Les oeufs sont placés sur le lit, le pain dans le corridor, les biscuits dans l'escalier, la moutarde dans le vestibule, et ainsi de suite. Cette méthode permet l'apprentissage presque parfait d'une liste de 40 ou 50 mots. Crovitz (1971) a démontré que la méthode des lieux était le plus efficace lorsque pas plus de un ou deux items étaient placés en un lieu donné. Ils ont demandé à des groupes de sujets de mémoriser une liste de 32 mots en les plaçant mentalement dans un nombre différent de lieux imaginés. Par exemple, un groupe plaçait les 32 mots à un même endroit alors qu'un autre les distribuait dans 16 lieux différents. La figure 8.2 indique bien qu'en passant de 32 ou 16 items par lieu à un ou deux items, la performance initiale d'environ 20 % atteint les 85 %. Le bénéfice

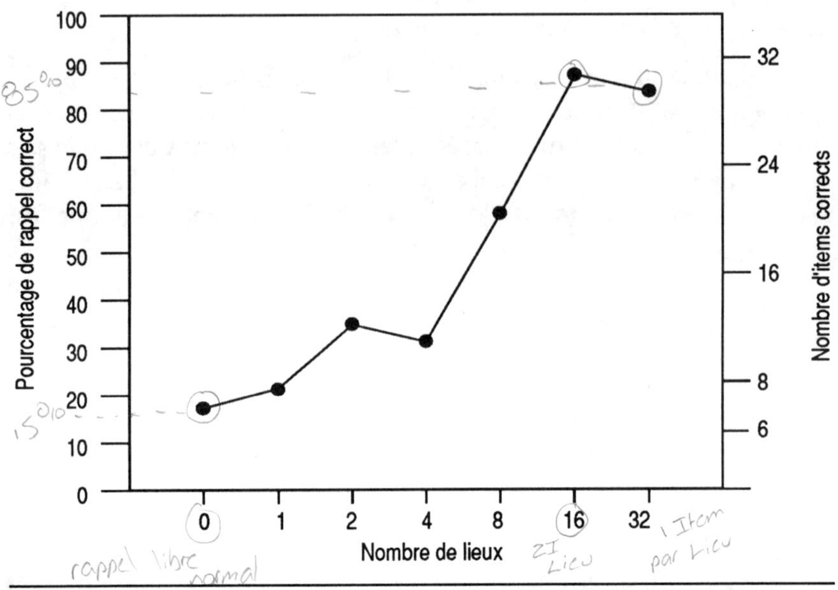

FIGURE 8.2
Rappel des items dans leur ordre correct en fonction du nombre de lieux auxquels ils ont été associés (d'après Crovitz, 1971).

associé à l'utilisation de cette méthode est apparent lorsque l'on note que la performance du groupe 0 qui, lui, effectuait un rappel libre normal, se situe à peine à 15 %.

La méthode des crochets

La **méthode des crochets** (en anglais, *peg-word method*) est aussi bien connue. Un peu comme dans la méthode des lieux, le principe consiste à créer une image intégrant les mots à retenir avec des repères, des « crochets ». Dans cette méthode, l'utilisation des crochets demande d'abord que soit mémorisée une série de rimes servant de « crochet ». Ces rimes peuvent aller ainsi : « un - pain, deux - pneu, trois - croix, quatre - patte, cinq - lynx, six - lys, sept - lettre, huit - truite, neuf - oeuf, ... » jusqu'au nombre de crochets désiré. Après avoir mémorisé parfaitement ce système, on l'utilise pour y associer les mots inclus dans une liste à retenir. Cette association se fait par imagerie, en formant une image intégrant le mot crochet avec le mot à apprendre. Par exemple, si le deuxième mot à retenir est « table », le sujet crée une image où un pneu est sur une table. Grâce à la numérotation qui est inhérente, il est possible d'effectuer le rappel des mots dans l'ordre requis. Cette méthode est particulièrement efficace en autant que cinq à dix secondes soient allouées pour encoder chacun des mots à retenir.

Le rôle de l'imagerie

Dans ces techniques, le rôle de l'imagerie est déterminant. Le rappel de séries de mots est nettement facilité s'ils sont encodés dans des images organisées selon une stratégie préétablie. Foth (1973) a comparé l'efficacité de diverses méthodes mnémotechniques basées sur le principe de « crochet » et a pu démontrer que cette efficacité diminuait grandement si les mots à retenir n'étaient pas concrets, s'ils étaient difficiles à imaginer. Luria (1968) avait attiré l'attention sur le rôle de l'imagerie dans sa célèbre étude du mnémoniste surnommé « S. ». On appelle « mnémonistes » des personnes qui possèdent des capacités de mémorisation exceptionnelles. Pour S., tous les stimuli produisaient des images visuelles durables qu'il pouvait consulter à volonté. Après seulement trois minutes d'étude d'une matrice de 13 x 4 chiffres, S. pouvait en faire le rappel dans n'importe quel ordre, en diagonale, en colonnes ou encore en rangées. Il utilisait couramment la méthode des lieux pour retenir des listes de 40 ou 50 mots. Selon lui, cette méthode était particulièrement efficace si les images développées étaient bizarres.

Plusieurs auteurs se sont interrogés sur les propriétés des images mentales qui permettent cette facilitation mnémonique. La plupart ont utilisé une procédure de mémorisation incidente. Cela permet de réduire la possibilité que le sujet fasse appel à d'autres stratégies de mémorisation comme l'autorépétition ou l'élaboration sémantique. Wollen, Weber, et Lowry (1972) ont évalué la pertinence relative de deux propriétés : l'interactivité et la bizarrerie. Dans cette expérience, les sujets devaient apprendre des paires de mots. Ces mots étaient présentés avec des images les représentant de façon bizarre ou non bizarre et en interaction ou non.

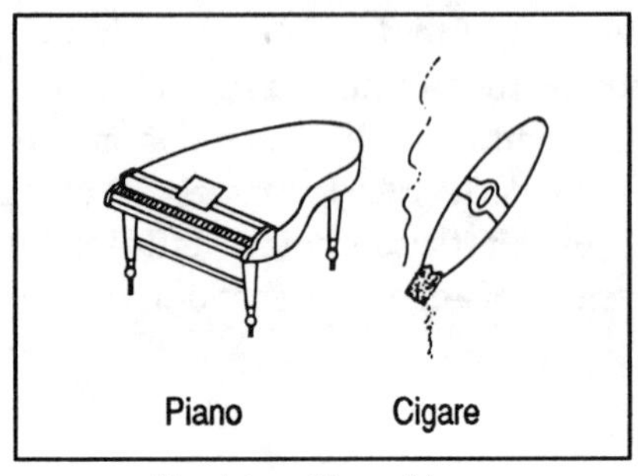

Non interactif, non bizarre

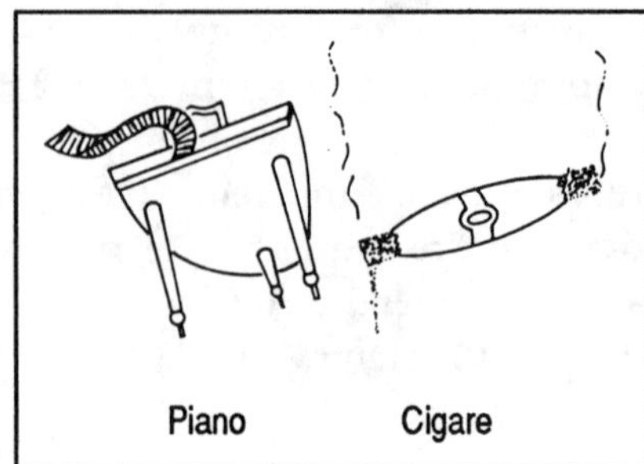

Non interactif, bizarre

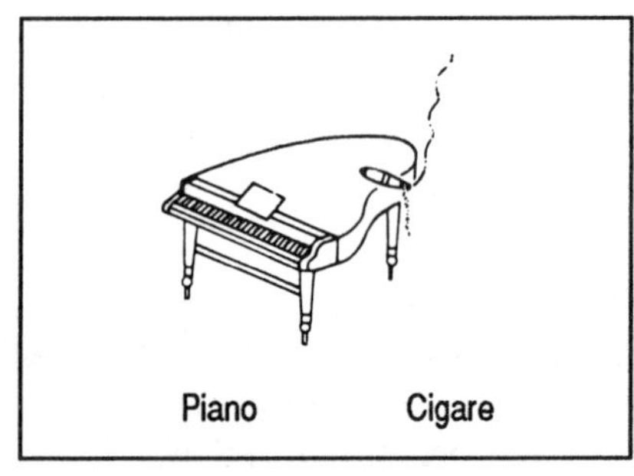

Interactif, non bizarre

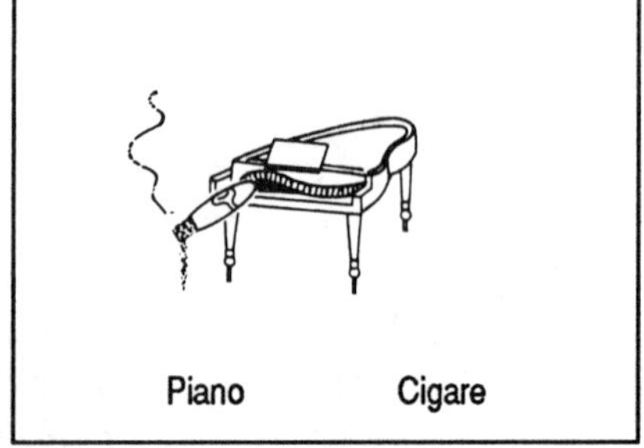

Interactif, bizarre

FIGURE 8.3
Exemple de dessins utilisés pour évaluer l'effet d'une imagerie bizarre et interactive sur la mémorisation (d'après Wollen, Weber et Lowry, 1972).

La figure 8.3 illustre les quatre types de dessins utilisés dans l'expérience, correspondant aux quatre conditions résultant de la combinaison des deux variables considérées. Les résultats ont démontré que la variable d'interaction est déterminante pour faciliter le rappel, peu importe la bizarrerie de l'image. Le dessin bizarre, mais non interactif, n'est pas efficace pour produire un meilleur rappel en comparaison avec un groupe contrôle n'ayant pas vu les dessins mais uniquement la liste de paires de mots. Une critique adressée à cette étude concerne l'utilisation de dessins. Il est possible que, pour être efficace, l'imagerie bizarre doive être produite par le sujet et non présentée par l'expérimentateur.

Dans une expérience récente, Kroll, Schepeler et Angin (1986) ont voulu vérifier cette possibilité. Comme dans l'étude de Wollen et de ses collaborateurs (1972), les sujets devaient apprendre une liste de 48 paires de mots faciles à imaginer. Les conditions d'imagerie étaient manipulées en demandant au sujet de se créer une image mentale correspondant à la situation décrite dans une brève phrase contenant une paire de mots à retenir. Certains sujets pouvaient voir une paire de mots incluse dans une phrase bizarre alors que, pour d'autres sujets, elle était incluse dans une phrase plausible. Par exemple, pour la paire AUTOMOBILE - PARAPLUIE, la phrase plausible-interactive se lisait comme suit : « la vieille AUTOMOBILE verte écrase un PARAPLUIE ouvert » alors que la phrase bizarre-interactive était : « la vieille AUTOMOBILE verte se protège dans la circulation avec un PARAPLUIE ouvert ». Les mots à retenir étaient en majuscules. Les résultats n'ont indiqué aucun avantage en faveur des images bizarres. La performance était équivalente pour les deux types de phrases : 20 % en rappel libre et environ 60 % en rappel indicé. Pour Kroll et ses collaborateurs (1986), il est clair que si l'on tient compte de l'interaction, la bizarrerie n'a pas vraiment d'effet sur le rappel de mots. Cependant, en interrogeant leurs sujets après les tests de mémoire, ils ont noté que ces derniers **croyaient** s'être rappelés plus de mots dans la condition incluant des images bizarres et que le rappel de ces images bizarres semblait plus facile. Il se pourrait donc que ce ne soit pas la mémoire elle-même qui soit influencée par la bizarrerie mais bien la perception que le sujet a de sa propre performance mnémonique. C'est donc la métamémoire, cette connaissance que l'on a de son propre fonctionnement mnémonique, qui serait touchée. Comme nous le verrons plus loin, la métamémoire ne fournit pas toujours une information exacte sur l'efficacité des processus mnémoniques.

Les méthodes mnémotechniques verbales

Les stratégies dont nous traiterons maintenant touchent la difficulté de rappel de matériel déjà en mémoire et pour lequel un encodage par imagerie n'a pas établi d'indices de récupération spécifiques. Il s'agit donc de stratégies dont le but est de faciliter le rappel de connaissances déjà mémorisées. L'une de ces stratégies très répandue consiste à utiliser la ou les premières lettres des mots comme indice de récupération. Par exemple, le mot anglais « HOMES » permet de se souvenir du nom des Grands Lacs : « Huron, Ontario, Michigan, Érié, Supérieur ». Cette stratégie ne fait pas appel à l'imagerie, mais plutôt à un recodage verbal structuré des premières lettres ou syllabes en un mot ou une phrase plus facile à retenir. Cette structure est associée aux mots à retenir et, lors du rappel, elle est réactivée avec les règles de décodage. Elle sert alors d'indice de récupération. Ainsi, la phrase suivante : « Mon Vieux, Tu Me Jettes Sur Une Nouvelle Planète » permet de nommer les planètes, dans l'ordre, à partir du Soleil. Différents trucs du genre ont été développés pour des fins très spécifiques.

Il est bien évident que cette stratégie est fonctionnellement différente des méthodes mnémotechniques abordées antérieurement. Elle est presque uniquement utilisée pour se rappeler de connaissances spécifiques. Morris et Cook (1978) ont testé l'efficacité de la technique de la première lettre dans une tâche de rappel libre. Les sujets devaient apprendre une liste de mots débutant par une consonne et organisée de telle façon qu'il était possible de former un mot en insérant des voyelles entre certaines consonnes. Par exemple, une liste pouvait se lire comme suit : « Manteau, Nacelle, Tuyau, Roue », l'indice mnémonique étant MoNTRe. Cet indice était fourni au sujet lors de l'étude des listes et lors du rappel. Il s'est avéré d'aucune valeur pour faciliter le rappel. Par contre, dans une seconde expérience, les sujets devaient mémoriser les jours de la semaine dans trois ordres aléatoires comme : « Jeudi, Mercredi, Samedi, Lundi, Dimanche, Mardi, Vendredi ». La moitié des sujets ne recevait aucune aide particulière alors que l'autre moitié avait l'aide de phrases comme : « Je ME Suis Lavé Dans MA Voiture », qui utilisent un encodage de la première lettre. Lors du rappel, le groupe ayant bénéficié de l'aide d'une méthode mnémotechnique avait une performance de 90 % alors que l'autre groupe n'atteignait que 55 %.

Ainsi, la stratégie de la première lettre est utile dans les cas ou des mots déjà en mémoire doivent être rapportés dans un ordre précis ou encore lorsqu'il n'y a pas de moyens idiosyncrasiques faciles à développer. Alors, il semble que l'effort exigé pour mémoriser la stratégie de récupération est compensé par la facilité et la précision accrues du rappel.

Enfin, il faut souligner l'utilisation d'une technique consistant à créer une histoire avec les mots présentés. Belleza (1981) considère cette technique comme un système d'enchaînement. Les mots à retenir sont incorporés les uns à la suite des autres dans une histoire. Quoique d'abord verbale, il est possible que cette technique puisse incorporer des composantes visuelles.

LES TECHNIQUES D'ÉTUDE

Il s'agit ici de techniques pouvant faciliter l'apprentissage et la mémorisation de textes de prose contenant une information structurée ayant un sens. Il s'agit donc d'aide-mémoire utilisés lors de l'encodage de matériel organisé en relation avec un sujet d'étude ou un événement. L'exemple typique de cette activité est l'étude faite dans un contexte scolaire.

Ces techniques sont plus globales et complexes que les méthodes mnémotechniques, puisqu'en plus de la mémorisation elles impliquent une compréhension du texte. Elles ont souvent comme caractéristique de faciliter l'extraction des principaux points du texte et leur organisation.

La méthode PQ4R

Anderson (1985) présente une méthode classique, la méthode PQ4R. Elle tire son nom des termes anglais désignant les principales phases de son application, soit *Preview, Question, Read, Reflect, Recite, Review.* Bien qu'elle fasse référence à des termes anglais, nous utiliserons l'abréviation anglaise qui est consacrée. L'étude d'un chapitre d'un manuel à l'aide de cette méthode comporte donc six phases :

1. Survol (*preview*) : Survol du chapitre pour en déterminer les principaux points et identifier les sections qui doivent être lues en unités d'étude.

Ensuite, une section à la fois, on répète les phases 2, 3, 4, 5 :

2. Questionnement (*question*) : Élaboration de questions sur le texte en utilisant le plus possible les titres et sous-titres des sections.

3. Lire (*read*) : Lecture du texte en essayant de répondre aux questions.
4. Réflexion (*reflect*) : Réflexion sur le sens du texte, mise en relation avec d'autres contenus en mémoire, élaboration du contenu.
5. Rappel (*recite*) : Rappel du contenu après chaque section en tentant de répondre encore aux questions élaborées auparavant.

Après avoir complété le chapitre :

6. Révision (*review*) : Révision du contenu du chapitre en insistant sur les points importants et en revenant sur les questions.

Il y a donc trois moments importants dans cette méthode. L'élaboration d'un plan d'étude lors de la phase 1. Ce plan peut souvent avoir la forme d'un schéma fournissant une organisation du chapitre. Les sections 2, 3, 4 et 5 forment la période d'étude active. Dans cette étude, deux points importants doivent être considérés : premièrement, l'étudiant doit élaborer lui-même les questions, l'**autoquestionnement** (en anglais, *self-questioning procedure*), et deuxièmement, ces questions sont préalables à l'étude de la section, ce sont des préquestions. La période de révision globale permet la consolidation des encodages réalisés durant l'étude.

L'autoquestionnement

On peut certainement s'interroger sur l'efficacité de questions accompagnant un texte (en anglais, *adjunct questions*), par rapport à des questions élaborées par le lecteur lui-même. Frase (1975) a réalisé une expérience intéressante sur ce sujet. Les sujets lisaient un texte de prose et ensuite devaient répondre à une série de questions. Ils étaient testés en paires de la façon suivante : le sujet A lisait une première moitié du texte en élaborant des questions d'étude. Ces questions étaient données au sujet B qui les utilisait pour étudier cette même moitié de texte. Par la suite, les sujets changeaient de rôle. Le sujet B lisait, en élaborant des questions, la deuxième partie du texte et le sujet A utilisait ces questions pour sa lecture. De cette façon, les deux sujets avaient toujours étudié avec les mêmes questions. Il n'est apparu aucune différence entre les deux groupes quant à la précision des réponses, dans le test final, aux questions « pertinentes » portant sur les contenus touchés par les questions d'étude. Une légère supériorité de l'autoquestionnement est apparue pour des questions « non pertinentes » portant sur du matériel non couvert par les questions d'étude. Par contre, la performance globale des deux groupes était de 10 à 15 % supérieure à celle d'un groupe contrôle qui n'utilisait aucune technique d'étude particulière. Wong (1985) a fait une revue exhaustive de 27 études ayant évalué l'efficacité de l'autoquestionnement sur la mémorisation et la compréhension de matériel scolaire. Elle en conclut que cette technique est en général efficace, soit parce qu'elle induit un traitement actif de l'information ou encore qu'elle permet au sujet de mieux évaluer son niveau de compréhension durant la lecture du texte.

Préquestions ou postquestions?

Selon Anderson (1985), il ne semble pas essentiel de faire la lecture d'une section avec des questions d'étude en tête. La méthode PQ4R est tout aussi efficace avec des postquestions présentées après la section dans les phases de rappel (*recite*) et de révision (*review*), qu'avec des préquestions. Hamilton (1985) fait une analyse approfondie du rôle joué par des questions d'étude et des objectifs d'étude sur le rendement à des tests de rétention mot à mot et sémantique de textes en prose. La performance avec des préquestions et postquestions est équivalente et en général supérieure d'environ 20 % par rapport à un groupe contrôle auquel on n'a pas fourni de questions. Par contre, Hamilton souligne que cela n'est vrai que dans le cas de rappel mot à mot. Si le rappel s'effectue sur les aspects sémantiques du texte, comme la compréhension, l'utilisation de préquestions est préférable. Le rendement à des tests de compréhension est supérieur de 20 % avec des préquestions et de 14 % avec des postquestions.

Cet effet positif associé à l'utilisation de questions d'étude ne serait pas dû à un traitement plus approfondi du texte mais bien à un encodage approprié au test de mémoire (voir Morris, Bransford et Franks, 1977). Kiewra (1985a) renforce cette position et affirme qu'il est souvent très peu utile de procéder à un encodage très élaboré lors de l'étude. Quant à lui, les activités menant à une plus grande organisation du matériel doivent être privilégiées.

Ces techniques mettent donc l'accent sur l'élaboration d'indices de récupération basés sur une organisation structurée du matériel étudié. Plus les questions d'étude seront pertinentes pour le test de rétention à venir, plus le bénéfice global de cette technique sera grand. La correspondance entre l'encodage et la récupération y joue donc un rôle déterminant. Dans ce sens, la présentation d'objectifs d'étude présentant les modes et critères d'évaluation sont essentiels pour amener l'étudiant à être efficace sur le plan cognitif, surtout si le texte ne possède pas une bonne structure sémantique, s'il est difficile à lire.

Une des difficultés majeures de l'autoquestionnement réside dans la production de questions. Il n'est pas toujours facile pour l'étudiant de trouver de bonnes questions sur un contenu dont il n'a fait qu'un survol, surtout si le texte n'est pas bien structuré. C'est pourquoi il est souhaitable que les manuels contiennent des questions qui puissent être utilisées pour l'étude.

La prise de notes et l'encodage

L'un des aide-mémoire les plus courants dans un contexte d'étude est la prise de notes. Dans l'analyse de l'efficacité de la prise de notes, on distingue généralement entre deux fonctions : une fonction interne se produisant lors de l'encodage et une fonction externe ayant cours lors de la révision.

En tant que fonction interne, la prise de notes pourrait agir un peu comme le questionnement dans la méthode PQ4R. La procédure expérimentale typique utilisée pour évaluer le rôle interne consiste à comparer deux goupes de sujets, l'un ayant pris des notes durant un cours ou encore lors de la lecture d'un texte, et l'autre ne prenant pas de notes. Les notes sont recueillies immédiatement après cette phase d'étude et ne sont disponibles ni pour une révision, ni lors du test de rétention ou de compréhension. Kiewra (1985a) fait une revue complète des travaux portant sur la prise de notes. Ses conclusions, ainsi que celles de Einstein, Morris et Smith (1985) et Peper et Mayer

(1986) indiquent que la prise de notes favorise l'organisation des idées importantes d'un texte. L'effet de la prise de notes n'apparaît pas si le test qui suit l'étude ne porte que sur des apects non créatifs, mot à mot, du contenu étudié.

L'expérience de Peper et Mayer (1986) est très claire sur ce point. Leurs sujets visionnaient un vidéo de 23 minutes sur le fonctionnement d'un moteur d'automobile. Un groupe de sujets prenait des notes, alors que l'autre n'en prenait pas. À la fin du cours, les notes étaient recueillies et les sujets recevaient un test comportant des questions de reconnaissance mot à mot, de rétention de faits, et de résolution de problème. Les questions de reconnaissance consistaient à présenter deux phrases dont l'une était tirée du cours et l'autre, une version modifiée de cette dernière. Le pourcentage de réponses correctes à ces divers types de question apparaît au tableau 8.2.

TABLEAU 8.2
Effet de la prise de notes sur le pourcentage de bonnes réponses aux divers types de question du test de mémoire

Groupe	Types de question		
	Reconnaissance Mot à mot	**Rétention de faits**	**Résolution de problème**
Avec notes	75	46	63
Sans notes	84	51	51

(D'après Peper et Mayer, 1986.)

La seule condition où la prise de notes produit un effet positif est dans le cas où l'information apprise doit être utilisée pour résoudre un problème décrivant par exemple une panne de moteur. Peper et Mayer concluent donc que la prise de notes facilite l'encodage lorsqu'elle induit chez l'étudiant une activité d'intégration de l'information. Ils soulignent que cela ne serait pas possible dans des conditions où un cours est donné à vive allure ou bien si l'étudiant est très peu familier avec le contenu.

La prise de notes et la révision

Qu'en est-il du rôle externe de la prise de notes? Il n'est pas étonnant que Kiewra (1985a) rapporte qu'aucune des 22 études qu'il a analysées sur ce sujet n'indique d'effet négatif de l'utilisation de notes pour effectuer la révision d'un contenu étudié auparavant. Cette conclusion générale doit cependant être nuancée.

Barnett, DiVesta et Rogozinski (1981) ont comparé la performance de sujets dont la révision consistait uniquement en une production d'un résumé structuré (en anglais, *outline*) du matériel étudié à celle d'un autre groupe qui procédait à une révision élaborée dans laquelle l'information du cours était mise en relation avec de l'information n'ayant pas été présentée dans le cours. Ils constatent que l'efficacité des méthodes est fonction du type de test auquel les sujets sont soumis. La révision par élaboration semble mener à une vision plus « personnelle » du contenu et parfois amène un manque de généralité. Il y a une différence de performance appréciable selon que les questions portent ou non sur des contenus ayant fait l'objet d'élaboration. La production de résumés structurés joue un rôle de réorganisation qui en général favorise une bonne performance. Encore une fois, il est évident que les deux grands facteurs qui régissent une étude efficace sont l'encodage spécifique et l'organisation du matériel étudié.

En terminant cette analyse de l'activité de prise de notes, il faut souligner une difficulté importante rencontrée dans ces études. Il s'agit de la diversité du type de contenu des notes. Alors que les notes de certains étudiants contiennent une organisation des grandes idées, des points importants du cours, d'autres ne sont qu'une transcription mot à mot ou une liste de faits spécifiques. Le contenu des notes détermine le matériel qui sera révisé et conséquemment le type d'information qui sera mémorisé. Pour pallier cette difficulté, Kiewra (1985b) a démontré que la technique la plus efficace consiste à fournir à l'avance à l'étudiant un plan très détaillé du contenu du cours. Ce plan devrait alors servir de canevas pour la prise de notes et rendre la révision plus pertinente.

Prendre des notes pour aider la mémoire lors d'un test ultérieur remplit donc deux fonctions : l'une interne, associée à l'encodage et l'autre, externe, plus couramment reconnue, améliorant la révision.

L'AIDE À LA RÉCUPÉRATION DE CONNAISSANCES GÉNÉRALES

Nous analysons ici les stratégies possibles dans des situations où aucune stratégie particulière n'avait été utilisée lors de l'encodage. Ces situations sont très courantes, car nous procédons rarement à un encodage stratégique dans la vie de tous les jours. Cependant, certaines stratégies générales demeurent disponibles pour faciliter la récupération d'informations probablement disponibles en mémoire. Il faut distinguer entre les situations de récupération sémantique impliquant la recherche d'informations générales, et celles de récupération épisodique où il s'agit de se souvenir d'un événement passé. Nous allons d'abord aborder les problèmes de récupération sémantique.

« Je l'ai sur le bout de la langue »

L'une des situations typiques de problèmes de récupération se produit lorsque l'on essaie de dire un mot et qu'il ne vient pas à la mémoire. Dans ces cas, nous sommes certains de connaître le mot recherché mais, pour une raison inconnue, il nous échappe. En 1966, Brown et McNeill ont mis au point une technique pour induire chez des sujets un tel état qu'ils ont appelé : « **Je l'ai sur le bout de la langue** » (en anglais, *Tip Of the Tongue*, ou TOT). Nous utiliserons l'acronyme anglais TOT pour désigner ce phénomène. Brown et McNeill (1966) ont présenté aux sujets des définitions de mots rares et leur ont demandé de donner le mot qui correspondait à ces définitions. Un exemple du genre de définition utilisée serait : « Petite embarcation chinoise à voile unique » (sampan). Les sujets peuvent spontanément trouver le mot recherché ou encore être tout à fait certains de ne pas le connaître. Parfois, ils ont le sentiment de savoir la réponse sans pouvoir la donner; ils disent alors qu'ils ont la réponse « sur le bout de la langue ». Ce sont ces états que l'on appelle TOT. Brown et McNeill rapportent que les sujets en état TOT avaient l'air tourmentés, un peu comme s'ils allaient éternuer, et éprouvaient un réel soulagement lorsqu'ils trouvaient la réponse.

Il est intéressant de voir comment les sujets réussissaient à sortir de l'état TOT, à trouver la réponse. Brown et McNeill (1966) demandaient à leurs sujets de donner tous les mots qui leur venaient à l'esprit durant la recherche, même s'ils ne correspondaient pas à la définition proposée. Ces mots sont appelés « mots intermédiaires ». Lorsque le sujet avait épuisé ses ressources, ils lui demandaient de dire combien de syllabes comprenait le mot recherché et quelle en était la première lettre. Dans plus de 50 % des cas, les sujets connaissaient la première lettre du mot. De plus, il y avait une similarité syntaxique ou sémantique entre les mots recherchés et les intermédiaires. Par exemple, pour le mot « sampan » les intermédiaires Saipan, Siam, sarong ou encore jonque ou barge étaient donnés par les sujets.

L'intérêt de ce phénomène réside dans le fait qu'il semble vraiment mettre en cause un problème de récupération. L'information est disponible mais le sujet ne semble pas capable de générer des indices de récupération suffisamment précis pour activer le mot recherché dans la mémoire sémantique. C'est à cette difficulté de générer des indices efficaces que s'adressent les méthodes d'aide à la récupération.

Une analyse typique de divers protocoles d'états TOT a été faite par Gruneberg et Sykes (1978). Ils ont provoqué des états TOT chez des sujets qui devaient nommer les capitales de différents pays. Ils rapportent que la plupart des sujets ont utilisé l'ordre alphabétique pour générer des indices de récupération. Ces indices ne sont cependant pas évalués quant à leur efficacité. Reason et Mycielska (1982) rapportent une étude de Deborah Lucas dans laquelle des sujets devaient donner le nom de vedettes de cinéma de la période 1940 - 1960 dont on présentait la photographie. Ils ont étudié les stratégies de récupération dans un état TOT en permettant aux sujets d'obtenir différents indices de la part de l'expérimentateur. Près de 70 % des indices demandés étaient les initiales de la vedette. Cependant, cet indice n'a permis de trouver le nom recherché que dans 30 % des cas. Un indice sémantique, comme le titre du film dans lequel cette vedette avait joué, quoique utilisé plus rarement, s'est avéré tout aussi efficace. C'est ce genre de données qui faisait dire à Morris (1978) que la stratégie de la première lettre, sans être la plus efficace, est certes la plus populaire.

Les états TOT bloqués et non bloqués

Dans une étude récente, Reason et Lucas (1984) ont demandé à 32 volontaires de tenir un journal décrivant les caractéristiques des états TOT dans lesquels ils étaient entrés durant un mois. Il s'agit ici d'études très différentes puisqu'il fallait étudier l'apparition d'états TOT dans la vie de tous les jours, en l'absence de toute manipulation expérimentale. Dans leur analyse, ils distinguent entre les états bloqués et les états non bloqués.

Un état bloqué se caractérise par l'apparition récurrente à la mémoire d'un mot autre que la cible recherchée. Dans un tel état, nous sommes en quelque sorte « coincés » avec un mot qui n'est pas le bon mais qui revient constamment. L'état non bloqué ne comporte pas un tel mot. Des 75 états rapportés, 53 % étaient bloqués. La grande différence de stratégies entre ces deux états est que dans les états non bloqués, 85 % des solutions sont obtenues grâce à des stratégies internes alors que dans les états bloqués ce pourcentage tombe à 55 %. En fait, 45 % des états bloqués sont résolus en faisant appel à une aide externe comme la consultation de références ou encore en demandant la réponse à quelqu'un. De plus, la grande majorité des stratégies internes consistaient à générer des indices sémantiquement semblables. La méthode de la recherche par ordre alphabétique n'a été utilisée que dans 5 % des cas.

Dans les états bloqués, il semble bien qu'il soit difficile de procéder à la production de divers indices de récupération. Il y a une intrusion d'un mot qui revient constamment comme réponse. Les sujets de Reason et Lucas (1984) ont jugé cet intrus comme plus familier et ayant été utilisé plus récemment que le mot recherché. L'une des stratégies les plus efficaces dans ces cas consiste tout simplement à interrompre la recherche en mémoire et attendre un peu plus tard que la réponse vienne d'elle-même.

L'ordre alphabétique comme stratégie de récupération

L'absence d'efficacité d'une technique utilisant la première lettre comme indice de récupération a aussi été démontrée pour une tâche de rappel en mémoire sémantique. Gronlund et Shiffrin (1986) ont demandé à des sujets de nommer le plus grand nombre possible de membres de catégories connues, soit des animaux à quatre pattes, des sports, des fruits et des légumes, des oiseaux. Ils avaient 12 minutes par catégorie pour donner leurs réponses. Les deux conditions d'expérimentation qui nous intéressent ont consisté à permettre une stratégie tout à fait libre ou bien à exiger de donner les réponses selon l'ordre alphabétique. Le nombre de mots cumulés par tranche de trois minutes de la période de 12 minutes apparaît à la figure 8.4. Non seulement la stratégie alphabétique n'aide pas le rappel mais elle entraîne une réduction marquée.

Gronlund et Shiffrin (1986) interprètent ces données en faisant appel au coût cognitif associé à l'appariement des lettres de l'alphabet et des membres d'une catégorie. Les mots qui viennent spontanément à la mémoire ont rarement une première lettre correspondant à la lettre de l'alphabet dirigeant la recherche à ce moment.

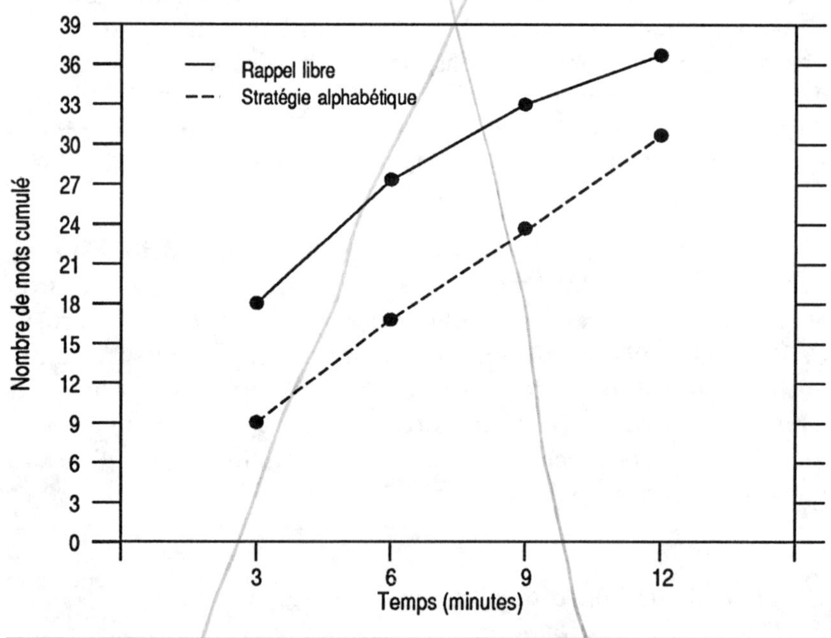

FIGURE 8.4
Nombre cumulé de mots générés durant une période de 12 minutes (d'après Gronlund et Shiffrin, 1986).

Plusieurs mots doivent donc être temporairement rejetés jusqu'à ce que la lettre appropriée contrôle la récupération. Le coût cognitif consiste alors en un ralentissement du processus de récupération et à une réduction conséquente du nombre de mots qui peuvent être récupérés durant une période de temps donnée. Il ne semble donc pas y avoir de stratégies de récupération dont l'efficacité transcende les conditions spécifiques d'une situation de récupération. Même une stratégie aussi courante que l'utilisation des lettres de l'alphabet comme indice de récupération n'est pas toujours utile.

Le sentiment de savoir

Un élément fondamental de la mise en place d'une stratégie de récupération est le **sentiment de savoir**, SS (en anglais, *Feeling Of Knowing*, FOK). Le SS est un jugement subjectif qui est porté suite à un échec de rappel. C'est cette croyance que l'on a de connaître la réponse à une question sans pouvoir la donner. Le SS est un aspect important de la métamémoire qu'il faut distinguer d'une estimation qu'un sujet pourrait faire de la probabilité qu'il puisse répondre à une question donnée. Il entre en jeu suite à une difficulté de récupération. Ce sentiment a une influence déterminante sur la décision d'utiliser une stratégie de récupération et sur la persévérance qu'un sujet démontrera.

Nelson et Narens (1980) ont mis au point une technique puissante pour étudier les SS. Ils ont établi une banque de 240 questions portant sur divers sujets tels les sports, la géographie, les sciences, les arts, les spectacles, l'histoire et la littérature. Ces questions sont posées à des sujets jusqu'à ce qu'un nombre-critère de réponses incorrectes (de dix à 20 questions) ait été produit. Ces erreurs peuvent être soit des omissions, questions dont le sujet ne sait pas la réponse, ou encore des commissions, questions pour lesquelles le sujet a donné une réponse qu'il croyait correcte mais qui était fausse. Par la suite, le sujet ordonne ces questions d'après le sentiment qu'il a de pouvoir reconnaître la bonne réponse, du plus certain au moins certain. Cette procédure de sériation est à l'abri de certaines critiques adressées aux études dans lesquelles le sujet identifiait par un chiffre de 1 à 4, par exemple, la force de son sentiment de savoir, au lieu de sérier les questions. Enfin, le sujet reçoit un test-critère servant à évaluer la justesse du SS. Ces tests sont en général des tests de reconnaissance où l'item recherché est présenté parmi des items distracteurs.

La principale question à laquelle les chercheurs se sont intéressé concerne la validité de ces jugements. Est-ce que le SS est un bon prédicteur de la reconnaissance ultérieure d'un item dont on n'a pu se souvenir? La constatation globale à laquelle on arrive est qu'il existe une relation positive mais faible entre le SS et la performance aux tests-critères.

Cependant, Krinsky et Nelson (1985) ont démontré qu'il existerait une différence importante entre les erreurs de commission et d'omission. Le fait de proposer une réponse que l'on croit acceptable influence à la hausse le SS. Les SS sont, en effet, plus élevés suite à une erreur de commission en comparaison aux erreurs d'omission. Par contre, la relation entre le SS et la performance au test-critère disparaît lorsqu'il y a eu erreur de commission. Qui plus est, non seulement ces erreurs entraînent-elles un SS non valide mais elles réduisent la durée de la recherche en mémoire. Il faut donc se méfier de l'optimisme qui peut faire suite à ces questions auxquelles nous avons donné une réponse erronée.

Nelson, Leonesio, Landwehr et Narens (1986) ont comparé la valeur prédictive du SS à celle de la difficulté normative d'un item. Cette difficulté est définie par la probabilité d'une réponse correcte aux diverses questions, estimée par l'administration du questionnaire à un groupe de sujets. Ils ont démontré que la difficulté normative d'un item est un meilleur prédicteur de réussite que le sentiment de savoir. Il est probable que nous ne puissions répondre à une question difficile, en dépit du sentiment que nous pouvons avoir d'en connaître la réponse.

Nous ne savons encore pourquoi ces jugements de SS sont peu cohérents avec la performance à un test de reconnaissance ultérieur. Nelson, Gerler et Narens (1984) ont présenté 12 mécanismes qui pourraient sous-tendre les jugements de SS. Ces mécanismes proposent soit que les jugements sont basés sur une trace partielle de l'information recherchée, soit qu'ils sont déterminés par des inférences faites à partir d'informations non directement reliées à l'item recherché. Ces informations seraient, par exemple, l'expertise dans un domaine, ou encore une connaissance générale d'un événement dont on recherche un aspect spécifique. Il n'est pas possible présentement de faire un choix entre ces diverses possibilités.

Un principe général qui semble jouer pour déterminer le SS pourrait être un biais faisant en sorte que le sujet donne trop d'importance à des facteurs idiosyncrasiques aux dépens des aspects factuels. L'évaluation que nous pouvons faire de l'efficacité de notre propre fonctionnement mnémonique est donc bien imparfait et possiblement biaisé. Comme le SS détermine souvent nos stratégies de récupération, il serait important de tenter de le rectifier en accordant d'une part, plus d'importance à la difficulté normative d'une question et, d'autre part, moins d'importance aux erreurs de commission qui semblent induire un SS par trop élevé.

Cette imperfection de notre métamémoire peut avoir des conséquences graves. En effet, Wells et Murray (1984) ont démontré qu'il y a une relation extrêmement faible entre la confiance qu'a un témoin oculaire dans l'identification qu'il fait d'un présumé coupable et le jugement qui est ultérieurement rendu sur la culpabilité de cet individu. Ils concluent que la confiance qu'exprime un témoin par rapport à l'identification d'un criminel n'est d'aucune utilité pour la précision de cette information. Un témoin très certain n'est pas plus exact qu'un témoin dont le jugement est plus mitigé, même si, souvent, il fournit plus de détails à l'appui de son identification. La récupération de l'information mise en mémoire est un processus actif dont nous comprenons mal le fonctionnement. De toute évidence, les jugements que nous portons sur l'efficacité de notre propre mémoire peuvent souvent être erronés.

LA RÉCUPÉRATION D'ÉVÉNEMENTS PASSÉS

« Qui était dans votre classe en 6e année? » En y pensant un peu, il devient évident que pour répondre à cette question, il faut se remettre en contexte. Il faut se rappeler non seulement les gens mais aussi le local de classe, la cour d'école, le professeur, bref, le contexte. Très souvent, le rappel d'événements qui se sont passés durant cette année devient important pour se souvenir de certaines personnes. Par exemple : « C'est en 6e année que j'avais organisé une équipe de hockey avec Gaston. Gaston, il se tenait toujours avec Marcel... » Ce type de tâche est souvent appelé **mémoire autobiographique.** C'est dans ce genre de situation de rappel que le processus de récupération peut être le plus clairement vu comme un processus de reconstruction.

Le cycle de récupération

Williams et Hollan (1981) ont demandé à des sujets de se rappeler du nom de personnes qui avaient été à l'école avec eux 20 ans auparavant. Ils ont demandé aux sujets de noter les stratégies qu'ils utilisaient pour effectuer cette tâche plutôt difficile. Ils en ont tiré ce qu'ils ont appelé un **cycle de récupération.** Ce cycle débute par une phase de mise en contexte mental. Les sujets se remémorent alors certaines caractéristiques physiques, géographiques, temporelles de cette période. Ces caractéristiques servent d'indices dans la phase de prospection en mémoire. En activant ces informations de récupération, certains noms reviennent à la mémoire et à leur tour servent d'indices de récupération. Enfin, dans une troisième phase, ces noms sont vérifiés en les utilisant comme indice de récupération pour des événements vérifiables. Nous retrouvons dans ce cycle les trois phases de la récupération dont nous avons traité au chapitre 7. Toute méthode d'aide au souvenir devrait donc, d'une part, faciliter la remise en contexte et, d'autre part, permettre une vérification des souvenirs qui sont alors générés. C'est cette dernière phase qui rend très difficile ce type de recherche, car très souvent les événements personnels qui ont eu lieu il y a plusieurs années sont presque impossibles à vérifier.

Certaines situations exceptionnelles permettent cependant de telles vérifications. Lors de la célèbre enquête du Watergate mettant en cause le comportement du président américain Richard Nixon, il a été possible de vérifier l'exactitude des souvenirs du témoin vedette John Dean à l'aide des enregistrements magnétiques que le président avait fait de plusieurs conversations pertinentes. Ces enregistrements ont permis de démontrer que l'oubli était plus important pour les détails que pour le sens des conversations.

Les témoignages induits par hypnose

Il existe un domaine de recherche dans lequel de nombreux travaux ont été effectués pour tenter d'améliorer le souvenir que les gens ont d'un événement. Il s'agit de l'étude des témoignages dans les enquêtes policières. Dans le cadre de ces enquêtes, une technique est de plus en plus utilisée pour tenter de « rafraîchir » la mémoire des témoins : l'**hypnose.** Nous allons examiner brièvement les données pertinentes à cette technique.

L'hypnose se caractérise par l'augmentation de la propension à réagir en conformité à une suggestion (Orne, Soskis, Dinges et Orne, 1984). Ces suggestions peuvent entraîner chez un sujet des modifications de la perception, de la mémoire ou des émotions. Dans un état d'hypnose, le sujet permet à l'hypnotiseur de définir sa réalité, abandonnant ainsi son jugement critique. Pour autant qu'une suggestion est acceptable dans le contexte hypnotique, le sujet tentera de s'y conformer peu importe qu'elle ait ou non du sens. Il existe de grandes différences entre les individus quant à leur capacité de répondre à la suggestion hypnotique. Dans une séance d'hypnose, environ 50 % de sujets volontaires peuvent avoir une hallucination dans laquelle un maringouin est près d'eux. Seulement, 20 % des sujets nient l'odeur de l'ammoniaque alors qu'ils en ont juste sous le nez et environ 25 % des sujets peuvent vraiment avoir une amnésie posthypnotique dans laquelle ils oublient un matériel donné appris ou vécu durant la séance d'hypnose, suite à une suggestion de l'hypnotiseur. La capacité de répondre à la suggestion hypnotique varie donc d'un individu à l'autre et les phénomènes sensationnels ne peuvent être obtenus qu'avec un certain nombre de personnes (voir Gregg, 1986). Dans un tel état, les sujets sont particulièrement affectés par toute question tendancieuse et accepteront comme véridique toute information ou souvenir qui leur est suggéré. La volonté du sujet de se conformer aux suggestions de l'hypnotiseur l'amènera à halluciner ou confabuler avec conviction. La confabulation fera en sorte que, dans sa description d'un incident préhypnotique, un sujet hypnotisé pourra décrire par exemple le visage d'un individu qui ne lui a pas été montré. Ces quelques considérations sur l'hypnose veulent surtout donner une idée du phénomène hypnotique et souligner les difficultés associées à son utilisation et à son évaluation. Il est bon de souligner qu'en général les investigateurs entraînés à l'hypnose sont au fait de ces difficultés et en tiennent compte dans leur pratique.

Les deux questions que les chercheurs se sont posées quant à l'utilisation de l'hypnose pour susciter des témoignages sont, premièrement : « Est-ce que l'hypnose améliore vraiment le rappel? » et deuxièmement : « Les témoins hypnotisés sont-ils plus enclins à confabuler et ainsi à commettre des erreurs de rappel? » (Yuille et Kim, 1987). Une analyse détaillée de ces questions est faite par Orne et ses collaborateurs (1984) et Yuille et Kim (1987).

Une grande controverse existe présentement entre les résultats obtenus sur le terrain par des investigateurs policiers entraînés à l'hypnose et les résultats obtenus dans des recherches faites en laboratoire. Les premiers rapportent que l'hypnose a permis d'aider à la solution de crimes dans 80 % des cas. Dans les études faites en laboratoire, l'hypnose ne semble pas produire d'effet important sur la mémoire. Pour les chercheurs en laboratoire, les succès de l'hypnose dans les enquêtes policières seraient dus non pas à l'hypnose comme telle mais plutôt au fait que les interrogatoires qui l'utilisent sont mieux construits et plus approfondis que les interrogatoires réguliers. Ils sont faits dans un environnement plus relaxant avec une insistance sur le contexte et une attitude plus ouverte comparativement aux entrevues menées dans un poste de police par le constable de service. Quant aux praticiens, ils considèrent que le matériel traditionnel des recherches sur la mémoire est trop simple et « émotionnellement neutre » pour permettre de démontrer l'effet de l'hypnose.

Geiselman, Fisher, MacKinnon et Holland (1985) ont tenté d'apporter une réponse à ces diverses interrogations. Plusieurs aspects de leur travail sont intéressants. Tout d'abord, ils ont effectué leur recherche dans les conditions les plus valides possibles. Ils ont fait visionner à des sujets de courts films (4 min) montrant des crimes comme un vol de banque, ou un vol à main armée dans un magasin de vente d'alcool. Ces films, très réalistes, sont utilisés par la police de Los Angeles pour la formation des policiers. Trois formes d'interrogatoire ont été utilisées : un interrogatoire régulier où le témoin relate les faits dont il a été témoin et ensuite y apporte des précisions suite aux questions de l'investigateur; un interrogatoire sous hypnose mené par des professionnels; un interrogatoire cognitif fait selon une technique mise au point par Geiselman. Cette dernière technique s'appuie fortement sur l'utilisation de l'imagerie pour recréer un contexte et manipuler les composantes d'un événement. Dans cet interrogatoire cognitif, on demande d'abord au témoin de se replacer dans le contexte du crime. Par la suite, il rapporte toute l'information qui lui vient à l'esprit. Enfin, on lui demande de se rappeler un événement selon un déroulement différent de celui dans lequel il s'est produit, pour terminer par un rappel selon la perspective d'autres personnes qui étaient impliquées dans l'incident.

Geiselman et ses collaborateurs (1985) ont mesuré le nombre d'éléments d'information corrects rapportés, le nombre d'éléments incorrects et le nombre de confabulations, c'est-à-dire d'informations non disponibles dans le film. D'après le tableau 8.3, il semble que l'interrogatoire cognitif est aussi efficace que l'hypnose pour produire une augmentation du rappel d'informations pertinentes. De plus, l'augmentation des erreurs est relativement faible et la confabulation est même moindre qu'avec l'hypnose.

Les aspects de remise en contexte associés à la procédure cognitive, et non l'hypnose en soi, seraient déterminants dans les cas où l'hypnose a permis l'obtention de nouvelles informations. Ces informations sont en général correctes et pourraient certainement contribuer à la réussite d'une enquête. Cependant, Yuille et Kim (1987) ainsi que Geiselman et ses collaborateurs (1985) considèrent que

TABLEAU 8.3
Qualité de l'information obtenue avec trois types d'interrogatoire portant sur un scénario de vol

Nombre d'éléments d'information	Types d'interrogatoire		
	Cognitif	**Hypnose**	**Régulier**
Corrects	57	51	30
Incorrects	8	9	3
Confabulés	0,6	1,6	0,7

(D'après Geiselman, Fisher, MacKinnon et Holland, 1985.)

l'hypnose en tant que telle pourrait être bénéfique dans les situations où la personne interrogée a été traumatisée par l'incident pour lequel elle doit témoigner. En général, il est avantageux de s'en tenir à une technique cognitive qui est moins controversée et tout aussi efficace.

Il ne semble donc pas y avoir de techniques simples et faciles pour améliorer la précision de nos souvenirs. Cependant, tout effort pour se remettre dans le contexte prévalant lors de l'événement recherché en mémoire sera bénéfique pour augmenter l'accès à une information disponible.

SE SOUVENIR DE FAIRE QUELQUE CHOSE

Pour terminer cette revue des stratégies et méthodes d'aide à la mémoire, nous allons brièvement considérer la branche gauche de l'arbre de décision de Morris (1978) présenté à la figure 8.1. La mémoire d'une intention ou d'une action est un sujet encore bien mal connu. L'un des rares articles sur le sujet (Harris, 1984) a comme titre « *Remembering to do things : a forgoten topic* » (« Se souvenir de faire quelque chose : un sujet oublié »). L'analyse que fait Harris (1984) et aussi celle de Intons-Peterson et Fournier (1986) indiquent clairement que les gens utilisent presque uniquement des aide-mémoire externes pour ne pas oublier de faire quelque chose. Un aspect important de ce problème de mémoire est qu'il comporte deux composantes : se souvenir que l'on doit faire quelque chose au bon moment, et se souvenir de ce que l'on doit faire. C'est l'aspect temporel qui nous intéresse ici et non le contenu. En fait, nous avons abondamment traité des stratégies utilisées pour pouvoir se souvenir d'un contenu donné.

La capacité qu'a un sujet d'émettre un comportement à intervalles fixes, sans intervention d'indices externes, est limitée. En effet, elle repose sur un processus d'estimation du temps qui exige une attention soutenue (Fortin et Rousseau, 1987; Fraisse, 1984) et qui ne saurait être utilisé pour des intervalles supérieurs à quelques minutes. Ce processus d'estimation du temps qui s'écoule est adéquat pour des situations où il est possible de se concentrer sur l'attente du moment désigné pour faire quelque chose. Sauf dans les cas où un tel comportement d'attente est approprié, il ne sera pas possible d'utiliser efficacement une mesure interne du temps pour mettre en fonction un processus de récupération.

En général, il ne semble pas y avoir de moyen interne permettant au sujet de générer un indice de rappel à un moment précis. C'est pourquoi il faut avoir recours à des agendas de toutes sortes, des minuteries, et même à une ficelle nouée autour du doigt.

RÉSUMÉ

- Les **aide-mémoire** sont des stratégies cognitives dont le rôle est d'améliorer l'efficacité de la mémoire.
- Le choix d'un aide-mémoire doit tenir compte du moment de son utilisation, soit lors de l'encodage ou de la récupération, et du type de contenu mnémonique, soit des connaissances générales, des événements spécifiques ou l'intention de faire quelque chose.
- Les aide-mémoire sont **externes** ou **internes**. Les aides externes comprennent par exemple les agendas et les listes d'épicerie. Les aides internes sont des stratégies servant à améliorer l'encodage et à procurer des indices de récupération.
- Les **méthodes mnémotechniques** sont des aide-mémoire utilisés lors de l'encodage de listes de mots. Elles permettent d'organiser le matériel à mémoriser et de fournir des indices de récupération.
- La **méthode des lieux** et la **méthode des crochets** utilisent l'imagerie mentale. Avec ces méthodes, des associations sont formées entre des images connues et les mots à mémoriser, permettant ainsi d'utiliser des images comme indice de récupération.
- L'**imagerie** la plus efficace est celle où les mots à retenir et une image mentale entrent en interaction pour former une image globale et intégrée.
- Les **techniques d'étude** sont des aide-mémoire qui favorisent la mémorisation de textes portant sur un sujet donné.

- La **méthode d'étude PQ4R** encourage un encodage actif par autoquestionnement, basé sur un plan d'étude dégageant les points importants du texte.

- Dans un contexte d'étude, la **prise de notes** joue un rôle d'aide-mémoire interne lors de l'encodage et externe lors de la révision.

- Le phénomène « **Je l'ai sur le bout de la langue** » **(TOT)** décrit un problème de récupération de connaissances générales dans lequel on ne réussit pas à récupérer un mot connu. Dans de telles situations, on dit d'un sujet qu'il est dans un **état TOT**.

- Dans un **état TOT bloqué**, une réponse erronée s'impose au rappel. Ces états ne peuvent être résolus que grâce à des aide-mémoire externes ou encore par l'abandon temporaire du processus de récupération.

- Une stratégie populaire de résolution des **états TOT non bloqués** consiste à utiliser les lettres de l'alphabet comme indice de récupération.

- Le « **sentiment de savoir (SS)** » est le sentiment qu'a une personne de connaître la réponse à une question sans pouvoir la donner.

- Un SS élevé n'est pas un bon prédicteur de la connaissance d'un contenu spécifique. Il est souvent biaisé à la hausse par l'expertise générale qu'un individu croit posséder dans un domaine.

- La récupération du souvenir d'un événement passé sera facilitée par la **remise en contexte** de la situation prévalant à ce moment. C'est la remise en contexte qui améliore la qualité des témoignages de témoins dans les enquêtes policières.

- Ce n'est que dans les cas où un événement a créé un traumatisme psychologique qu'un témoin sera aidé par l'**hypnose**.

- **Se rappeler de faire quelque chose** met en cause non seulement le rappel de l'action à faire mais encore du moment où cette action doit se produire. Les aide-mémoire externes sont les seuls à permettre une intervention efficace dans ce type de problème de mémoire.

PARTIE 3

LA REPRÉSENTATION DES CONNAISSANCES

CHAPITRE 9

LES IMAGES MENTALES

LES IMAGES MENTALES ET LEURS FONCTIONS

Combien de fenêtres y a-t-il dans votre salon?
Pourquoi former des images mentales?
À quoi ressemblent ces images « dans notre tête »?

LES OPÉRATIONS SUR LES IMAGES MENTALES

La rotation mentale
Le balayage d'images mentales
La comparaison mentale
D'autres opérations sur les images mentales

KOSSLYN : LES FONCTIONS ET LE FONCTIONNEMENT DE L'IMAGERIE

LES OBJECTIONS DE ZENON PYLYSHYN

LA MÉMOIRE ET LES IMAGES MENTALES

Mémorisation d'images et mémorisation de mots
L'image suscitée par un mot et sa mémorisation

TRAITEMENT D'INFORMATION VISUELLE ET VERBALE : ANALYSE D'INTERFÉRENCE

RÉSUMÉ

CHAPITRE 9

LES IMAGES MENTALES

LES IMAGES MENTALES ET LEURS FONCTIONS

Combien de fenêtres y a-t-il dans votre salon?

Pour répondre à cette question, la plupart des gens diront qu'ils doivent se créer une image mentale de leur salon. C'est par l'inspection de cette image qu'ils pourront dire combien de fenêtres s'y trouvent. L'étude de l'**imagerie** ou des images mentales consiste à analyser la reconstitution, à partir des impressions sensorielles, de la forme physique d'un objet. À partir de cette description visuelle interne, qui peut être difficile à formuler verbalement, il est possible d'imaginer cet objet selon différentes perspectives, de lui faire subir des transformations ou des déplacements de la même façon qu'à un objet physiquement présent. L'**image**, c'est la représentation interne de l'objet.

Ce n'est que depuis quinze ou vingt ans que l'imagerie est redevenue un objet d'étude légitime en psychologie expérimentale. En effet, pendant plusieurs décennies, l'imagerie n'a pu être considérée sérieusement dans un contexte fortement influencé par le behaviorisme. Pour les behavioristes, seule l'étude du comportement observable, du comportement qu'il était possible de voir et de mesurer, pouvait mener à des conclusions valides. Or, l'imagerie représente le phénomène non observable par excellence : les images mentales sont générées par l'individu, et l'on ne peut avoir accès à cette information que par ce que le sujet en dit. Pour contourner cette difficulté de taille, les chercheuses et les chercheurs dans le domaine de l'imagerie ont fait preuve de beaucoup de créativité.

Les images mentales représentent pourtant une réalité pour la majorité des gens quoique, en ce qui concerne la capacité à former des images mentales, il existe des différences individuelles : 10 à 12 % des gens rapportent avoir de la difficulté à susciter la formation d'images mentales ou ne pas pouvoir le faire. Dans certaines expériences qui exigent du sujet qu'il forme et opère sur des images mentales, certains sujets prennent constamment plus de temps à répondre que les autres (Paivio, 1978). Ces sujets sont généralement ceux qui expriment une difficulté à former des images mentales.

Il est possible d'imaginer selon les modalités correspondant à nos cinq sens; il est aussi possible d'imaginer la sensation que nous procure le fait d'exécuter un mouvement. Par ailleurs, certains types d'image paraissent plus difficiles à former que d'autres. Dans une enquête sur le sujet, McKellar (1972) a trouvé que, sur 500 adultes, 97 % disaient pouvoir imaginer quelque chose visuellement; 93 % rapportaient de l'imagerie auditive (Pourriez-vous imaginer le son d'une voix particulière?); 74 %, de l'imagerie motrice (Pouvez-vous imaginer les sensations reliées au fait de marcher?); 70 %, de l'imagerie tactile (Imaginez que vous touchez à du velours...); 67 % de l'imagerie gustative (Pensez que vous dégustez un bon morceau de chocolat...); et 66 %, de l'imagerie olfactive (Imaginez l'odeur du vinaigre...).

Pourquoi former des images mentales?

Si la plupart d'entre nous disposent effectivement d'une habileté cognitive distincte à former des images mentales, il est probable que cette habileté remplit des fonctions particulières.

Plusieurs esprits créateurs, provenant tant du domaine artistique que scientifique, rapportent utiliser les images mentales pour stimuler le processus créateur. Ce n'est d'ailleurs probablement pas un hasard si l'une des définitions possibles du terme « imagination » fait référence à la création et à l'invention.

Par exemple, pour Albert Einstein, physicien bien connu, l'imagerie joue un rôle non négligeable dans le processus créateur. « Les mots ou le langage, écrit ou parlé, ne semblent jouer aucun rôle dans mon mécanisme de pensée. Les entités psychiques qui tiennent lieu d'éléments de pensée sont certains signes et des images plus ou moins claires qui peuvent être « volontairement » reproduits et combinés. (...) D'un point de vue psychologique, ce jeu combinatoire semble constituer la caractéristique essentielle dans la pensée créative, avant qu'il n'y ait connexion avec la construction logique en mots ou autres sortes de signes qui peuvent être communiqués aux autres.

Ces éléments de pensée sont, dans mon cas, de type visuel et parfois musculaire. Les mots conventionnels ou autres signes doivent être recherchés laborieusement dans un second stade, lorsque le jeu associatif dont j'ai parlé est suffisamment établi et peut être reproduit à volonté. » (Traduit de J. Hadamard, *in* Ghiselin, 1952.) Pour Einstein, la toute première étape du processus créateur est donc de nature visuelle et motrice.

On a déjà discuté du rôle de l'imagerie comme aide-mémoire dans le chapitre précédent. Les Grecs de l'Antiquité connaissaient le rôle facilitant que peut jouer l'imagerie dans la mémorisation. Ce sont eux, en effet, qui ont développé la « méthode des lieux » pour mémoriser des listes d'objets. Il s'agit de l'une des méthodes mnémotechniques dont nous avons discuté dans le chapitre 8 sur les stratégies cognitives et la mémoire. La méthode des lieux consiste à assigner un endroit à chacun des objets d'une liste. Pour favoriser la rétention d'une liste d'épicerie par exemple, vous pourriez associer le beurre au salon, le lait à la cuisine, en imaginant ces objets dans les endroits sélectionnés. Une fois à l'épicerie, vous pourriez imaginer une inspection des lieux, chacun de ceux-ci vous permettant de retrouver les objets mémorisés (Yates, 1966). Cette technique semble effectivement permettre une meilleure mémorisation que l'apprentissage d'une liste par simple répétition (entre autres, Groninger, 1971).

Par ailleurs, la recherche sur la mémoire a montré que les mots concrets paraissent pouvoir être mémorisés plus facilement que les mots abstraits parce que, selon Paivio (1979), il est plus facile de former une image mentale de mots concrets. Ainsi, on associe plus naturellement une image au mot « orange » qu'au mot « vérité ». Dans l'apprentissage d'une liste de mots, les deux représentations du mot « orange », concrète et abstraite, permettront une meilleure mémorisation que la seule représentation abstraite du mot « vérité ».

L'imagerie permet aussi de retrouver certaines informations implicites dans la représentation en mémoire que nous avons des objets (Kosslyn, 1987). Quelle est la forme des oreilles de Snoopy? Quelle est la hauteur approximative de la ou des fenêtres dans votre salon? Quel est le vert le plus foncé, celui d'un sapin ou d'un pois congelé? Il est facile de répondre à ces questions en se formant une image des objets pour les inspecter mentalement. Ce ne sont cependant pas des informations dont nous disposons aussi rapidement que la réponse à « Quelle est la couleur du ciel? ». Même s'il est possible, en répondant à cette question, de former une image mentale du ciel bleu, la connaissance abstraite que nous avons de cette caractéristique du ciel permet de répondre sans qu'il soit nécessaire de faire appel à l'imagerie.

On peut intuitivement voir l'avantage d'avoir une représentation visuelle de Snoopy en mémoire : cela nous évite d'avoir à mémoriser une longue description verbale des caractéristiques visuelles du personnage. Cet avantage n'existe cependant qu'aux dépens du coût représenté par le temps supplémentaire requis pour retrouver une information « implicite ». Pour retrouver en mémoire une description de la forme des oreilles de Snoopy, il est nécessaire d'activer la représentation visuelle du célèbre chien, de s'en former une image mentale.

À quoi ressemblent ces images « dans notre tête »?

L'imagerie et la perception sont intimement reliées puisque c'est à partir de la perception que nous avons eue et que nous avons emmagasinée en mémoire à long terme que nous nous formons une image. Une question importante, dans la recherche sur l'imagerie, concerne le lien existant entre les mécanismes responsables de la perception et ceux régissant l'imagerie mentale. Ces travaux visent en partie à répondre à une question encore plus fondamentale : comment peut-on démontrer qu'il existe des images mentales?

Subjectivement, les images mentales paraissent posséder certaines caractéristiques physiques des réalités qu'elles représentent. Ainsi, la représentation mentale visuelle de votre salon conserve les propriétés spatiales et visuelles de votre salon : les objets sont disposés d'une certaine façon les uns par rapport aux autres, les meubles peuvent être imaginés avec leurs couleurs réelles, etc. Aussi, si vous imaginez votre main posée sur votre table de cuisine, les sensations imaginées seront proches de celles que vous éprouveriez dans la situation réelle : la dureté de la surface de la table, sa couleur, etc.

Certaines théories d'imagerie postulent que ces activités mentales sont le produit d'une habileté cognitive spéciale, qui nous permet d'avoir des représentations conservant la structure essentielle des événements externes correspondants. Il ne s'agit évidemment pas de dire que nous avons des « images dans notre tête ». Cependant, nous disposerions d'une capacité spécifique nous permettant de former des représentations analogues, c'est-à-dire qui garderaient généralement les propriétés des réalités physiques.

Même si nous avons l'impression que ces images mentales constituent effectivement une sorte d'équivalent mental des réalités physiques, plusieurs chercheurs en psychologie cognitive affirmeront, par contre, que tel n'est pas le cas. Pour Zenon Pylyshyn de l'Université Western Ontario, il n'est pas nécessaire de postuler un tel mode de représentation : les images mentales constituent des descriptions verbales, symboliques. Ces descriptions ou propositions seraient formulées de telle sorte qu'elles nous semblent très semblables aux objets physiques.

En ce qui concerne la forme de représentation des images mentales, deux positions théoriques opposées existent donc : l'une prétend qu'il existe une fonction cognitive distincte permettant des représentations analogues aux réalités physiques, et l'autre, que ces représentations sont conçues comme des descriptions verbales, symboliques, de la réalité.

Après avoir vu quelques expériences sur les images mentales, nous reviendrons sur cette controverse « analogue-propositionnelle ». Il s'agit d'un débat qui date de plus d'une décennie en psychologie cognitive mais qui demeure toujours actuel puisqu'il n'est pas résolu.

LES OPÉRATIONS SUR LES IMAGES MENTALES

Selon Roger Shepard et ses collaborateurs, l'information visuelle peut être emmagasinée sous forme de code analogue. Il s'agit d'une représentation qui possède une ressemblance marquée avec l'objet physique. Pour appuyer cette hypothèse, Shepard a tenté de démontrer que les opérations effectuées sur les images mentales suivaient les mêmes règles que les opérations faites sur les objets physiques correspondants.

Les travaux de Shepard et ses collaborateurs à l'Université Stanford, et de l'équipe de Stephen Kosslyn à l'Université Harvard représentent les démonstrations les plus convaincantes de l'existence des images mentales. Dans la présentation qui suit des travaux sur les images mentales, nous considérerons d'abord ces expériences. Certaines explications théoriques des phénomènes observés ont été formulées : ces modèles seront ensuite très brièvement présentés.

La rotation mentale

Prenez d'abord quelques secondes pour imaginer une lettre de l'alphabet.

Spontanément, sans même que l'on vous l'ait spécifié, vous avez probablement formé une image mentale de cette lettre dans sa position usuelle, la position verticale. Imaginez maintenant que vous faites faire à cette lettre une rotation de 90 degrés vers la droite.

Subjectivement, l'expérience de la rotation mentale s'apparente à la rotation qu'un objet réel effectue. En ce qui concerne la performance, par exemple, le temps requis pour effectuer ces mouvements, Shepard et ses collègues ont démontré de façon étonnante que les opérations exécutées sur des images mentales pouvaient suivre les mêmes règles que celles effectuées sur des objets.

Des exemples d'objets que les sujets de Shepard et ses collaborateurs manipulaient mentalement sont illustrés sur la figure 9.1. Cette illustration montre la page couverture de la revue « *Science* » datant du 19 février 1971 : Shepard et Jacqueline Metzler y présentaient le premier rapport publié d'une série d'expériences sur les rotations mentales.

La figure 9.1 montre les objets utilisés dans ces premières expériences : il s'agissait de représentations de structures tridimensionnelles, ces structures étant composées de cubes joints par une de leurs faces. Ces objets pouvaient occuper différentes positions; celles-ci étaient déterminées par des rotations rigides autour d'un axe donné fixe dans un espace tridimensionnel.

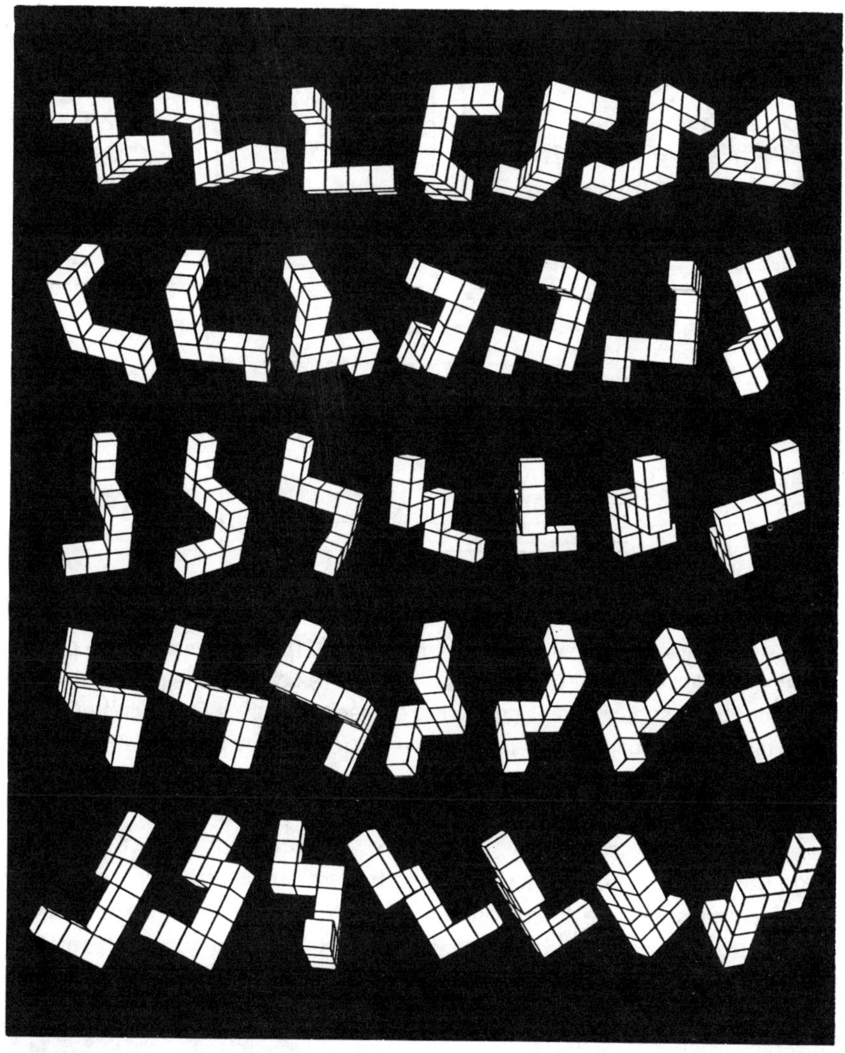

FIGURE 9.1
Stimuli utilisés par Shepard et Metzler (1971).

Les stimuli étaient présentés par paires au sujet. La figure 9.2 montre les trois types de paire employés. Regardez la paire A et répondez à la question suivante : ces objets sont-ils identiques ou différents?

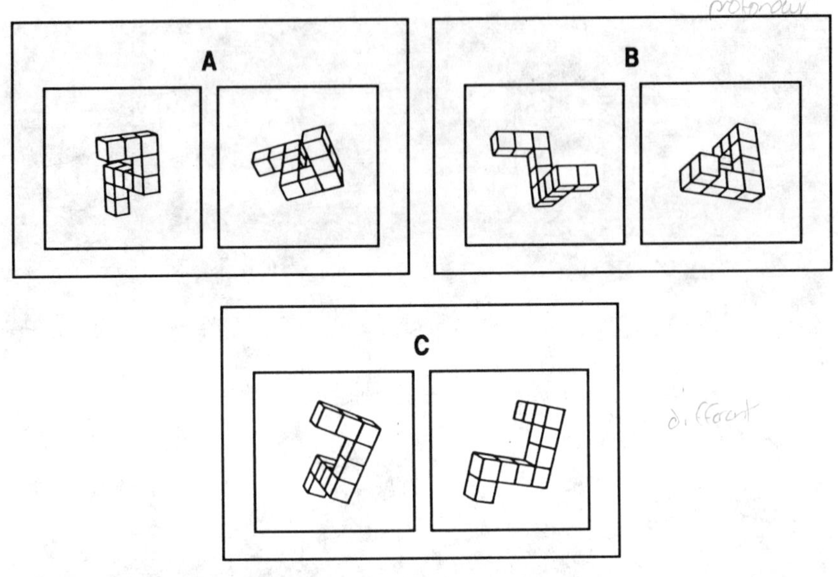

FIGURE 9.2
Paires de stimuli utilisés par Shepard et Metzler (1971). Les éléments de la paire A diffèrent de 80° dans leur orientation sur un plan. Les objets de la paire B diffèrent aussi de 80°, mais dans la profondeur. Les éléments de la paire C sont différents : aucune rotation ne permet de les faire correspondre (d'après Shepard et Metzler, 1971).

Pour répondre à cette question, vous avez dû effectuer une rotation mentale d'un des objets. En ce qui concerne les figures de la paire A, il est possible de faire coïncider leurs positions en tournant la figure située à gauche de 80 degrés dans le sens des aiguilles d'une montre. Cette manipulation permet de constater que les deux figures de la paire sont effectivement identiques.

De la même façon, la rotation d'un des objets de la paire B permet de voir qu'il s'agit d'objets identiques. Encore une fois, une rotation de 80 degrés est nécessaire, mais dans la profondeur, cette fois-ci (la rotation de la paire A se faisait sur un plan). La paire C est formée d'objets différents.

Dans l'expérience de Shepard et Metzler, un essai se déroulait de la façon suivante : présentation d'un son indiquant le début de l'essai,

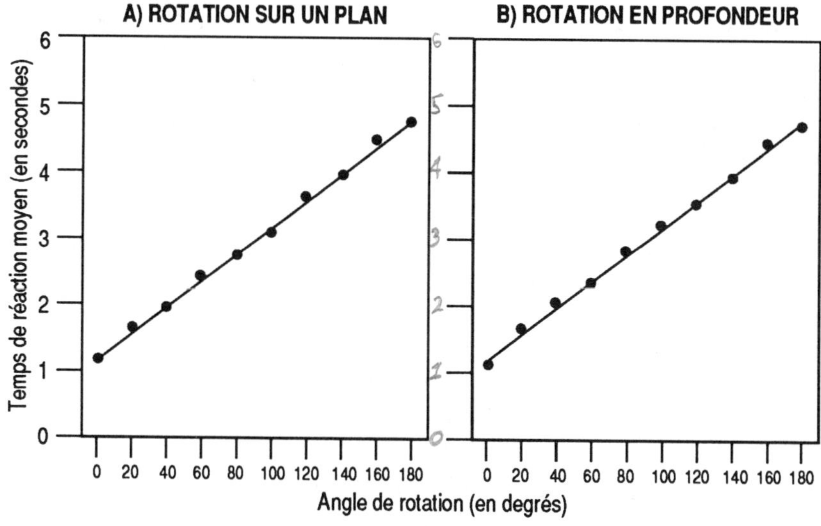

FIGURE 9.3
Temps de réaction moyen requis pour déterminer si deux stimuli sont identiques en fonction de leur disparité angulaire, en A, sur un plan, en B, en profondeur (d'après Shepard et Metzler, 1971).

suivi environ 500 ms plus tard de la présentation visuelle des paires de stimuli. Le sujet devait presser le plus rapidement possible sur l'un ou l'autre de deux boutons pour indiquer si les stimuli étaient identiques ou différents.

La disparité angulaire entre les stimuli constituant la paire était variée : l'angle de la rotation que le sujet devait effectuer pour faire coïncider les positions des stimuli variait entre 0 et 180 degrés.

Huit sujets ont posé chacun 1 600 jugements de ce type avec un taux d'erreur très faible : 97 % de ces 12 800 réponses étaient correctes. La figure 9.3 A montre les temps de réaction aux paires dont les objets différaient d'orientation sur un plan; la figure 9.3 B présente les temps de réaction lorsqu'une rotation en profondeur devait être effectuée.

Comme le montre ce graphique, le temps de réaction augmente en fonction de la disparité angulaire, c'est-à-dire de l'écart entre les angles, entre les deux objets. L'augmentation est linéaire : pour chaque écart angulaire de 5 degrés par exemple, l'augmentation du temps de réponse est la même. De plus, cette linéarité des résultats est observée chez tous les sujets, avec différents types de figure tridimensionnelle et pour la rotation en profondeur aussi bien que pour la rotation sur un plan.

Selon Shepard et Metzler, cela suggère que le processus qui permet de comparer les objets est de nature analogue à une rotation d'objets dans la réalité : pour comparer deux objets, l'un d'entre eux doit être déplacé de telle sorte que les orientations de ces objets correspondent. Le temps nécessaire au déplacement augmentera de façon directement proportionnelle à son importance, c'est-à-dire à l'angle de la rotation qui doit être effectuée. Donc, la rotation mentale serait analogue à la rotation d'objets physiquement présents.

Lynn Cooper et Shepard (1973) ont aussi démontré que la quantité de rotation influence le temps de réponse quand les sujets doivent prendre une décision sur la représentation d'un caractère alphanumérique, c'est-à-dire d'une lettre ou d'un chiffre. Par exemple, dans cette expérience, on présentait une lettre au sujet : un « G ». Le « G » pouvait être normal ou inversé, c'est-à-dire identique à la représentation du « G » tel qu'il apparaîtrait dans un miroir. Aux différents essais, la lettre était présentée dans des orientations différentes. La figure 9.4 A montre les stimuli utilisés : on y voit les deux versions des stimuli, « normal » et « inversé ». Sur la figure 9.4 B, on voit les six orientations possibles, 0, 60, 120, 180, 240 et 300 degrés d'inclinaison par rapport à la position verticale usuelle du caractère.

À certains essais, dans cette expérience, on présentait simplement un caractère incliné au sujet. À partir du moment où le stimulus apparaissait, le sujet devait indiquer le plus rapidement possible, en pressant sur le bouton approprié, si le caractère était normal ou inversé. La figure 9.5 montre le temps de réaction moyen en fonction de l'orientation du caractère test.

Le temps de réaction augmente de façon très marquée à mesure que l'orientation du stimulus test s'écarte de son orientation verticale normale. Cette augmentation se manifeste jusqu'à une orientation

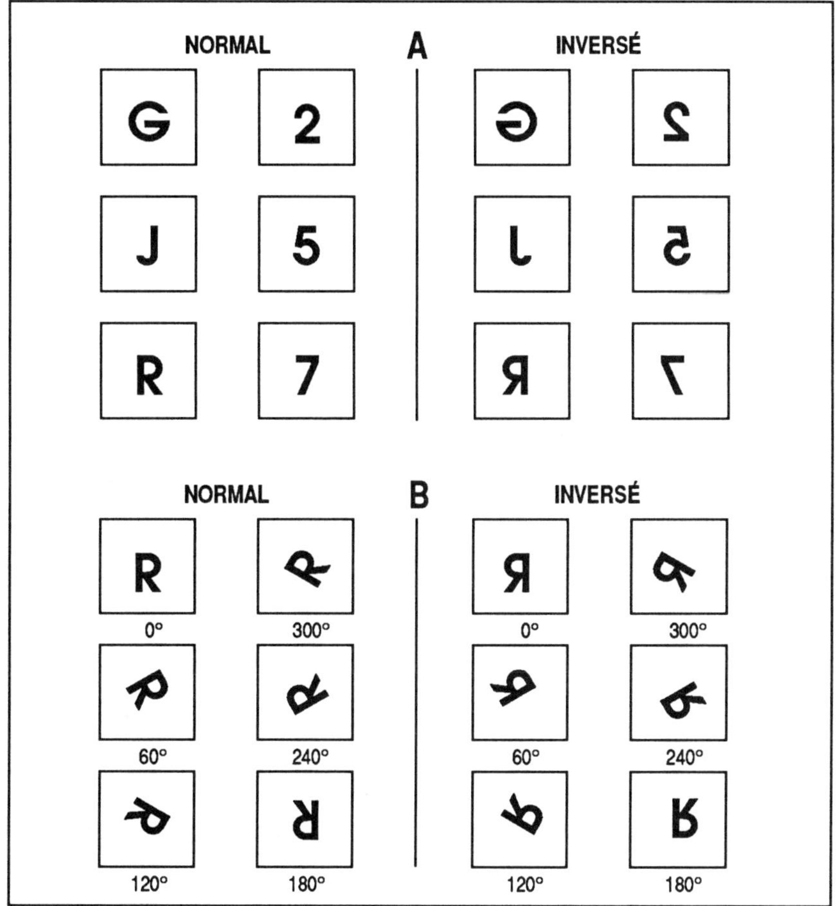

FIGURE 9.4
A) Versions normales et inversées de six caractères alphanumériques utilisés par Cooper et Shepard (1973);
B) Versions normales et inversées d'un des six caractères utilisés par Cooper et Shepard, illustrant les six orientations dans lesquelles il pouvait apparaître au sujet.

de 180 degrés, c'est-à-dire jusqu'à l'inversion complète du caractère. Les résultats sont symétriques : le sujet semble effectuer une rotation dans le sens horaire ou anti-horaire indifféremment et au même rythme, dans l'une ou l'autre direction.

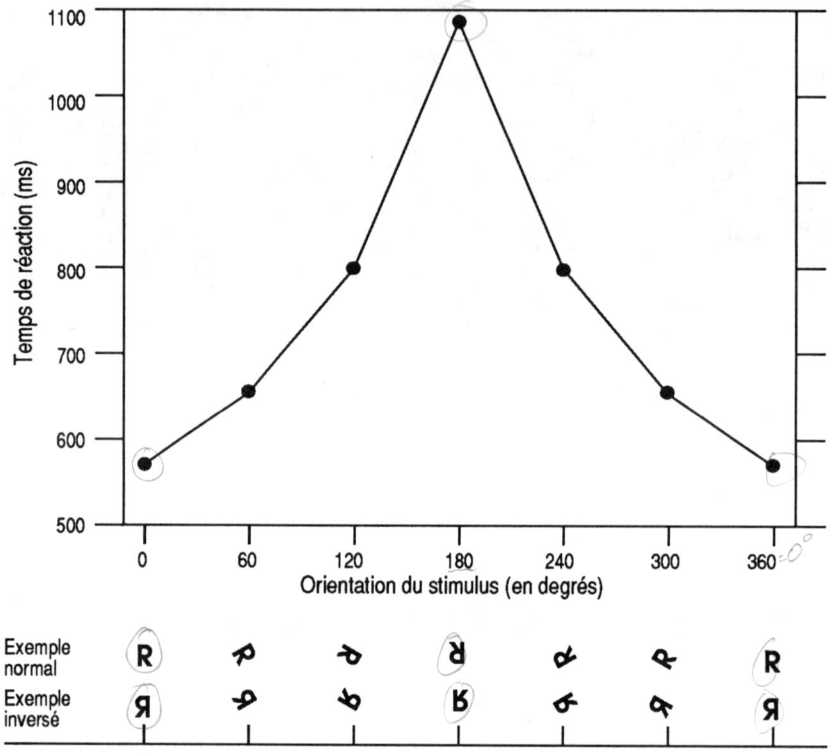

FIGURE 9.5
Temps de réaction pour décider si une lettre est présentée dans sa version normale ou inversée en fonction de l'angle de rotation de la lettre (d'après Cooper et Shepard, 1973).

L'augmentation n'est pas strictement linéaire, mais s'avère plus marquée à mesure que l'orientation s'approche de l'inversion complète. Cela peut être attribué à la familiarité des stimuli utilisés ainsi qu'aux conditions de distorsion dans lesquelles ils sont rencontrés quotidiennement. Nous voyons souvent des chiffres et des lettres légèrement penchés; nous pouvons donc les reconnaître aussi rapidement dans ces positions.

La régularité et la remarquable symétrie des résultats suggèrent cependant que le sujet fait effectivement une rotation mentale de la représentation du stimulus pour décider s'il s'agit d'une version normale ou inversée de ce stimulus.

Le balayage d'images mentales

En inspectant une photo de classe pour y retrouver votre visage, vous effectuerez un examen successif des visages de vos anciens compagnons et compagnes. Cet examen sera bien sûr plus long si le nombre de visages à examiner est plus grand, et si la distance à parcourir sur la photo est aussi plus grande. Kosslyn, Ball et Reiser (1978) ont démontré que, dans certaines circonstances, la même règle s'appliquait à l'examen des images mentales.

Ces auteurs présentaient à leurs sujets une carte géographique représentant une île fictive. La figure 9.6 montre la carte utilisée et les objets qui y sont représentés : hutte, lac, arbre, etc.

Après avoir demandé aux sujets de bien mémoriser les objets représentés sur la carte ainsi que leurs localisations précises, l'expérimentateur retirait le stimulus. La tâche de balayage était ensuite exécutée en nommant successivement, à des intervalles de cinq secondes,

FIGURE 9.6
Carte fictive utilisée pour étudier l'effet de la distance sur le temps d'examen mental (d'après Kosslyn, Ball et Reiser, 1978).

les différents objets sur la carte. Le sujet avait pour instruction de focaliser sur la représentation visuelle interne de l'objet mentionné, puis d'appuyer sur un bouton lorsque cette représentation était atteinte. Les résultats de l'expérience sont présentés à la figure 9.7.

Le graphique montre qu'il existe une relation directement proportionnelle entre le temps requis pour se déplacer d'un objet à l'autre, et la distance séparant ces objets. Ainsi, si l'expérimentateur demandait au sujet de focaliser son « regard mental » sur le lac, il prenait moins de temps pour focaliser ensuite sur l'arbre que sur le rocher. Un retour à la figure 9.6 permet de voir que, sur la carte présentée au sujet, l'arbre est plus proche du lac que le rocher. On peut donc conclure que le temps supplémentaire que le sujet met à répondre, à mesure que la distance entre les objets augmente, est bien dû au temps requis pour se déplacer d'une partie de l'image mentale à une autre.

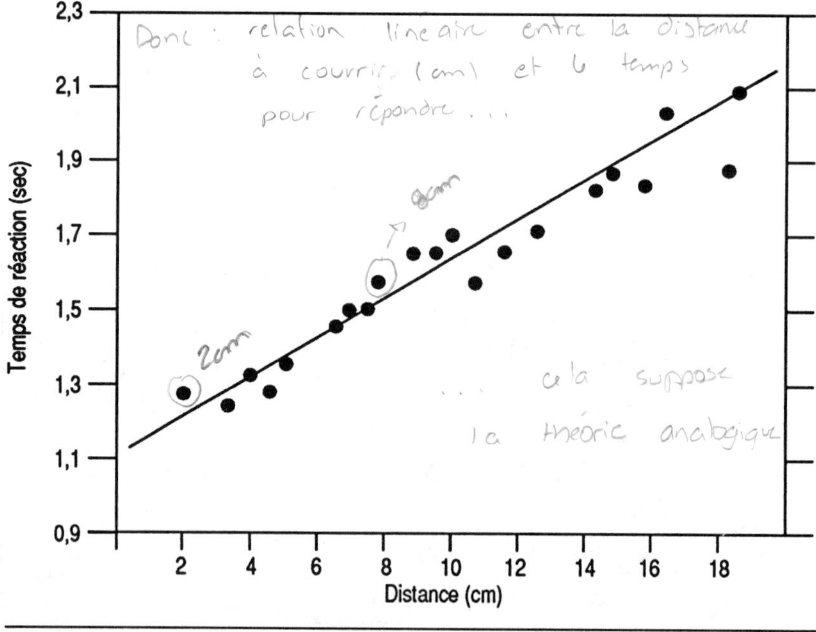

FIGURE 9.7
Durées d'examen entre les différentes paires d'objets localisés sur la carte imaginée (d'après Kosslyn, Ball et Reiser, 1978).

La comparaison mentale

Il est plus facile de déterminer si deux objets sont de grosseur différente si cette différence est importante que si elle est minime. Plusieurs recherches ont tenté de démontrer que cette règle pouvait également s'appliquer à la comparaison d'images mentales.

Imaginez deux horloges à aiguilles, l'une marquant 12 h 05 min, l'autre, 8 h 25 min. Sur laquelle de ces horloges l'angle formé par les aiguilles est-il le plus grand? C'est le type de question que Paivio (1978) posait aux sujets de son expérience sur la comparaison d'angles imaginés.

Paivio voulait répondre à deux questions. Premièrement, la comparaison d'angles se fait-elle de façon analogue lorsque les angles sont traités visuellement et en imagination? Deuxièmement, la comparaison mentale d'angles s'effectuera-t-elle différemment selon que les sujets ont une faible ou une forte capacité de former des images mentales?

Pour répondre à la seconde question, Paivio devait d'abord séparer ses sujets en deux groupes, à faible et forte capacité d'imagerie. C'est ce qu'il a fait en leur administrant différents tests psychométriques permettant d'évaluer les sujets par rapport à cette dimension.

À ces deux groupes de sujets, à forte et faible capacité d'imagerie, Paivio faisait ensuite effectuer la tâche expérimentale. Celle-ci consistait à demander au sujet de répondre le plus rapidement possible à une série de questions du type : quelle est l'horloge dont les aiguilles forment l'angle le plus grand, celle qui marque 2 h 59 min ou celle qui indique 8 h 30 min? Celle qui marque 1 h 30 min ou celle qui montre 3 h 21 min?

Si vous avez tenté de répondre aux questions qui précèdent en vous basant sur la représentation mentale des horloges, vous avez peut-être remarqué qu'il est plus facile de répondre à la deuxième question qu'à la première. Cela illustre le premier résultat obtenu par Paivio : plus la comparaison implique une différence importante entre les deux angles, plus cette comparaison sera facile à faire.

La figure 9.8 montre comment cette tendance se manifeste : on constate qu'il ne s'agit pas d'une relation linéaire. Le temps de

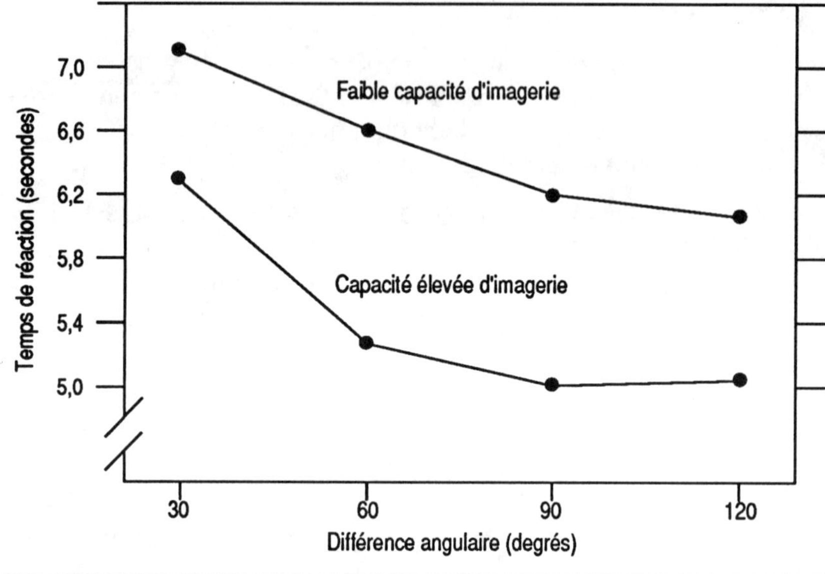

FIGURE 9.8
Temps de réaction de sujets à capacité élevée et faible d'imagerie, en fonction de la différence d'angle (d'après Paivio, 1978).

réaction diminue beaucoup lorsque la différence entre les angles passe de 30 à 60 degrés. Lorsque cette différence atteint 90 degrés cependant, le fait de l'augmenter n'améliore pratiquement plus la performance.

L'examen de la figure 9.8 permet aussi de constater que les sujets ayant démontré une forte capacité d'imagerie aux tests psychométriques répondaient toujours plus rapidement que les sujets à faible capacité d'imagerie. Par ailleurs, les deux catégories de sujets rapportaient utiliser l'imagerie mentale pour résoudre les problèmes qui leur étaient présentés.

D'autres opérations sur les images mentales

D'autres opérations sur les images mentales ont été étudiées. Par exemple, Shepard et Feng (1972) demandaient à leurs sujets de faire une tâche de pliage imaginé de papier pour former des cubes. Le nombre

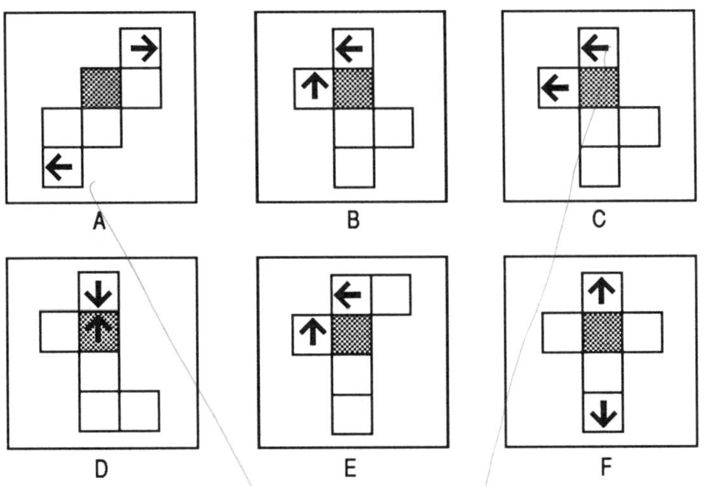

FIGURE 9.9
Exemples de stimuli utilisés par Shepard et Feng (1972).

d'étapes nécessaires (c'est-à-dire le nombre de côtés à plier) pour former le cube différait d'une condition à l'autre. La figure 9.9 montre quelques exemples de stimuli utilisés dans cette expérience. Tentez vous-même de plier la feuille illustrée en A jusqu'à ce que les deux côtés indiqués par des flèches se touchent.

Dans cette expérience, Shepard et Feng ont pu voir qu'à mesure que le nombre d'opérations à effectuer sur une image mentale augmente, le temps que le sujet met à répondre augmente aussi.

Par ailleurs, une série d'études de Kosslyn (1975) montre que les caractéristiques d'une image mentale seront plus difficiles à identifier si cette image subjective est plus petite. Il semble, à la fois selon la performance de temps de réaction des sujets ainsi que selon leur rapport subjectif du processus, que ceux-ci doivent effectuer un « zooming », c'est-à-dire un rapprochement graduel de l'image permettant de mettre en évidence une partie de celle-ci.

Les résultats de l'ensemble de ces expériences impliquant l'imagerie mentale montrent systématiquement que le traitement des images mentales peut imiter celui des perceptions sensorielles. Cela suggère que nous disposons effectivement d'une habileté cognitive distincte permettant de former et de traiter des représentations analogues aux stimuli visuels qu'elles représentent. Cette conclusion s'impose principalement par la convergence impressionnante des résultats obtenus dans différentes situations plutôt que par l'examen d'une expérience spécifique.

KOSSLYN : LES FONCTIONS ET LE FONCTIONNEMENT DE L'IMAGERIE

Pour Kosslyn (1980), les fonctions et les mécanismes impliqués dans l'imagerie sont les mêmes que ceux de la perception visuelle. Par exemple, l'un des buts les plus évidents de la vision est de reconnaître les objets et leurs différentes parties. De la même façon, les images mentales permettent, selon Kosslyn, de reconnaître ou d'identifier certaines caractéristiques des objets en rendant explicite de l'information implicitement contenue dans le code mnémonique de ces objets. Par exemple, c'est le fait de créer une image mentale de Snoopy qui va nous permettre de nous rappeler la forme de ses oreilles. Autre exemple, si l'on vous demande de décrire la forme des sourcils de votre père, vous n'aurez probablement pas de réponse toute prête : vous devrez d'abord les imaginer, et c'est à partir de cette représentation imaginée que vous pourrez faire une description verbale.

Pour Kosslyn, la formation d'images mentales implique deux structures : une mémoire qui se réfère à la signification des objets et des événements (représentation propositionnelle) et une mémoire visuelle à très court terme (en anglais, *visual buffer*). Sans faire une description détaillée de ces mémoires qui pourrait devenir très technique, disons que la mémoire visuelle pourrait être comparée à un écran d'ordinateur qui génère une image à partir de la représentation symbolique qui se trouve en mémoire, dans l'ordinateur.

Par exemple, dans ce modèle, l'image mentale est générée par un processus appelé PICTURE. Ce processus consiste à activer l'image à partir de l'information emmagasinée en mémoire à long terme et à l'amener dans la mémoire visuelle à court terme. Le processus PUT positionne les différentes parties de l'image en rapport avec son ensemble. L'identification de patterns spécifiés de points sur l'image (par exemple, le fait de trouver une certaine partie de l'objet imaginé) était initialement attribuée à l'action d'un processus FIND dans le modèle de Kosslyn (1980). Il a été remplacé ultérieurement par des sous-systèmes d'encodage de forme et localisation, impliquant l'attention et la mémoire associative (Kosslyn, 1987).

D'autres procédures permettent l'inspection et la transformation d'images : SCAN, LOOKFOR, RESOLUTION, ZOOM, PAN, ROTATE.

Le modèle de Kosslyn est un modèle computationnel : il décrit le traitement de l'information, chez l'humain, comme le produit de procédures qu'un programme d'ordinateur pourrait exécuter. Pour Pylyshyn (1979), même si le modèle de Kosslyn constitue une description adéquate des phénomènes reliés à l'imagerie, il ne nous dit pas pourquoi ces phénomènes se produisent et, pour cette raison, il présente un intérêt limité.

LES OBJECTIONS DE ZENON PYLYSHYN

Selon Pylyshyn (1979, 1984), psychologue et informaticien, l'imagerie ne fait pas partie de ce qu'il nomme l'**architecture fonctionnelle** du système humain. L'architecture fonctionnelle fait référence à ces opérations de traitement de l'information de base (par exemple, l'enregistrement en mémoire), déterminées biologiquement, qui permettent à l'humain de fonctionner.

Pour Pylyshyn, les processus reliés à l'imagerie ne relèvent pas d'une capacité fondamentale de l'humain puisque, si c'était le cas, peu importe quelles seraient les attentes d'un individu, les opérations sur les images mentales devraient s'effectuer de la même façon. Pylyshyn dit que les processus reliés à l'imagerie sont **cognitivement pénétrables**, c'est-à-dire qu'ils sont influencés par des facteurs cognitifs tels que les croyances et les attentes. Par exemple, si les sujets mettent plus de temps à répondre à mesure que la distance augmente sur une carte fictive, c'est parce qu'ils savent que sur un stimulus visuel, c'est ce qui se produit.

Cet argument contre le caractère fondamental de l'imagerie en tant que capacité distincte est non négligeable : dans certains cas, il est possible pour des sujets de traiter des images mentales sans que la performance imite le traitement de stimuli visuels. Par exemple, dans certaines situations, il est possible de faire examiner successivement des objets, sur une carte mentale, sans que le temps de réponse du sujet soit proportionnel aux distances parcourues.

Pour Pylyshyn, le modèle de simulation sur ordinateur mis au point par Kosslyn et ses collaborateurs n'explique pas les phénomènes reliés à l'imagerie : il ne fait que les décrire. Aussi, le modèle de Kosslyn semble peu parcimonieux : pourquoi supposer l'existence de deux structures (mémoires propositionnelle et visuelle) lorsqu'une seule, la mémoire propositionnelle, permet d'expliquer les données? En d'autres termes, un seul système de mémoire, où tous les objets sont décrits verbalement, permettrait d'expliquer le fonctionnement de l'individu tant pour le traitement des images mentales que pour celui de concepts plus abstraits. Donc, il est peu utile, selon Pylyshyn, de supposer deux structures plutôt qu'une.

L'opposition entre les positions de Pylyshyn et de Kosslyn n'est pas irréconciliable. Ainsi, Kosslyn reconnaît la possibilité d'un niveau de représentation propositionnelle de base à partir duquel les images mentales peuvent être créées ou « dessinées ». Une fois formées cependant, ces représentations peuvent être maintenues et utilisées telles quelles. On peut donc considérer que ces images mentales constituent un type de représentation qui mérite d'être étudié.

Par ailleurs, le fait que les processus d'imagerie soient cognitivement pénétrables, c'est-à-dire soumis à l'influence de variables contextuelles telles que les croyances et les attentes de l'individu, n'enlève rien au caractère fondamental de la capacité de former des images mentales : peu d'activités cognitives et même perceptuelles ne subissent pas l'influence de ces variables reliées à l'individu. Par exemple, on peut provoquer des illusions visuelles en créant des attentes chez un individu; cela n'empêche pas le système visuel d'être un système fondamental, méritant en soi d'être étudié.

Pour Lynn Cooper (1979), même si le modèle de Kosslyn représente une première tentative sérieuse de description des performances dans les expériences sur l'imagerie, un tel modèle possède les défauts de ses qualités. En effet, une simulation sur ordinateur présente l'avantage de préciser les opérations mentales nécessaires à l'exécution d'un processus; elle permet aussi de faire des prédictions précises par rapport au phénomène considéré. Les prédictions et les questions soulevées par ce modèle peuvent cependant s'avérer tellement spécifiques à ce processus particulier de simulation que l'on peut oublier certaines questions plus générales mais aussi plus fondamentales reliées à l'imagerie. Par exemple, quelles peuvent être les différences entre les images mentales générées par différents individus? Dans quelles conditions de la vie réelle les images mentales sont-elles utilisées et quelles sont leurs fonctions?

La fonction probablement la plus étudiée de l'imagerie est celle de favoriser la mémorisation.

LA MÉMOIRE ET LES IMAGES MENTALES

L'imagerie et la mémorisation sont des habiletés reliées. On a déjà discuté dans l'introduction du présent chapitre et dans le chapitre sur les stratégies cognitives et la mémoire de la « méthode des lieux ». Cette méthode, connue dans l'Antiquité, consiste à placer les éléments d'une liste à mémoriser dans des lieux (comme les pièces de votre appartement), en associant visuellement les lieux aux éléments de la liste. Lors du rappel, un examen mental successif des lieux est effectué : cette stratégie paraît effectivement permettre une meilleure mémorisation des objets eux-mêmes ainsi que de l'ordre dans lequel ils doivent être rappelés (Groninger, 1971).

D'autres liens semblent relier l'imagerie et la mémorisation : les images mentales sont mieux préservées en mémoire que du matériel sémantique (des mots ou des phrases) et plus spécifiquement, les mots faisant référence à des objets qu'il est facile d'imaginer semblent être mémorisés plus efficacement que des mots plus difficilement visualisables.

Mémorisation d'images et mémorisation de mots

La capacité de rétention semble beaucoup plus grande pour les images que pour les mots. L'expérience de Standing (1973) visait spécifiquement à vérifier cette assertion.

Dans l'expérience de Standing, deux groupes de sujets ont été constitués. Dans le premier groupe, les sujets visionnaient 10 000 images sur une période de cinq jours. Immédiatement après, un test de reconnaissance était administré : l'expérimentateur montrait au sujet deux figures, le sujet devant indiquer laquelle était nouvelle et laquelle avait déjà été présentée au cours de l'expérience. À partir de la performance de reconnaissance des sujets, Standing a estimé que les participants avaient mémorisé environ 6 600 images. Cela ne signifie évidemment pas que les sujets se souvenaient de tous les détails des illustrations, mais leur souvenir était assez élaboré pour leur permettre de reconnaître les figures déjà vues parmi de nouvelles figures.

Le deuxième groupe de sujets était exposé à 1 000 mots, 1 000 illustrations simples et 1 000 illustrations impliquant une relation entre des éléments, c'est-à-dire plus complexes que les précédentes. Au test de reconnaissance administré deux jours plus tard, les sujets pouvaient identifier, en moyenne, 615 mots, 770 illustrations simples et 880 images plus complexes.

Il semble donc que la capacité de mémorisation de matériel visuel soit plus grande que la capacité de rétention de matériel verbal. L'expérience de Shepard (1967) confirme qu'il y a moins de risque d'erreur pour la reconnaissance de matériel visuel que pour la reconnaissance de matériel verbal. Après avoir présenté une série d'illustrations tirées de magazines à un groupe de sujets, Shepard leur demandait d'identifier, dans une série de paires d'illustrations, l'élément de la paire ayant déjà été présenté. À un second groupe de sujets, Shepard demandait d'exécuter une tâche similaire sur du matériel verbal, en l'occurrence des phrases. Alors que le deuxième groupe effectuait la tâche avec un taux d'erreur de 11,8 %, le premier ne faisait que 1,5 % d'erreurs.

Les stimuli visuels paraissent donc mieux mémorisés que les mots. De plus, les mots peuvent être plus ou moins faciles à mémoriser selon qu'ils suscitent une image mentale plus ou moins facilement.

L'image suscitée par un mot et sa mémorisation

Les travaux d'Allan Paivio en Ontario ont apporté une contribution majeure à l'étude de l'imagerie, en particulier, à l'étude du rôle de l'imagerie dans la mémorisation.

Bien avant les travaux de Paivio, plusieurs études indiquaient que les mots concrets (par exemple, maison, pomme) sont beaucoup plus facilement mémorisés que les mots abstraits (vérité, idée). Pour plusieurs, cela s'expliquait par le fait que les mots concrets étaient plus familiers que les mots abstraits. Cette observation a plutôt amené Paivio à formuler l'hypothèse suivante : la raison pour laquelle les gens mémorisent mieux les mots concrets que les mots abstraits est que les mots concrets facilitent la formation d'images mentales.

Les premiers travaux de Paivio ont établi la valeur d'imagerie de différents mots, c'est-à-dire de la capacité qu'ont ces mots de susciter des images mentales (Paivio, Yuille et Madigan, 1968). Ainsi, Paivio et ses collaborateurs ont demandé à leurs sujets de situer près de 1 000 mots sur une échelle de cinq points. Sur cette échelle, les sujets pouvaient classer le mot « beurre », par exemple, comme permettant une « image surgie immédiatement » à la présentation de ce mot, jusqu'à « image difficilement ou pas formée ».

Paivio, Smythe et Yuille (1968) ont ensuite construit une liste de paires de mots en combinant les valeurs élevées (E) et faibles (F) d'imagerie des mots constituant les paires et en gardant les autres caractéristiques de ces mots constantes. Des mots tels que robe, hôtel, lettre, avaient été jugés comme possédant une valeur élevée de potentiel d'imagerie; des mots tels que qualité, nécessité, effort, étaient utilisés dans la catégorie « valeur faible d'imagerie ».

Les sujets de l'expérience de Paivio et ses collaborateurs devaient mémoriser une série de paires de mots associés. Quatre types de paire ont été formés : premièrement, deux mots à valeur élevée d'imagerie (E-E) comme « hôtel-lettre »; deuxièmement, deux mots à valeur faible d'imagerie (F-F) comme « effort-valeur », et paires à valeurs d'imagerie combinées; troisièmement, le premier terme ayant une valeur faible, le deuxième, une valeur d'imagerie élevée (F-E) comme « nécessité-boîte » et quatrièmement, l'inverse, premier terme à valeur élevée, deuxième terme à valeur faible (E-F) comme « robe-vérité ».

Dans la phase test de l'expérience, on présentait le premier terme d'une paire au sujet. En réponse à ce stimulus, le sujet devait nommer l'autre élément de la paire. Par exemple, à la présentation du

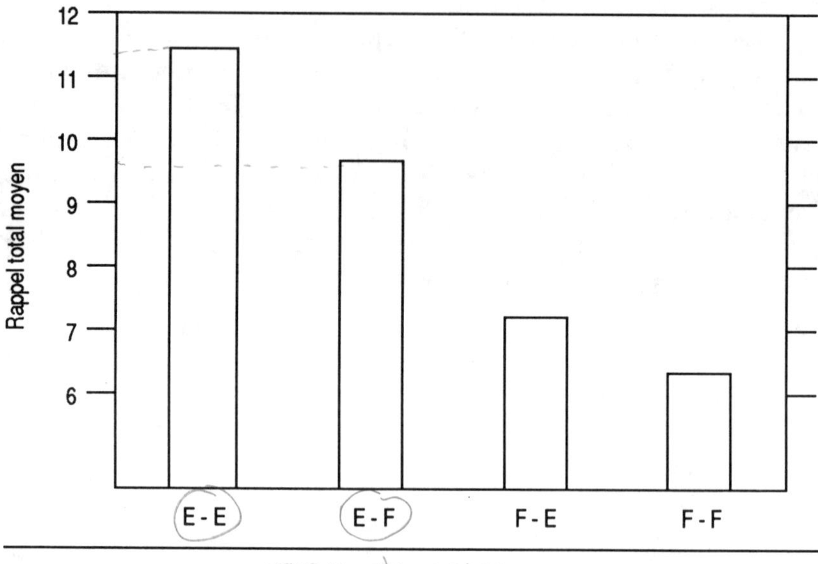

FIGURE 9.10
Rappel total moyen en fonction de la valeur élevée (E) et faible (F) d'imagerie des mots constituant les paires mémorisées (d'après Paivio, Smythe et Yuille, 1968).

mot « hôtel », le sujet devait répondre « lettre ». (Notons qu'il s'agit là d'une paire où les deux termes ont une valeur élevée d'imagerie : E-E.) La figure 9.10 illustre la performance des sujets en fonction des différents types de paire utilisés.

Les résultats sont très clairs. La performance de rappel est meilleure lorsque les paires sont constituées de termes à valeur élevée d'imagerie. De plus, en ce qui concerne les paires à valeur d'imagerie combinées (E-F et F-E) la performance est meilleure si le premier terme, c'est-à-dire le stimulus, est celui qui possède une valeur d'imagerie élevée.

Les sujets devaient ensuite indiquer quelle stratégie ils avaient utilisée pour mémoriser l'association : imagerie, stratégie verbale ou simple répétition. Une stratégie impliquant l'imagerie peut consister en la formation d'une image mentale où les deux objets sont combinés visuellement. Une stratégie verbale consisterait plutôt à formuler une phrase pour relier les mots. La figure 9.11 montre les stratégies que les sujets disaient avoir utilisées pour les différents types de paire.

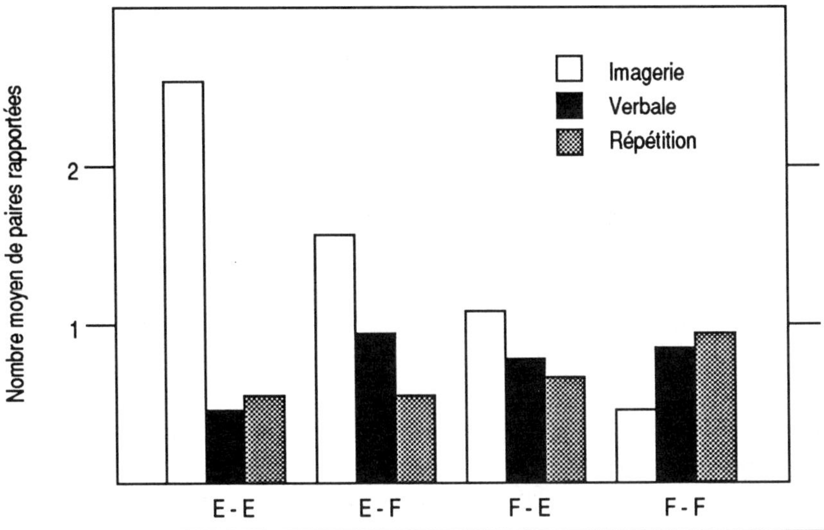

FIGURE 9.11
Nombre moyen de paires de mots pour lesquelles les stratégies verbale, d'imagerie et de répétition ont été rapportées par les sujets pour favoriser la mémorisation, en fonction de la valeur faible (F) et élevée (E) d'imagerie des mots constituant la paire (d'après Paivio, Smythe et Yuille, 1968).

Ces données confirment ce que la performance de rappel suggérait : il semble que les sujets, lorsque les mots permettent l'imagerie, utilisent les combinaisons mentales imagées comme aide mnémonique. L'utilisation de l'imagerie paraît déterminante au niveau de la performance de mémorisation de ce type de matériel.

Mais pourquoi l'imagerie permet-elle une meilleure mémorisation? Selon Paivio, c'est parce que nous disposons de deux catégories de représentation en mémoire : représentation verbale-linguistique et représentation imagée, spécialisée dans la représentation de l'information spatiale.

C'est sur ce postulat que repose la théorie de **double encodage** (en anglais, *dual-code*) formulée par Paivio. Le mot abstrait ne permet l'utilisation que d'un code verbal pour l'emmagasinage en mémoire. En plus de l'encodage au niveau de sa signification, le mot concret permet une représentation imagée du stimulus en mémoire. C'est cette double représentation qui facilite la mémorisation du mot concret.

Cette problématique de systèmes mnémoniques distincts se situe maintenant dans une problématique plus générale. En effet, on tend de plus en plus, ces dernières années, à concevoir le fonctionnement cognitif comme dépendant de systèmes distincts pour les différents types d'habileté. Cette hypothèse est généralement testée dans des expériences qui tentent de démontrer que deux tâches exécutées simultanément n'interféreront l'une avec l'autre que si elles font appel à une même habileté. Par exemple, une tâche de surveillance visuelle devrait interférer minimalement avec une tâche motrice n'impliquant pas la vision. Prenons par exemple deux tâches : la première demande de compter des signaux visuels, la seconde demande de presser le plus rapidement possible sur un bouton lorsqu'un son est présenté. Ces tâches font appel à des habiletés différentes, la première demande de traiter des stimuli visuels, la seconde, de traiter des stimuli auditifs. Parce qu'il s'agit de tâches qui sollicitent des systèmes différents, le fait de les effectuer séparément ou simultanément ne devrait pas modifier la performance. Cela aurait pour conséquence que, même si le sujet doit produire un temps de réaction à la présentation du son, ce temps devrait être aussi court, que la tâche soit effectuée seule ou qu'elle soit effectuée en même temps que la première.

Par l'analyse de l'interférence entre deux tâches, on a tenté de démontrer que le traitement de l'information visuelle était indépendant du traitement de l'information verbale.

TRAITEMENT D'INFORMATION VISUELLE ET VERBALE : ANALYSE D'INTERFÉRENCE

Pour étudier comment deux tâches interfèrent, le sujet est placé dans une situation où il doit effectuer ces deux tâches simultanément. On examine ensuite comment les performances obtenues à l'une et l'autre tâches sont modifiées du fait qu'elles sont exécutées simultanément. Dans l'expérience de Lee Brooks (1968), les sujets avaient deux types de tâche à effectuer : manipulation de matériel verbal et manipulation de matériel visuel. Dans la première tâche, le sujet devait mémoriser une phrase; dans la tâche visuelle, il devait mémoriser la représentation d'une lettre. Celle-ci est illustrée à la figure 9.12.

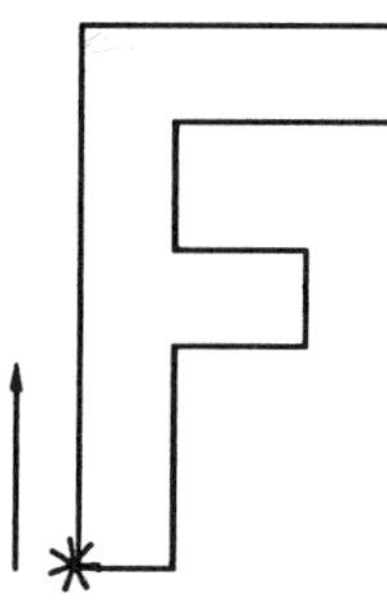

FIGURE 9.12
Lettre utilisée dans l'expérience de Brooks (1968).

Dans la tâche verbale, le sujet devait indiquer le plus rapidement possible si chacun des mots formant la phrase était un nom ou pas. L'examen devait se faire de façon ordonnée, en répondant successivement pour chacun des mots de la phrase. Par exemple, si le sujet avait mémorisé la phrase « La vie a une grande importance. » Le sujet devait répondre « Non, oui, non, non, non, oui ».

Dans la tâche visuelle, le sujet devait examiner la lettre (qu'il n'avait plus devant les yeux, mais qu'il devait imaginer) et, en commençant l'examen par le coin marqué d'un astérisque sur la figure 9.12, indiquer le plus rapidement possible, pour chacun des coins rencontrés, s'il s'agissait d'un coin situé au haut ou au bas de la lettre. Ainsi, pour le « F » illustré à la figure 9.12, le sujet répondait « Oui, oui, oui, non, non, non, non, non, non, oui ».

Deux conditions de réponse étaient étudiées : dans une condition, le sujet fournissait sa réponse verbalement, dans l'autre, le sujet indiquait sa réponse par un pointage visuo-manuel, c'est-à-dire en pointant sur une feuille de réponses, montrée à la figure 9.13, la lettre correspondant à une réponse positive ou négative.

L'expérience de Brooks impliquait donc deux tâches, l'une verbale, l'autre visuelle. À chacune de ces tâches, le sujet devait produire sa réponse dans une modalité verbale et visuelle. Si les informations verbales et visuelles sont traitées de façon distincte, spécifique aux modalités, une réponse de type visuel mènera à une moins bonne performance dans la tâche visuelle. En effet, puisque la réponse est

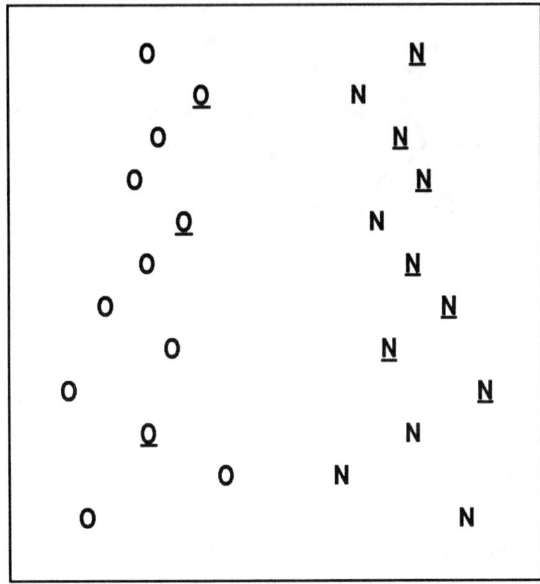

FIGURE 9.13
Feuille-réponse (O : Oui, N : Non) dans la tâche de classification de mots de Brooks (1968).

continue, fournie à mesure que la tâche est exécutée, elle devrait interférer avec la tâche de la même façon qu'une autre tâche effectuée simultanément. À l'inverse, une réponse de type verbal à une tâche de nature visuelle devrait mener à une meilleure performance. Les résultats obtenus par Brooks sont présentés au tableau 9.1.

TABLEAU 9.1
Temps moyen requis, en secondes, pour donner une réponse de type verbal ou de type visuel à une tâche visuelle ou verbale

	Modalité de réponse	
	Verbale	**Visuelle**
Tâche visuelle	11,3	28,2
Tâche verbale	13,8	9,8

conclu : moins grandes interférence quand les modalités sont différentes

La performance à une tâche visuelle est meilleure si la réponse est donnée verbalement que par un pointage visuo-manuel. En ce qui concerne la tâche verbale, l'effet est moins important, mais va également dans le sens de l'hypothèse de Brooks. Il semble donc qu'effectivement, les informations visuelles et verbales pourraient être traitées de façon spécifique aux modalités.

RÉSUMÉ

- L'**imagerie** concerne la représentation interne des impressions sensorielles associées à des objets qui ne sont pas physiquement présents.

- Il est possible de constituer une image mentale correspondant à toutes les modalités sensorielles. Cependant, les images visuelles ont été les plus étudiées.

- Les opérations telles que la rotation d'objets suivent à peu près les mêmes règles lorsqu'elles sont effectuées sur des images mentales que lorsqu'elles portent sur des objets réels. Par exemple, le temps mis à effectuer la rotation de l'image mentale d'un objet tridimensionnel est proportionnel à l'ampleur de cette rotation.

- D'autres opérations, comme l'examen successif des éléments d'une image mentale ou le pliage d'un objet, peuvent aussi être faites de la même façon que sur un objet physiquement présent. Ainsi, dans certaines conditions, en ce qui concerne la représentation mentale d'une carte géographique, le temps nécessaire pour localiser un objet sur cette carte est proportionnel à la distance entre les points de départ et d'arrivée du déplacement qu'exige la localisation.

- La comparaison d'images mentales d'angles formés par les aiguilles d'une horloge est plus rapide si la différence entre les angles est importante que si elle est minime. L'augmentation de la différence entre les angles aura un effet plus important sur la diminution du temps de réponse si cette différence est, au départ, plus petite.

- Cet effet est observé tant chez les sujets qui présentent une bonne capacité de former des images mentales que chez ceux qui ont de la difficulté sur ce plan. Toutefois, les sujets à forte capacité d'imagerie répondent de façon générale plus rapidement à une telle question que les sujets à faible capacité d'imagerie.

- Comme pour la vision, une des fonctions de l'imagerie visuelle est de reconnaître et d'identifier certaines caractéristiques d'objets mémorisés.

- Selon Pylyshyn, le traitement des images mentales peut être analogue à celui des objets réels parce que les sujets ont une connaissance implicite du mouvement de ces objets dans la réalité. Les opérations sur les images seront faites pour imiter ce mouvement. L'un des principaux arguments contre le caractère fondamental de l'imagerie est le fait que ces processus sont **cognitivement pénétrables**, c'est-à-dire soumis à l'influence de facteurs cognitifs comme les attentes des sujets.

- La rétention de matériel visuel est meilleure que celle des mots. De plus, si les mots concrets sont plus facilement mémorisés que les mots abstraits c'est, selon Paivio, parce qu'ils sont plus facilement imaginables.

- La facilité de mémorisation de paires de mots est liée à la valeur d'imagerie de ces mots. Les paires dont les deux membres ont une valeur élevée d'imagerie sont les plus faciles à retenir. Les paires mixtes, où un élément a une valeur élevée et l'autre, une valeur faible d'imagerie, sont mieux mémorisées que les paires où les deux membres ont une valeur faible d'imagerie.

- La meilleure performance de rappel des mots à valeur élevée d'imagerie est liée à la stratégie qu'il est possible d'utiliser avec ce matériel. Cela permet un double encodage : une représentation imagée s'ajoute à la représentation sémantique du mot.

- Le traitement de l'information visuelle paraît relativement indépendant du traitement de l'information verbale. L'expérience de Brooks montre que l'exécution d'une tâche de type visuel sera particulièrement perturbée par la production simultanée d'une réponse également visuelle. La même interférence est observée pour une tâche et une réponse de type verbal.

CHAPITRE 10

CONCEPTS ET CATÉGORIES

LE CONCEPT ET SA FONCTION

L'IDENTIFICATION DE CONCEPTS : LES PREMIÈRES RECHERCHES

Les règles logiques
Une recherche classique : Bruner, Goodnow et Austin (1956)

LES CATÉGORIES NATURELLES

Des limites imprécises
Caractéristiques des catégories naturelles
L'organisation hiérarchique des catégories naturelles
La représentativité du concept
- Ressemblance familiale
- L'illusion des attributs communs
- La représentativité du concept et son effet sur les variables psychologiques

Les prototypes et la catégorisation

CATÉGORIES ET COMPRÉHENSION

Catégories d'objets et catégories d'actions
Prototypes, frames et scripts

RÉSUMÉ

CHAPITRE 10

CONCEPTS ET CATÉGORIES

LE CONCEPT ET SA FONCTION

Qu'est-ce qu'une table? Qu'est-ce qu'un chien? Qu'est-ce qu'un tableau? Pour répondre à ces questions, vous énumérerez probablement une série de caractéristiques permettant de définir ce qu'est, en général, une table : par exemple, une surface plane, trois ou quatre pattes, etc. Parce que vous ne faites référence à aucune table en particulier, mais à ce qui définit à peu près n'importe quelle table, vous exprimez ce qu'est pour vous le concept de table. De la même façon, si vous songez à ce qu'est un chien en général, sans penser à un chien en particulier, c'est au concept de chien que vous pensez.

Le **concept** est une représentation mentale abstraite (parce qu'il ne représente aucun objet concret particulier) qui nous permet de catégoriser des objets (ici, le terme objet inclut également les personnes). Ainsi, le bébé qui vient de naître ne sait pas ce qu'est un père en général. Il connaît un exemple de père. Ce n'est que beaucoup plus tard, après avoir connu d'autres enfants ayant des relations similaires avec une personne qu'ils appellent aussi père, que l'enfant apprendra le concept de père. C'est sur la base de cette connaissance que, désormais, il pourra catégoriser un individu quelconque comme appartenant à la catégorie « père ».

Dans la recherche sur les concepts et catégories, la catégorie est généralement considérée comme un regroupement d'objets concrets illustrant le concept. Le concept, contrairement à la catégorie, est une représentation mentale abstraite et ne fait référence à aucun objet concret en particulier. Cependant, la distinction entre concept et catégorie n'est pas toujours clairement établie dans la littérature. C'est pourquoi ces deux termes seront utilisés, dans les pages qui suivent, à peu près indifféremment. Notons cependant que le terme catégorie a une connotation plus concrète que le terme concept.

Il est difficile d'imaginer que nous puissions fonctionner sans concepts. Ce serait un peu comme fonctionner uniquement à l'aide de noms propres. Comme chaque personne possède un nom propre, chaque objet, en l'absence de concept, aurait son nom propre. À chaque fois, par exemple, que nous rencontrerions un petite bête avec de grandes oreilles, nous aurions à apprendre que son nom est « lapin », tout comme lorsque nous rencontrons une nouvelle personne, nous avons à apprendre que son nom est, disons, Serge. Imaginez l'effort que cela demanderait! Le fait de posséder le concept de lapin nous permet de catégoriser rapidement un exemplaire du concept, c'est-à-dire de l'identifier comme étant un lapin.

La formation de concepts simplifie donc notre perception de l'environnement en nous permettant d'identifier rapidement les objets qui s'y trouvent.

Tous les objets qui nous entourent sont catégorisés et ils peuvent l'être de différentes façons selon l'usage que nous voulons faire de cette catégorisation. Ainsi, la précision avec laquelle les catégories sont formées peut varier. Dans la vie quotidienne, nous n'avons généralement pas besoin que les catégories soient définies de façon très précise; les catégories formées en sciences, comme le système de classification linnéen en botanique, le sont de façon beaucoup plus systématique. Le concept d'oiseau peut être relativement flou pour notre fonctionnement quotidien; il doit être beaucoup plus précis pour l'ornithologiste. Le concept de migraine peut être vague pour nous, il doit être défini clairement pour le spécialiste de la santé qui planifie une intervention.

Le concept peut être plus ou moins englobant. Le concept d'animal est plus général que celui de chat et la catégorie représentée mentalement par le concept d'animal contient un nombre beaucoup plus grand d'exemplaires. Le concept de chat siamois est encore plus restreint que le concept de chat.

Le monde qui nous entoure est donc très organisé : les objets qui composent notre environnement sont à peu près tous catégorisés. Si, par hasard, nous rencontrons un objet absolument non identifiable, comme ce peut être le cas dans un film de science-fiction, il est probable que l'intrigue du film porte justement sur la tentative de catégorisation de l'objet en question! L'apprentissage du monde, chez l'enfant, consiste essentiellement à former des concepts. Il s'agit d'une fonction extrêmement importante chez tout être vivant. Il n'est donc pas étonnant que, très tôt dans son développement, la psychologie cognitive ait tenté d'étudier comment s'effectue la formation des concepts.

Le concept est une représentation mentale générale et abstraite. Dans le chapitre qui précède, on a vu que l'image constitue également une représentation mentale, mais concrète, c'est-à-dire qu'elle présente une analogie évidente avec l'objet qu'elle représente sur le plan sensoriel. La **définition** se distingue du concept en ce qu'elle est une description verbale de la représentation mentale. En d'autres termes, elle traduit en mots la représentation mentale. La **catégorie** fait référence à une collection ou classe d'objets qui sont des exemplaires du concept. Ainsi, si vous pensez à « bijou », vous vous référez à une représentation mentale abstraite, c'est-à-dire à un concept. Vous n'avez pas à penser à un bijou en particulier pour, par exemple, discuter de la valeur du bijou en tant qu'objet de collection. C'est cependant cette représentation mentale qui vous permettra de classer dans la catégorie « bijou » le collier que votre mère vous a offert à votre quinzième anniversaire de mariage. Par ailleurs, il est possible d'exprimer verbalement la représentation mentale du bijou par la définition suivante : « petit objet ouvragé, précieux par la matière ou par le travail et servant à la parure ».

L'IDENTIFICATION DE CONCEPTS : LES PREMIÈRES RECHERCHES

Les premières recherches sur la formation de concepts utilisaient des concepts précis, décrits par des règles logiques bien définies. Une **règle logique** est le lien qui unit les valeurs de deux dimensions. Ainsi, une table a certaines dimensions : largeur, hauteur, longueur. La valeur de la dimension longueur peut être d'un mètre. De la même manière, les concepts d'oiseau et de poisson peuvent être définis d'après les dimensions « reproduction » et « locomotion ». Pour l'oiseau, les valeurs pour ces dimensions sont « pondre des oeufs » et « voler »; pour le poisson, les valeurs sont « pondre des oeufs » et « nager ».

Remarquez que l'oiseau se définit non pas par la seule valeur ou caractéristique « pond des oeufs » puisque le poisson répond aussi à cette définition. C'est la **conjonction** ou la règle logique conjonctive représentée par le **et** qui, en unissant les deux caractéristiques, définit plus précisément le concept d'oiseau. Prenons un autre exemple. Pour faire partie d'un club snob, on pose les conditions suivantes : il faut avoir un diplôme universitaire ou gagner plus de 30 000 dollars par année. Dans cette catégorie, l'appartenance est définie par une règle **disjonctive.** C'est le **ou** qui unit alors les valeurs des dimensions scolarité et salaire : le diplôme universitaire ou le 30 000 $.

Les règles logiques

Les expériences sur la formation de concepts utilisent la plupart du temps des stimuli simples. Ceux-ci peuvent être définis par des règles logiques qui unissent des attributs. La figure 10.1 montre comment quatre règles logiques peuvent diviser des stimuli en deux catégories.

On a deux dimensions : forme et couleur. Chaque dimension peut avoir trois valeurs : rouge (gris sur la figure), blanc et noir pour la couleur, et carré, triangulaire et circulaire pour la forme. Lorsqu'une valeur est attribuée à une dimension, il s'agit d'un **attribut** ou caractéristique du stimulus. Les attributs pertinents, c'est-à-dire ceux qui permettent de classer les objets illustrés à la figure 10.1, sont « rouge » et « carré ». Quatre règles logiques différentes unissent ces deux attributs pour former les catégories.

La **règle conjonctive** utilise la relation logique **et**. Dans ce cas, le concept serait « rouge **et** carré ». Si la catégorie est définie par ce concept, elle ne peut contenir qu'un seul élément, comme on le constate en haut, à gauche, sur la figure 10.1.

La **règle disjonctive** utilise la relation logique **ou**. Dans l'exemple de la figure 10.1, si le concept est défini par la conjonction « rouge **ou** carré », la catégorie contient alors cinq éléments.

Une **règle conditionnelle** utilise la relation **si... alors**. Dans notre exemple, si le stimulus est rouge, il doit être carré pour appartenir à la catégorie définie par le concept. Il est important de noter que la contrainte ne s'applique que si le stimulus est rouge. S'il n'est pas rouge, il peut être de n'importe quelle forme. Sur la figure 10.1, cette

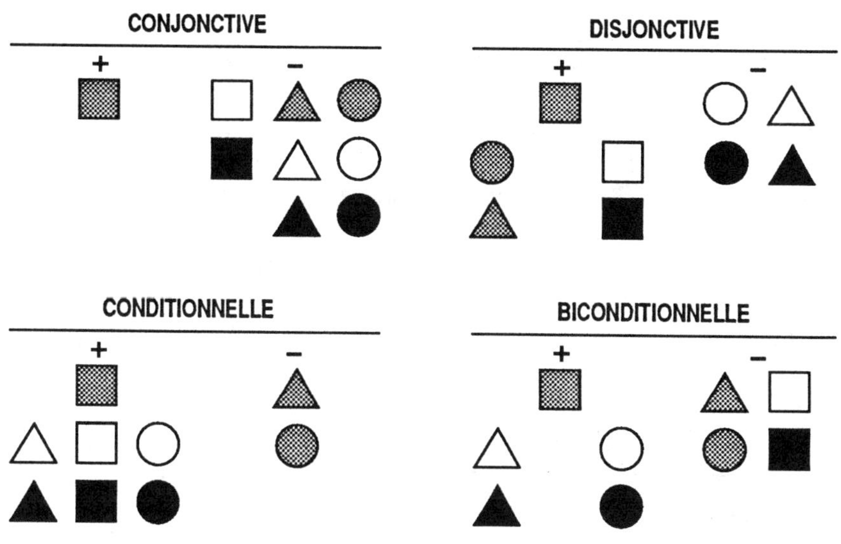

FIGURE 10.1
Exemples de catégorisation d'objets en fonction de quatre règles logiques. Les attributs pertinents sont « rouge » (gris) et « carré » (d'après Bourne, 1970).

catégorie inclut sept éléments. Les stimuli noirs et blancs font tous partie de la catégorie, quelle que soit leur forme. Ce n'est que « **si** le stimulus est rouge qu'il doit **alors** être carré ». Les stimuli à la fois rouges et circulaires ou triangulaires ne font donc pas partie de la catégorie définie par le concept.

La **règle biconditionnelle** est une règle conditionnelle qui s'applique dans les deux directions. « **Si** le stimulus est rouge, il doit **alors** être carré, et **si** il est carré, **alors** il doit être rouge. » Dans ce cas, tous les stimuli rouges qui ne sont pas carrés ne font pas partie de la catégorie. De la même façon, tous les stimuli carrés qui ne sont pas rouges ne font pas partie de la catégorie.

La formation de concepts consiste à définir, à partir d'exemples, ce qui fait qu'un objet appartient ou non à une catégorie. Ainsi, un enfant qui a vu suffisamment de chats peut dire qu'un oiseau n'est pas un chat. Il peut également dire quels attributs définissent un chat : quatre pattes, des oreilles pointues, un pelage soyeux, etc.

Dans l'étude de la formation de concepts, Bourne (1970) procédait de la même façon. La tâche consistait à montrer différents exemples au sujet en lui indiquant si le stimulus faisait partie de la catégorie ou non, sans toutefois lui dire quelles caractéristiques du stimulus déterminaient son appartenance à la catégorie. Par exemple, il montrait un carré rouge, un carré noir et un cercle rouge au sujet en lui disant que ces stimuli appartenaient à la catégorie définie par le concept. On lui montrait ensuite un triangle blanc et un cercle blanc en lui indiquant que ces stimuli n'appartenaient pas à la catégorie. La question posée au sujet était la suivante : quel est le concept qui est représenté par la catégorie? En d'autres termes, quels sont les attributs nécessaires à un stimulus pour appartenir à cette catégorie? Dans l'exemple d'essai qui vient d'être présenté, le concept est « rouge » **ou** « carré ». Il s'agit donc d'un concept qui détermine une catégorie disjonctive.

Bourne voulait savoir comment se fait l'apprentissage de l'application d'une règle logique dans une tâche de classification. Aussi, pour vérifier si ces règles présentaient des niveaux différents de difficulté, Bourne présentait des problèmes de classement à effectuer en fonction de l'une ou l'autre des quatre règles : conjonctive, disjonctive, conditionnelle et biconditionnelle. Les stimuli variaient sur quatre dimensions : couleur, forme, nombre et grandeur. Les catégories étaient formées de deux attributs des stimuli, ces attributs étant reliés par l'une des quatre règles logiques mentionnées. Le sujet devait classifier les éléments qui lui étaient présentés en fonction de la règle; pour chaque élément, il devait indiquer s'il appartenait ou non à la catégorie. La règle définissant le concept n'était pas révélée au sujet. Cependant, tout au long des neuf problèmes successifs de classification, elle demeurait la même.

La question posée était la suivante : le problème de classement présente-t-il un niveau de difficulté différent en fonction de la règle définissant la catégorie?

La figure 10.2 montre le nombre moyen d'essais requis pour que les sujets classifient correctement les éléments. Au cours des premiers problèmes, le nombre d'essais nécessaires est considérablement plus élevé pour les règles conditionnelle et biconditionnelle que pour les règles conjonctive et disjonctive. Cette différence s'amenuise

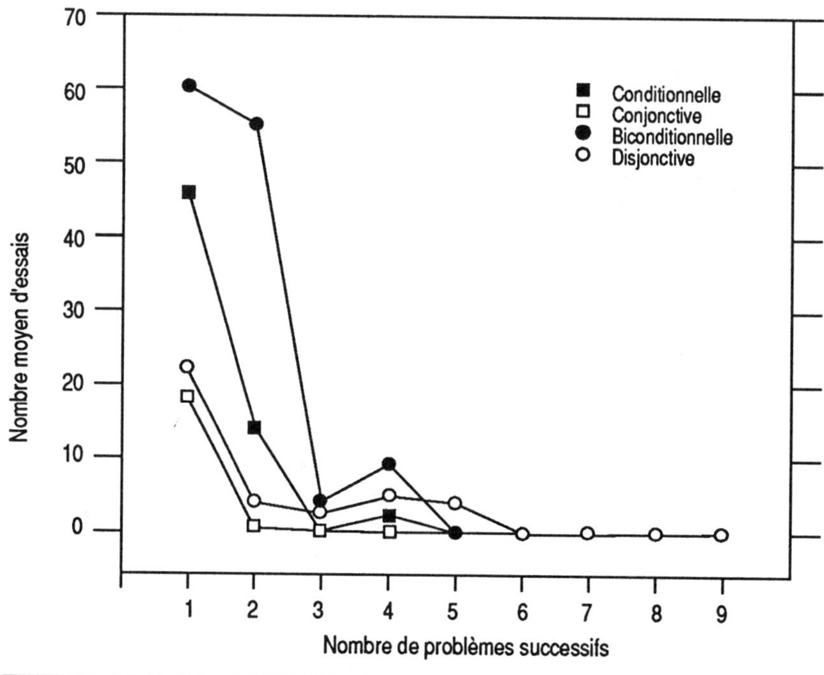

FIGURE 10.2
Nombre d'essais requis pour découvrir la règle en fonction du type de règle définissant la catégorie (d'après Bourne, 1970).

cependant avec la succession des problèmes. Il semble donc que les règles présentent des niveaux de difficulté d'apprentissage variés : la biconditionnelle étant la plus difficile. Viennent ensuite, en ordre de niveaux de difficulté décroissant, les règles conditionnelle, disjonctive et conjonctive. Toutefois, une fois la règle apprise, toutes les règles semblent pouvoir être appliquées aussi facilement les unes que les autres. La différence, en ce qui concerne la difficulté des règles logiques, se situe donc au niveau de l'apprentissage de la règle, et non de son application.

Une recherche classique : Bruner, Goodnow et Austin (1956)

Pour Allen Newell et Herbert Simon (1972), chercheurs bien connus dans le domaine de l'informatique, un changement majeur de perspective dans le domaine des sciences cognitives s'est produit vers 1956, et l'un des principaux déterminants de ce changement est le livre de Jérome Bruner, Jaqueline Goodnow et George Austin *A study of thinking*. Ce volume constitue la somme de plusieurs douzaines d'expériences sur l'acquisition de concepts, menées au cours d'un programme échelonné sur trois ans.

Bruner, Goodnow et Austin étaient principalement intéressés à étudier les stratégies utilisées dans l'identification de concepts. Dans certaines de leurs expériences, ils utilisaient, comme stimuli, des cartes sur lesquelles des figures étaient représentées : la figure 10.3 nous les montre.

Chaque objet peut varier sur quatre dimensions : forme de la figure, couleur de la figure, nombre de figures et nombre de bordures entourant les figures. Les formes peuvent être carrées, circulaires ou en croix. Elles peuvent être (sur notre illustration) blanches, noires ou grises.

Ces attributs permettent de définir une multitude de concepts, donc de catégories. Par exemple, le concept « blanc » représente la catégorie « toutes les cartes où la figure est de couleur blanche ». Le concept « blanc et carré » détermine une catégorie qui inclut toutes les cartes où la figure est à la fois blanche et carrée. Quelles sont les trois cartes qui illustrent le concept « gris et carré et bordure simple »?

Un concept est donc défini par une caractéristique ou une combinaison de caractéristiques. Lorsqu'il s'agit d'une combinaison de caractéristiques, cette combinaison doit se faire selon certaines règles. Par exemple, l'ensemble d'objets définis par la combinaison « objets noirs et ronds » n'est pas le même que l'ensemble « objets noirs ou ronds ». Les concepts peuvent être définis selon trois règles principales : conjonctive, disjonctive et relationnelle. Chaque règle implique un mode de combinaison différent.

Les règles conjonctive et disjonctive ont déjà été présentées. Une catégorie conjonctive est définie par la présence conjointe de plusieurs attributs. Ainsi, la conjonction « blanc **et** croix **et** bordure simple » constitue une catégorie où les cartes A1, A2 et A3 sont incluses. La catégorie disjonctive est définie par la règle logique **ou**. La catégorie « noire **ou** croix » inclut toutes les cartes des séries A, D, E, F et G.

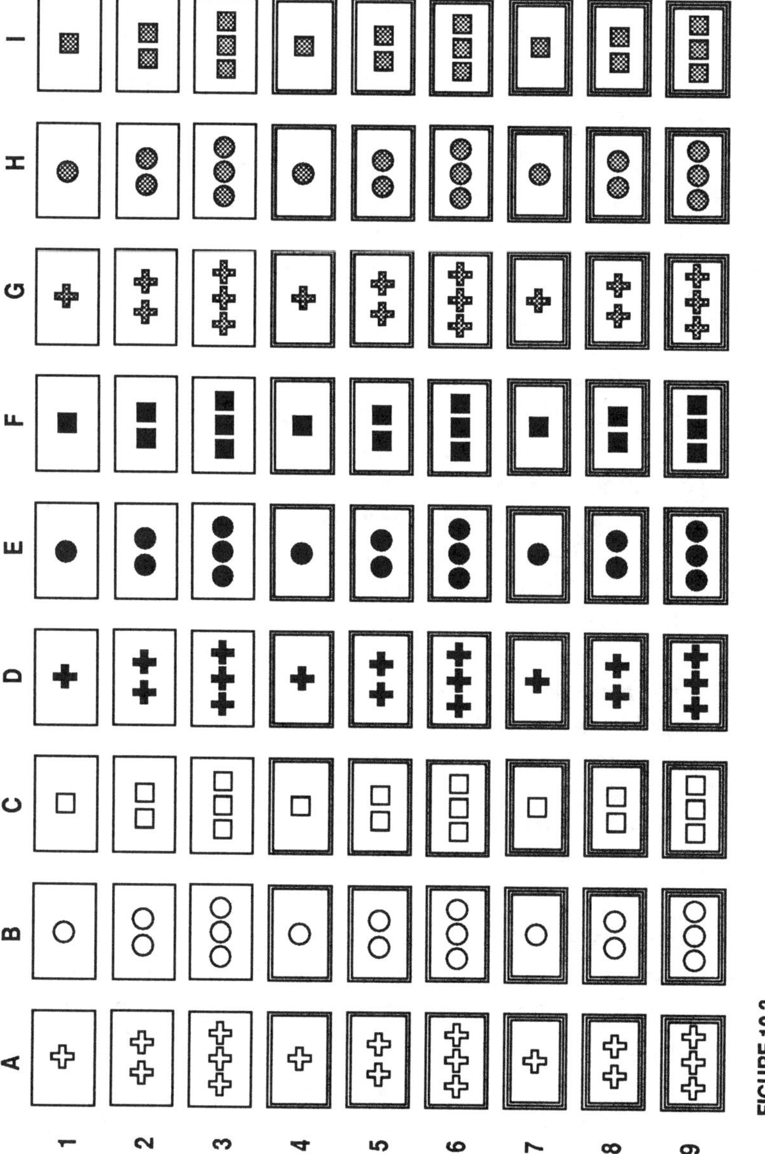

FIGURE 10.3
Figures combinant trois valeurs possibles de quatre attributs utilisées par Bruner, Goodnow et Austin (1956).

Une catégorie relationnelle est définie par une relation entre des attributs. Par exemple, toutes les cartes où le « nombre de figures est inférieur au nombre de bordures » forment une catégorie relationnelle. Sur la figure 10.3, toutes les cartes qui se situent dans les rangées 4, 7 et 8 font partie de cette catégorie.

Il est impossible de fournir ici un compte rendu détaillé de l'analyse que Bruner, Goodnow et Austin ont faite des stratégies utilisées pour identifier le concept prédéterminé par l'expérimentateur. Il est cependant possible de mentionner deux types généraux de stratégie que les gens ont utilisés dans cette tâche : stratégie conservatrice et stratégie risquée.

Prenons un exemple. L'expérimentateur choisit une combinaison de caractéristiques formant le concept. La règle unissant ces caractéristiques est révélée au sujet. Ainsi, l'expérimentateur expliquera ce qu'est une règle conjonctive en ajoutant que le concept est défini par cette règle. Le sujet choisit la carte A1. L'expérimentateur, ayant déjà déterminé quel était le concept à l'étude répond positivement : le concept est effectivement représenté sur cette carte. Le sujet sélectionne ensuite la carte C6. Si l'expérimentateur répond encore positivement au choix du sujet, cela signifie que le concept est encore représenté sur cette carte. Quel est le concept? Pour répondre à cette question, il suffit de voir ce qu'il y a de commun entre les deux cartes. La carte A1 présente les attributs blanc, croix, une figure, bordure simple. La carte C6 possède les attributs blanc, carré, trois figures, bordure double. Si le concept est représenté dans ces deux cartes, il ne peut être que « figure blanche » (cette conclusion vaut si le concept n'inclut qu'un seul attribut).

Avec une **stratégie conservatrice** (*conservative focusing*), le sujet attend d'avoir un exemple positif, puis varie systématiquement un attribut à la fois. En fonction de la réponse positive ou négative de l'expérimentateur, le sujet peut alors inclure ou exclure l'attribut du concept.

Avec une **stratégie risquée** (*focus gambling*), le sujet attend également un exemple positif, mais pour ensuite choisir une nouvelle carte où plus d'un attribut est différent par rapport à la première. Si la réponse de l'expérimentateur est positive dans les deux cas, cette stratégie permet de résoudre très rapidement le problème.

Une stratégie risquée peut permettre d'arriver à une solution très rapidement. Cela ne peut toutefois se produire que si les sélections du sujet sont positives. Ainsi, si à la carte C6 l'expérimentateur avait répondu négativement, le sujet aurait fait peu de progrès vers la solution du problème. Une stratégie conservatrice ne permet pas d'atteindre la solution aussi vite, elle mène toutefois à cette solution beaucoup plus sûrement. Il s'agit par ailleurs d'un type de stratégie qui pose un degré de « charge cognitive » beaucoup moins élevé : une seule information est traitée à la fois.

Si certains sujets adoptent une stratégie risquée, la plupart préfèrent utiliser une stratégie conservatrice. Par ailleurs, les sujets adoptent des stratégies spécifiques dans différentes conditions d'identification de concepts : conditions de réception (où c'est l'expérimentateur qui sélectionne les cartes et indique au sujet si l'exemple est positif ou non), identification de concepts définis par différentes règles logiques, etc.

Les situations de formation de concepts étudiées par Bruner, Goodnow et Austin diffèrent de plusieurs façons de situations similaires de la vie quotidienne. Premièrement, nous sommes rarement exposés à une telle succession de problèmes de catégorisation. Deuxièmement, le sujet, dans cette situation expérimentale, ne dispose d'aucun outil physique (crayon, papier ou autre forme d'enregistrement) ou conceptuel (par exemple, intégration du matériel à des thèmes familiers) facilitant le maintien de l'information graduellement accumulée. Une troisième différence entre cette étude et l'identification de concepts dans la vie courante touche la nature des concepts utilisés.

Les concepts définis dans ces expériences le sont de telle sorte qu'il est possible d'inférer avec certitude qu'un objet possédant certains attributs appartient à une catégorie donnée. Par exemple, sur les cartes utilisées, la bordure est simple ou double, elle ne peut avoir de valeur intermédiaire. Dans la vie courante, les catégories sont définies de façon beaucoup moins précise. Quelles caractéristiques de la condition physique d'un individu détermineront le choix d'opérer ou non du chirurgien? Les frontières sont mal établies. C'est pour cette raison que sur dix chirurgiens, six peuvent opter pour l'opération, quatre contre.

Ces limites des études traditionnelles de l'identification de concepts étaient reconnues par Bruner, Goodnow et Austin. Pour pallier ces inconvénients, certaines de leurs recherches ont porté sur la catégorisation en fonction d'indices incertains, probabilistes. Un concept tel que « noir et carré » est défini simplement par la présence ou l'absence des caractéristiques. Dans la réalité, les catégories sont plutôt déterminées par des indices probabilistes. Par exemple, une recherche démontre qu'avec des dessins schématiques de faces humaines, les sujets ont davantage tendance à juger qu'un visage est intelligent si le front est haut (Brunswick et Reiter, 1938, cité par Bruner, Goodnow et Austin). Il est cependant impossible d'affirmer que si la personne a un front haut elle appartient certainement à la catégorie des personnes intelligentes. La **probabilité** qu'elle y appartienne (ou du moins, que l'on juge qu'elle y appartienne) est simplement plus forte. La plupart des gens considèrent que le fait qu'une personne ait un front haut constitue un indice, mais il s'agit d'un indice **probabiliste**.

C'est quelques années plus tard, particulièrement avec les travaux d'Eleonor Rosch, que la psychologie cognitive s'est véritablement intéressée à l'étude des catégories dites « naturelles », déterminées par la présence d'indices probabilistes.

LES CATÉGORIES NATURELLES

Vous allez chez le quincaillier pour choisir la couleur de la peinture pour repeindre votre chambre. Après quelques minutes d'hésitation, vous sélectionnez une peinture turquoise, aux limites du vert et du bleu. Vous appliquez soigneusement la peinture sur les murs, puis vous invitez quelques personnes à admirer votre travail. « Quel beau vert! » s'exclame Marc. « Mais ce n'est pas vert, c'est bleu! » dit Louise. « Mais oui, c'est plutôt bleu... » dit André. « Personnellement, je trouve que c'est plus près du vert que du bleu... » dites-vous.

Cette situation reflète bien comment les limites des catégories naturelles peuvent être mal définies. À quel moment un blanc commence-t-il à être beige? Quelles sont les caractéristiques distinctives qui font qu'un homme sera classé dans la catégorie des hommes « séduisants »?

Des limites imprécises

Le problème de la catégorisation chez l'humain est omniprésent dans l'utilisation du langage. On suppose que les mots représentent des catégories d'objets bien définies, bien distinctes les unes des autres. Par exemple, le mot bâton semble renvoyer à une réalité très précise. Cependant, en examinant de près la question, on s'aperçoit rapidement que ce n'est pas aussi simple. Un morceau de bois mesurant 1 cm de diamètre et 2 cm de long est-il un bâton? À cette question, vous répondrez probablement non. Maintenant, essayez de répondre à la question « Est-ce un bâton? » pour les différentes valeurs des dimensions diamètre et longueur qui suivent.

Diamètre (cm)	Longueur (cm)	Est-ce un bâton?
1	2	...
1	4	...
1	6	...
1	8	...
1	10	...
1	20	...
1	40	...

Cet exercice nous permet de constater que même un concept aussi simple que « bâton » n'est pas défini précisément. Il existe des dimensions, en l'occurrence, la longueur, pour lesquelles le terme bâton peut être très discutable.

L'expérience du linguiste Willian Labov (1973) démontre bien comment les catégories que nous formons ne sont pas nécessairement délimitées de façon très précise. Labov présentait à ses sujets les stimuli illustrés à la figure 10.4. On voit que ces stimuli varient sur les dimensions largeur et hauteur.

Ces stimuli étaient montrés dans deux conditions de présentation différentes. Dans la première, le sujet devait identifier un objet

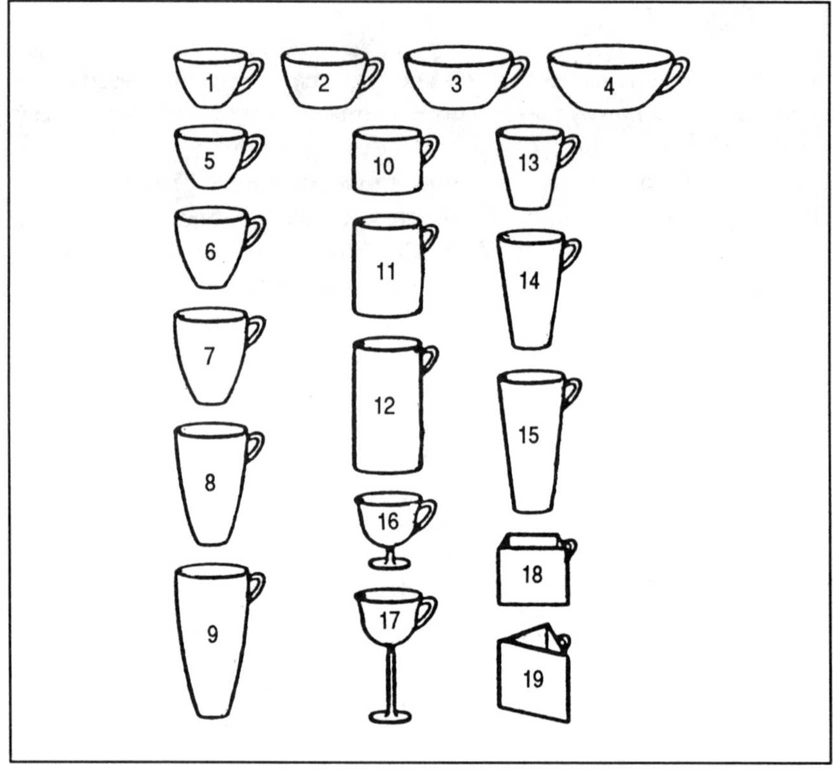

FIGURE 10.4
Objets ressemblant à une tasse utilisés dans l'expérience de Labov (d'après Labov, 1973).

représenté en imaginant cet objet contenant une purée de pommes de terre à l'intérieur. Dans la deuxième condition, le sujet devait simplement nommer l'objet qui lui était présenté. La figure 10.5 montre comment les sujets identifiaient le stimulus comme étant « bol » ou « tasse » selon la largeur et le contexte de présentation.

En tout premier lieu, il est clair que la frontière entre les catégories « bol » et « tasse » est imprécise : il n'existe pas de dimension pour laquelle, tout à coup, les sujets cessent d'identifier le stimulus de telle ou telle façon. Le pourcentage d'identification varie plutôt graduellement. Les sujets tendent généralement à identifier moins

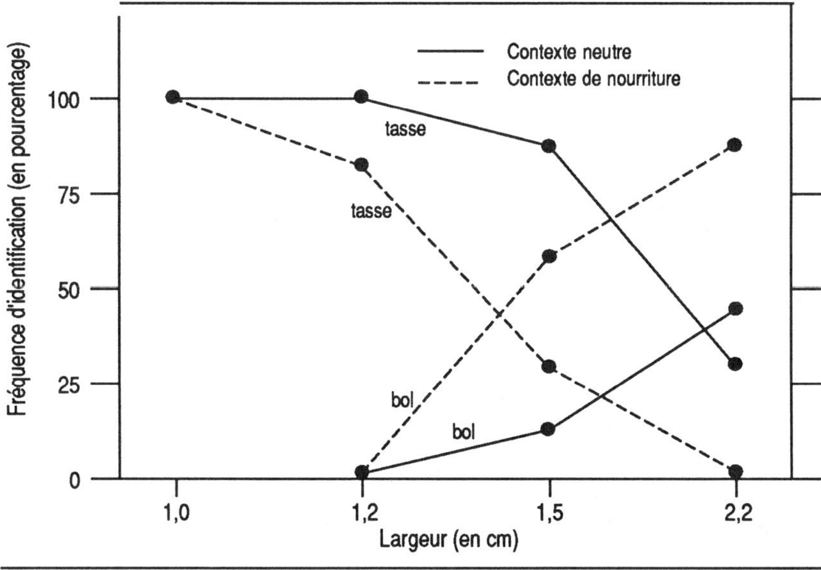

FIGURE 10.5
Pourcentage d'identification des objets comme « bol » ou « tasse » en fonction de l'augmentation de la largeur de l'objet et en fonction du contexte verbal de sa présentation (d'après Labov, 1973).

souvent le contenant comme une tasse, à mesure que sa largeur augmente. Cette tendance s'accentue si le sujet imagine le stimulus dans un contexte de présentation avec nourriture. À mesure que la largeur augmente, il identifiera plus facilement le stimulus comme étant un bol.

Les notions de tasse et de bol peuvent être comprises différemment selon le contexte culturel dans lequel l'expérience est faite. Ainsi, il est difficile, dans un contexte francophone québécois, d'imaginer un bol avec une anse. Celle-ci est fortement associée au concept de tasse. Prenons comme exemple l'illustration numéro 3 sur la figure 10.4. Si l'on imagine cet objet sans anse, il peut être effectivement difficile de déterminer s'il s'agit d'un bol ou d'une tasse. Si, cependant, on imagine que cet objet contient des pommes de terre en purée, il sera probablement classé plus rapidement dans la catégorie « bol ». C'est cette difficulté de classification et l'importance du contexte (purée de pommes de terre) que l'expérience de Labov a voulu démontrer.

Caractéristiques des catégories naturelles

Les caractéristiques des catégories naturelles sont beaucoup plus évidentes si elles sont considérées à l'aide de quelques exemples : véhicule, mobilier, fruit, arme, légume, vêtement.

Les catégories naturelles sont **définies par rapport à des dimensions continues** plutôt que discontinues. Comme le démontre la recherche de Labov, la largeur est une dimension continue : la largeur d'une tasse varie graduellement et c'est en partie la nature très graduelle du changement qui rend imprécise la limite où cette tasse devient un bol. La couleur est également une dimension continue : entre un vert et un bleu « purs », les valeurs possibles de longueurs d'onde sont infinies, le nombre de couleurs est donc aussi infini. À l'opposé, les valeurs données à la dimension « forme », dans les premières recherches sur l'identification de concepts, étaient discontinues : la forme était ronde ou carrée et ne pouvait prendre de valeur intermédiaire.

Les catégories naturelles sont **organisées hiérarchiquement**. Prenons comme exemple les catégories en biologie. La catégorie « oiseau » inclut les sous-catégories « serin », « autruche », etc. Ceux qui s'intéressent aux serins savent déjà que dans la catégorie « serin » on trouve, entre autres, les sous-catégories « serin bossu », « serin huppé » et « serin du Hartz ». En gastronomie, la catégorie « pâtisserie » comprend plusieurs sous-catégories dont « tarte », « gâteau », « biscuit ». La catégorie « tarte » comprend, elle-même, par exemple, les sous-catégories « tarte renversée », « tarte à fond de biscuits ». La catégorie « biscuit » inclut les sous-catégories « biscuit à la cuiller », « biscuit fourré à la crème », etc.

Dans une catégorie naturelle, **tous les membres ne sont pas égaux : certains éléments paraissent plus typiques que d'autres.** Ainsi, une voiture nous apparaît plus comme un véhicule qu'un ascenseur, une hirondelle plus comme un oiseau qu'un pingouin, une chemise plus comme un vêtement qu'une cravate. À l'inverse, une catégorie artificielle, comme celles qu'ont définies Bourne ou Bruner, Goodnow et Austin, est composée de membres aussi représentatifs les uns que les autres de la catégorie.

Finalement, dans les catégories naturelles, les **caractéristiques ne sont pas parfaitement indépendantes** comme dans les catégories artificielles. Cela signifie qu'il n'y a aucun rapport entre le fait d'être rouge et le fait d'être carré. Par contre, il existe un rapport évident entre le fait d'avoir des plumes et d'avoir aussi des ailes : dans ce cas, on dira que ces deux caractéristiques sont dépendantes l'une de l'autre.

L'organisation hiérarchique des catégories naturelles

Les travaux d'Eleonor Rosch ont porté précisément sur l'étude des caractéristiques des catégories naturelles. Ses recherches ont permis, entre autres, de mieux connaître la structure hiérarchique des catégories. Celles-ci sont en effet organisées de telle sorte qu'elles forment des **taxonomies**, systèmes où les catégories sont reliées les unes aux autres par inclusion.

La figure 10.6 montre une taxonomie où un certain nombre de catégories est représenté. La place d'une catégorie dans la structure n'est pas arbitraire. Ainsi, on ne pourrait placer la sous-catégorie « serin huppé » à la place de la catégorie « oiseau ». Pourquoi? Parce que, dans une taxonomie, les catégories sont reliées les unes aux autres par inclusion de classes. La sous-catégorie « serin huppé » est incluse dans la catégorie « oiseau » et non l'inverse.

Plus une catégorie présente un niveau d'inclusion élevé dans le système taxonomique, c'est-à-dire plus une catégorie inclut d'autres catégories, plus le niveau d'abstraction de la catégorie est également élevé. La catégorie « oiseau » inclut les catégories « serin », « pinson », « serin huppé », « serin bossu », « pinson chanteur » et « pinson à gorge blanche », alors que la catégorie « serin » ne comprend que les catégories « serin huppé » et « serin bossu ». Parce que la catégorie « oiseau » contient plus de catégories que la catégorie « serin », on dira que la première est plus abstraite que la seconde. Cette notion de niveau d'abstraction d'une catégorie définie par la quantité de catégories qu'elle peut inclure correspond à notre expérience subjective. Si l'on vous demande d'imaginer un serin, vous aurez une image mentale plus précise et concrète que si vous devez imaginer un oiseau en général.

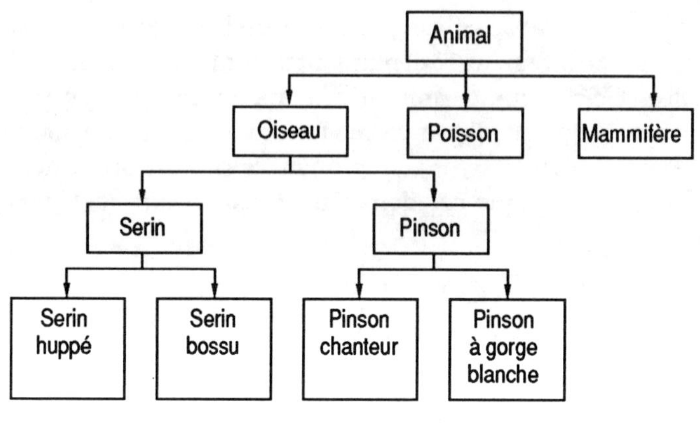

FIGURE 10.6
Exemple d'une taxonomie d'animaux.

Dans une première partie de leur série d'expériences, Rosch et ses collaboratrices et collaborateurs (Rosch, Mervis, Gray, Johnsen et Boyes-Braem, 1976) ont examiné l'organisation hiérarchique de noms d'objets concrets. La figure 10.7 montre une des taxonomies utilisées.

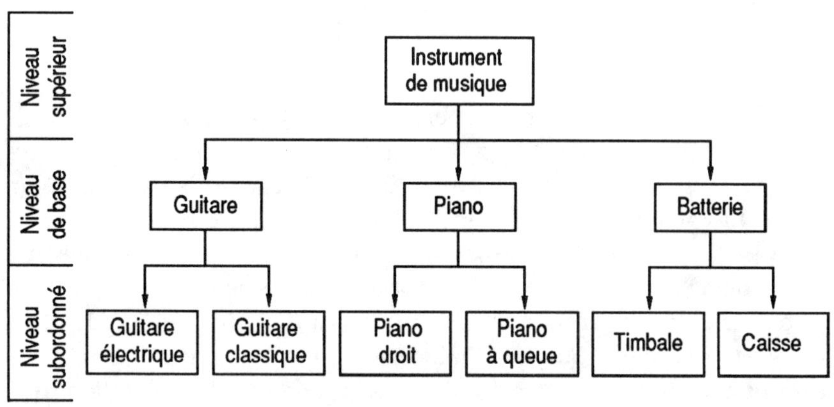

FIGURE 10.7
Taxonomie utilisée par Rosch, Mervis, Gray, Johnsen et Boyes-Braem (1976) dans l'étude de l'organisation hiérarchique de noms d'objets concrets.

La catégorie « instrument de musique » se situe au niveau le plus abstrait et la catégorie « timbale », par exemple, se situe au niveau le moins abstrait. Un des principaux objectifs de cette série d'expériences était de démontrer que dans l'utilisation courante de ces mots, un niveau s'avère plus important que les autres. C'est parce qu'il s'est effectivement avéré plus important que les autres qu'on l'a appelé « niveau de base ». Sur la figure 10.7, le niveau de base est représenté par les catégories « guitare », « piano », « batterie ». C'est par rapport à ce niveau que l'on a identifié les autres, c'est-à-dire les niveaux supérieur et subordonné qui représentent respectivement des niveaux plus abstraits et moins abstraits que le niveau de base. L'expérience qui suit montre en quoi le niveau de base est plus important.

Rosch et ses collaboratrices et collaborateurs ont utilisé neuf taxonomies de noms concrets utilisés dans le langage courant. Le tableau 10.1 montre quelques taxonomies utilisées. Les évaluations de juges indépendants ont permis de vérifier l'exactitude des inclusions.

TABLEAU 10.1
Exemples de catégories supérieure, de base et subordonnée

Supérieure	De base	Subordonnée	
Instrument de musique	Guitare	Guitare électrique	Guitare classique
	Piano	Piano à queue	Piano droit
	Tambour	Timbale	Batterie électrique
Fruit	Pomme	Granny Smith	Mackintosh
	Pêche	Melba	À noyau non adhérent
	Raisin	Concorde	Vert sans pépin
Outil	Scie	Scie à métaux	Scie circulaire
	Tournevis	Phillips	Tournevis à tête plate
Vêtement	Pantalon	Velours côtelé	Jeans
	Chemise	À manche courte	À manche longue
Mobilier	Table	Table de cuisine	Table de salon
	Lampe	Sur pied	De bureau
	Chaise	De cuisine	De parterre
Véhicule	Voiture	Voiture sport	Sedan

(D'après Rosch, Mervis, Gray, Johnsen et Boyes-Braem, 1976.)

Les stimuli étaient divisés en ensembles de dix noms. Pour chaque nom d'objet, le sujet devait faire une liste d'attributs qui permettraient de décrire cet objet. Le tableau 10.2 montre des exemples d'attributs énumérés par les sujets.

TABLEAU 10.2
Exemples d'attributs partagés à différents niveaux hiérarchiques

OUTIL	**VÊTEMENT**	**MOBILIER**
Sert à fabriquer	Nous le portons	Pas d'attributs communs
Sert à réparer	Tient au chaud	
SCIE	**PANTALON**	**CHAISE**
Poignée	Jambes	Pattes
Dents	Boutons	Siège
Lame	Ganses	Dossier
Aiguisée	Poches	Bras
Coupe	Tissu	Confort
Tranchant	Deux pattes	Quatre pattes
		Sert à s'asseoir
SCIE CIRCULAIRE	**PANTALON DE JOGGING**	**CHAISE DE PARTERRE**
Forme ronde	Extensibles	Pliante

(D'après Rosch, Mervis, Gray, Johnsen et Boyes-Braem, 1976.)

Notons que les mots sont organisés hiérarchiquement et qu'il faut postuler que les attributs mentionnés aux niveaux supérieurs s'appliquent aussi aux niveaux inférieurs. Par exemple, une scie possède des dents et, généralement, elle est aussi faite de métal, comme beaucoup d'outils.

Pour chaque concept, une liste a été constituée à partir des attributs nommés par les sujets. Cependant, seuls les attributs mentionnés par au moins six sujets (sur 20) ont été compilés.

Le tableau 10.3 montre le nombre d'attributs communs entre les membres des catégories à chaque niveau considéré : niveau supérieur, niveau de base et niveau subordonné.

TABLEAU 10.3
Nombre d'attributs communs à différents niveaux hiérarchiques

Catégorie	Niveau supérieur	Niveau de base	Niveau subordonné
Instrument de musique	1	6,0	8,5
Fruit	7	12,3	14,7
Outil	3	8,3	9,7
Vêtement	3	10,0	12,0
Mobilier	3	9,0	10,3
Véhicule	4	8,7	11,2

(D'après Rosch, Mervis, Gray, Johnsen et Boyes-Braem, 1976.)

Sur la première ligne du tableau, on voit par exemple qu'un seul attribut commun a été mentionné pour la catégorie instrument musical. Au niveau de base, six attributs communs ont été trouvés dans cette même catégorie. Cela peut être illustré par les questions et les réponses suivantes. Quelle caractéristique est partagée par la plupart des instruments de musique? Ils produisent des sons. Il est difficile de trouver une autre caractéristique commune puisqu'il peut y avoir des instruments de musique de toutes formes, couleurs, matériaux, etc. Au niveau de base, les questions portaient sur des items plus précis : quelles caractéristiques sont communes aux pianos? aux violons? aux trompettes? Il est beaucoup plus facile de mentionner des attributs communs à ce niveau. Les pianos produisent des sons, comme tous les instruments, mais ils possèdent aussi des cordes, des touches, un système de frappe, etc. Par rapport à la catégorie « instrument de musique », deux attributs au moins s'ajoutent pour définir les pianos. Il sera encore possible d'ajouter quelques caractéristiques supplémentaires au niveau subordonné : les pianos à queue ont une table d'harmonie horizontale.

Les concepts paraissent donc se définir de façon satisfaisante au niveau de base tandis qu'au niveau supérieur, peu de caractéristiques communes permettent de définir le concept. Le fait de passer du niveau de base au niveau subordonné n'augmente pas vraiment la qualité de la définition : peu d'attributs communs supplémentaires s'ajoutent.

Pour Rosch et son équipe, d'autres particularités rendent le niveau de base fondamental dans l'organisation catégorielle. C'est avec les objets du niveau de base que les interactions s'effectuent avec des mouvements moteurs communs; si la façon de jouer d'un instrument musical peut varier grandement d'un instrument à l'autre, elle change peu d'un piano à l'autre. C'est aussi au niveau de base que les formes des objets deviennent similaires et qu'une « forme moyenne » peut représenter le concept. Il existe une chaise moyenne qu'il est facile d'imaginer : quatre pattes, un dossier, une plate-forme. Par contre, il n'existe pas de « mobilier moyen » : des objets de formes très diverses peuvent être identifiés comme étant du mobilier.

La représentativité du concept

Un poulet est-il autant un oiseau qu'un moineau? Cette question peut sembler tout à fait ridicule. Un oiseau est ou n'est pas un oiseau, me direz-vous. Eh bien, la chose n'est pas aussi évidente. En fait, en y réfléchissant bien, il apparaît que certains membres de catégories données nous semblent nettement plus **représentatifs** ou typiques que d'autres. Par exemple, une voiture donne généralement l'impression de constituer un membre plus typique de la catégorie « véhicule » qu'un ascenseur; une chaise, plus typique de la catégorie « mobilier » qu'un téléphone. Mais qu'est-ce qui fait qu'un objet est plus typique qu'un autre, puisqu'il possède effectivement les caractéristiques lui permettant d'appartenir à la même catégorie?

Pour répondre à cette question, Rosch et Mervis (1975) ont posé l'hypothèse suivante : un membre d'une catégorie sera perçu comme plus typique s'il possède un plus grand nombre d'attributs communs avec les autres membres de la catégorie à laquelle il appartient. Par ailleurs, plus un item est typique de sa propre catégorie, moins il partagera d'attributs avec les membres des autres catégories. En d'autres termes, un membre sera évalué comme étant typique d'une catégorie proportionnellement au degré de « ressemblance familiale » qu'il présente par rapport aux autres membres de la catégorie.

Ressemblance familiale

Défini par le philosophe autrichien Ludwig Wittgenstein (1953), le concept de **ressemblance familiale** souligne le caractère ambigu des mots qui constituent le langage. Dans l'utilisation courante d'un mot, il n'est pas nécessaire que le mot possède plusieurs ou même une seule caractéristique commune avec tous les autres membres d'une catégorie pour qu'il soit identifié comme membre de cette catégorie. En fait, le concept de ressemblance familiale illustre le fait que, dans une catégorie, tous les éléments n'ont pas nécessairement un seul attribut qui soit commun à tous.

Une catégorie est plutôt déterminée par des ressemblances entre les éléments qui sont identifiables d'un objet à un autre. Ainsi, pour reprendre l'exemple bien connu utilisé par Wittgenstein, certains jeux peuvent avoir très peu de choses en commun : mots croisés et football, par exemple. Il est cependant possible de trouver plusieurs jeux intermédiaires, certains ressemblant beaucoup au football, d'autres aux mots croisés. L'expression « ressemblance familiale » compare le phénomène à la distribution des attributs communs dans une famille. Un fils peut ressembler beaucoup à sa mère qui elle-même ressemble beaucoup à son père, mais d'une autre façon. Ainsi, même s'il y a plusieurs ressemblances dans une même famille, il peut arriver que deux de ses membres n'aient à peu près rien en commun, comme les mots croisés et le football.

Pour mesurer le degré de ressemblance familiale que possède un membre d'une catégorie, Rosch et Mervis (1975) ont utilisé la technique suivante. Après avoir demandé à des sujets de faire une liste des attributs de différents membres de catégories, un score de ressemblance était évalué sur la base du nombre d'attributs qu'un item donné partageait avec les autres membres de cette catégorie. Par exemple, si, dans la catégorie « fruit », trois membres possèdent l'attribut « jaune » et cinq membres l'attribut « doit être pelé pour la consommation », l'item banane aura alors un score de ressemblance familiale d'au moins 3 + 5 = 8. Pour sa part, l'item bleuet aura un score correspondant de 0. Donc, plus un item partage de caractéristiques avec les items de sa catégorie, plus il aura un score de ressemblance familiale élevé. Mais pourquoi calculer un tel score?

Si l'hypothèse de Rosch et Mervis s'avérait exacte, plus un item posséderait un score de ressemblance familiale élevé, plus il devrait être jugé comme étant typique de sa catégorie.

Ayant demandé à des sujets d'évaluer jusqu'à quel point un item leur paraissait typique d'une catégorie en lui attribuant un score, Rosch et Mervis disposaient d'un score de ressemblance familiale d'une part, et d'un score de « représentativité » subjective fourni par des sujets, d'autre part. En examinant la relation entre ces deux scores, Rosch et Mervis ont constaté que, en effet, sur l'ensemble des items appartenant aux différentes catégories, les scores de ressemblance familiale correspondaient étroitement aux évaluations subjectives de représentativité. Ainsi, les corrélations[1] suivantes ont été observées : 0,88 dans la catégorie mobilier; véhicule, 0,92; arme, 0,94; fruit, 0,85; légume, 0,84; vêtement, 0,91. Cela signifie qu'en général, lorsque le score de ressemblance familiale d'un item est très élevé, les sujets évaluent aussi cet item comme étant très représentatif de sa catégorie.

Ces résultats appuient fortement l'hypothèse selon laquelle un membre d'une catégorie sera jugé typique en fonction du nombre d'attributs qu'il partage avec les autres membres de sa catégorie.

L'illusion des attributs communs

Il est fréquent, et c'est également ce que Rosch et Mervis ont observé dans leur expérience, que les gens affirment qu'il existe réellement certaines caractéristiques communes à tous les membres d'une catégorie. Cette affirmation résiste mal cependant à l'épreuve : pour la plupart des attributs, il est possible de trouver un exemple d'item appartenant à la catégorie, mais ne possédant pas cet attribut. Par exemple, même si spontanément on pouvait affirmer que tous les outils sont faits de métal, on peut, en y réfléchissant bien, trouver un exemple d'outil ne contenant aucune pièce de métal. Ainsi, un maillet peut avoir un manche de bois avec, au bout, un morceau de caoutchouc.

1. Une corrélation est un indice numérique de la relation entre deux valeurs. Cet indice peut varier entre 0 et 1. Une corrélation de 1 exprime une relation parfaite : pour chaque augmentation d'une valeur, l'autre valeur augmente également. Une corrélation de 0 est nulle : il n'existe aucun rapport entre les variations des deux valeurs.

Pour Rosch et Mervis, cette illusion est due au fait que lorsque l'on se réfère à une catégorie, on pense spontanément à ses membres les plus typiques; effectivement, ceux-ci ont un grand nombre de caractéristiques en commun. Si l'on se réfère à l'exemple présenté plus haut, on constate qu'effectivement le marteau, la scie, le tournevis, bref, les outils les plus typiques, contiennent du métal. Le tableau 10.4 montre clairement que, quoique les items d'une catégorie puissent, dans l'ensemble, n'avoir aucune caractéristique commune à tous ses items, les plus typiques partagent effectivement plusieurs attributs. Si les cinq membres les plus typiques des catégories ont souvent beaucoup de caractéristiques communes, c'est rarement le cas des membres les moins typiques.

TABLEAU 10.4
Nombre d'attributs communs aux cinq membres les plus typiques et aux cinq membres les moins typiques de six catégories

Catégorie	Membres les plus typiques	Membres les moins typiques
Mobilier	13	2
Véhicule	36	2
Fruit	16	0
Arme	9	0
Légume	3	0
Vêtement	21	0

(D'après Rosch, Mervis, Gray, Johnsen et Boyes-Braem, 1976.)

La représentativité du concept et son effet sur les variables psychologiques

Dans maintes expériences, l'utilisation de concepts plus ou moins représentatifs ou typiques détermine la performance de l'individu à plusieurs niveaux (Rosch, 1978). Cet effet de la représentativité sur la performance mérite d'être considéré puisqu'il permet de saisir jusqu'à quel point la représentativité du concept constitue un aspect important dans notre fonctionnement cognitif en général et dans l'apprentissage chez l'enfant.

1. **Le temps de réaction et la vitesse d'apprentissage.** Le temps de réponse et la vitesse d'apprentissage sont des variables classiquement étudiées en psychologie. Pour Rosch, le fait qu'un concept soit plus ou moins typique est à ce point important qu'il déterminera la performance par rapport à ces deux variables.

Pour vérifier cette hypothèse, Rosch, Simpson et Miller (1976) ont formé deux catégories de figures en bâtonnets du type illustré sur la figure 10.8.

Chaque catégorie était composée de six figures. Celles-ci variaient sur quatre dimensions : le diamètre de la tête, la longueur du torse, des bras et des jambes. La figure 10.8 présente les prototypes de ces deux catégories : en moyenne, dans la catégorie 1, les bras, le torse, les jambes et la tête avaient la dimension du prototype 1.

Un **prototype** est une représentation abstraite qui possède les valeurs moyennes des caractéristiques définissant l'appartenance à cette catégorie. Ainsi, sur la figure 10.8, le prototype 1 montre que dans la catégorie 1, les figures en bâtonnets avaient **en moyenne** les bras de cette longueur, les jambes de cette longueur, la tête de cette

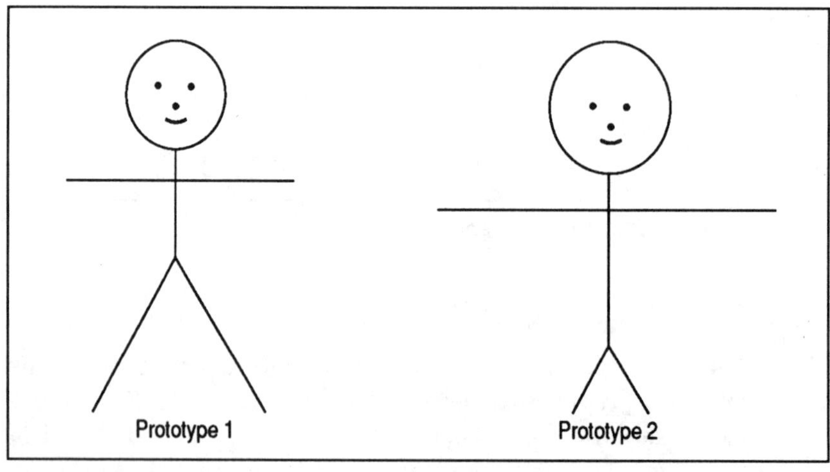

FIGURE 10.8
Prototypes de deux catégories de figures en bâtonnets (d'après Rosch, Simpson et Miller, 1976).

grosseur. Il est possible qu'aucune figure en bâtonnets réelle, concrète, de la catégorie 1 ne soit identique au prototype 1. Ce prototype est une abstraction qui possède les valeurs moyennes des caractéristiques des objets appartenant à la catégorie 1.

Généralement, dans la catégorie 1, les figures avaient des jambes plus longues, des bras et un torse plus courts, et une tête plus petite que les figures de la catégorie 2.

Les six figures des deux catégories étaient divisées en trois groupes : a) très typiques b) modérément typiques et c) très peu typiques. Si la longueur des bras, des jambes, du torse et la grosseur de la tête d'une figure étaient très proches de la valeur moyenne de ces caractéristiques dans une catégorie, la figure était classée comme étant très typique de sa catégorie. Donc, plus une figure ressemblait au prototype, plus elle était considérée typique de sa catégorie.

L'expérience de Rosch voulait donc répondre aux questions suivantes. Premièrement, les items les plus typiques seront-ils appris plus rapidement? Si oui, les sujets devraient faire moins d'erreurs lorsqu'ils classent les items plus typiques. Deuxièmement, le fait qu'un item soit plus ou moins typique influencera-t-il significativement le temps de réponse? Si, effectivement, la représentativité constitue une dimension fondamentale des concepts, il est probable qu'une dimension aussi fondamentale de la performance, c'est-à-dire le temps que le sujet met à répondre à un stimulus, sera également affectée par cette dimension.

Le tableau 10.5 montre l'effet du niveau de représentativité des figures sur le nombre d'erreurs de classification et le temps de réaction.

Le fait qu'une figure soit plus ou moins typique affecte significativement son apprentissage et son temps de traitement dans une tâche de classification. Mais si, dans une expérience, une figure plus typique est apprise plus facilement, cela signifie-t-il qu'il en est ainsi dans la vie courante? Par exemple, peut-on dire que l'enfant apprend vraiment plus rapidement à catégoriser un objet s'il est plus typique?

Il semble que oui. Anglin (1976) montre que l'appartenance à une catégorie est apprise plus tôt, dans le développement de l'enfant, pour les items les plus typiques. Aussi, Rosch (1973) montre que si le temps pour vérifier si un item appartient à une catégorie est moins

TABLEAU 10.5
Effet du niveau de représentativité sur le temps de réaction et le nombre d'erreurs

Niveau de représentativité	Nombre d'erreurs	Temps de réaction (ms)
Élevé	7,8	817
Moyen	3,0	887
Faible	14,5	1065

(D'après Rosch, Simpson et Miller, 1976.)

long lorsque l'item est plus typique, cette différence est beaucoup plus importante chez des enfants de dix ans que chez des adultes. Cette dimension de représentativité est donc assez importante pour affecter des variables fondamentales du développement et du fonctionnement cognitif comme l'apprentissage et le temps de traitement.

2. **Ordre et probabilité de production d'items.** Si l'on demande à un sujet de faire une liste d'items appartenant à une catégorie donnée, la production d'items typiques est plus probable. Aussi, dans l'ordre d'apparition, ces items seront les premiers nommés. On pourrait dire que cela est dû à la fréquence d'association d'un item avec sa catégorie. Cependant, ces effets sont observés autant avec des catégories artificielles, où la fréquence d'association est contrôlée, qu'avec des catégories naturelles.

3. **Le langage : utilisation des « atténuants ».** Il existe toute une catégorie de mots, utilisés dans le langage courant, dont la fonction est d'atténuer la signification du mot qui l'accompagne : presque, virtuellement, en quelque sorte, sont des exemples de ce que nous appelons des « atténuants » (en anglais, *hedges*).

Comme le mentionne Rosch, même si « un rouge-gorge est un oiseau » et « un pingouin est un oiseau » sont des énoncés également vrais, différents atténuants s'appliqueront dans la formulation d'une appartenance à une catégorie. L'affirmation « un pingouin est presque un oiseau » nous paraîtra beaucoup moins bizarre que l'énoncé « un moineau est presque un oiseau ». Le moineau est un oiseau type, un oiseau par excellence.

Les prototypes et la catégorisation

La figure 10.8 montrait les prototypes de deux catégories : chaque prototype représentant les valeurs moyennes des caractéristiques des objets appartenant à la catégorie. Selon Rosch, pour la plupart des catégories naturelles, nous nous formons un prototype qui joue un rôle dans la catégorisation : c'est à partir de ce prototype que nous catégorisons les objets rencontrés quotidiennement. Si un objet est similaire au prototype, il est inclus dans la catégorie; s'il est différent, il est classé dans une autre catégorie, celle où se trouve le prototype qui lui ressemble le plus.

Le prototype de la catégorie « chien » est un « chien moyen », c'est-à-dire qui représente une moyenne des chiens que nous avons vus au cours de notre vie. Ce n'est ni un très gros ni un très petit chien, il n'a ni de très longues ni de très courtes oreilles, il représente une moyenne de ces caractéristiques. Le prototype peut être comparé aux illustrations d'un dictionnaire : au mot chien, le dessin représentera le chien moyen.

Selon Rosch, la catégorisation, dans la vie courante, s'effectue en comparant les objets à des prototypes. Il est important de noter qu'il n'existe pas nécessairement un exemplaire, dans la catégorie, correspondant au prototype. On peut seulement affirmer que, dans une catégorie naturelle, les membres possèdent plus ou moins la qualité d'être des représentants typiques de cette catégorie.

CATÉGORIES ET COMPRÉHENSION

La catégorisation joue un rôle tellement fondamental dans notre compréhension du monde qu'il est difficile d'en saisir l'importance sans examiner le problème de très près.

Imaginez la conversation suivante :

Marie : J'ai faim.
Jacques : Il y a des biscuits dans l'armoire.

Cet échange serait complètement incompréhensible si l'on ignorait que biscuit appartient à la catégorie « nourriture », et qu'en tant que membre de cette catégorie, il possède la caractéristique d'être comestible.

Voyez maintenant le dialogue suivant :

Louis : On va prendre un verre?
Marc : O.K., mais je dois aller au guichet automatique avant.

Encore une fois, cette conversation ne pourrait être comprise si l'on n'avait déjà une certaine conception de ce qu'est le concept de guichet automatique et de ce qu'implique l'action « prendre un verre ». Ici, la caractéristique importante du concept de guichet est celle de donner de l'argent et la caractéristique de l'action est que pour prendre un verre, il faut donner de l'argent.

Catégories d'objets et catégories d'actions

Au début de ce chapitre, nous posions les questions suivantes : Qu'est-ce qu'une table? Qu'est-ce qu'un chien? Nous savons maintenant que pour répondre à ces questions nous devons nous référer à une sorte de base de données où l'information est organisée, et où le concept est possiblement défini par une liste de caractéristiques.

Les problèmes découlant de la catégorisation se posent au niveau de toute représentation des connaissances à propos du monde qui nous entoure. Ainsi, de la même façon que l'on peut penser au concept de restaurant comme à un ensemble de caractéristiques, on peut penser à la scène « souper au restaurant » comme à un ensemble d'actions. De la même façon qu'un restaurant particulier peut être un représentant plus ou moins typique de la catégorie « restaurant », un souper au restaurant peut aussi être plus ou moins typique selon la séquence d'événements se produisant lors de ce souper. La représentativité d'une séquence d'actions est exprimée lorsqu'à propos d'un événement nous disons, par exemple, « C'était un dîner d'affaires tout à fait typique. Il ne s'y est passé rien de spécial. »

Cette notion de « situation structurée de façon typique » et son rôle dans le fonctionnement cognitif, particulièrement au niveau de la mémorisation, ont été étudiés dès 1932 par Bartlett. Celui-ci présentait une histoire à ses sujets; cette histoire avait comme principale caractéristique de se situer dans un contexte culturel étranger à celui du sujet. Après des délais variés, Bartlett demandait à ses sujets de se rappeler l'histoire qui leur avait été présentée. Comme on peut s'y attendre, les sujets ne pouvaient se rappeler l'histoire textuellement. Certains faits étaient omis, d'autres ajoutés, d'autres modifiés. Ces altérations ne semblaient cependant pas se faire au hasard : les faits étaient réorganisés pour que l'histoire prenne une signification réelle dans le contexte culturel du sujet. Pour Bartlett, lorsque les sujets lisent une histoire, ils n'enregistrent pas l'information passivement : ils l'organisent de telle sorte qu'elle s'intègre dans des « situations structurées de façon typique », ce que Bartlett appelle des schémas.

En intelligence artificielle, les chercheurs qui ont tenté de faire des programmes capables de comprendre des textes se sont vus confrontés au problème de l'organisation de l'information concernant les événements. À ce sujet, une hypothèse actuelle consiste à dire que l'information concernant la réalité est organisée en séquences typiques d'événements. Prenons un exemple. Je vous dis : « Andrée lit un livre de psychologie cognitive; elle a un examen demain matin. » À partir de ces informations, vous inférerez probablement qu'Andrée ne lit pas son livre de psychologie cognitive comme elle lirait un roman, elle « étudie ». Si vous avez pu faire cette inférence, c'est que vous avez une certaine conception de la séquence d'actions qu'implique l'action « subir un examen ».

Il semble difficile d'imaginer comment la compréhension serait possible sans cette connaissance implicite des associations et relations causales entre des événements d'une part et les motivations usuelles des acteurs au cours de ces événements d'autre part. Essayez de voir à quelles connaissances implicites Marc fait référence lorsqu'il répond à Lucie.

Lucie : Peux-tu me dire où se trouve la cafétéria?
Marc : Elle est fermée actuellement, on y fait des travaux de rénovation.

On voit par sa réponse que Marc suppose que Lucie demande où se trouve la cafétéria pour s'y rendre et manger. Compte tenu de ces intentions probables, les informations fournies à Lucie à propos des rénovations et de ce qui en découle lui seront plus utiles que l'information relative à la localisation de la cafétéria.

Prototypes, frames et scripts

Daniel Bobrow et Terry Winograd, chercheurs bien connus en intelligence artificielle, expriment la conception générale qui prévaut dans le domaine : « Nous croyons que la **reconnaissance**, qui se fait par la comparaison des nouveaux objets et événements à un ensemble de prototypes emmagasinés en mémoire, joue un rôle prédominant dans le raisonnement. » (1977, p. 20). Notons que Bobrow et Winograd font explicitement référence à la notion de prototypes telle qu'elle a été développée par Eleonor Rosch. Les prototypes sont des représentations abstraites, constituant des combinaisons de valeurs moyennes de caractéristiques définissant des objets ou des situations. Les prototypes, emmagasinés en mémoire, permettent d'identifier les objets ou situations similaires que nous rencontrons quotidiennement. En intelligence artificielle, les prototypes de situations et d'objets sont appelés « frames » dans le traitement des images et langages naturels (Minsky, 1975); le terme « script » est pour sa part utilisé pour définir les séquences typiques d'événements (Schank et Abelson, 1977).

Dans le développement de programmes d'ordinateurs capables de comprendre des histoires, il est apparu nécessaire d'organiser l'information en séquences typiques d'événements, en scripts. Par exemple, Roger Schank et Robert Abelson de l'Université Yale ont mis au point un programme d'interprétation du langage naturel qu'ils ont baptisé SAM (*Script Applier Mechanism*). Ce programme comprend une série de schémas d'événements que Schank et ses collaborateurs appellent des scripts. Ceux-ci constituent des descriptions de situations types quotidiennes : aller chez le coiffeur, au cinéma, au restaurant. C'est à partir de ces descriptions standards que l'information est interprétée par SAM.

La situation typique du repas au restaurant a été utilisée par Schank et Abelson pour tester leur programme. Voici, à titre d'exemple, une version du script « restaurant ». Ce script concerne la situation particulière du repas dans un restaurant de type familial, à prix modique, du point de vue du client. Les principales composantes du script se présentent comme suit.

Script :	RESTAURANT		
Version :	restaurant à prix modique		
Accessoires :	table menu nourriture argent	Rôles :	client serveur cuisinier caissier propriétaire
Conditions d'entrée :	le client a faim le client a de l'argent		
Résultats :	le client a moins d'argent le propriétaire a plus d'argent le client n'a plus faim le client est satisfait (facultatif)		

Le script est divisé en épisodes : entrée, commande, repas, sortie. Chaque épisode décrit une séquence d'événements de façon détaillée. Par exemple, dans l'épisode entrée, le client entre dans le restaurant, regarde les tables, cherche une place pour s'asseoir, se rend à la table, s'assoit.

C'est le fait de disposer de ce type d'information qui nous permet de comprendre une phrase comme : « Je n'ai pas faim, j'arrive du restaurant. » ou « Je n'ai plus d'argent, j'arrive du restaurant. »

Les situations prototypiques comme les scripts ont une influence sur les processus aussi fondamentaux que la perception, la mémorisation. On peut facilement imaginer (et peut-être l'avez-vous déjà remarqué) que dans notre souvenir d'un événement, des détails n'ayant pas eu lieu, mais faisant partie du script de l'événement dont nous disposons, soient automatiquement incorporés. Ainsi, on peut concevoir qu'un individu soit intimement persuadé d'avoir réglé l'addition au restaurant lorsqu'en réalité il ne l'a pas fait. Bower, Black et Turner (1979) ont effectivement démontré que dans le rappel d'histoires, les sujets tendent à rapporter les événements en fonction des scripts qu'ils en ont, se rappelant de certains détails typiques qui, de fait, n'avaient jamais été mentionnés réellement dans l'histoire.

Cette tendance à regrouper l'information en séquences typiques d'événements, dans le rappel d'histoires, semble se manifester très tôt dans le développement : même des enfants d'âge préscolaire tendent à se rappeler une histoire familière en fonction de certains événements principaux tirés de scripts (McCartney et Nelson, 1981).

La référence à des scripts ou à des schémas peut favoriser le rappel d'information. Anderson et Pichert (1978) faisaient lire une histoire à leurs sujets. Dans un groupe, ceux-ci avaient pour instructions de lire l'histoire du point de vue d'un cambrioleur, alors que dans l'autre groupe, on leur demandait de la lire du point de vue de l'acheteur éventuel d'une maison. Les sujets devaient ensuite se rappeler l'histoire. Après ce premier rappel, les sujets devaient changer de perspective. Le second rappel différait du premier : des détails, dont le sujet ne se souvenait pas lorsqu'il se rappelait l'histoire du point de vue du cambrioleur, lui revenaient soudain lorsqu'il se rappelait l'histoire du point de vue de l'acheteur.

L'interprétation des faits de la vie courante suppose la référence à de nombreux scripts, qui peuvent même être en interaction les uns avec les autres. La compréhension de l'histoire suivante tirée de Schank et Abelson (p. 59) illustre ce fait d'une façon assez amusante.

> Parce qu'un de ses voyages est annulé de façon inattendue, un commis voyageur passe la nuit à la maison avec son épouse. Ils étaient tous deux profondément endormis lorsqu'au beau milieu de la nuit, un coup très fort est frappé à la porte d'entrée. L'épouse se réveille alors brusquement et s'écrie : « Ciel! Mon mari! » Là-dessus, le mari bondit hors du lit, traverse la chambre en courant et saute par la fenêtre.

Pourquoi l'histoire du commis voyageur est-elle drôle? D'abord parce que chacun des membres du couple agit en fonction d'un script personnel qui ne correspond pas à la réalité. Parce que la présence de son mari n'était pas prévue, l'épouse, réveillée brusquement, met un certain temps avant de réaliser que c'est bien avec son mari, et non avec son amant, qu'elle dort ce soir-là. De son côté, le commis voyageur ne se rappelle pas immédiatement qu'il n'est pas en voyage, dormant chez une amie qui, compte tenu de la réaction du commis, est probablement mariée elle aussi! Le script qui pourrait s'intituler « une nuit chez un honnête couple marié » est remplacé chez la femme par « une nuit à la maison avec un amant », chez l'homme par « une nuit chez une femme mariée ».

Le comique de l'histoire réside également dans le fait qu'un script constitue une séquence familière d'actions. Pour le commis voyageur et son épouse, on suppose que les relations extramaritales sont pratique courante pour les deux partenaires.

La quantité d'informations relatives au monde qui nous entoure est absolument phénoménale. L'emmagasinage de toute cette information sans aucune forme d'organisation est impensable. L'étude de la catégorisation des objets et des événements montre que les individus tendent à regrouper l'information selon certaines règles, en fonction de certaines caractéristiques typiques de ces objets et événements. Dans les deux cas, les limites sont floues. Les catégories ne sont pas définies de façon exacte, et dans la description de séquences typiques d'événements comme dans la description de catégories d'objets, on ne peut trouver une caractéristique universelle (Bower, Black et Turner, 1979) : le concept de ressemblance familiale peut également s'appliquer au script.

RÉSUMÉ

- Le **concept** est une représentation mentale abstraite qui permet de regrouper les objets sur la base de leurs différents attributs et qui simplifient ainsi notre représentation du monde.

- Les premières recherches sur l'identification de concepts utilisaient des concepts artificiels définis très précisément par des règles logiques.

- En ordre croissant de difficulté d'apprentissage, les principales règles logiques sont les règles **conjonctive**, (et), **disjonctive** (ou), **conditionnelle** (si... alors) et **biconditionnelle** (si... alors... si... alors). Une fois apprises cependant, ces règles semblent pouvoir être utilisées aussi facilement l'une que l'autre.

– Dans leur étude classique sur l'identification de concepts, Bruner, Goodnow et Austin (1956) ont isolé deux types principaux de stratégie utilisés par les gens : **stratégie conservatrice** et **stratégie risquée.** Dans une stratégie conservatrice, une seule dimension varie à la fois. Dans une stratégie risquée, plus d'une dimension sont variées. Cette dernière stratégie permet d'arriver plus rapidement à la solution mais elle est moins sûre et plus difficile à employer.

– Les catégories naturelles ont des limites moins précises que les catégories artificelles utilisées dans les premières recherches sur l'identification de concepts : elles varient sur des **dimensions continues.**

– Les catégories naturelles sont organisées **hiérarchiquement** en **taxonomies,** c'est-à-dire en systèmes où des sous-catégories sont incluses dans des catégories plus englobantes.

– Dans une catégorie naturelle, les éléments peuvent être plus ou moins **représentatifs** ou typiques de cette catégorie : le chien est un animal domestique plus représentatif que le boa constrictor; le pepsi, une boisson gazeuse plus représentative que le « cream soda ».

– La **ressemblance familiale** unit les différents éléments d'une catégorie. Le concept de ressemblance familiale fait référence au fait que les divers éléments d'une catégorie auront en commun un ou plusieurs attributs, mais qu'il n'y a pas nécessairement un attribut précis qui soit partagé par tous les membres de la catégorie.

– Plus un élément possède un score de ressemblance familiale élevé, plus il sera jugé comme représentatif de sa catégorie.

– Plus un élément est représentatif de sa catégorie, plus il sera traité rapidement et facilement dans une tâche de classification.

– Selon Rosch, les objets rencontrés dans la vie courante sont classés dans une catégorie après avoir été comparés à des **prototypes,** c'est-à-dire à des représentations abstraites présentant les valeurs moyennes des caractéristiques qui définissent l'appartenance à cette catégorie.

- En intelligence artificielle, des séquences d'événements ont aussi été catégorisées en prototypes. Ces « frames » ou « scripts » permettent d'interpréter les situations.

CHAPITRE 11

LA MÉMOIRE SÉMANTIQUE

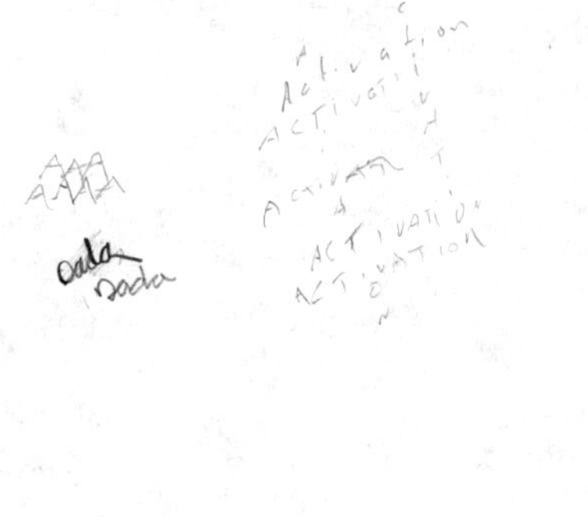

CHAPITRE 11

LA MÉMOIRE SÉMANTIQUE

QU'EST-CE QUE LA MÉMOIRE SÉMANTIQUE?

Si l'on vous demande d'indiquer le plus rapidement possible si l'énoncé « un poulet est un oiseau » est vrai ou faux, pensez-vous pouvoir répondre aussi rapidement que si l'on vous demande de dire si « un moineau est un oiseau »?

Dans le chapitre qui précède, on a vu comment notre connaissance des objets semble être organisée autour de prototypes. Mais si l'information dont nous disposons en mémoire, par exemple au sujet du concept oiseau, est véritablement organisée autour de prototypes, la représentativité de l'item recherché en mémoire devrait affecter notre performance de rappel. Le temps nécessaire pour vérifier l'appartenance à une catégorie d'un item représentatif de cette catégorie, c'est-à-dire typique, devrait être différent du temps requis pour vérifier l'appartenance d'un item moins typique. Cet effet de représentativité a effectivement été observé : les gens confirment plus vite qu'un item appartient à une catégorie si cet item est représentatif, typique de cette catégorie, que s'il ne l'est pas. Nous reviendrons sur cet effet plus loin dans le chapitre. Auparavant, voyons d'abord comment s'est amorcée l'étude de la mémoire sémantique en psychologie cognitive.

À votre naissance, vous ne connaissiez rien du monde. Vous entendiez les gens parler autour de vous sans comprendre leur langage. Vous viviez des expériences parfois frustrantes, parfois gratifiantes, sans pouvoir mettre de mots sur ces expériences. Graduellement, vous avez appris que l'individu qui vous prenait parfois dans ses bras s'appelait papa, que ce que l'on vous mettait dans la bouche s'appelait nourriture, que l'action de mettre cette nourriture dans la bouche et de l'avaler s'appelait manger, etc. Jour après jour, vous avez relié les mots que vous entendiez à certains objets, actions, personnes. En observant objets, actions et personnes, vous avez aussi constaté que les choses étaient reliées entre elles : le cheval et le chien ont des caractéristiques communes qui les lient.

Ces informations relatives à la signification des concepts père, nourriture, manger, cheval et chien que, tout au long de votre vie, vous avez accumulées, constituent ce que l'on appelle la mémoire sémantique. La **mémoire sémantique** est composée de concepts : elle contient une définition de ces concepts et une connaissance des relations qui existent entre eux. Il s'agit d'une mémoire à long terme, renfermant des informations accumulées sur toute la durée de notre vie. Même à 88 ans, il est possible d'enrichir notre mémoire sémantique, d'apprendre et d'emmagasiner de nouveaux concepts.

MÉMOIRES SÉMANTIQUE ET ÉPISODIQUE

Comme il en a déjà été question dans le chapitre sur l'encodage (chapitre 6), la mémoire sémantique est souvent définie par rapport à une mémoire également à long terme, mais qui contient un autre type d'information : la **mémoire épisodique**. Selon Endel Tulving qui, le premier, a distingué ces deux systèmes, les mémoires sémantique et épisodique diffèrent sur les plans du contenu et du fonctionnement (Tulving, 1972, 1983). Le contenu de la mémoire sémantique est abstrait et général : on y emmagasine des concepts. La mémoire épisodique contient des informations spécifiques, portant sur des expériences concrètes que nous avons vécues dans des lieux et des moments particuliers. C'est dans cette mémoire que, par exemple, vous avez emmagasiné le souvenir de votre soirée de samedi soir dernier. C'est aussi dans cette mémoire que vous avez l'information concernant l'ordre des événements : après votre repas, samedi soir, peut-être êtes-vous allé vous promener. C'est ce type de contenu « autobiographique » que la mémoire épisodique comprend. « Je sais que j'ai un rendez-vous chez le dentiste vendredi prochain. » « En lisant les premières lignes de ce chapitre, j'ai éternué. » « J'ai regardé un film de science-fiction hier soir. » Toutes ces informations se trouvent en mémoire épisodique.

Les deux systèmes, selon Tulving, fonctionnent différemment. Ainsi, l'oubli survient plus facilement en mémoire épisodique qu'en mémoire sémantique. En effet, la mémoire épisodique est en constante évolution, de nouveaux événements s'y ajoutent à chaque instant. Même s'il n'est vraiment définitif qu'à notre mort, le contenu de la mémoire sémantique est tout de même plus stable.

Quoique utile, la distinction entre mémoires épisodique et sémantique doit tenir compte du fait que ces systèmes sont imbriqués l'un dans l'autre. C'est à travers les toutes premières expériences particulières que nous avons vécues et emmagasinées que notre mémoire sémantique s'est constituée. Une fois ce système conceptuel relativement formé, c'est au moyen de cette lunette que nous interprétons les événements que nous vivons. Par exemple, notre connaissance du concept d'avion s'est développée au cours de nos expériences qui impliquaient des images d'avions ou des avions réels. Par ailleurs, la première fois que nous effectuons un vol en avion, cette expérience est déterminée par le concept d'avion que nous avons formé : un humain ayant vécu dans une société non industrialisée, qui n'a jamais vu ou entendu parler d'avions, ne vivra pas de la même façon un premier vol qu'un occidental contemporain, familier avec le concept d'avion.

Les travaux qui seront présentés dans cette section portent essentiellement sur la représentation en mémoire sémantique. Comme c'est souvent le cas dans les manuels d'introduction à la psychologie cognitive, cette question est traitée dans une autre section que celle portant sur le fonctionnement de la mémoire, cette section traitant surtout de la mémoire épisodique. Les travaux sur la mémoire épisodique étudient principalement les processus impliqués dans l'**utilisation** de la mémoire. La recherche sur la mémoire sémantique met quant à elle l'accent sur la notion de représentation de l'information, c'est-à-dire l'**organisation** de l'information en mémoire, sa structure.

UN MODÈLE DE RÉSEAU HIÉRARCHISÉ EN MÉMOIRE SÉMANTIQUE

La question de la structure de l'information sémantique, c'est-à-dire de la façon dont notre connaissance du monde est organisée « dans notre tête », est extrêmement importante. Premièrement, la connaissance de cette structure peut nous permettre de comprendre la performance dans la mémorisation. Deuxièmement, pour la mise au point de systèmes informatisés où des connaissances doivent être emmagasinées (comme les systèmes experts en intelligence artificielle), l'organisation sémantique de l'humain peut servir de modèle : il s'agit d'un système extrêmement puissant. La quantité d'information que nous avons en mémoire et la facilité avec laquelle nous l'utilisons en témoignent.

Nous avons déjà vu comment l'organisation de l'information en catégories peut être faite autour de prototypes. Ces travaux, menés principalement par Eleonor Rosch et son équipe, visaient spécifiquement l'étude des catégories d'objets. D'autres recherches ont tenté de voir comment des ensembles plus larges de connaissances sont emmagasinés. Ces recherches étaient davantage orientées vers le développement de programmes d'ordinateur permettant d'accumuler et d'utiliser des connaissances dans divers domaines (comme la géologie ou la médecine, par exemple).

Quillian (1968, 1969) a effectué l'une des premières tentatives systématiques en ce sens. La question à laquelle il tentait de répondre était la suivante : quel type d'organisation des mots en mémoire sémantique permet à l'humain de connaître et d'utiliser ces mots comme il le fait?

Pour répondre à cette question, Quillian a mis au point un programme de compréhension du langage : le *Teachable Language Comprehender* (TLC). Ce programme pouvait, par exemple, comparer deux mots sur le plan de leur signification. Cela implique que le programme localise l'information sémantique pertinente dans sa mémoire sémantique, qu'il établisse des relations entre ces informations concernant chacun des deux mots, et qu'il produise un texte pour exprimer ses conclusions. De la même façon que ce programme, si je vous demande de comparer une plante et un humain, vous devrez examiner la signification de ces deux mots et déterminer en quoi ces significations se rejoignent ou diffèrent. C'est exactement ce que le programme de Quillian faisait. Dans ce contexte, examiner la signification d'un mot veut dire retrouver les concepts associés au mot et établir une relation signifie que l'on vérifie quels concepts sont associés aux deux mots à la fois. Par exemple, lorsqu'on lui a demandé de comparer les mots « plante » et « humain », le programme de Quillian a répondu : 1. une plante n'est pas une structure animale, 2. l'humain est un animal. Vous auriez peut-être répondu vous aussi : la plante appartient au règne végétal, l'humain au règne animal.

Pour expliquer comment un tel fonctionnement est possible, Quillian a conçu un modèle de mémoire sémantique structuré en réseau, où les concepts sont les noeuds du réseau, et où ces noeuds sont reliés les uns aux autres. Pour étudier plus précisément comment cette information est organisée chez l'humain, Collins et Quillian (1969) ont mis au point une technique appelée « vérification d'énoncés en mémoire sémantique ».

La vérification d'énoncés en mémoire sémantique

Dans ce type d'expérience, on présente un énoncé au sujet : « un moineau est un oiseau » ou « un poulet est un oiseau ». Le sujet doit indiquer le plus rapidement possible, en pressant sur l'un ou l'autre de deux boutons, si l'énoncé est vrai ou faux. Le temps que le sujet met à vérifier l'énoncé, c'est-à-dire le temps qui s'écoule entre la présentation de l'énoncé et la pression du bouton, est mesuré.

Les **énoncés de vérification** peuvent porter tant sur les **propriétés** des objets que sur leur **appartenance à une catégorie**. « Un oiseau peut voler » ou « un lapin peut voler » sont des énoncés de vérification de propriétés. Est-il vrai ou faux que les lapins aient la propriété de voler?

Quelle différence y a-t-il entre les énoncés : « un serin est un animal » et « un serin est un oiseau »? Ces deux énoncés sont vrais et, pourtant, ils ne disent pas la même chose. Ils vérifient l'appartenance à des catégories dont le niveau diffère. Le serin appartient à la catégorie « oiseau » qui est elle-même incluse dans la catégorie « animal ». Par cette inclusion des ensembles, le serin fait partie de la catégorie générale « animal ».

Collins et Quillian (1969) présentaient différents énoncés à leurs sujets. Il pouvait s'agir d'énoncés d'inclusion d'ensembles tels que : un serin est un animal, un requin est un oiseau, un poisson est un animal. Ces énoncés pouvaient aussi être des énoncés de vérification de propriétés du type : un requin peut chanter, une autruche est jaune, un saumon est comestible. La tâche du sujet était d'indiquer le plus rapidement possible si l'énoncé était vrai ou faux.

L'effet de niveaux

Les temps de réaction des sujets à ces énoncés varient en fonction du niveau auquel ils se situent : la figure 11.1 illustre ces résultats.

Premièrement, le temps de vérification augmente en fonction du nombre de niveaux à franchir pour faire cette vérification; le temps que le sujet met à passer d'un niveau à l'autre est d'environ 75 ms. Par exemple, si, en moyenne, le sujet met environ 1 170 ms à indiquer qu'un serin est un oiseau, il en mettra 1 245 à décider qu'un serin est un animal. Deuxièmement, il est globalement habituellement plus long de vérifier des propriétés que de vérifier l'inclusion d'ensembles. En général, il semble que vérifier une propriété prenne environ 250 ms, soit un quart de seconde, une fois le niveau du concept atteint.

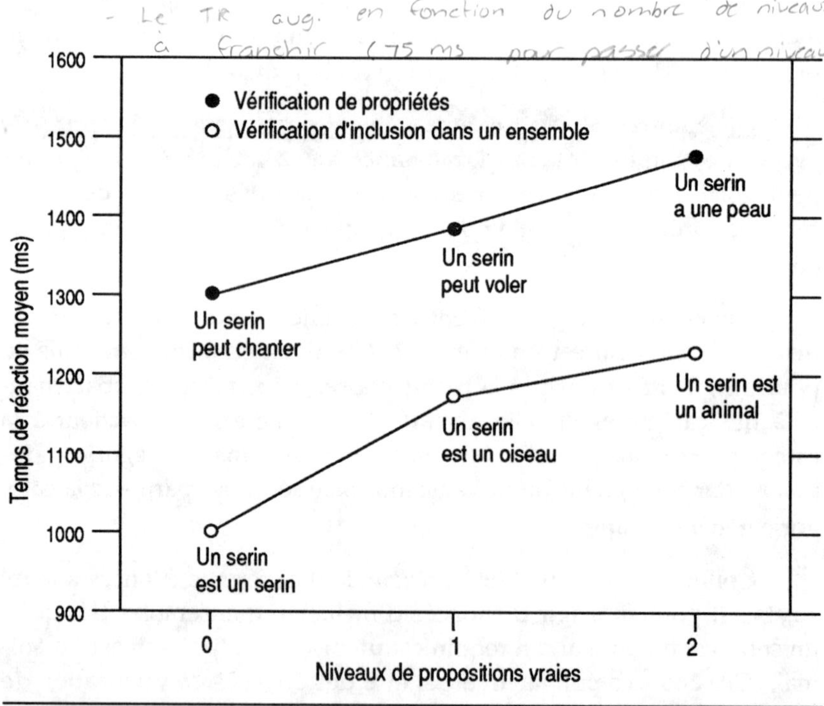

FIGURE 11.1
Temps de réaction moyen pour vérifier différents énoncés (d'après Collins et Quillian, 1969).

Une organisation hiérarchique de l'information en mémoire sémantique peut expliquer ces données. C'est effectivement la forme du modèle qu'ont proposé Collins et Quillian, illustré sur la figure 11.2.

Trois niveaux sont représentés en mémoire. Chaque concept est emmagasiné avec une configuration de pointeurs ou de liens qui le relient aux autres éléments. Ainsi, l'information « une autruche est un oiseau qui a de longues pattes minces » est enregistrée par la disposition de pointeurs à la propriété « a de longues pattes minces » et au concept plus général d'oiseau.

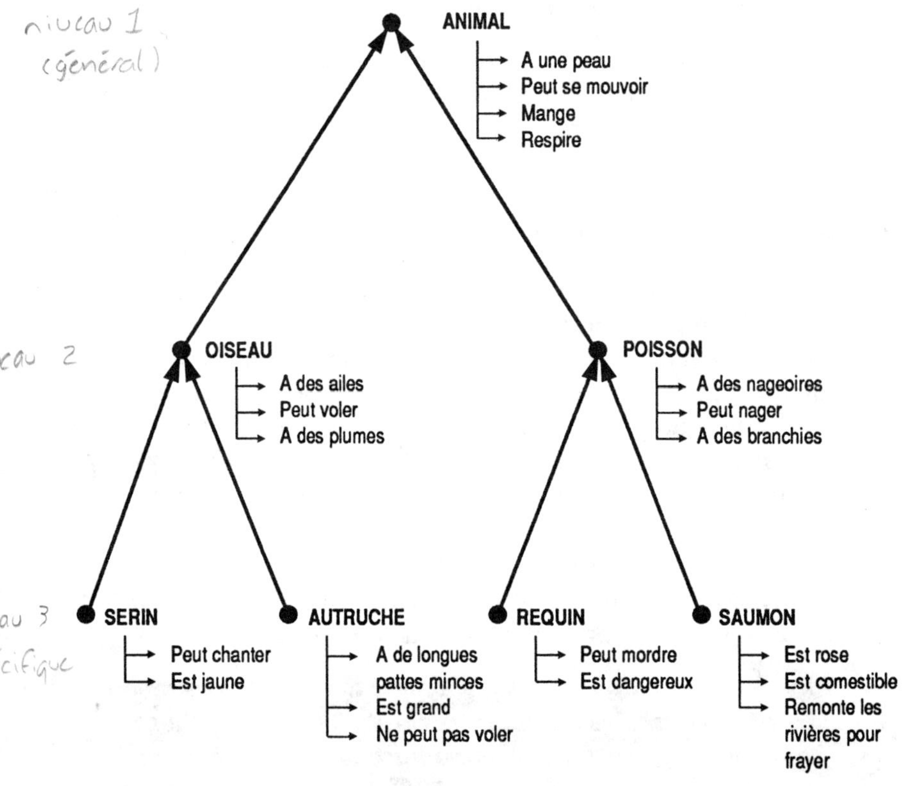

FIGURE 11.2
Illustration d'une structure hypothétique de la mémoire représentant une hiérarchie à trois niveaux (d'après Collins et Quillian, 1969).

Les propriétés du concept général oiseau n'ont pas à être associées spécifiquement par pointeurs au concept autruche. En effet, l'arrangement des concepts et des propriétés qui leur sont rattachées est déterminé de la façon la plus économique possible : les propriétés générales ne sont pas répétées à chaque niveau. Ainsi, la propriété « a une peau » est associée au concept animal. L'organisation hiérarchique des catégories fait que cette propriété s'applique également aux concepts poisson, oiseau, serin, autruche, etc. sans qu'il soit nécessaire de l'associer à tous ces concepts. Pour vérifier l'énoncé « une autruche a une peau », le sujet doit donc, théoriquement, vérifier d'abord si l'autruche est un oiseau, puis si l'oiseau est un animal et, finalement, vérifier si l'animal a la propriété d'avoir une peau.

Le modèle de réseau de Collins et Quillian suppose donc que l'information sémantique dont nous disposons est emmagasinée dans une structure en réseau hiérarchisé.

Les problèmes d'un modèle d'organisation hiérarchique

L'organisation proposée par Collins et Quillian est d'une logique exemplaire. Malheureusement, il semble que nous ne fonctionnions pas exactement de cette façon. Ainsi, les sujets indiqueront plus rapidement qu'un cheval est un animal qu'un cheval est un mammifère, et ce, même si le concept de mammifère est à un niveau intermédiaire entre les concepts cheval et animal : cet effet est appelé **effet d'inversion de niveaux**. L'effet d'inversion de niveaux est observé pour la plupart des mammifères (Rips, Shoben et Smith, 1973), c'est-à-dire que pour plusieurs d'entre eux, les sujets affirmeront plus rapidement qu'il s'agit d'un animal que d'un mammifère. L'effet d'inversion de niveaux se manifeste également dans d'autres catégories.

Rips, Shoben et Smith ont aussi montré que, dans leurs réponses à ce type de question, les sujets mettaient moins de temps à vérifier si un item appartenait à une catégorie lorsque cet item était typique ou représentatif de cette catégorie que lorsque l'item était peu typique : c'est l'**effet de représentativité**. Ainsi, si les sujets mettaient 1 362 ms à vérifier l'énoncé « un poulet est un oiseau », ils ne mettaient que 1 214 ms à vérifier qu'« un pigeon est un oiseau ».

Les différences, dans le temps de vérification d'appartenance à une catégorie, ne se manifestent pas seulement avec l'utilisation d'items typiques. Rips, Shoben et Smith ont observé des différences parfois importantes dans les temps de vérification d'items appartenant à une même catégorie, même s'ils paraissaient également représentatifs de cette catégorie.

Par exemple, si les sujets décidaient en 1 258 ms qu'« une vache est un mammifère », ils mettaient 1 476 ms, donc au-delà de 200 ms de plus, à affirmer qu'« un porc est un mammifère ». Or, dans une organisation par niveaux telle que l'ont postulée Collins et Quillian, le temps nécessaire pour traiter les items situés à un même niveau devrait être identique.

Dans le chapitre sur les catégories, nous avons vu certains énoncés sur des relations de catégories qui utilisent des atténuants. Par exemple, que répondriez-vous à l'énoncé « Une chauve-souris est presque un oiseau. »?

Il est possible que vous répondiez affirmativement. Or, si votre mémoire sémantique était réellement organisée en réseau hiérarchisé, une réponse à un tel énoncé serait impossible : il n'existerait aucun lien entre chauve-souris et oiseau puisque de fait, ils n'appartiennent pas à la même catégorie. Une chauve-souris est un mammifère, un oiseau est un oiseau. Alors, comment expliquer que nous puissions affirmer qu'une chauve-souris est presque un oiseau?

On pourrait dire que cette affirmation paraît possible parce que les chauves-souris et les oiseaux partagent une caractéristique très distinctive des oiseaux : ils ont des ailes. Est-ce à dire que, dans la vérification d'énoncés sémantiques, on procède à un examen des caractéristiques des éléments comparés? C'est ce que Smith, Shoben et Rips (1974) supposent.

LE CONCEPT COMME ENSEMBLE DE CARACTÉRISTIQUES

Le concept peut être vu comme un ensemble de caractéristiques. Par exemple, on peut imaginer que le concept d'oiseau puisse être emmagasiné en mémoire comme un ensemble de caractéristiques « a des ailes, est couvert de plumes, vole, a un bec », que le concept de moineau est également emmagasiné sous forme d'ensemble de caractéristiques « a des ailes, etc. » et que la vérification des énoncés sémantiques du type « un moineau est un oiseau » s'effectue en comparant les caractéristiques de l'un et l'autre termes (moineau et oiseau) de l'énoncé.

Le modèle de comparaison de caractéristiques

C'est le modèle que Smith, Shoben et Rips ont proposé. Selon eux, pour répondre à une vérification d'énoncés sémantiques, l'individu doit effectuer deux stades de comparaison. Ces stades sont illustrés à la figure 11.3.

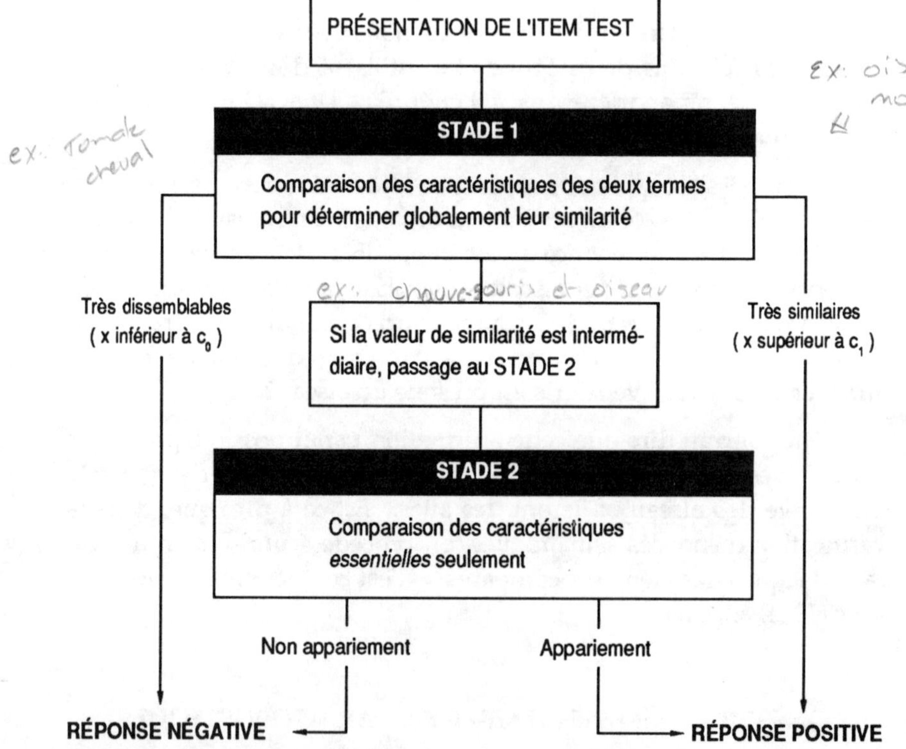

FIGURE 11.3
Un modèle en deux stades de comparaison de caractéristiques en mémoire sémantique (d'après Smith, Shoben et Rips, 1974).

Le premier stade inclut trois processus. Premièrement, les listes de caractéristiques pour les deux termes sont retrouvées. Deuxièmement, les deux listes sont comparées. En fonction de cette comparaison, l'individu détermine jusqu'à quel point les termes sont similaires. Pour Smith, Shoben et Rips, un indice de similarité globale entre les deux termes, d'une valeur « x », est produit par le sujet. Troisièmement, l'indice est situé, c'est-à-dire que la valeur de l'indice est établie par rapport à des critères. Si les deux termes sont très similaires, il y a appariement et une réponse « vrai », par exemple, à l'énoncé « un oiseau est un animal », peut être fournie. Si les deux termes sont très dissemblables, une réponse « faux », par exemple à l'énoncé « un moineau est un poisson », peut aussi être donnée immédiatement, il n'y a pas d'appariement possible des deux concepts. Autrement dit, si l'indice « x » de similarité dépasse une certaine valeur critère c_1 établie par le sujet, au-delà de laquelle il décide de répondre positivement, cette réponse peut être produite sans analyse supplémentaire. De la même façon, si l'indice de similarité « x » a une valeur inférieure à un critère c_0 en deçà duquel la réponse est négative, le sujet répond immédiatement. En d'autres termes, il y a un certain point (« c_0 ») au-delà duquel deux choses peuvent nous paraître tellement différentes que nous pourrons dire très vite qu'elles sont différentes. Ce point est une valeur critère qui nous est très personnelle : pour certains individus, la différence doit être très grande, pour d'autres, moins.

Si la valeur de « x » est intermédiaire, c'est-à-dire entre c_0 et c_1, l'individu doit entreprendre une analyse plus approfondie. Dans un second stade de comparaison il examinera les caractéristiques « essentielles » (en anglais, *defining*) des deux termes. Les caractéristiques les plus critiques pour définir un concept sont dites essentielles. Par exemple, le fait qu'un oiseau soit couvert de plumes et vole est plus important, dans sa définition, que le fait qu'il ait deux pattes et qu'il n'ait pas de dentition.

Dans la vérification de l'énoncé « une chauve-souris est un oiseau », un premier stade de comparaison devrait mener à l'établissement d'un indice de similarité intermédiaire, situé entre c_0 et c_1. En effet, les chauves-souris et les oiseaux partagent certaines caractéristiques générales comme la grosseur, la forme, le fait d'avoir des ailes et deux pattes.

Certaines différences existent cependant. Les chauves-souris ont des oreilles externes, les oiseaux, non. Les oiseaux ont des plumes, les chauves-souris, non. À ce premier stade, l'analyse est globale, très rapide et intuitive. Sans examiner une à une les dimensions que nous venons de considérer, le résultat de ce premier stade devrait être « globalement, les chauves-souris et les oiseaux se ressemblent, mais il existe des différences ». Ce résultat mitigé devrait nous amener à examiner plus attentivement les caractéristiques essentielles, dans la définition des termes de l'énoncé, dans un second stade de comparaison. Ce stade devrait, dans cet exemple précis, nous amener à fournir une réponse négative.

Il est important de noter que ce processus de comparaison en deux stades s'effectue en une seconde environ. Il ne s'agit donc pas d'étapes conscientes, délibérées.

La similarité sémantique et la fréquence de production

Smith, Shoben et Rips ont tenté d'expliquer avec leur modèle les effets de représentativité, d'inversion de niveaux et de différences intra-catégories sur les temps de vérification.

Leur modèle de comparaison de caractéristiques est fondé sur la notion de **similarité sémantique**. C'est sur la base de la valeur d'un indice « x » de similarité sémantique que repose le déroulement du processus de comparaison. Dans la vérification d'énoncés d'appartenance à une catégorie, Rips, Shoben et Smith ont associé la similarité sémantique à la **fréquence de production.**

La fréquence de production d'une catégorie, c'est la fréquence à laquelle des gens nommeront une catégorie pour un concept donné. Ainsi, si l'on demande à 100 personnes de dire à quelle catégorie supérieure appartient l'élément chat, et que 80 personnes sur 100 répondent mammifère alors que 20 sur 100 répondent animal, la similarité sémantique des concepts chat et mammifère est supérieure à la similarité des concepts chat et animal.

Dans certains cas cependant, lors de la vérification d'énoncés, l'effet de niveaux est inversé. Ainsi, les gens mettront 914 ms à affirmer qu'un cantaloup est un fruit, et 1 174 ms à vérifier que le cantaloup est un melon. Smith, Shoben et Rips proposent leur interprétation à cette observation : si les gens vérifient plus rapidement qu'un cantaloup est un fruit, c'est que le niveau de similarité sémantique entre les concepts de cantaloup et de fruit est plus grand qu'entre les concepts de cantaloup et de melon. Un moyen de vérifier la similarité est de demander à des sujets à quelle catégorie le cantaloup appartient. Comme pour ce fruit l'effet de niveaux est inversé, Smith, Shoben et Rips ont prédit que les sujets produiraient plus fréquemment la réponse « fruit » que la réponse « melon » à cette question.

C'est effectivement ce qu'ils ont enregistré. Le tableau 11.1 montre des triades de mots, c'est-à-dire des groupes de trois mots comme papillon-insecte-animal et aluminium-alliage-métal. Ces triades sont regroupées dans deux ensembles, ensemble 1 et ensemble 2.

Les mots des triades représentent des concepts qui se situent à trois niveaux différents. Le niveau le plus spécifique et le plus concret est situé dans les colonnes de gauche des deux ensembles, colonnes intitulées « exemplaire ». Il s'agit d'un exemplaire des catégories mentionnées dans les colonnes intitulées « catégorie » situées à droite.

Les catégories peuvent être plus ou moins grandes, c'est-à-dire inclure plus ou moins d'éléments : la catégorie « plante » contient plus d'éléments donc, est plus grande, que la catégorie « orchidée ». Dans le tableau, l'exemplaire « papillon » se trouve dans la colonne de gauche. À sa droite, il y a deux catégories auxquelles le papillon appartient, « insecte » et « animal ». Dans les colonnes « catégorie », les catégories plus petites sont disposées au-dessus des catégories plus grandes. Par exemple, le mot insecte est placé au-dessus du mot animal.

Les triades de l'ensemble 1 sont celles, pour lesquelles, dans une tâche de production, les sujets choisissaient plus fréquemment la plus petite catégorie lorsque l'exemplaire leur était présenté. Ainsi, lorsqu'on leur demandait à quelle catégorie appartenait le papillon, ils répondaient plus souvent insecte qu'animal. L'ensemble 2 inclut les triades pour lesquelles les sujets choisissaient plus fréquemment les catégories plus grandes. Par exemple, si l'on demandait à quelle catégorie appartenait le chimpanzé, les sujets répondaient plus souvent animal que primate.

TABLEAU 11.1

Temps de réaction moyen de vérification d'énoncés d'appartenance à une catégorie. Ces temps sont fournis pour des triades de mots où les sujets produisent plus fréquemment la plus petite catégorie (ensemble 1) et la plus grande catégorie (ensemble 2) lorsqu'on leur présente l'exemplaire

ENSEMBLE 1			ENSEMBLE 2		
Exemplaire	**Catégorie - plus petite - plus grande**	**Temps de réaction**	**Exemplaire**	**Catégorie - plus petite - plus grande**	**Temps de réaction**
Papillon	insecte animal	1 077 1 325	Aluminium	alliage métal	1 267 1 144
Collie	chien animal	969 1 117	Cantaloup	melon fruit	1 174 974
Cuivre	métal minéral	977 1 253	Cathédrale	église édifice	1 027 1 167
Python	serpent reptile	1 083 1 398	Chimpanzé	primate animal	1 298 1 017
Marguerite	fleur plante	1 036 996	Coca-cola	boisson gazeuse liquide	1 009 897
Porte	entrée ouverture	1 103 1 081	Diamant	bijou pierre	1 135 1 101
Limonade	boisson liquide	1 022 1 041	Batterie	inst. de percussion inst. de musique	1 292 1 095
Minute	unité de temps unité de mesure	1 277 1 546	Fourchette	argenterie ustensile	1 122 1 023
Poire	fruit nourriture	889 1 164	Guitare	inst. à corde inst. de musique	1 089 1 042
Pomme de terre	légume nourriture	1 058 983	Harvard	université école	978 1 000
Hirondelle	oiseau animal	975 1 312	Scotch	alcool boisson	1 043 988
Orteil	partie du pied partie du corps	1 235 1 172	Topaze	pierre précieuse pierre	1 143 1 130
Peuplier	arbre plante	1 065 1 290	Laine	tissu matériel	921 1 170
MOYENNE	**Cat. plus petite** **Cat. plus grande**	**1 059** **1 206**	**MOYENNE**	**Cat. plus petite** **Cat. plus grande**	**1 115** **1 058**

(D'après Smith, Shoben et Rips, 1974.)

Ces fréquences de production posent concrètement le problème qui nous intéresse. Selon un modèle de niveaux hiérarchisés tel que l'ont formulé Collins et Quillian, les gens devraient systématiquement vérifier plus rapidement l'énoncé « un chimpanzé est un primate » que « un chimpanzé est un animal » puisque le concept de primate se trouve à un niveau inférieur par rapport au concept d'animal.

Selon l'hypothèse de fréquence de production formulée par Smith, Shoben et Rips, si les gens choisissent plus fréquemment le concept d'animal que le concept de primate lorsqu'on leur demande à quelle catégorie appartient le chimpanzé, cela signifie que le niveau de similarité sémantique entre chimpanzé et animal est plus grand qu'entre chimpanzé et primate. Donc, le fait qu'un chimpanzé soit un animal devrait être vérifié plus rapidement que le fait qu'il soit un primate.

Dans les colonnes intitulées « Temps de réaction » du tableau 11.1, on voit les temps mis par les sujets pour vérifier les énoncés d'appartenance de l'exemplaire aux catégories. Par exemple, dans le cas du chimpanzé, les sujets mettent presque 300 ms de plus à affirmer qu'un chimpanzé est un primate qu'à dire qu'il est un animal.

Il est assez évident que, dans l'ensemble 1, où les sujets choisissaient plus souvent la plus petite catégorie lorsqu'on leur nommait l'exemplaire, le temps mis par les sujets à répondre aux énoncés d'inclusion est généralement plus court pour l'inclusion dans les plus petites catégories. Dans l'ensemble 2, l'effet de niveaux est inversé la plupart du temps : les sujets vérifient plus rapidement l'appartenance à la plus grande catégorie. Il s'agit aussi des exemplaires pour lesquels les sujets choisissaient spontanément la catégorie la plus grande. Donc, pour la plupart des triades, l'effet de niveaux correspond à la fréquence de production. Ainsi, lorsque l'effet de niveaux est inversé, la fréquence de production est plus élevée pour la catégorie la plus grande.

L'association entre fréquence de production et temps de vérification a aussi été observée dans la production de propriétés. Conrad (1972) a demandé à ses sujets de faire une liste des propriétés associées à certains concepts : les propriétés que les sujets mettent le moins de temps à vérifier sont celles qui sont mentionnées le plus fréquemment en association avec le concept. Ainsi, si les sujets de Collins et Quillian vérifiaient plus rapidement le fait qu'un serin peut chanter que le fait qu'il ait une peau, il semble qu'ils nommaient spontanément plus souvent la propriété « peut chanter » que la propriété « a une peau » pour décrire le serin.

De tous les travaux sur la mémoire sémantique dont nous avons discuté jusqu'à présent, un point ressort clairement : les concepts peuvent être plus ou moins « proches » les uns des autres. Les concepts de serin et d'oiseau sont plus proches l'un de l'autre que les concepts de serin et d'animal. Les concepts de cantaloup et de fruit sont plus rapprochés que les concepts cantaloup et melon. Plusieurs exemples nous ont ainsi montré que la **distance sémantique** entre deux concepts était variable.

UN MODÈLE DE RÉSEAU NON HIÉRARCHISÉ

La distance sémantique doit-elle être définie par la logique hiérarchique, le nombre de caractéristiques communes, ou la fréquence d'association? Tout dépend du modèle dans lequel on se situe. Dans une version modifiée du modèle de réseau hiérarchisé de Collins et Quillian, Collins et Loftus (1975) reconnaissent l'effet de distance sémantique, mais mettent plutôt l'accent sur le processus par lequel deux concepts sont mis en relation en mémoire sémantique : la distribution de l'activation.

Dans le modèle de Collins et Loftus, les concepts sont représentés en mémoire par des noeuds reliés les uns aux autres par des liens (en anglais, *links*). Les concepts ne sont pas organisés hiérarchiquement. La mémoire sémantique est conçue comme un réseau de concepts reliés, un peu à la façon dont la figure 11.4 l'illustre. Lorsque l'individu récupère de l'information en mémoire sémantique, les concepts sont activés et cette activation se distribue à travers le réseau.

Du modèle de réseau hiérarchisé, la représentation de Collins et Loftus garde la conception de la mémoire sémantique comme un réseau de concepts interreliés. Ce réseau ne présente toutefois pas une organisation aussi rigide que l'organisation hiérarchique. En effet, cette hypothèse devenait difficilement soutenable compte tenu des effets,

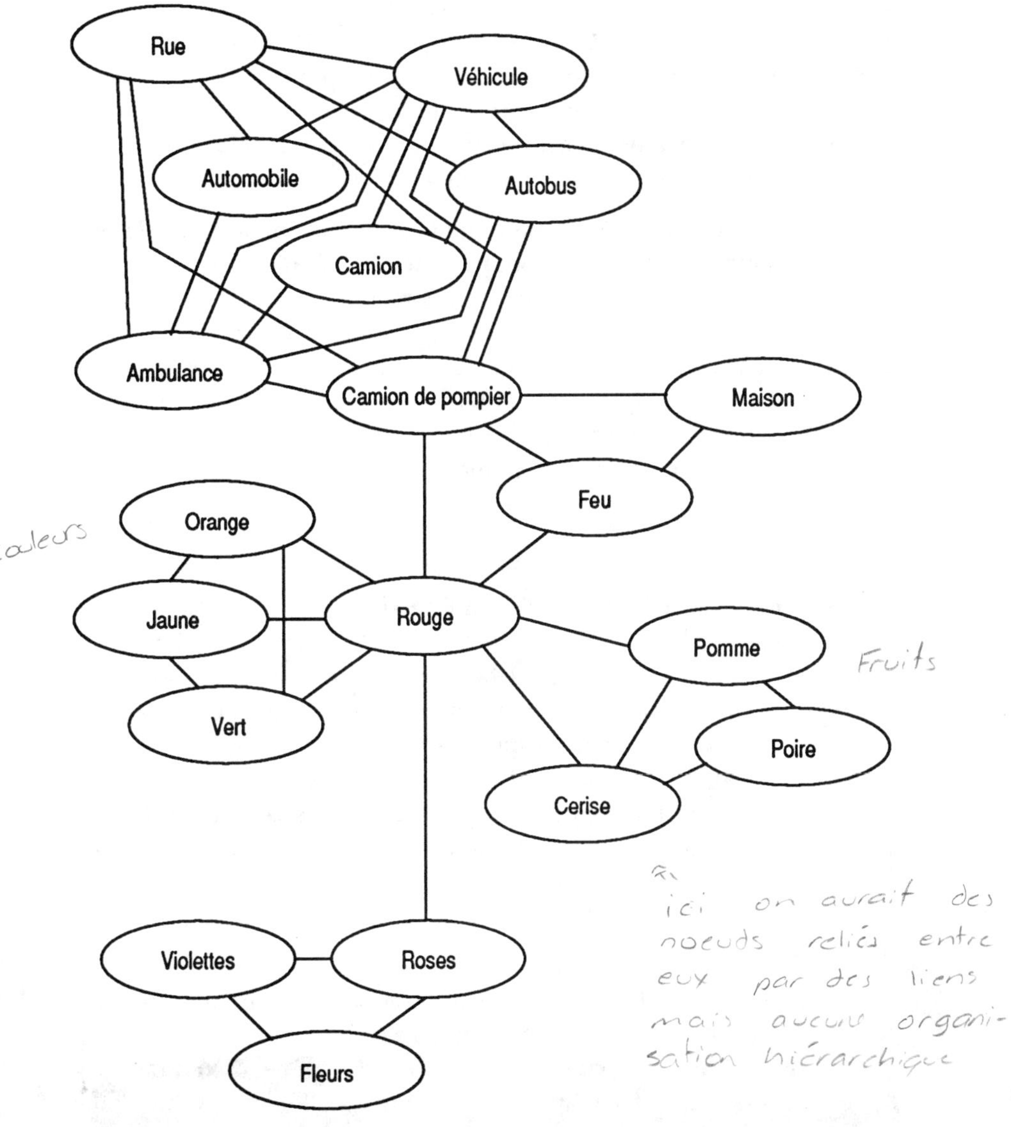

FIGURE 11.4
Illustration du modèle de distribution d'activation. La longueur des liens correspond au degré d'association entre les concepts (d'après Collins et Loftus, 1975).

comme l'effet d'inversion de niveaux, incompatibles avec cette hiérarchie. Collins et Loftus distinguent également deux types de lien pouvant exister entre les concepts. Le lien qui modifie un concept est celui qui unit un concept et sa propriété, par exemple, le lien qui unit le concept « poire » au concept « jaune ». Le lien d'inclusion unit les concepts tels que « poire » et « Bartlett ».

Par rapport au modèle précédent de réseau sémantique, le modèle de Collins et Loftus développe la notion de **distribution d'activation**. En effet, si l'on a discuté jusqu'à maintenant de la structure de la mémoire sémantique, c'est-à-dire de la façon dont l'information sémantique est représentée et organisée, la question des processus mis en cause lors du fonctionnement dans cette structure n'a pas été abordée. La distribution d'activation est un processus important en ce qui concerne le fonctionnement en mémoire sémantique.

LA DISTRIBUTION DE L'ACTIVATION

Hier soir, vous avez vu Daniel boire plusieurs verres de scotch. Il est possible que si aujourd'hui vous entendez parler de Daniel, les concepts et relations emmagasinés à son sujet seront « activés », de sorte que vous penserez peut-être spontanément au concept de scotch. Dans les modèles de réseaux, le processus responsable du phénomème est appelé « distribution d'activation ». La structure en réseau de la mémoire à long terme permet qu'une fois qu'un noeud est activé, dans ce cas-ci, Daniel, les noeuds associés soient aussi activés, en l'occurrence, scotch.

Notez que ce processus s'exécute très rapidement, en quelques millisecondes, et sans que vous n'en ayez l'intention : vous n'avez pas eu d'effort à faire pour penser au scotch. Il s'agit de l'une des caractéristiques de l'activation automatique, elle se produit sans intention délibérée (Posner et Snyder, 1975). En fait, il est même difficile de l'empêcher : l'effet Stroop en est une démonstration intéressante.

L'effet Stroop

Cattell, un des premiers psychologues expérimentaux, a rapporté l'observation suivante : il est plus long, pour un adulte sachant lire, de nommer une couleur perçue que d'en lire le nom (Cattell, 1886). En effet, dans le premier cas, la perception de la couleur doit être suivie de sa traduction en mots pour permettre la communication verbale de son nom. Il est encore beaucoup plus long d'identifier une couleur si elle est présentée par des symboles qui représentent une couleur différente : si l'on vous montre une série de taches jaunes, vous nommerez beaucoup plus vite leur couleur que si vous devez identifier la couleur des lettres du mot rouge écrit en jaune. C'est ce phénomène que l'on appelle l'**effet Stroop**.

Dans ce cas, même si vous avez l'intention délibérée de ne pas traiter l'information sémantique et de ne considérer que la couleur des stimuli, il y aura activation automatique du concept représenté par les lettres. Au niveau de la performance, cela se traduit par le fait que vous aurez tendance à lire le nom de la couleur, donc, à dire « rouge » plutôt que d'en identifier la couleur « jaune ». En outre, même si vous arrivez à identifier la couleur, vous mettrez plus de temps à le faire que si elle vous était présentée avec des symboles sans signification comme des taches. Cet effet est particulièrement évident lorsque cette tâche d'identification de couleurs est faite avec une série de noms de couleurs imprimés dans des couleurs différentes et que le sujet doit nommer le plus rapidement possible les couleurs imprimées.

La préparation sémantique

Si un concept est préalablement activé en mémoire sémantique, il devrait être moins long de produire une réponse concernant ce concept que si, au départ, il n'est pas activé. Il est possible de « préparer » le traitement d'un concept en l'activant et ce, avant même qu'il ne soit effectivement traité. L'expérience classique de Meyer et Schvaneveldt (1971) est une démonstration convaincante de ce phénomène que l'on nomme l'effet de **préparation sémantique** (en anglais, *semantic priming*).

Meyer et Schvaneveldt présentaient deux séries de lettres au sujet, l'une disposée au-dessus de l'autre. Le sujet, lorsqu'on lui présentait les deux séries, devait indiquer le plus rapidement possible si oui ou non ces deux séries de lettres constituaient des mots. Vous pouvez essayer avec les paires de séries suivantes. Notez bien que les **deux** séries doivent former un mot pour que la réponse soit positive.

(paire 1)	(paire 2)	(paire 3)	(paire 4)
TOCI	JAMHE	MORT	TOUTE
PADTO	HÊTRE	MVEQ	BEURRE

Seule la paire numéro 4 permet une réponse positive. Après avoir considéré le temps que mettaient les sujets à répondre aux différents types de paire, Meyer et Schvaneveldt ont d'abord trouvé que les sujets répondaient plus vite négativement lorsque le « non-mot » était situé en haut, comme dans la paire 2, que lorsqu'il était situé en bas, comme dans la paire 3. Si les sujets répondent plus vite à la paire 2, il est probable que c'est parce qu'ayant lu la série du haut, ils peuvent répondre immédiatement, sans avoir besoin de lire la série du bas. Il est donc possible de conclure que les sujets lisent les stimuli de haut en bas, ce qui est peu surprenant, compte tenu de nos habitudes occidentales de lecture.

Les résultats intéressants de cette expérience se situent dans la condition positive, c'est-à-dire lorsque les deux séries de lettres forment des mots, comme dans la paire 4. Dans ce cas, deux sortes de paires étaient utilisées : paires de mots sémantiquement reliés l'un à l'autre (reliés au niveau de la signification) et paires sémantiquement non reliées. Par exemple, la paire 4a est formée de mots reliés, la paire 4b de mots non reliés.

(paire 4a)	(paire 4b)
BEURRE	HERBE
PAIN	PAIN

Le tableau 11.2 montre les résultats obtenus pour les cinq types de paire sur lesquelles les sujets étaient testés. Les résultats aux réponses négatives suggèrent qu'effectivement les sujets traitent les stimuli de haut en bas : il est plus long de répondre si le non-mot, donc, ce qui détermine la réponse négative, est situé en bas que s'il est situé en haut.

TABLEAU 11.2
Temps de réaction pour juger si les deux séries de lettres forment des mots

Paires pour lesquelles la réponse est positive		Paires pour lesquelles la réponse est négative		
Non reliées sémantiquement	Reliées sémantiquement	Non-mot en haut	Non-mot en bas	Non-mots en haut et en bas
H E R B E P A I N	B E U R R E P A I N	J A H M E H Ê T R E	M O R T M V E Q	T O C I P A D T O
940 ms	855 ms	904 ms	1087 ms	884 ms

(D'après Meyer et Schvaneveldt, 1971.)

Aussi, lorsque la réponse est positive, c'est-à-dire lorsque les deux séries de lettres forment des mots, les sujets répondent plus rapidement si ces mots sont reliés sémantiquement. Selon Meyer et Schvaneveldt, cette observation est le résultat d'une distribution de l'activation : lorsque les sujets lisent un mot, les mots sémantiquement associés à ce mot sont également activés en mémoire sémantique, de sorte qu'une décision au niveau des mots associés est prise plus rapidement qu'une décision relative aux mots non associés.

Dans l'exemple des paires 4a et 4b, le fait de lire le mot BEURRE active cette représentation en mémoire, et active aussi les concepts associés. Après avoir identifié un mot comme le mot BEURRE, il est plus rapide d'affirmer que des séries de lettres telles que JAUNE, LAIT, CRÈME, sont des mots, que des séries comme LIVRE, ACTE, COUR parce que la signification du mot beurre est associée au qualificatif jaune, ainsi qu'aux autres mots lait et crème.

L'effet de préparation sémantique s'est avéré très robuste, c'est-à-dire qu'il a été observé dans plusieurs situations et qu'il agit sur plus d'une dimension; par exemple, la prononciation d'un mot sera trouvée plus rapidement si un mot sémantiquement relié le précède (Meyer et Schvaneveldt, 1976).

LES RÉSEAUX PROPOSITIONNELS

La distribution de l'activation et la lecture de textes

En mémoire sémantique, l'association de mots comme beurre et pain fait que l'activation de l'un de ces mots se distribue à l'autre mot. C'est par l'expérience, le fait d'avoir souvent vu et entendu les mots beurre et pain ensemble, de connaître les liens sémantiques qui les unissent, que l'association entre ces mots s'est créée. De la même façon qu'une multitude d'associations se sont formées dans notre passé, de nouvelles associations se créeront dans le futur. C'est dans la formation de nouvelles associations formées par la lecture de textes que Ratcliff et McKoon (1981) ont étudié la distribution de l'activation.

Ratcliff et McKoon faisaient mémoriser de petits textes à des sujets. Ces textes étaient composés de courtes phrases, semblables à des propositions. Une proposition est une unité psychologique et linguistique, qui peut constituer une phrase ou être imbriquée dans une phrase. La proposition peut être définie comme l'unité la plus petite sur laquelle un jugement « vrai » ou « faux » peut être posé. Les propositions principales, subordonnées et indépendantes sont des unités traditionnellement étudiées en grammaire, lors de l'analyse d'une phrase.

Les phrases que mémorisaient les sujets de Ratcliff et McKoon étaient de la forme nom-verbe-nom (N - V - N). Un texte à mémoriser pouvait ressembler à ceci.

La femme tua la souris.	N 1 - V - N 2
La souris tomba sur le chat.	N 2 - V - N 3
Le chat regarda l'homme.	N 3 - V - N 4
L'homme saisit le chien.	N 4 - V - N 5
Le chien mordit le voleur.	N 5 - V - N 6

On conçoit généralement la distribution de l'activation comme s'effectuant de la façon suivante. Si un concept est activé en mémoire, les concepts reliés seront aussi activés; la distribution de l'activation se fait sur une certaine période de temps (elle n'est pas instantanée) et la quantité d'activation qui arrive à un concept est fonction de la distance parcourue lors de la distribution de l'activation[1]. Un concept éloigné de la source d'activation recevra une moins grande quantité d'activation qu'un concept plus proche.

Dans la lecture d'un paragraphe, la distance entre les concepts est déterminée par la structure du paragraphe. Si vous avez lu le paragraphe utilisé dans l'expérience de Ratcliff et McKoon dans l'intention de le mémoriser, les concepts de chat et d'injure devraient actuellement être plus proches l'un de l'autre, dans votre mémoire sémantique, que les concepts de chat et de femme.

Ratcliff et McKoon demandaient à leurs sujets de mémoriser deux paragraphes. Ils montraient ensuite, successivement, deux séries de lettres au sujet, nous appellerons ces deux séries S 1 (série 1) et S 2 (série 2). S 1 pouvait former un mot ou une série aléatoire de lettres. Le sujet devait simplement lire S 1, laquelle était présentée en moyenne pendant 200 ms, sans réagir. Immédiatement après S 1, S 2 était présentée. S 2 formait toujours un mot. À cette présentation, le sujet devait répondre le plus rapidement possible si ce mot était présent ou non dans les paragraphes qu'il avait mémorisés.

La figure 11.5 illustre comment se déroulait un essai dans l'expérience de Ratcliff et McKoon. Les prédictions reposent sur les hypothèses suivantes. La mémorisation crée une représentation en mémoire sémantique. Dans cette représentation, les concepts associés aux mots sont situés les uns par rapport aux autres de sorte que des concepts proches, dans la structure du paragraphe mémorisé, seront proches dans la représentation en mémoire également. Si un concept est activé, cette activation se distribuera. La force de l'activation des concepts reliés sera fonction de leur distance par rapport au concept activé initialement.

Dans l'expérience de Ratcliff et McKoon, la présentation de S 1, si elle forme un mot qui est inclus dans le paragraphe, devrait activer

1. Différents modèles de représentation en mémoire sémantique permettent de dériver des prédictions très précises en ce qui concerne la vitesse de distribution d'activation et les effets de cette distribution sur le temps de réponse du sujet. Il n'est pas nécessaire ici de présenter ces modèles en détail. Nous tenons cependant à souligner que la discussion actuelle sur la représentation sémantique demeure d'un niveau très général.

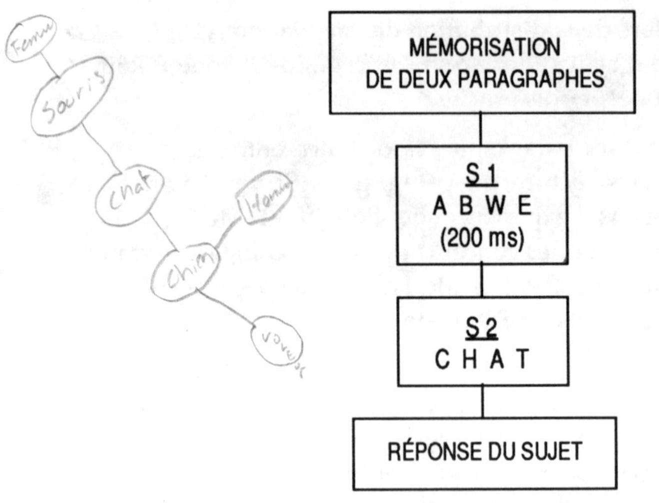

FIGURE 11.5
Un essai dans l'expérience de Ratcliff et McKoon (1981).

les concepts qui lui sont reliés. Dans ce cas, la réponse à S 2 devrait être plus rapide que si S 1 constitue une série aléatoire de lettres.

Les résultats qu'ils ont obtenus se présentent comme suit. Si S 1 forme un mot qui était présent dans le paragraphe, les sujets confirment plus rapidement que S 2 avait effectivement été présentée dans le paragraphe, que si S 1 ne formait pas un mot. Ainsi, si S 1 était composée de lettres aléatoires, les sujets mettaient 663 ms à affirmer que S 2 avait été présentée dans le paragraphe. Si S 1 formait un mot présent dans le paragraphe, les sujets mettaient 621 ms en moyenne à répondre à S 2. Il semble donc que la présentation de S 1, lorsqu'elle forme un mot présent dans le paragraphe, suscite effectivement une préparation sémantique permettant de traiter plus rapidement S 2, lorsque celle-ci était également présente dans le paragraphe. Notons que, de plus, Ratcliff et McKoon ont varié la distance de S 1 par rapport à S 2 dans la structure du paragraphe. Si S 1 constituait un mot proche de S 2 dans le paragraphe, les sujets répondaient de façon significative plus rapidement que si S 1 était éloignée dans la structure.

Ces données appuient une conception de la représentation en mémoire sémantique où les concepts sont reliés les uns aux autres, et où l'activation d'un concept en mémoire provoque une distribution de l'activation. Cette distribution s'effectue sur une certaine période de temps et sa force est fonction de la distance sur laquelle elle se répartit.

Les propositions

Différentes façons de représenter la connaissance en mémoire sémantique ont été proposées. Des modèles plus récents supposent que l'information est emmagasinée sous forme de **propositions** (Anderson, 1976; Anderson et Bower, 1973; Kintsch, 1974; Norman et Rumelhart, 1975). La proposition étant la plus petite unité par laquelle une signification peut être traduite, la plus petite unité sur laquelle il est possible de dire « vrai » ou « faux ». Cette conception met l'accent sur le fait que la représentation de l'information en mémoire se situe principalement au niveau de la signification. Les textes, faits et événements sont emmagasinés selon leur signification globale plutôt que par images. Pour illustrer comment la représentation propositionnelle en réseau peut être conçue, nous utiliserons la notation de Donald Norman et David Rumelhart. Elle présente l'avantage d'être simple, visuellement significative, et représentative.

Prenons comme exemple la proposition : « Marie dit à Élaine qu'elle donne un dollar à Jean. » Cette proposition peut être représentée ainsi :

Dire ((Marie), (Élaine), temps, Donner ((Marie), (dollar), (Jean), temps)).

Une proposition est formée de prédicats et d'arguments. Prédicats et arguments sont disposés de la façon suivante :

Prédicat (arguments).

De façon générale, une fonction définit une relation entre des éléments. (On a vu plusieurs fonctions dans le manuel, par exemple le temps de réaction en fonction du nombre d'éléments à examiner en mémoire.) Le prédicat est une fonction. Cette fonction spéficie les relations qui existent dans un ensemble de concepts qu'on identifie, ici, aux arguments. Dans le prédicat « donner » les arguments doivent être d'un certain type, pour que donner ait la signification de « transmission définitive d'un objet d'une personne à une autre ». Ce prédicat doit donc inclure le type d'arguments suivants :

Donner **(agent, objet, recipient, temps)**

Le premier argument du prédicat « donner » doit être du type « agent ». Cette restriction signifie que le seul concept qui puisse être utilisé pour combler cette partie du prédicat doit représenter un être animé capable d'initier une telle action. Par exemple, compte tenu du prédicat particulier dont il s'agit, son premier argument, l'agent, ne pourrait être le concept « rideau ».

Ce genre de restrictions se pose lorsqu'une position d'argument est remplie dans un prédicat : le concept inséré à cette position doit satisfaire les restrictions imposées par le type d'argument précisé. La représentation schématique de la proposition est illustrée à la figure 11.6.

Cet exemple nous montre de façon extrêmement simplifiée comment il est possible de représenter une connaissance en mémoire sémantique en termes de propositions. Il va sans dire que la connais-

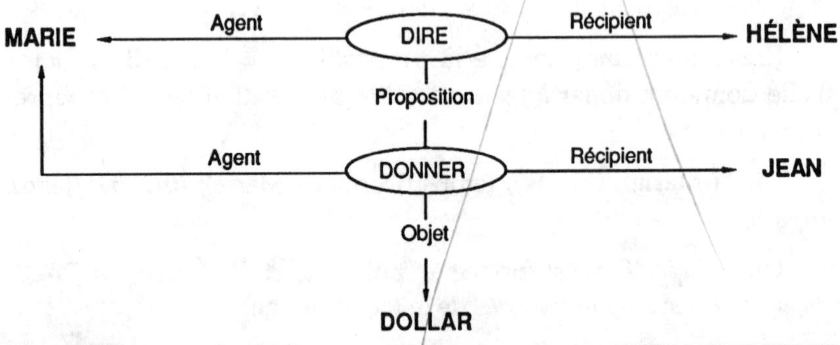

FIGURE 11.6
Représentation schématique de la proposition « Marie dit à Hélène qu'elle donne un dollar à Jean. » (d'après Anderson et Bower, 1973).
(Tiré de « The Active Structural Network » de Rumelhart et Norman. *In Explorations in Cognition*, de Norman et Rumelhart, 1975. ©W. H. Freeman.)

sance est beaucoup plus complexe que ce que la proposition utilisée ici nous le montre. En général, les propositions sont reliées les unes aux autres, elles peuvent aussi être imbriquées les unes dans les autres de façon hiérarchique. Ainsi, les propositions peuvent servir d'arguments à des prédicats d'ordre supérieur.

Sans examiner la représentation propositionnelle plus en détail, il convient de rappeler le fait que les modèles actuels de représentation voient la proposition comme l'unité emmagasinée en mémoire. La proposition exprime des faits à propos de concepts, objets, activités et des relations entre ceux-ci. Les propositions diffèrent des concepts en ce qu'elles peuvent avoir une valeur vraie ou fausse. En fait, tout ce qu'il est possible de dire d'un concept, c'est qu'il correspond ou non à un objet réel.

Ces dernières années, les modèles de représentation sémantique ont beaucoup évolué. Généralement, la proposition est vue comme l'unité de base de la représentation. Celle-ci est formée de concepts et spécifie la relation qui existe entre ces concepts. Le recouvrement d'information en mémoire sémantique s'effectue par l'action d'un processus : la distribution de l'activation.

RÉSUMÉ

- Tout au long de sa vie, l'individu construit une connaissance du monde en formant des concepts et en apprenant à relier ces concepts entre eux : il développe une **mémoire sémantique**.

- Le contenu de la mémoire sémantique est abstrait et général. Elle est souvent distinguée de la **mémoire épisodique** qui contient l'information concernant les expériences ponctuelles que nous avons vécues et l'ordre des événements.

- Selon Tulving, ces deux mémoires fonctionnent différemment. Par exemple, l'oubli serait plus facile en mémoire épisodique qu'en mémoire sémantique.

- Les premières recherches sur la mémoire sémantique ont montré que dans certains cas, il est plus court de vérifier si un concept appartient à une catégorie de niveau intermédiaire que s'il appartient à une catégorie de niveau supérieur. Il est aussi plus court de vérifier l'inclusion dans une catégorie qu'une propriété du concept. Ces premières données suggéraient que la mémoire sémantique était structurée hiérarchiquement en réseaux de concepts et propriétés interreliés.

- Dans certains cas cependant, l'effet de niveaux est inversé : il est plus long de vérifier l'appartenance à une catégorie de niveau intermédiaire qu'à une catégorie de niveau supérieur. De plus, pour un niveau identique, l'appartenance d'items plus représentatifs d'une catégorie est vérifiée plus rapidement que l'appartenance d'items moins représentatifs.

- Ces effets d'inversion de niveaux et de représentativité peuvent s'expliquer si le concept est vu comme un ensemble de caractéristiques qui est comparé plus ou moins rapidement à un autre concept selon la similarité sémantique existant entre ces deux concepts.

- Les concepts peuvent être plus ou moins similaires, plus ou moins rapprochés en mémoire sémantique.

- Dans un modèle de réseau non hiérarchisé, la distance sémantique est représentée. La distribution de l'activation est un processus important dans le fonctionnement de la mémoire sémantique. La distribution d'activation permet d'expliquer l'effet Stroop et l'effet de préparation sémantique.

- Il est beaucoup plus long et difficile d'identifier une couleur si elle est présentée par des symboles (des lettres) qui représentent une couleur différente que si elle est présentée au moyen de symboles sans signification : c'est l'**effet Stroop**.

- Dans une tâche où le sujet doit décider si un groupe de lettres forme un mot, la présentation préalable d'un mot sémantiquement relié au mot test rend l'identification de celui-ci plus rapide : c'est l'**effet de préparation sémantique**.

- Dans la lecture d'un paragraphe, il semble se créer de nouveaux liens sémantiques entre les termes composant le paragraphe. Ces liens peuvent susciter un effet de préparation sémantique, dont la force varie en fonction de la distance entre les termes dans le paragraphe.

- Plus récemment, le concept a été remplacé, comme unité de base dans les réseaux sémantiques, par la **proposition**. Celle-ci constitue la plus petite unité au sujet de laquelle il est possible de porter un jugement de vrai ou faux.

CHAPITRE 12

CONCLUSION

UNE APPROCHE SÉLECTIVE

LES PROCESSUS COGNITIFS ET LA REPRÉSENTATION

L'AVENIR

CHAPITRE 12

CONCLUSION

UNE APPROCHE SÉLECTIVE

Eysenck (1984) souligne que quiconque voudrait faire une revue exhaustive de la psychologie cognitive risque fort de se retrouver dans un état de confusion avec, par surcroît, un sérieux mal de tête. La diversité des points de vue théoriques, la multiplicité des phénomènes et l'ampleur du volume de recherche contribuent grandement à cet état de fait. Cette constatation a amené Eysenck à produire un volume présentant un contenu très vaste, abordé sous de multiples facettes. C'est la voie que plusieurs auteurs ont suivie au cours des années 80. Près d'une vingtaine de manuels de psychologie cognitive ou de processus cognitifs sont apparus sur le marché nord-américain durant cette période. Ils ont pour la plupart présenté un contenu très diversifié, tentant de couvrir l'ensemble des sujets pertinents.

Notre choix a été quelque peu différent et exprime peut-être notre optimisme envers l'apport fondamental de l'approche de traitement de l'information. Nous avons tenté d'extraire de l'état des connaissances dans le domaine, une vision cohérente de ce qu'il est convenu d'appeler l'**architecture cognitive.** Utilisé dans un sens large, ce concept se définit par l'étude de la représentation de la connaissance et des processus nécessaires à son traitement. C'est cette perspective qui a délimité le contenu de ce livre.

Certains sujets qui sont traditionnellement couverts en psychologie cognitive ont été délaissés, soit le langage, la résolution de problème et la prise de décision. Il ne s'agit pas de considérer ces contenus comme peu importants ou périphériques. Il faut cependant convenir que le traitement qui en est habituellement fait est relativement indépendant d'un exposé sur la représentation et les processus de traitement. Il s'agit souvent d'un enrichissement d'un traitement fondamental par l'étude de problèmes cognitifs complexes. En fait, l'une des seules approches à intégrer tous ces contenus est celle de John

Anderson (1983, 1985). Nous avons toutefois préféré ne pas nous limiter à une approche théorique spécifique.

Un autre facteur a influencé les choix que nous avons faits. En plus d'un contenu conceptuel, l'approche de traitement de l'information a proposé une méthode expérimentale spécifique que nous avons voulu expliciter le plus possible. Le fait de se limiter à un contenu défini par le concept d'architecture a permis de réduire la diversité des procédures expérimentales abordées et, ainsi, de les traiter de manière plus exhaustive.

LES PROCESSUS COGNITIFS ET LA REPRÉSENTATION

Durant les années 60, l'approche de traitement de l'information présentait une vision insatisfaisante des processus cognitifs. Elle les décrivait comme séquentiels, s'exécutant dans un ordre relativement rigide. La capacité du système cognitif était désespérément limitée. Un stimulus y était traité isolément jusqu'à son incorporation éventuelle en MLT. Après trente ans, force est de constater que cette vision a considérablement évolué. L'architecture cognitive présentée dans ce volume est complexe et son fonctionnement est souple.

Le traitement d'un stimulus n'est donc plus considéré comme s'effectuant à travers une succession rigide d'étapes de traitement. Il y a dans le système une constante interaction entre les connaissances en mémoire et les processus de traitement de l'information. Par exemple, nous avons vu que la reconnaissance d'une lettre, et même d'une caractéristique d'une lettre, est facilitée par son insertion dans un mot. Déjà le traitement d'un stimulus simple met en jeu la puissance de la mémoire sémantique. Les effets de contexte abordés lors de l'étude de la récupération constituent également des exemples évidents de cette interaction.

Dans les approches traditionnelles, l'accès à l'information en MLT impliquait nécessairement la MCT, ce qui posait une limite importante à la capacité de traitement. Dans le système que nous avons présenté, cette capacité est beaucoup plus grande grâce à l'existence de deux modes de traitement. Une distinction est faite entre les processus contrôlés et automatiques, entre le traitement volontaire, délibéré, et non volontaire, incident. D'une part, les processus contrôlés sont très limités, souples et conscients. Ils permettent au traitement de s'ajuster à de nouvelles situations. Ils rendent possible un traitement stratégique, exécuté en fonction de buts conscients. D'autre part, les processus automatiques s'exécutent sans effort, involontairement, selon une séquence prédéterminée.

Cette distinction est apparue clairement dans le traitement que nous avons fait des processus attentionnels ainsi que des processus associés à la récupération des contenus en MLT. Dans le cas de l'attention comme de la récupération, la reconnaissance d'une information peut souvent se faire de façon automatique. Enfin, l'exécution experte d'habiletés complexes (par exemple, jouer du piano) met fortement à contribution les processus automatiques.

Enfin, alors que la psychologie cognitive des années 60 était le fief de la mémoire épisodique verbale, le système de traitement de l'information est maintenant vu comme traitant plusieurs types de représentation. Nous avons particulièrement insisté sur la représentation imagée, la représentation sémantique et la représentation épisodique. Dans l'analyse des stratégies d'aide à la mémoire, nous avons pu constater comment la combinaison de modes de représentation multiples (visuel et verbal) permet d'améliorer l'efficacité de la mémoire.

Nous avons par ailleurs présenté la MCT comme un système modulaire. Cette dimension modulaire est très importante car elle implique une vision souple du système de traitement de l'information. Les modules sont disponibles et leur utilisation dépend des exigences et des caractéristiques d'une tâche ou d'un stimulus donné. Il n'y a plus une séquence prédéterminée de traitement. Cette séquence est non seulement variable mais elle met aussi en jeu divers modules selon la situation.

Nous nous sommes donc concentrés sur l'étude de cette architecture cognitive car nous avons la conviction que les concepts qui y sont associés sont d'une valeur certaine pour la compréhension du comportement humain. Cependant, cet optimisme n'est pas partagé par tous les auteurs.

L'AVENIR

Depuis Newell (1973), plusieurs auteurs dont Claxton (1980) et Glass, Holyoak et Santa (1979) ont exprimé de sérieux doutes quant à l'intérêt scientifique et pratique des travaux de laboratoire exécutés dans le contexte de l'approche de traitement de l'information. Ces critiques s'adressent d'abord au fait que les situations expérimentales couramment utilisées sont par trop artificielles et étrangères aux situations de la vie courante. Ces auteurs considèrent aussi que trop d'efforts de recherche sont déployés pour l'étude de phénomènes relativement limités. Enfin, ils mettent en doute la stratégie de recherche typique du domaine qui consiste à étudier isolément les divers processus cognitifs.

Ces critiques sont souvent jugées trop sévères (Eysenck, 1984; Hitch, 1980). En effet, une grande partie de celles-ci trouvent leur origine dans l'insatisfaction qu'éprouvent plusieurs psychologues et chercheurs face à l'apport souvent réduit de l'approche de traitement de l'information dans l'explication de phénomènes de la vie courante. Paradoxalement, Gardner (1985) considère que l'approche de traitement de l'information a été victime de la force de ses méthodes expérimentales. Ces méthodes se seraient imposées au point de limiter les phénomènes d'intérêt à ceux auxquels ces méthodes pouvaient s'appliquer. Il y a dans toutes ces critiques une invitation non dissimulée à complexifier les situations expérimentales et même à observer directement les phénomènes de la vie courante. Le travail de Neisser (1982) illustre cette approche plus concrète.

Quoique légitime, cette ouverture vers des travaux dits « écologiquement valides », portant sur des comportements de la vie quotidienne, n'assurera pas la survie de l'approche de traitement de l'information en psychologie cognitive. D'une part, les méthodes qui lui sont propres se prêtent mal à des travaux très appliqués. D'autre part, il est à toutes fins utiles irréalisable de prétendre simuler en laboratoire des conditions équivalentes à celles de la vie courante. En effet, les conditions motivationnelles, les croyances, les niveaux d'expertise élevés et les relations interpersonnelles sont autant de facteurs qui ne sauraient être introduits efficacement en laboratoire.

Nous croyons donc, comme Gardner (1985), que la force de la psychologie cognitive et en fait son avenir demeurent dépendants de sa capacité d'élaborer une architecture cognitive de plus en plus puissante. Elle doit conserver un statut de paradigme scientifique comme l'avaient élégamment décrit Lachman, Lachman et Butterfield (1979). Quoique nécessaire, cette condition n'est cependant pas suffisante pour assurer sa survie. En effet, cette vision fait de la psychologie cognitive une science abstraite, opérant en quelque sorte en l'absence de contenu significatif. Il faudra donc par surcroît que la psychologie cognitive établisse des collaborations avec d'autres domaines de la psychologie et avec les sciences cognitives : elle devra exporter ses concepts avec succès.

Un échange horizontal à travers les divers domaines de la psychologie est déjà très bien amorcé. L'étude du vieillissement, des différences individuelles et de l'intelligence, de l'émotion et de l'apprentissage, pour ne nommer que ces domaines, importe déjà avec profit plusieurs des concepts de l'approche de traitement de l'information.

C'est aussi par son utilisation dans des domaines d'étude appliqués, dont le mieux connu est l'étude des interactions humain-ordinateur, que l'approche de traitement de l'information pourra tester sa valeur pratique. Le travail classique de Card, Moran et Newell (1983) puise abondamment dans la psychologie cognitive. L'utilisation que nous avons pu faire, dans le chapitre 8, de travaux exécutés dans le domaine de l'éducation est un autre exemple d'interaction fructueuse. C'est de cette façon que la psychologie cognitive peut devenir une psychologie appliquée.

Cependant, l'échange vertical avec d'autres sciences dont l'étude porte sur la cognition, les **sciences cognitives**, est encore plus important. Comme nous l'avons mentionné en introduction, ces sciences regroupent, en plus de la psychologie cognitive, la linguistique, l'intelligence artificielle, les neurosciences, la philosophie et même l'anthropologie. Stillings, Feinstein, Garfield, Rissland, Rosenbaum, Weisler et Baker-Ward (1987) considèrent que l'apport fondamental de la psychologie cognitive aux sciences cognitives repose sur sa conception de l'humain comme système de traitement de l'information et conséquemment sur l'architecture cognitive qu'elle propose.

La participation aux sciences cognitives permet à la psychologie cognitive non seulement d'exporter ses concepts mais aussi de se renforcer en important des méthodes ou des concepts des autres sciences. Les formalismes de représentation de l'intelligence artificielle semblent pouvoir aider la psychologie cognitive. Par exemple, le connexionnisme, dont nous avons traité dans le chapitre sur la reconnaissance de forme, a emprunté plusieurs concepts propres aux neurosciences.

Il demeure, comme le soulignait Hitch (1980), que les processus que la psychologie cognitive tente de décrire sont d'une très grande complexité. Ils sont, de plus, extrêmement privés. Il n'existe pas de fenêtre d'observation pour examiner directement leur opération. La nécessité de recourir à des méthodes indirectes rendra toujours l'entreprise risquée et laissera place à la controverse. Nous restons cependant convaincus que l'approche de traitement de l'information a, au cours des trente dernières années, donné à la psychologie une vision de la cognition qui a permis un réel progrès dans la compréhension du comportement humain.

BIBLIOGRAPHIE

ALLPORT, D. A. (1980). Attention and performance. *In* G. Claxton (Éd.), *Cognitive Psychology : New Directions*. London : Routledge et Kagan Paul.

ALLPORT, D. A, ANTONIS, B. et REYNOLDS, P. (1972). On the division of attention : A disproof of the single channel hypothesis. *Quarterly Journal of Experimental Psychology*, 24, 225-235.

ANDERSON, J. R. (1976). *Language, Memory, and Thought*. Hillsdale, NJ : Lawrence Erlbaum Associates.

ANDERSON, J. R. (1983). *The Architecture of Cognition*. Cambridge, MA : Harvard University Press.

ANDERSON, J. R. (1985). *Cognitive Psychology and its Implications*. New York : Freeman.

ANDERSON, J. R. et BOWER, G. H. (1973). *Human Associative Memory*. Washington, D.C. : Winston.

ANDERSON, R. C. et PICHERT, J. W. (1978). Recall of previously unrecallable information following a shift in perspective. *Journal of Verbal Learning and Verbal Behavior*, 17, 1-12.

ANGLIN, J. (1976). Les premiers termes de référence de l'enfant. *In* S. Ehrlich et E. Tulving (Éds), *La mémoire sémantique*. Paris : Bulletin de psychologie.

ATKINSON, R. C., JUOLA, J. F. (1974). Search and decision processes in recognition memory. *In* D. H. Krantz, R. C. Atkinson, R. D. Luce et P. Suppes (Éds), *Contemporary Developments in Mathematical Psychology*. Vol. 1. New York : Wiley.

ATKINSON, R. C. et SHIFFRIN, R. M. (1968). Human memory : a proposed system and its control processes. *In* K. W. Spence et J. T. Spence (Éds), *The Psychology of Learning and Motivation*. Vol. 2. New York : Academic Press.

ATKINSON, R. C. et SHIFFRIN, R. M. (1971). The control of short-term memory. *Scientific American*, 225, 82-90.

AVERBACH, E. et CORIELL, A. S. (1961). Short-term memory in vision. *Bell System Technical Journal*, 40, 309-328.

BADDELEY, A. D. (1972). Retrieval rules and semantic coding in short-term memory. *Psychological Bulletin*, 78, 379-385.

BADDELEY, A. D. (1978). The trouble with « levels » : A reexamination of Craik and Lockhart's framework for memory research. *Psychological Review*, 85, 139-152.

BADDELEY, A. D. (1981). The concept of working memory : a view of its current state and probable future development. *Cognition*, 10, 17-23.

BADDELEY, A. D. (1982). Amnesia : a minimal model and interpretation. *In* L. S. Cermak. (Éd.), *Human Memory and Amnesia.* Hillsdale, NJ : Lawrence Erlbaum Associates.

BADDELEY, A. D., ELRIDGE, M. et LEWIS, V. J. (1981). The role of subvocalization in reading. *Quarterly Journal of Experimental Psychology*, 33A, 439-454.

BADDELEY, A. D. et HITCH, G. J. (1974). Working memory. *In* G. A. Bower (Éd.), *The Psychology of Learning and Motivation.* Vol. 8. New York : Academic Press.

BADDELEY, A. D. et LIEBERMAN, K. (1980). Spatial working memory. *In* R. S. Nickerson (Éd.), *Attention and Performance.* Vol. VIII. Hillsdale, NJ : Lawrence Erlbaum Associates.

BADDELEY, A. D., THOMSON, N., BUCHANAN, M. (1975). Word lenght and the structure of short-term memory. *Journal of Verbal Learning and Verbal Behavior*, 14, 575-589.

BAILEY, C.-J. N. et SHUY, R. W. (1972). *New Ways of Analyzing Variation in english.* Washington, D.C. : Georgetown University Press.

BARNETT, J. E., DIVESTA, F. J. et ROGOZINSKI, J. T. (1981). What is learned in note-taking. *Journal of Educational Psychology*, 73, 181-192.

BARTLETT, F. C. (1967). *Remembering : a Study in Experimental and Social Psychology.* New York : Cambridge University Press (publication originale, 1932).

BEGG, I. A., MAXWELL, D., MITTERER, J. O. et HARRIS, G. (1986). Estimates of frequency : attribute or attribution. *Journal of Experimental Psychology : Learning, Memory, and Cognition* , 12, 496-508.

BELLEZA, F. S. (1981). Mnemonic devices : classification, characteristics, and criteria. *Review of Educational Research*, 51, 247-275.

BIEDERMAN, I. (1987). Recognition-by-components : a theory of human image understanding. *Psychological Review*, 94, 115-147.

BIEDERMAN, I., GLASS, A. L. et STACY, E. W. (1973). Searching for objects in real world scenes. *Journal of Experimental Psychology*, 97, 22-27.

BOBROW, D. G. et WINOGRAD, T. (1977). An overview of KRL, a knowledge representation language. *Cognitive Science*, 1, 3-46.

BORING, E. G. (1957). *History of Experimental Psychology.* New York : Appleton-Century-Crofts.

BOURNE, L. E. Jr. (1970). Knowing and using concepts. *Psychological Review*, 77, 546-556.

BOWER, G. H., BLACK, J. B. et TURNER, T. J. (1979). Scripts in memory for text. *Cognitive Psychology*, 11, 177-220.

BOWER, G. H., CLARK, M. C., LESGOLD, A. M. et WINZENZ, D. (1969). Hierarchical retrieval schemes in recall of categorical word lists. *Journal of Verbal Learning and Verbal Behavior*, 8, 323-343.

BOWER, G. H. et KARLIN, M. B. (1974). Depth of processing pictures of faces and recognition memory. *Journal of Experimental Psychology*, 103, 751-757.

BRADLEY, M. M. et GLENBERG, A. M. (1983). Strengthening associations : duration, attention, or relations. *Journal of Verbal Learning and Verbal Behavior*, 22, 650-666.

BRANSFORD, J. D., BARCLAY, J. R. et FRANKS, J. J. (1972). Sentence memory : a constructive versus interpretive approach. *Cognitive Psychology*, 2, 331-350.

BREWER, W. F. et TREYENS, J. C. (1981). Role of schemata in memory for places. *Cognitive Psychology*, 13, 207-230.

BROADBENT, D. E. (1958). *Perception and Communication*. London : Pergamon Press.

BROOKS, L. R. (1968). Spatial and verbal components of the act of recall. *Canadian Journal of Psychology*, 22, 349-368.

BROWN, J. (1958). Some tests of the decay theory of immediate memory. *Quarterly Journal of Experimental Psychology*, 10, 12-21.

BROWN, R. et MCNEILL, D. (1966). The « tip of the tongue » phenomenon. *Journal of Verbal Learning and Verbal Behavior*, 5, 325-337.

BRUNER, J. S., GOODNOW, J. et AUSTIN, G. A. (1956). *A Study of Thinking*. New York : Wiley.

CARD, S. K., MORAN, T. P. et NEWELL, A. (1983). *The Psychology of Human-computer Interaction*. Hillsdale, NJ : Lawrence Erlbaum Associates.

CATTELL, J. M. (1886). The time it takes to see and name objects. *Mind*, 11, 63-65.

CATTELL, J. M. (1885). Uber die zeit des erkennung und enennung von schriftzeichen, bildern und farben. *Philosophische studien*, 2, 635-650.

CHASE, W. G. et ERICCSON, K. A. (1981). Skilled memory. *In* J. Anderson (Éd.), *Cognitive Skills and their Acquisition*. Hillsdale NJ : Lawrence Erlbaum Associates.

CHERRY, C. (1953). Some experiments on the recognition of speech with one and with two ears. *Journal of the Acoustical Society of America*, 25, 975-979.

CLAXTON, G. (1980). Cognitive psychology : a suitable case for what treatment? *In* G. Claxton (Éd.), *Cognitive Psychology : New Directions*. London : Routledge et Kegan Paul.

CLIFTON, C. Jr. et TASH, J. (1973). Effect of syllabic word length on memory-search rate. *Journal of Experimental Psychology*, 99, 231-235.

COLLINS, A. M. et QUILLIAN, M. R. (1969). Retrieval time from semantic memory. *Journal of Verbal Learning and Verbal Behavior*, 8, 240-248.

COLLINS, A. M. et LOFTUS, E. F. (1975). A spreading activation theory of semantic processing, *Psychological Review*, 82, 407-428.

COLTHEART, M. (1984). Sensory memory : a tutorial review. *In* H. Bouma et D. G. Bouwhuis (Éds), *Attention and Performance*. Vol. X. Hillsdale, NJ : Lawrence Erlbaum Associates.

CONRAD, C. (1972). Cognitive economy in semantic memory. *Journal of Experimental Psychology*, 92, 149-154.

CONRAD, R. (1964). Acoustic confusions in immediate memory. *British Journal of Psychology*, 55, 75-84.

COOKE, N. M., DURSO, F. T. et SCHVANEVELDT, R. W. (1986). Recall and memory organisation. *Journal of Experimental Psychology : Learning, Memory, and Cognition*, 12, 538-549.

COOPER, L. A. (1979). Modeling the mind's eye. *The Behavioral and Brain Sciences*, 2, 550-551.

COOPER, L. A. et SHEPARD, R. M. (1973). Chronometric studies of the rotation of mental images. *In* W. G. Chase (Éd.), *Visual Information Processing*. London : Academic Press.

CRAIK, F. I. M. (1968). Two components in free recall. *Journal of Verbal Learning and Verbal Behavior*, 7, 996-1004.

CRAIK, F. I. M. et JACOBY, L. L. (1979). Elaboration and distinctiveness in episodic memory. *In* L. G. Nilsson (Éd.), *Perspectives on Memory Research : Essays in Honor of Uppsala University 500th Anniversary*. Hillsdale : Lawrence Erlbaum Associates.

CRAIK, F. I. M. et LEVY, B. A. (1975). The concept of primary memory. *In* W. K. Estes (Éd.), *Handbook of Learning and Cognitive Processes, Vol. 4 : Attention and Memory*. Hillsdale, NJ : Lawrence Erlbaum Associates.

CRAIK, F. I. M. et LOCKHART, R. S. (1972). Levels of processing : a framework for memory research. *Journal of Verbal Learning and Verbal Behavior*, 11, 671-684.

CRAIK, F. I. M. et TULVING, E. (1975). Depth of processing and the retention of words in episodic memory. *Journal of Experimental Psychology : General*, 104, 268-294.

CRAIK, F. I. M. et WATKINS, M. J. (1973). The role of rehearsal in short-term memory. *Journal of Verbal Learning and Verbal Behavior*, 12, 599-607.

CROVITZ, H. F. (1971). The capacity of memory loci in artificial memory. *Psychonomic Science*, 24, 187-188.

CROWDER, R. G. (1978). Sensory memory systems. *In* E. C. Carterette et M. P. Friedman (Éds), *Handbook of Perception*. Vol. 7. New York : Academic Press.

CROWDER, R. G. et MORTON, J. (1969). Precategorical acoustic storage (PAS). *Perception & Psychophysics*, 5, 365-373.

CUTTING, J. E. (1975). Orienting tasks affect recall performance more than subjective impression of ability to recall. *Psychological Reports*, 36, 155-158.

DARWIN, C. J., TURVEY, M. T. et CROWDER, R. G. (1972). An auditory analogue of the Sperling partial report procedure : evidence for brief auditory storage. *Cognitive Psychology*, 3, 255-267.

DAVIES, D. R. et PARASURAMAN, R. (1982). *The Psychology of Vigilance*. New York: Academic Press.

DOCTOR, E. A. et COLTHEART, M. (1980). Children's use of phonological encoding when reading for meaning. *Memory & Cognition*, 8, 195-209.

EINSTEIN, G. O. et HUNT, R. R. (1980). Levels of processing and organization : additive effects of individual item and relational processing. *Journal of Experimental Psychology : Human Learning and Memory*, 6, 588-598.

EINSTEIN, G. O., MORRIS, J. et SMITH, S. (1985). Note-taking, individual differences, and memory for lecture information. *Journal of Educational Psychology*, 77, 522-532.

EYSENCK, M. W. (1984). *A Handbook of Cognitive Psychology*. Hillsdale, NJ : Lawrence Erlbaum Associates.

FERNANDEZ, A. et GLENBERG, A. M. (1985). Changing environmental context does not reliably affect memory. *Memory & Cognition*, 13, 333-345.

FISK, A. D. et SCHNEIDER, W. (1983). Category and word search : generalizing search principles to complex processing. *Journal of Experimental Psychology : Learning, Memory, and Cognition*, 9, 177-195.

FORTIN, C. et ROUSSEAU, R. (1987). Time estimation as an index of processing demand in memory search. *Perception & Psychophysics*, 42, 377-383.

FOTH, D. L. (1973). Mnemonic technique effectiveness as a function of word abstractness and mediation instruction. *Journal of Verbal Learning and Verbal Behavior*, 12, 239-245.

FRAISSE, P. (1984). Perception and estimation of time. *Annual Review of Psychology*, 35, 1-36.

FRASE, L. T. (1975). Prose processing. *In* G. H. Bower (Éd.), *The Psychology of Learning and Motivation.* Vol. 9. New York : Academic Press.

GARDINER, J. M., CRAIK, F. I. M. et BIRTWISTLE, J. (1972). Retrieval cues and release from proactive inhibition. *Journal of Verbal Learning and Verbal Behavior*, 11, 778-783.

GARDNER, H. (1985). *The Mind New Science : a History of the Cognitive Revolution* . New York : Basic Books.

GEISELMAN, R. E., FISHER, R. P., MACKINNON, D. P. et HOLLAND, H. L. (1985). Eyewitness memory enhancement in the police interview : cognitive retrieval mnemonics versus hypnosis. *Journal of Applied Psychology*, 70, 401-412.

GHISELIN, B. (Éd.), (1952). *The Creative Process.* Berkeley, CA : Regents of the University of California.

GIBSON, E. J. (1969). *Principles of Perceptual Learning and Development.* Englewood Cliffs, NJ : Prentice-Hall.

GIBSON, E. J., SHAPIRO, F. et YONAS, A. (1968). Confusion matrices for graphic patterns obtained with a latency measure. *In The Analysis of Reading Skill : a Program of Basic and Applied Research.* Final Report, Project No. 5-1213, Ithaca, NY : Cornell University and U. S. Office of Education, 76-96.

GLANZER, M. et CUNITZ, A. R. (1966). Two storage mechanisms in free recall. *Journal of Verbal Learning and Verbal Behavior*, 5, 351-360.

GLANZER, M. et RAZEL, M. (1974). The size of the unit in short-term storage. *Journal of Verbal Learning and Verbal Behavior*, 13, 114-131.

GLASS, A. L., HOLYOAK, K. J. et SANTA, J. L. (1979). *Cognition.* London : Addison-Wesley.

GLENBERG, A. M., SMITH, S. M. et GREEN, C. (1977). Type I rehearsal : maintenance and more. *Journal of Verbal Learning an Verbal Behavior*, 16, 339-352.

GREGG, V. H. (1986). *Introduction to Human Memory.* London : Routledge et Kegan Paul.

GRONINGER, L. D. (1971). Mnemonic imagery and forgetting. *Psychonomic Science*, 23, 161-163.

GRONLUND, S. D. et SHIFFRIN, R. M. (1986). Retrieval strategies in recall of natural categories and categorized lists. *Journal of experimental Psychology : Learning, Memory, and Cognition* , 12, 550-561.

GRUNEBERG, M. M. et SYKES, R. N. (1978). Knowledge and retention : the feeling of knowing and reminescence. *In* M. M. Gruneberg, P. E. Morris et R. N. Sykes (Éds), *Practical Aspects of Memory.* New York : Academic Press.

HABER, R. N. (1983). The impending demise of the icon : a critique of the concept of iconic storage in visual information processing. *The Behavioral and Brain Sciences*, 6, 1-11.

HABER, R. N. et STANDING, L. (1969). Direct measures of short-term visual storage. *Quarterly Journal of Experimental Psychology*, 21, 43-54.

HALL, D. F., LOFTUS, E. F. et TOUSIGNANT, J.-P. (1984). Postevent information and changes in recollection for a natural event. *In* G. L. Wells et E. F. Loftus (Éds), *Eyewitness Testimony*. Cambridge : Cambridge University Press.

HAMILTON, R. J. (1985). A framework for the evaluation of the effectiveness of adjunct questions and objectives. *Review of Educational Research*, 55, 47-85.

HARKINS, S. G. et GEEN, R. G. (1975). Discriminability and criterion differences between extraverts and introverts during vigilance. *Journal of Research in Personality*, 9, 335-340.

HARRIS, J. E. (1984). Remembering to do things : a forgotten topic. *In* J. E. Harris et P. E. Morris (Éds), *Everyday Memory, Actions and Absent-mindedness*. New York : Academic Press.

HASHER, L. et ZACKS, R. T. (1984). Automatic processing of fundamental information : the case of frequency of occurence. *American Psychologist*, 39, 1372-1388.

HITCH, G. J. (1980). Developing the concept of working memory. *In* G. Claxton (Éd.), *Cognitive Psychology : New Directions*. London : Routledge et Kagan Paul.

HOFFMAN, D. D. et RICHARDS, W. A. (1984). Parts of recognition. *Cognition*, 18, 65-96.

HUBEL, D. H. et WIESEL, T. N. (1962). Receptive fields, binocular interaction, and functional architecture in the cat's visual cortex. *Journal of Physiology*, 166, 106-154.

HUBEL, D. H. et WIESEL, T. N. (1979). The brain. *Scientific American*, 241, 44-53.

HULME, C., THOMSON, N., MUIR, C. et LAWRENCE, A. (1984). Speech rate and the development of short-term memory span. *Journal of Experimental Child Psychology*, 38, 241-253.

HUPPERT, F. A. et PIERCY, M. (1976). Recognition memory in amnesic patients : effect of temporal context and familiarity of material. *Cortex*, 12, 3-20.

HYDE, T. S. et JENKINS, J. J. (1969). The differential effects of incidental tasks on the organization of recall of a list of highly associated words. *Journal of Experimental Psychology*, 82, 472-481.

INTONS-PETERSON, M. J. et FOURNIER, J. (1986). External and internal memory aids: when and how often do we use them. *Journal of Experimental Psychology : General*, 115, 267-280.

JACOBY, L. L. et WITHERSPOON, D. (1982). Remembering without awareness. *Revue canadienne de psychologie*, 36, 300-324.

JOHNSON, R. E. (1980). Memory-based rehearsal. *In* G. H. Bower (Éd.), *The Psychology of Learning and Motivation.* Vol. 14. New York : Academic Press.

JOHNSON-LAIRD, P. N. et WASON, P. C. (1977). Introduction to conceptual thinking. *In* P. N. Johnson-Laird et P. C. Wason (Éds), *Thinking : Reading in Cognitive Science.* Cambridge : Cambridge University Press.

KAHNEMAN, D. et TREISMAN, A. (1984). Changing views of attention and automaticity. *In* R. Parasuraman et D. R. Davies (Éds), *Varieties of Attention.* New York : Academic Press.

KANTOWITZ, B. H. et KNIGHT, J. L. (1976). Testing tapping timesharing, II : auditory secondary task. *Acta Psychologica*, 40, 343-362.

KATO, T. (1985). Semantic-memory sources of episodic retrieval failure. *Memory & Cognition*, 13, 442-452.

KEPPEL, G. et UNDERWOOD, B. J. (1962). Proactive inhibition in short-term retention of single items. *Journal of Verbal Learning and Verbal Behavior*, 1, 153-161.

KIEWRA, K. A. (1985a). Investigating notetaking and revie : a depth of processing alternative. *Educational Psychologist*, 20, 23-32.

KIEWRA, K. A. (1985b). Providing the instructor's notes : an effective addition to student notetaking. *Educational Psychologist*, 20, 33-39.

KINTSCH, W. (1974). *The Representation of Meaning in Memory.* Hillsdale, NJ : Lawrence Erlbaum Associates.

KOSSLYN, S. M. (1975). Information representation in visual images. *Cognitive Psychology*, 7, 341-370.

KOSSLYN, S. M. (1980). *Image and Mind.* Cambridge, MA : Harvard University Press.

KOSSLYN, S. M. (1987). Seeing and imagining in the cerebral hemispheres : a computational approach. *Psychological Review*, 94, 148-175.

KOSSLYN, S. M., BALL, T. M. et REISER, B. J. (1978). Visual images preserve metric spatial information : evidence from studies of image scanning. *Journal of Experimental Psychology : Human Perception and Performance* , 4, 47-60.

KOSSLYN, S. M., PINKER, S., SMITH, G. E. et SHWARTZ, S. P. (1979). On the demystification of mental imagery. *The Behavioral and Brain Sciences*, 2, 535-581.

KRINSKY, R. et NELSON, T. O. (1985). The feeling of knowing for different types of retrieval failure. *Acta Psychologica*, 58, 141-158.

KROLL, N. E. A., SCHEPELER, E. M. et ANGIN, K. T. (1986). Bizarre imagery : the misremembered mnemonic. *Journal of Experimental Psychology : Learning, Memory, and Cognition*, 12, 42-53.

LABOV, W. (1973). The boundaries of words and their meaning. *In* C.-J. N. Bailey et R. W. Shuy (Éds). *New Ways of Analyzing Variation in English.* Washington, D. C., Georgetown University Press, 340-373.

LACHMAN, R., LACHMAN, J. L. et BUTTERFIELD, E. C. (1979). *Cognitive Psychology and Information Processing : an Introduction.* Hillsdale, NJ : Lawrence erlbaum Associates.

LECOQ, T. et THIBERGIEN, G. (1983). *Rappel et reconnaissance.* Presses de l'Université de Lille.

LEVY, B. A. (1981). Interactive processing during reading. *In* A. M. Lesgold et C. Perfetti (Éds), *Interactive Processes in Reading.* Hillsdale, NJ : Lawrence Erlbaum Associates.

LINDSAY, P. H. et NORMAN, D. A. (1980). *Traitement de l'information et comportement humain : une introduction à la psychologie*. Montréal : Études vivantes.

LOFTUS, E. F. (1981). Metamorphosis : alterations in memory produced by bonding of new information to old. *In* J. B. Long et A. D. Baddeley (Éds), *Attention and Performance.* Vol. IX. Hillsdale, NJ : Lawrence Erlbaum Associates.

LOFTUS, G. R. (1983). The continuing persistence of the icon. *The Behavioral and Brain Sciences*, 6, 28.

LOFTUS, G. R. (1985). On worthwhile icons : reply to Di Lollo and Haber. *Journal of Experimental Psychology : Human Perception and Performance*, 11, 384-388.

LONG, G. M. (1983). The icon as visual phenomenon and theoretical construct. *The Behavioral and Brain Sciences*, 6, 28-29.

LONG, G. M. (1980). Iconic memory : a review and critique of the study of short-term visual storage. *Psychological Bulletin*, 88, 785-820.

LURIA, A. R. (1968). *The Mind of a Mnemonist.* Traduction. L. Solotaroff. New York : Basic Books.

MACKWORTH, J. F. (1968). Vigilance, arousal, and habituation. *Psychological Review*, 75, 308-322.

MACKWORTH, J. F. (1970). *Vigilance and Attention : a Signal Detection Approach.* Harmondsworth : Penguin.

MANDLER, G. (1979). Organization and repetition : organizational principles with special reference to rote learning. *In* L. G. Nilsson (Éd.), *Perspectives on Memory Research: Essays in Honor of Uppsala University 500th Anniversary.* Hillsdale : Lawrence Erlbaum Associates.

MANDLER, G. (1985). *Cognitive Psychology : an Essay in Cognitive Science*. Hillsdale, NJ : Lawrence Erlbaum Associates.

MARLSEN-WILSON, W. D. et TEUBER, H. L. (1975). Memory for remote events in anterograde amnesia : recognition of public figures from newsphotographs. *Neuropsychologia*, 13, 353-364.

MARR, D. (1982). *Vision*. New York : Freeman.

MARTIN, M. (1978). Speech recoding in silent reading. *Memory & Cognition*, 6, 108-114.

MARTIN, R. C. et CARAMAZZA, A. (1980). Classification in well-defined and ill-defined categories : evidence for common processing strategies. *Journal of Experimental Psychology : General*, 109, 320-353.

MASSARO, D. W. (1970). Preperceptual auditory images. *Journal of Experimental Psychology*, 85, 411-417.

McCARTNEY, K. A. et NELSON, K. (1981). Children use of scripts in story recall. *Discourse Processes*, 4, 59-70.

McCLELLAND, J. L. et RUMELHART, D. E. (1981). An interactive activation model of context effects in letter perception : part 1. An account of basic findings. *Psychological Review*, 88, 375-407.

McCLELLAND, J. L. et RUMELHART, D. E. (Éds) (1986). *Parallel Distributed Processing. Explorations in the Microstructure of Cognition. Vol. 1 : Foundations*. Cambridge : MIT Press.

McCLOSKEY, M. E. et GLUCKSBERG, S. (1979). Decision processes in verifying category membership statements : implications for models of semantic memory. *Cognitive Psychology*, 11, 1-37.

McKELLAR, P. (1972). Imagery from the standpoint of introspection. *In* P. W. Sheehan (Éd.), *The Function and Nature of Imagery*. New York : Academic Press.

McLEOD, P. (1977). A dual task response modality effect : support for multiprocessor models of attention. *Quarterly Journal of Experimental Psychology*, 29, 651-667.

MEYER, D. E. et SCHVANEVELDT, R. W. (1971). Facilitation in recognizing pairs of words : evidence of a dependence between retrieval operations. *Journal of Experimental Psychology*, 90, 227-234.

MEYER, D. E. et SCHVANEVELDT, R. W. (1976). Meaning, memory, structure, and mental processes. *Science*, 192, 27-33.

MILLER, G. A. (1956). The magical number seven plus or minus two: Some limits on our capacity for processing information. *Psychological Review*, 63, 81-97.

MINSKY, M. (1975). A framework for representing knowledge. *In* P. H. Winston (Éd.), *The Psychology of Computer Vision*. New York : McGraw-Hill.

MONSELL, S. (1982). Components of working memory underlying verbal skills : a « distributed capacities » view. *In* Bouma et D. G. Bouwhuis (Éds), *Attention and Performance Vol. X : Control of Language Processes.* Hillsdale, NJ : Lawrence Erlbaum Associates.

MORAY, N. (1959). Attention in dichotic listening : affective cues and the influence of instructions. *Quarterly Journal of Experimental Psychology,* 11, 56-60.

MORAY, N., BATES, A. et BARNETT, T. (1965). Experiments on the four-eared man. *Journal of the Acoustical Society of America,* 38, 196-201.

MORRIS, C. D., BRANSFORD, J. D. et FRANKS, J. J. (1977). Levels of processing versus transfer appropriate processing. *Journal of Verbal Learning and Verbal Behavior,* 16, 519-533.

MORRIS, P. E. (1978). Sense and nonsense in traditional mnemonics. *In* M. M. Gruneberg, P. E. Morris et R. N. Sykes (Éds), *Practical Aspects of Memory.* New York : Academic Press.

MORRIS, P. E. et COOK, N. (1978). When do first letter mnemonics aid recall? *British Journal of Education,* 48, 22-28.

MURDOCK, B. B. Jr. (1961). The retention of individual items. *Journal of Experimental Psychology,* 62, 618-625.

NAVEH-BENJAMIN, M. et JONIDES, J. (1984). Maintenance rehearsal : a two component analysis. *Journal of Experimental Psychology : Learning, Memory, and Cognition* , 10, 369-385.

NEISSER, U. (1976). *Cognition and Reality : Principles and Implications of Cognitive Psychology.* New York : Freeman.

NEISSER, U. (1982). *Memory Observed : Remembering in Natural Contexts.* San Francisco : W. H. Freeman.

NELSON, T. O. (1977). Repetition and depth of processing. *Journal of Verbal Learning and Verbal Behavior,* 16, 151-171.

NELSON, T. O., GERLER, D. et NARENS, L. (1984). Accuracy of feeling-of-knowing judgements for predicting perceptual identification and relearning. *Journal of Experimental Psychology : General,* 113, 282-300.

NELSON, T. O., LEONESIO, R. J., LANDWEHR, R. S. et NARENS, L. (1986). A comparison of three predictors of an individual's memory performance : the individual's feeling of knowing versus the normative feeling of knowing versus base-rate item difficulty. *Journal of Experimental Psychology : Learning, Memory, and Cognition* , 12(2), 279-287.

NELSON, T. O., NARENS, L. (1980). A new technique for investigating the feeling of knowing. *Acta Psycholocica,* 46, 69-80.

NEWELL, A. (1973). You can't play 20 questions with nature and win. *In* W. D. Chase (Éd.), *Visual Information Processing*, New York : Academic Press.

NEWELL, A. et SIMON, H. A. (1972). *Human Problem Solving.* Englewood Cliffs, NJ : Prentice-Hall.

NORMAN, D. A. et BOBROW, D. G. (1975). On data-limited and resource-limited processes. *Cognitive Psychology*, 7, 44-64.

NORMAN, D. A. et RUMELHART, D. E. (1975). *Explorations in Cognition.* San Francisco: Freeman.

NORMAN, D. A. et BOBROW, D. G. (1976). On the role of active memory processes in perception and cognition. *In* C. N. Cofer (Éd.), *The Structure of Human Memory.* San Francisco : W.H. Freeman.

OGDEN, G. D., LEVINE, J. et EISNER, E. J. (1979). Measurement of workload by secondary tasks. *Human Factors*, 21, 529-548.

ORNE, M. T., SOSKIS, D. A., DINGES, D. F. et ORNE, E. C. (1984). Hypnotically induced testimony. *In* G. L. Wells and E. F. Loftus (Éds), *Eyewitness Testimony.* Cambridge : Cambridge University Press.

PAIVIO, A. (1978). Comparisons of mental clocks. *Journal of Experimental Psychology: Human Perception and Performance* , 4, 61-71.

PAIVIO, A. (1979). *Imagery and Verbal Processes.* Hillsdale, NJ : Lawrence Erlbaum Associates.

PAIVIO, A., SMYTHE, P. E. et YUILLE, J. C. (1968). Imagery versus meaningfulness of nouns in paired-associate learning. *Canadian Journal of Psychology*, 22, 427-441.

PAIVIO, A., YUILLE, J. C. et MADIGAN, S. A. (1968). Concreteness, imagery, and meaningfulness values for 925 nouns. *Journal of Experimental Psychology Monograph Supplement*, 76 (1, Pt. 2), 1-25.

PALMER, S. E. (1977). Hierarchical structure in perceptual representation. *Cognitive Psychology*, 9, 441-474.

PEPER, R. J. et MAYER, R. E. (1986). Generative effects of notetaking during science lectures. *Journal of Educational Psychology*, 78, 34-38.

PETERSON, L. R. et PETERSON, M. J. (1959). Short-term retention of individual verbal items. *Journal of Experimental Psychology*, 58, 193-198.

PINKER, S. (1984). Visual cognition : an introduction. *Cognition*, 18, 1-63.

POSNER, M. I. et SNYDER, C. R. R. (1975). Attention and cognitive control. *In* R. L. Solso (Éd.), *Information Processing and Cognition : the Loyola Symposium.* Hillsdale, NJ : Lawrence Erlbaum Associates.

POSTMAN, L. (1964). Short-term memory and incidental learning. *In* A. W. Melton (Éd.), *Categories of Human Learning.* New York : Academic Press, 145-201.

POSTMAN, L. et PHILIPS, L. (1965). Short-term temporal changes in free recall. *Quarterly Journal of Experimental Psychology,* 17, 132-138.

PYLYSHYN, Z. W. (1979). Imagery theory : not mysterious – just wrong. *The Behavioral and Brain Sciences,* 2, 535-581.

PYLYSHYN, Z. W. (1981). The imagery debate : analogue media versus tacit knowledge. *Psychological Review,* 88, 16-45.

PYLYSHYN, Z. W. (1984). *Computation and Cognition : Toward a Foundation for Cognitive Science.* Cambridge, MA : MIT Press.

QUILLIAN, M. R. (1968). Semantic memory. *In* M. Minsky (Éd.), *Semantic Information Processing.* Cambridge, MA : MIT Press.

QUILLIAN, M. R. (1969). The teachable language comprehender : a simulation program and theory of language. *Communications of the Association for Computing Machinery*, 12, 459-476.

RAAIJMAKERS, J. G. W. et SHIFFRIN, R. M. (1981). Search of associative memory. *Psychological Review,* 88, 93-134.

RATCLIFF, R. et McKOON, G. (1981). Does activation really spread? *Psychological Review,* 88, 454-462.

REASON, J. T. et LUCAS, D. (1984). Using cognitive diaries to investigate naturally occuring memory blocks. *In* J. E. Harris et P. E. Morris (Éds), *Everyday Memory, Actions and Absent-mindedness.* New York : Academic Press.

REASON, J. T. et MYCIELSKA, K. (1982). *Absent-minded? The Psychology of Mental Lapses and Everyday Errors.* Englewood Cliffs : Prentice-Hall.

REDER, L. M. (1982). Plausibility judgement versus fact retrieval : alternative strategies for sentence verification. *Psychological Review,* 89, 250-280.

REDER, L. M. et ROSS, B. H. (1983). Integrated knowledge in different tasks : positive and negative fan effects. *Journal of Experimental Psychology : Human Learning and* Memory , 8, 55-72.

REICHER, G. M. (1969). Perceptual recognition as a function of meaningfulness of stimulus material. *Journal of Experimental Psychology,* 81, 275-280.

REITMAN, J. S. (1971). Mechanisms of forgetting in short-term memory. *Cognitive Psychology,* 2, 185-195.

RICHARDSON, J. T. E., (1984). Developing the working memory, *Memory and Cognition,* 12, 71-83.

RIPS, L. J., SHOBEN, E. J. et SMITH, E. E. (1973). Semantic distance and the verification of semantic relations. *Journal of Verbal Learning and Verbal Behavior*, 12, 1-20.

ROSCH, E. (1973). On the internal structure of perceptual and semantic categories. *In* T. E. Moore (Éd.), *Cognitive Development and the Acquisition of Language*. New York : Academic Press.

ROSCH, E. (1975). Cognitive reference points. *Cognitive Psychology*, 7, 532-547.

ROSCH, E. (1978). Principles of categorization. *In* E. ROSCH et B. B. Lloyd (Éds), *Cognition and Categorization*. Hillsdale, NJ : Lawrence Erlbaum Associates.

ROSCH, E. et MERVIS, C. B. (1975). Family ressemblances : studies in the internal structure of categories. *Cognitive Psychology*, 7, 573-605.

ROSCH, E., MERVIS, C. B., GRAY, W. D., JOHNSEN, D. M. et BOYES-BRAEM, P. (1976). Basic objects in natural categories. *Cognitive Psychology*, 8, 382-440.

ROSCH, E., SIMPSON, C. et MILLER, R. S. (1976). Structural bases of typicality effects. *Journal of Experimental Psychology : Human Perception and Performance*, 2, 491-502.

RUNDUS, D. (1971). Analysis of rehearsal processes in free recall. *Journal of Experimental Psychology*, 89, 63-77.

RUNDUS, D. (1977). Maintenance rehearsal and single-level processing. *Journal of Verbal Learning and Verbal Behavior*, 16, 665-681.

SAUFLEY, W. H. JR., OTAKA, S. R. et BAVARESCO, J. L. (1985). Context effects : classroom tests and context independence. *Memory & Cognition*, 13, 522-528.

SCHANK, R. C. (1982). *Dynamic Memory : a Theory of Reminding and Learning in Computers and People*. New York : Cambridge University Press.

SCHANK, R. C. et ABELSON, R. (1977). *Scripts, Plans, Goals, and Understanding*. Hillsdale, NJ : Lawrence Erlbaum Associates.

SCHNEIDER, W. et SHIFFRIN, R. M. (1977). Controlled and automatic human information processing : I. Detection, search, and attention. *Psychological Review*, 84, 1-66.

SCHWEICKERT, R. et BORUFF, B. (1986). Short-term memory capacity : Magic number or magic spell. *Journal of Experimental Psychology : Learning, Memory, and Cognition*, 12, 419-425.

SELFRIDGE, O. (1959). Pandemonium : a paradigm for learning. *In Symposium on the Mechanization of Thought Processes*. London : HM Stationery Office.

SHEPARD, R. N. (1967). Recognition memory for words, sentences, and pictures. *Journal of Verbal Learning and Verbal Behavior*, 6, 156-163.

SHEPARD, R. N. (1982). Perceptual and analogical bases of cognition. *In* J. Mehler, E. C. T. Walker et M. Garrett (Éds), *Perspectives on Mental Representation : Experimental and Theoretical Studies of Cognitive Processes and Capacities.* Hillsdale, NJ : Lawrence Erlbaum Associates.

SHEPARD, R. N. et COOPER, L. A. (1982). *Mental Images and their Transformation.* Cambridge, MA : MIT Press.

SHEPARD, R. N. et FENG, C. (1972). A chronometric study of mental paper-folding. *Cognitive Psychology,* 3, 228-243.

SHEPARD, R. N. et METZLER, J. (1971). Mental rotation of three-dimensional objects. *Science,* 171, 701-703.

SHIFFRIN, R. M. et SCHNEIDER, W. (1977). Controlled and automatic human information processing : II. Perceptual learning, automatic attending, and a general theory. *Psychological Review,* 84, 127-190.

SHWARTZ, S. P. et KOSSLYN, S. M. (1982). A computer simulation approach to studying mental imagery. *In* J. Mehler, E. C. T. Walker & M. Garrett (Éds), *Perspectives on Mental Representation : Experimental and Theoretical Studies of Cognitive Processes and Capacities.* Hillsdale, NJ : Lawrence Erlbaum Associates.

SMITH, E. E., SHOBEN, E. J. et RIPS, L. U. (1974). Structure and process in semantic memory : a featural model for semantic decision. *Psychological Review,* 81, 214-241.

SMITH, S. M. (1979). Remembering in and out of context. *Journal of experimental Psychology : Human Learning and Memory*, 5, 460-471.

SNYDER, M. et URANOWITZ, S. W. (1978). Reconstructing the past : Some cognitive consequences of person perception. *Journal of Personality and Social Psychology,* 36, 941-950.

SPERLING, G. (1960). The information available in brief visual presentation. *Psychological Monographs,* 74, No. 498.

SPERLING, G. (1983). Why we need iconic memory. *The Behavioral and Brain Sciences,* 6, 37-38.

STANDING, L. (1973). Learning 10 000 pictures. *Quarterly Journal of experimental Psychology,* 25, 207-222.

STEIN, B. S. et BRANSFORD, J. D. (1979). Constraints on effective elaboration : effects of precision and subject generation. *Journal of Verbal Learning and Verbal Behavior,* 18, 769-777.

STERNBERG, S. (1966). High-speed scanning in human memory. *Science*, 153, 652-654.

STERNBERG, S. (1967). Two operations in character recognition: Some evidence from RT measurement. *Perception & Psychophysics*, 2, 45-53.

STEVENS, A. et COUPE, P. (1978). Distortions in judged spatial relations. *Cognitive Psychology*, 10, 422-437.

STILLINGS, N. A., FEINSTEIN, M. H., GARFIELD, J. L., RISSLAND, E. L., ROSENBAUM, D. A., WEISLER, S. E. et BAKER-WARD, L. (1987). *Cognitive Science : an Introduction*. Cambridge, Mass. : MIT Press.

TELFORD, C. W. (1931). The refractory phase of voluntary and associative responses. *Journal of Experimental Psychology*, 14, 1-36.

THOMSON, D. M. et TULVING, E. (1970). Associative encoding and retrieval : weak and strong cues. *Journal of experimental Psychology*, 86, 255-262.

THORNDIKE, E. L. (1931). *Human Learning*. New York : Appleton-Century Crofts.

TREISMAN, A. M. (1964). Monitoring and storage of irrelevant messages in selective attention. *Journal of Verbal Learning and Verbal Behavior*, 3, 449-459.

TREISMAN, A. M. et GELADE, G. (1980). A feature-integration theory of attention. *Cognitive Psychology*, 12, 97-136.

TREISMAN, A. M. et SOUTHER, J. (1986). Illusory words : the roles of attention and of top-down constraints in conjoining letters to form words. *Journal of experimental Psychology : Human Perception and Performance*, 12, 3-17.

TREISMAN, M. et ROSTRON, A. B. (1972). Brief auditory storage : a modification of Sperling's paradigm applied to audition. *Acta Psychologica*, 36, 161-170.

TULVING, E. (1972). Episodic and semantic memory. *In* E. Tulving et W. Donaldson (Éds), *Organization of Memory*. New York : Academic Press.

TULVING, E. (1982). Synergistic ecphory in recall and recognition. *Revue canadienne de psychologie*, 36, 130-147.

TULVING, E. (1983). *Elements of Episodic Memory*, London : Oxford University Press.

TULVING, E. et COLATLA, V. (1970). Free recall of trilingual lists, *Cognitive Psychology*, 1, 86-98.

TULVING, E. et OSLER, S. (1968). Effectiveness of retrieval cues in memory for words. *Journal of Experimental Psychology*, 77, 593-601.

TULVING, E. et PEARLSTONE, Z. (1966). Availability versus accessability of information in memory for words. *Journal of Verbal Learning and Verbal Behavior*, 5, 381-391.

TULVING, E. et PSOTKA, J. (1971). Retroactive inhibition in free recall : inaccessibility of information available in the memory store. *Journal of Experimental Psychology*, 87, 1-8.

TULVING, E. et THOMSON, D. M. (1973). Encoding specificity and retrieval processes in episodic memory. *Psychological Review*, 80, 352-373.

WAUGH, N. C. et NORMAN, D. A. (1965). Primary memory, *Psychological Review*, 72, 89-104.

WEISSTEIN, N. et C. S. HARRIS, (1974). Visual detection of line segments : an object-superiority effect. *Science*, 186, 752-755.

WELLS, G. L. et MURRAY, D. M. (1984). Eyewitness confidence. *In* G. L. Wells et E. F. Loftus (Éds), *Eyewitness Testimony*. Cambridge : Cambridge University Press.

WESSELS, M. G. (1982). *Cognitive Psychology*. New York : Harper et Row.

WICKELGREN, W. A. (1976). Memory storage dynamics. *In* W. K. Estes (Éd.), *Handbook of Learning and Cognitive Processes, Vol. 4 : Attention and Memory*. Hillsdale, NJ : Lawrence Erlbaum Associates.

WICKENS, C. D. (1984). Processing resources in attention. *In* R. Parasuraman et D. R. Davies (Éds), *Varieties of attention*. New York : Academic Press.

WICKENS, C. D. (1984). *Engineering Psychology and Human Performance*. Columbus: Charles E. Merrill (Bell et Howell).

WICKENS, D. D. (1972). Characteristics of word encoding. *In* A. W. Melton et E. Martin (Éds), *Coding Processes in Human Memory*. New York : V. H. Winston et Sons.

WICKENS, D. D., BORN, D. G. et ALLEN, C. K. (1963). Proactive inhibition and item similarity in short-term memory. *Journal of Verbal Learning and Verbal Behavior*, 2, 440-445.

WICKENS, D. D., DALEZMAN, R. E. et EGGMEIER, F. T. (1976). Multiple encoding of word attributes in memory. *Memory & Cognition*, 4, 307-310.

WILLIAMS, M. D. et HOLLAN, J. D. (1981). The process of retrieval from very long-term memory. *Cognitive Science*, 5, 87-119.

WINOGRAD, E. (1978). Encoding operations which facilitate memory for faces across the life span. *In* M. M. Gruneberg, P. E. Morris et R. N. Sykes (Éds), *Practical Aspects of Memory*. New York : Academic Press.

WITTGENSTEIN, L. (1953). *Philosophical Investigations*. New York : Macmillan.

WOLLEN, K. A., WEBER, A. et LOWRY, D. H. (1972). Bizareness versus interaction of mental images as determinants of learning. *Cognitive Psychology*, 3, 518-523.

WONG, B. Y. L. (1985). Self-questioning instructional research : a review. *Review of Educational Research*, 55, 227-268.

YATES, D. F. (1966). *The Art of Memory*. London : Routledge et Kegan Paul.

YUILLE, J. C. et KIM, C. K. (1987). A field study of the forensic use of hypnosis. *Revue canadienne des sciences du comportement*, 19, 418-429.

ZHANG, G. et SIMON, H. (1985). STM capacity for Chinese words an idioms : chunking and acoustical loop hypothesis. *Memory and Cognition*, 13, 193-201.

INDEX DES AUTEURS

INDEX DES SUJETS

Achevé d'imprimer en septembre 1992
sur les presses de l'Imprimerie d'Éditions Marquis Ltée
à Montmagny